北京古塔 上册

梁欣立 著

北京燕山出版社

图书在版编目（ＣＩＰ）数据

北京古塔 / 梁欣立著 . — 北京：北京燕山出版社，
2023.10

ISBN 978-7-5402-6630-1

Ⅰ . ①北… Ⅱ . ①梁… Ⅲ . ①古塔－介绍－北京
Ⅳ . ① K928.75

中国版本图书馆 CIP 数据核字（2022）第 158692 号

北京古塔

作　　者：梁欣立
责任编辑：邓　京　郭　扬
装帧设计：耿中虎
出版发行：北京燕山出版社有限公司
社　　址：北京市西城区椿树街道琉璃厂西街 20 号
邮　　编：100052
电　　话：86-10-65240430（总编室）
印　　刷：北京富诚彩色印刷有限公司
开　　本：787mm×1092mm　1/16
字　　数：830 千字
印　　张：56
版　　次：2023 年 10 月第 1 版
印　　次：2023 年 10 月第 1 次印刷
ISBN 978-7-5402-6630-1
定　　价：169.00 元（全两册）

演觉法师

第十届中国佛教协会会长

北京弘慈广济寺方丈

特为本书题字

演觉与梁欣立在弘慈广济寺

北京古塔

演觉

目录 CONTENTS

一 东城区

西城区

三
朝阳区

四
海淀区

五

丰
台
区

六

石
景
山
区

BEI JING GU TA
北京古塔

塔是佛教的一种特殊的建筑形式，源于印度，原本是埋葬佛祖释迦牟尼舍利用的。随着佛教传入中国，中国最早建成的古塔是洛阳白马寺的大方塔。中国的佛塔，受到中国传统历史文化的深刻影响，从它的实用功能到建筑材料、建筑形式都出现了巨大的发展和转变。

北京最早的古塔是唐朝在房山区云居寺建成的四方六层密檐石塔。北京古塔大多是佛僧的舍利塔和墓塔。从实用功能上讲，还有地理标志塔、风水塔、祝寿塔、纪念塔、观景塔、瞭望塔等。从建筑形式上看，有楼阁式塔、亭阁式塔、密檐式塔、花式塔、覆钵式塔、金刚宝座塔、过街塔、经幢式塔、组合式塔等。北京的著名古塔很多，如北海永安寺白塔、妙应寺白塔、天宁寺塔、玉泉山定光塔、香山琉璃塔、真觉寺金刚宝座塔、通州燃灯塔和潭柘寺塔林、银山塔林等。从北京作为历朝帝都的角度看，古塔建筑最具有地域和时代特色的，当属皇家园林玉泉山静明园的五座塔。玉泉五塔都是在清代乾隆年间建成的。在静明园的寺庙群中修建了主峰定光塔、北峰妙高塔、西南侧岭华藏海塔、西山腰多宝琉璃塔，还有淹没在裂帛湖中的镇海塔。五塔不仅选址巧妙，高低错落，而且造型不同、材质各异、色彩纷呈。造型样式有楼阁式、密檐式、经幢式和金刚宝座式；用材方面有砖石结构、通体汉白玉石雕、全部琉璃砖瓦包砌；从色泽上看，有单色纯白，有黄白相间，更有耀眼的黄绿青蓝紫构成的斑斓色彩。这五座异彩纷呈的宏伟又精致的佛教建筑，将

静明园装扮成一座"古塔博物馆",使玉泉山赢得了"塔山"的徽号。玉泉古塔至今仍巍然屹立在苍翠的顶峰,成为"三山五园"历史文化景区的最著名的标志景观。

北京古塔,作为北京传统历史文化的一个组成部分,是值得下大力气去研究和记述的,我读到梁欣立先生的《北京古塔》书稿,顿觉眼前一亮,大开眼界。仔细阅读、学习、揣摩、品味,我认为本书有几个明显的长处。一是全。过去一般的估计北京古塔也就是二三百座,而且有些已经毁圮了。本书收集了北京市现存的从唐、辽、金、元、明、清到民国年间的500余塔,还介绍了已经消失的古塔200余座。二是准。对现存每一座古塔都寻到实物,认真观察、测量、记录,与现存史料进行比对、核实。对不同的说法进行比较,寻找证据,得出正确的结论。对每座古塔的记述都做到准确无误。三是深。深入挖掘、查证,揭示古塔修建的缘由,展示古塔的历史文化内涵、实际功能以及故事传说,突显了北京古塔的文化价值和历史价值。四是美。打开书册,页页有图,塔形清晰,美不胜收。全书稿有近500帧古塔摄影。现存的古塔几乎都有摄影照片为证,这更进一步证实了本书记述的真实性和正确性。

本书丰富的内容,说明梁欣立先生撰写书稿时进行了缜密的构思并付出了艰辛的劳动。作者具有在国家图书馆查阅历史资料的方便条件,又加以在各图书馆、档案馆仔细搜寻,到群众中深入调查了解,对有关古塔的记述了如指掌。这使本书挖掘出了许多座鲜为人知的北京古塔。作者又到塔址进行考察,为书面资料找到实证。梁欣立先生把本书的写作看作抢救文物,抓紧时间,在它们毁圮过程中记述其真实面貌。不少古塔隐藏在深山荒岭之中,要请当地向导指路去寻找。为了探究房山的一座古塔,作者去了三次才找到实物,每次要攀爬六七个小时,手臂上被荆棘和荒草割出了好几道血口子。但当拍摄完古塔照片后,欢喜得忘记了疼痛。为撰写好一部高质量的书,不但文字要缜密考究,连摄影也要追求高标准。海淀区凤凰岭山顶有一座"飞来石塔"。海拔748米处有一块十七米高的白色卵形"飞来"巨石,石上建一座六面七层密檐式石塔。到现场摄影往返需要半天时间,但两次都因天气昏暗而空跑。第三次登上高山,天朗气清,终于拍摄出自己满意的照片。梁欣立先生心满意足，竟然吟出王安石《登飞来峰》诗："飞来山上千寻塔，闻说鸡鸣见日升。不畏浮云遮望眼，自缘身在最高层。"

《北京古塔》一书的写作，充分展示了梁欣立先生对北京历史文化的热爱和挖掘整理传统文化遗存的宏大志向，并且已经取得了令人钦佩的成果。这本书只是系列北京古建丛书的最新一本。他已经陆续写作出版了《北京古狮》《北京古桥》《北京古墙》《北京古戏楼》《北京清真寺调查记》等。他二十年如一日，奔波劳碌在大街小巷、河边湖畔、崇山峻岭、村野荒原，背着照相机，怀揣笔记本，寻找、发现、笔录、拍摄那些不被人关注的前人创造的文化和智慧的结晶。他默默地耕耘，为北京的文化大发展、大繁荣做出自己独特的贡献。梁欣立先生在《北京古狮》写过一篇记载密云古北口大道旁的一对古老的石狮，在2006年12月初的一个深夜，这对石狮被人盗走了。当地都无影像，是《北京古狮》上的照片提供了资料，重雕制一对新的石狮，矗立在村口大道旁。这对新的石狮，就是对梁欣立先生学术研究成果的充分肯定和奖赏。我祝梁欣立文友在发掘和研究北京历史文化的事业中取得更大的成绩。

张宝章
2016年9月

张宝章
北京史地民俗和皇家园林的研究学者
曾任北京市海淀区副区长、海淀区政协主席
中国圆明园学会学术顾问
北京史地民俗学会学术顾问

承载历史的座座古塔

塔是佛教的一种建筑形式，这一建筑形式早在东汉时期随佛教从印度传入中国各地。塔，梵文 stupa，译成汉字是窣堵坡、窣堵波、窣都婆，历史上古塔也有称浮屠或浮图等多种汉字表述。原意是坟冢、圆丘，是源于印度埋葬释迦牟尼火化后留下的舍利建筑，随着佛教的传播，佛塔的建筑形式也传播于世界各地，成为尊崇佛教的象征。《说文解字》讲"塔"字解释为"西域浮图也"。中国较早的佛塔记载，唐代玄奘在《大唐西域记》中讲述了许多关于窣堵坡（塔）的故事，例如：萨化泥湿伐罗国"城西北四五里，有窣堵坡，高二百余尺，无忧王之所建也。砖皆黄赤色，甚光净。中有如来舍利一升，光明时照，神迹多端"。就是说无忧王采用黄中带红的砖建造高塔，塔内藏一升如来佛舍利，塔会时常放出光芒和神迹。

中国古建筑学家梁思成对古塔的解释，在《梁思成文集》（四卷）讲：佛教初来的时候，带来了印度"窣堵坡"的概念和形象——一个座上覆放着半圆形的塔身，上立一根"刹"竿，穿着几层"金盘"。后来这名称首先失去了"窣"字，"堵坡"变成"塔婆"，最后省去"婆"字，而简称为"塔"。中国后代的塔，就是在重楼的顶上安上一个"窣堵坡"而形成的。

佛教从印度传来，最早的佛寺院建筑以塔为中心，周围建殿房。后来，佛寺院及塔建筑逐渐汉化，寺庙总体建筑不以塔为中心，大雄宝殿成了中心位置。大部分古塔是供奉或埋藏高僧舍利、佛像、佛经、僧人遗骨以及僧人用品等，设置于寺院附近称塔院的地方。佛寺香火持续绵延，僧徒们建灵塔葬师，成为佛教传承的一种传统，一代一代延续传承，许许多多寺庙都会在寺旁建灵塔，塔建多了就形成塔林。北京地区原寺庙附属的塔林众多，大部分已消失无迹，保留下来称塔林（院）的地方有五处：门头沟区潭柘寺上、下塔林院，戒台寺南塔林院，昌平区法华禅寺"银山塔林"，房山区上房山兜率寺塔院，圣莲山杏林塔院。

"古塔建筑"是中国古代建筑中的一种形式，北京地区的古塔从结构形式上分有：楼阁式塔、亭阁式塔、密檐式塔、花式塔、覆钵式塔、金刚宝座塔、过街门塔、经幢塔、扣钟式塔、组合式塔等。如果按建造材料划分有：木塔、砖塔、石塔、砖石塔、金属塔（鎏金嵌宝石塔、铸铜塔、铸铁塔、珐琅塔等）、琉璃塔、烧陶塔、象牙塔以及几种材料混合的塔等。中国及世界范围的"古塔建筑"形式就更多了。

舍利塔的"舍利"是梵文音译名词，原本指人死后的尸骸。据佛经记载，佛祖释迦牟尼涅槃后，弟子阿难在火葬其尸骨后，在其遗骨中找到许多晶体状物品，故曰舍利，后来也泛指僧人火化所得遗骨。随着佛教传播和发展，"舍利"的说法也越来越复杂，分类越来越多，如：骨舍利、法舍利、肉舍利、整身舍利、真身舍利、指骨舍利、顶骨舍利、舌根舍利、佛牙舍利等。将某僧人的"舍利"葬于塔中，此塔就称某僧人的灵塔，也就成为某僧人神灵延续的标志，供后人崇拜敬仰。

塔建筑经过千百年的发展，融入了中国建筑许多特征，基本上形成了定式，其塔的结构名称基本相同，分为塔基（含地宫）、塔座、塔身和塔刹四个主要部分。"塔基"指地下部分，是土建基础部分，塔地宫一般在地平线以下"塔基"之中，保存舍利、经卷、僧遗骨、石刻文字等密函的地方，是塔的精髓之魂，受佛教影响含有中国墓葬文化的内容。"塔座"指地面以上塔基座部分，分别有一层、二层或三层塔须弥座几种，平面呈四角形、六角形、八角形或"亚"字形。须弥座上下枋一般是仰覆莲花瓣，外竖面刻装饰纹，中间束腰形，多雕刻一些纹饰图案。"塔身"是塔建筑的主要部分，空心阁楼形式的、亭阁形式的、圆覆钵形式的、层层相轮形式的、多层密檐形式的、经幢形式的、还有金刚宝座塔形式等。"塔刹"位于塔的最高处，是"冠表全塔"显著的瞻仰标记，又称华盖（也称华鬘或天盘），包括流苏、风铃；另有塔上塔形式，又分为刹座、刹身、刹顶三部分；塔顶端还有金钟、

火焰珠、莲花宝珠、仰月圆日、尖头金刚杵和宝葫芦等多种形式。

经幢是佛教石刻的一种，也是塔建筑的一种形式，因其形似幢而得名。"幢"是梵文 Dhvaja 的意译，其音译为"驼缚若"。原本是一种由丝帛制成的伞盖形状的装饰品，顶端装如意宝珠，下端装饰有长木杆，竖立于佛像前，后来人们用石块模拟其形状建造出石经幢，将佛经或佛名刻于经幢之上。考古发现石经幢出现于唐代初年，五代两宋时期，一般安置在大道、寺院、墓道或墓旁等。经幢的形状多为八棱柱，也有六棱柱、四棱柱。柱顶有出檐盖，也称天盖，设单层、重檐、多檐不等，多雕刻垂幔、璎珞、串珠图案为装饰。经幢柱身上雕刻经文或图像，经文有汉字，有梵文，也有汉梵文字相间；图像是浮雕佛像、花饰、边线，或阴或阳线刻。经幢的名称繁多，有称"灵塔""寿塔""八棱碑""石柱碑""八佛头"等，也有称"法幢""妙幢""宝幢""花幢""香幢""坟幢"等。民间风水认为，茔地立经幢塔有祈福纪事之意。

中国古代的阴阳学说里有"数"的概念，儒家重要的经典著作《周易》上说"阳卦奇，阴卦偶"。古塔建筑的层数大多是奇数（单数）层，其一、三、五、七、九、十一、十三等，单数，称为奇数，作为"阳"的象征；而塔建筑的平面多是四角、六角、八角双数，称作偶数，为"阴"的象征。站在地面上观看塔，塔的层数突出显"阳"；塔平面的各角不能在一个方向全见到，暗含"阴"，塔建筑涵盖了阴与阳，天圆与地方，体现了古人对塔建筑美的理解和传承，充满了对佛的敬慕、清静、吉祥之意。

中国现存古塔估计有千座以上，第一座古塔应属河南省洛阳白马寺的"齐云塔"。汉明帝刘庄派出求佛的使者去"西天取经"，在东汉永平十年（67 年）使者随同印度僧人摄摩腾和竺法兰二人回到河南洛阳，为供二位外国僧人居住，将鸿胪寺加以改造。因佛经是白马驮来的，大家都称寺为"白马寺"。东汉永平十二年（69 年），寺旁建木质齐云塔，后毁。金大定十年（1170 年）重修，塔为砖砌四方柱状十三层。早期的古塔还有山西省五台县佛光寺北魏孝文帝（471—499 年）时建初祖禅师塔，为六角五层砖塔。北京市最古老的塔在房山区云居寺，唐景云二年（711

年）四月八日建，为笋状四方六层密檐石塔。

本书收集北京市现存的古塔从唐、辽、金、元、明、清各朝代的古塔544座，已消失的古塔216座。附介绍民国时期的塔11座，已消失的塔5座，基本覆盖全北京地区。古塔在北京市各行政区的分布不均，房山区、门头沟区和海淀区古塔数量较多，说明历史上寺庙数量多，香火持续时间长，后期遭破坏较轻而保留下来数量可观的古塔，其他各区古塔数量较少。消失的古塔有成百上千，本书主要靠石碑或历史资料的记载介绍了二百多座。清朝末年照相技术由外国人传入中国，通过老照片留存了一些消失古塔的影像，为我们提供了古塔的形状以及当时周边环境的历史信息，是研究地区历史文化的佐证。北京古塔大部分是僧人的舍利塔或墓塔，承载着僧人一生的成就；少量的塔为地理标志塔、风水塔、祝寿塔、纪念塔等。建造每一座塔，主持建塔的人都有自己的寄托和心愿，还要根据实际经济能力把塔建造到极致，建成的塔为传承佛教文化，有意无意留下了历史的印迹。

北京承载有历史文化特色的古塔有：房山区云居寺描绘唐代佛像和神像的方石塔；潭柘寺外为动物建造的"虎塔"和"龙塔"；西城区元代尼泊尔工匠阿尼哥建造的印度佛教覆钵式"妙应寺白塔"；少有的白云观道士"白云观罗公塔"；通州区作为京杭大运河航标指示的"燃灯佛舍利塔"；海淀区八里庄为皇太后祝寿建造的"永安万寿塔"；香山碧云寺宏伟壮观的"碧云寺金刚宝座塔"；坐落在凤凰岭海拔748米山顶上的"飞来石塔"；丰台区雕刻内容丰富的千灵山"护国宝塔"；门头沟区潭柘寺下塔林院中有造型、有文字、有人物图案的金代六角经幢式"了公长老塔"；为印度国尼僧建造的"底哇答思大师塔"及塔铭碑；密云城区外冶山顶上镇邪的风水"冶山塔"等，反映了北京地区古塔承载历史的跨度久远，种类齐全，造型多样，内容丰富，是北京地区十分珍贵的历史文物一类别。

梁欣立

2019年6月于北京紫竹院旁

北京古塔

一

东城区

东城区 古塔二十九座

北京故宫收藏的古塔

    北京故宫是明清两朝封建帝王居住、执政的紫禁城，位于北京市的中心，行政隶属东城区。紫禁城建于明永乐年间，经历了六百多年历史，建筑宏伟，珍宝万千，在清代乾隆时期至慈禧太后执政时期制造收藏精品达到鼎盛。1925 年成立"故宫博物院"，后因战争原因部分移动文物南迁，紫禁城建筑一度破旧不堪。1950 年以后逐步修缮殿堂建筑，收集、整理、修复大批文物，充实了北京故宫博物院的藏品。如今故宫是中国著名的皇宫旅游景点，在宫中有成千上万件的珍贵文物，有若干座华美珍奇的塔形文物。故宫博物院收藏了多座古塔，还有一些古塔流失在故宫以外，有在国外博物馆的，有在台北故宫博物院的，还有在中外私人手中收藏的，国际拍卖会上也出现过故宫古塔的身影。

1. 寿康宫金发塔

    寿康宫位于北京故宫西部，在慈宁宫的西侧第三进院落。寿康宫始建于清雍正十三年（1735 年）十二月，修建工程用了一年，于乾隆元年（1736 年）十月竣工，乾隆皇帝的生母崇庆皇太后入住寿康宫，寓意为长寿健康。清代的二百年里，寿康宫居住过太皇太后、皇太后及太妃等人。

    乾隆四十二年（1777 年）正月二十三日，乾隆皇帝的生母崇庆皇太后病逝于圆明园长春仙馆。乾隆皇帝让寿康宫保持了崇庆皇太后生前的室内摆设，并每年亲自到寿康宫拈香礼拜，缅怀崇庆皇太后。古人认为人的头发是父母赐予的，有亲情牵挂的寓意，脱落下的头发是人体的一部分，供奉存起来可以怀念先人。乾隆皇帝在其母去世一月时，即下诏制作覆钵式金发塔一座，用于专盛皇太后的落发。制作从二月二十五日开始，金发塔由清宫造办处承做，并派遣大臣福隆安、和珅等督办金发塔的制作全过程。金发塔先设计纸质样稿，送入宫中经乾隆皇帝亲自审订修改，定样稿，开工制作，经过八个多月的日夜紧张赶制，共用黄金三千多两，十一月初三制作完成。随即遵旨皇太后落发入藏金发塔，安供在崇庆皇太后生前居住过的寿康宫正殿东暖阁中，成为乾隆皇帝追思母亲的纪念物。金发塔按藏传佛教覆钵塔的样式，采用锤胎錾花、盘纹焊接和宝石镶嵌等工艺制作。

金发塔高 1.53 米，底座长宽各是 0.73 米，重 107.5 公斤。金发塔由紫檀须弥座

寿康宫金发塔

和金饰镶嵌宝石须弥座组成塔座，五层金刚圈、饰花纹嵌宝石龛门和兽衔垂珠宝的覆钵式塔身，刻有梵文的十三层相轮、垂绿宝石串珠的塔金华盖及宝石日月造型的塔刹五部分组成，黄金塔身上各层均于适当部位嵌珠宝、绿松石、珊瑚等装饰。上层四方须弥座的束腰部，每面有两只狮子，狮子直立两只前爪奋力向上伸，托举着须弥座的上枋，好似金刚力士的模样。覆钵式塔身内原供奉一尊佛像，佛像后放置盛崇庆皇太后落发的金匣，金匣外壁有八吉祥纹饰，下配白檀香木座。金发塔下部是紫檀木仰覆莲花瓣须弥座，色泽棕红稳重。

2016 年寿康宫对外开放时，金发塔供奉在寿康宫西配殿内南端，而不是记载中的正殿东暖阁内。金发塔金黄夺目，造型稳重，装饰精美，反映了清乾隆时期金塔制作的高超工艺水平，是故宫收藏的清代著名的金塔之一。

2. 咸若馆两楠木佛塔

咸若馆位于北京故宫西部慈宁花园北部中央。咸若馆是后宫的佛堂，周围环绕宝相楼、慈荫楼和吉云楼，南边是水池、方亭、花园。这里专门为明清两朝代太后、太妃们游玩休憩、礼佛唪经的地方。

咸若馆初建于明代，清乾隆年间改建成双脊面阔五间前三间抱厦大殿，殿内正中悬挂木金漆九龙乾隆皇帝御笔"寿国香台"匾，中间供奉佛像、香炉和烛台等，东西次间各放置一座八角七层楠木佛塔，高约 8 米。楠木佛塔座是浮雕花纹八角须弥座，塔中心是一根中心柱从底贯通到顶端，每层香盒式八根立柱支撑，外围木雕望柱护栏，每层顶是刻花立板无外伸塔檐，转角上挂一个铜铃铛，塔内分别供奉"大清乾隆辛卯年造"的瓷制无量寿佛五百尊。"大清乾隆辛卯年"即乾隆三十六年（1771 年）。塔顶部八角攒尖式，楠木雕斗拱、扣瓦和翘檐角，挂铜铃。塔顶端铜铸塔刹，塔尖垂八条链条到翘檐角。咸若馆内放置的这两座楠木佛塔是皇太后、太妃们对佛的尊崇，也有装饰殿内环境的作用，可谓"七级佛塔聚千佛"。

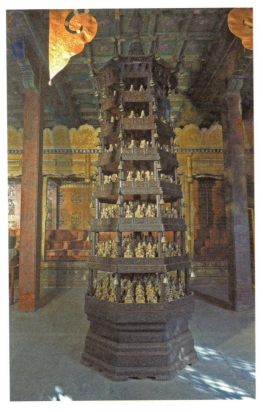

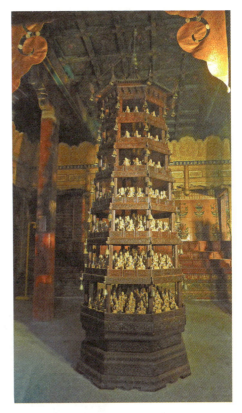

咸若馆楠木佛塔（东）　　　　　　　　　　咸若馆楠木佛塔（西）

3. 金嵌珍珠宝石覆钵式塔

　　金嵌珍珠宝石覆钵式塔置于北京故宫养性殿之北的乐寿堂内展示，后移至珍宝馆。金嵌珍珠宝石覆钵式塔原供奉于西六宫以北的重华宫崇敬殿佛堂中，重华宫曾经是乾隆皇帝做皇子时的居所。

　　金嵌珍珠宝石覆钵式塔为清代制作的宫廷金佛塔中的精品，以镶嵌珍珠宝石多而得名珍珠宝石塔，类似这样的金塔有多座，其尺寸都比此塔小一些，局部装饰和镶嵌珠宝也有所不同。金嵌珍珠宝石覆钵式塔通高 1.29 米，共用黄金 85 公斤，大珍珠 293 颗及小珍珠千颗，绿松石、红珊瑚、青金石等各种珠宝玉石 500 余块。整

座金塔细腻精湛，各种宝石间隔点缀镶嵌在塔周身，因用黄金数量比一般金塔要多，塔壁的厚度比其他金塔厚重，外观也更感敦实。

金嵌珍珠宝石覆钵式塔的塔座正方形，底边的各边长 0.62 米，为两层须弥座。下层金制仰覆莲须弥座，高度比上层矮。上层须弥座束腰部的四个转角处錾刻花纹，每面两只头朝外的行走狮子，狮子周围嵌珍珠。四方须弥座上是三层金刚圈錾刻莲花瓣底纹，刻梵文，间隔镶嵌各色宝石。覆钵式塔身肩部饰双角兽头，兽口衔璎珞，浮雕垂链嵌宝石。塔身正面设龛门，门沿上镶嵌珍珠两周。塔相轮十三层，层层满刻梵文，嵌大珍珠。塔上部金华盖天地盘，地盘周沿悬垂由一千多颗珍珠坠连成的珍珠串，加上珊瑚珠、青金石组成璎珞装饰。塔顶端为金包白玉制成日月形，猫眼石制成火焰宝珠塔刹。总之，金嵌珍珠宝石覆钵式塔是故宫金塔中的代表

金嵌珍珠宝石覆钵式塔

作之一，反映了清代制作金器上镶嵌珍珠、宝石的非凡工艺水平。

2016 年 6 月，北京故宫博物院与皇家加勒比国际邮轮合作，将中华民族传统文化精粹故宫文创产品向外部世界展示。其中金嵌珍珠宝石覆钵式塔放在"皇家加勒比海洋赞礼号"邮轮上进行展出，随着邮轮在各大洲的海洋巡游，向各国游客展示中国古代金塔的闪烁耀目。

4. 金累丝嵌珠宝覆钵式塔

金累丝嵌珠宝覆钵式塔置于北京故宫养性殿之北的乐寿堂内展示，后移至珍宝馆。金累丝嵌珠宝覆钵式塔为藏式金刚宝座塔形式，塔通高 0.7 米，覆钵塔身底直径 0.38 米，重 17.7 公斤。此塔有三大特色：一是选用材料名贵，塔身通体为黄金质；二是装饰华丽，遍身嵌饰珍珠、绿松石、青金石等，具有明显西藏地区的装饰风格；三是形制独特，正中为中心塔，四周围绕着八座小金塔，分别代表四方四维八个方向，是藏传佛教空间观念的体现。

"金累丝"也叫作"累丝""累金"或"花丝"，是中国古代传统制作工艺的一种。根据考古发现在河南就出土商代的金首饰，说明公元以前中国人就可以将"黄金"提炼出来，通过人工锻造和拉延制作成各种金饰品。经过千年的制作工艺发展进程，人们可以将黄金采用多种工艺加工手段制成精美的金饰品，"金累丝"只是其中之一。"金累丝"的做法，将金拉成很细很细的金丝，作为基本原材料，然后将金丝编成辫股或各种网状图案，再焊接在器物上；或将炭末与白芨液调和一起塑成各型炭模，表面用金丝堆铺成设计图案，然后用火把炭模烧毁，留下镂空的金器物。金累丝制作金饰品的表现手法很多，比如掐丝、填丝、攒焊、平填、堆垒、堆灰和编织等，每道制作工序表现手法都需要工匠多年经验积累和熟练操作，每件金累丝饰品都是高贵、华丽的象征。

金累丝嵌珠宝覆钵式塔就是宫廷造办处采用"金累丝"手工制作方法完成。首

先制作出等比例的主体塔器物,将金累丝编织成图案"平填"表面,形成构图画面,连接缝"攒焊"起来,再用"掐丝"和"填丝"手法调整、丰富图案的内容,同时选择适当部位镶嵌珍珠宝石,布满金丝图案的表面衬托宝石。金累丝珠宝塔底部二层须弥座,下层是紫檀木雕须弥座,上层是金质须弥座,束腰部嵌红宝石20块,四周饰绿松石、青金石、红珊瑚,还有水晶120块。须弥座上八座小金塔与一座大金塔形状相似,塔身中部一圈饰绿松石、青金石、红珊瑚、宝石带,塔身上金累丝底饰绿松石、红珊瑚,点缀八个绿松石鬼脸,塔前龛门边沿填堆金丝花纹,龛门内供奉佛像。塔身上四方珍珠宝石座承托九层金圈相轮,顶部镶嵌两圈宝石的圆盘状华盖,塔顶端大红宝石为日,三颗硕大白珍珠,周边是金丝绿松石做成火焰纹和祥云的塔刹。

金累丝嵌珠宝覆钵式塔整体是金丝光内敛,镶嵌玉石温润,宝石之明艳,塔

金累丝嵌珠宝覆钵式塔

金累丝嵌珠宝覆钵式塔局部图

造价昂贵，显示出追求超级的豪华，宫廷摆设的趣味，表现出前人对"奇巧"的欣赏。

5. 金嵌宝石八角覆钵式塔

金嵌宝石八角覆钵式塔置于北京故宫养性殿之北的乐寿堂内展示，后移至珍宝馆。原在乐寿堂内摆放展示有三座金塔，即金嵌珍珠宝石覆钵式塔和金累丝嵌珠宝覆钵式塔，其中金嵌宝石八角覆钵式塔放置在堂内西北角，此塔是清代制造的典型汉藏式塔，也有称"和欢塔"。塔通高 1.22 米，八角底边各长 0.23 米。塔座为紫檀木八角须弥座，座沿上一圈镂空雕花望柱护栏。虽然黄金制作的金塔都是中空密

金嵌宝石八角覆钵式塔

金嵌宝石八角覆钵式塔局部图

闭的结构，但此塔肚空腔内设有分间隔板，八面设八间隔板互不相通，形成独特的内部结构。塔身八个面各开一龛门，龛门沿嵌红宝石一周，龛内的分间隔板，每个龛内供奉玉佛一尊。往上的八角九层相轮也是空心，每层八面的各面开一小拱券龛门，龛门外沿嵌宝石，每个龛门内供奉一尊小佛像，整座金塔供奉大小佛像共计 80尊。塔上部金华盖外沿悬挂珍珠串编织的垂帘璎珞装饰。塔顶部是八角金望柱青翠石护栏的小平台，承托金制仰月和金覆钵体佛龛，顶端翡翠玉石珠的塔刹。

金嵌宝石八角覆钵式塔有着相当独特的塔形，塔身内设隔板，带佛龛门的相轮，外镶嵌珠宝，构思颇有创意，显然塔结构借鉴了汉族地域建筑中墙龛和塔龛的思路，具有汉、藏两种民族风格。塔身全金，镶嵌珍珠和宝石，珠光宝气，反映出皇家对佛的敬重，也显示宫廷摆件的豪华气派。

6. 象牙雕群仙祝寿塔

象牙雕群仙祝寿塔收藏于故宫博物院内，2015 年 10 月曾在紫禁城午门城门楼上展出。

象牙雕群仙祝寿塔为清朝广东地方象牙作坊雕制而成，由八角十三层宝塔、风水桥、牌楼、大殿、山石、凉亭、树木及神仙寿星人物等组成的象牙雕塑群，主要材料是公象牙齿，附加彩绘、宝石、珊瑚、绿石等。象牙雕群仙祝寿塔为八角十三层密檐阁楼式塔，每层内外两圈十六根立柱，中心是八面龛门内供佛像，外精雕护栏，塔檐外伸仿瓦木檐，檐脊端悬挂牙雕铃铛，顶部攒尖顶红珊瑚葫芦形塔刹。

此塔没有制作的具体时间，其目的是广东地方官员为皇帝、皇后寿辰时进献的礼品，象牙雕群仙祝寿塔雕刻细腻精美，切磨雕嵌工艺高超，制作完成后分装小箱，千里迢迢、小心翼翼地运到京城，送到宫廷造办处，再精心组装起来，呈献给皇帝、皇后祝寿娱乐。

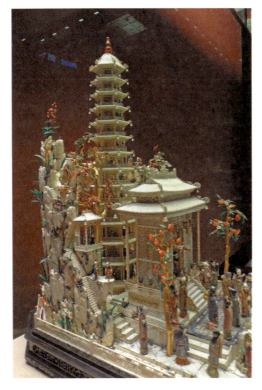

象牙雕群仙祝寿塔   象牙雕群仙祝寿塔正面图

7. 梵华楼六座珐琅大佛塔

梵华楼位于故宫的东北角景福宫之北，是非常隐蔽的一处佛楼，大多故宫地图上都不标注"梵华楼"的名称，梵华楼建于清乾隆三十七年（1772 年），当年乾隆皇帝六十一岁，为退位颐养天年而改建宁寿宫时，专门建造的密修藏传佛教六品佛楼。梵华楼坐北朝南，七开间二层楼，正中明间供奉明代鎏金伏填王旃檀佛像，东西两旁各三间，每间供奉一座掐丝珐琅大佛塔，也称景泰蓝塔，共计六座。这六座塔的塔名不详，应是同一时期、同一建造工艺，虽然造型各不相同，却都豪华精美。每间中心一大佛塔，周围墙上挂藏画唐卡，塔顶对着二层天井中央。大佛塔庄严肃穆，守护着梵华楼这个神秘的空间，除珐琅大佛塔、唐卡外，楼里还供奉大小佛像共 786 尊。

　　梵华楼自乾隆年间建成后到光绪年后期，一直保持为佛楼，很少有人去拜访，院门紧锁从不让人靠近，大清王朝覆灭后，梵华楼就给封闭起来了。民国时期的军阀战乱，民国政府的文物南迁，抗日战争时的日本人占领北平，到 20 世纪 60 年代的"破四旧"都没有触碰到梵华楼。直到今天"低调"的梵华楼也没有对外开放，就是在故宫工作几十年的老员工也很少有人去过梵华楼，这六座梵华楼掐丝珐琅大佛塔不知名称，不知尺寸，不知细节，还是非常神秘的。

珐琅大佛塔之一

珐琅大佛塔之二

珐琅大佛塔之三

珐琅大佛塔之四

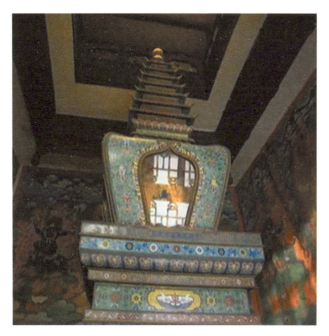

珐琅大佛塔之五

珐琅大佛塔之六

8. 储秀宫一对象牙塔

储秀宫位于故宫北部内廷西六宫之一，始建于明代的汉族宫殿建筑，清代重修整理。储秀宫为单檐歇山顶宫殿式建筑，面阔五间，前出廊，是后妃居住的地方。清咸丰二年（1852年），十七岁的慈禧入宫就居住在储秀宫，青春在此度过。咸丰六年（1856年）三月，慈禧在储秀宫后殿生下爱新觉罗·载淳（即同治皇帝）。到光绪十年（1884年），慈禧为庆祝五十岁生日，命人重修宫室，并回储秀宫居住。1922年溥仪的皇后婉容入宫也居住过储秀宫。储秀宫五开间，分明间和次间，内部陈设豪华讲究，在西次间的翘头几案上摆放着一对象牙塔。象牙塔为八角九层阁楼式，除塔座用木料制作外，全塔上下里外都是象牙材料精心雕琢，每层八根立柱形成环廊，中心八面的每一面牙雕小拱券门和装饰图案，塔檐仿瓦木檐雕刻，设八条檐脊，塔檐脊端挂小巧玲珑的象牙铃，精美绝伦，塔顶八角攒尖式。这对象牙塔应是慈禧太后五十大寿时地方官员敬献的礼物之一，被放置在慈禧太后生活过的居所。

储秀宫一对象牙塔

9. 雨花阁九塔

　　雨花阁位于故宫内廷外西路春华门内，是故宫数十座佛堂中最大的一处。雨花阁建于清乾隆十四年（1749 年），建筑为楼阁式，吸取了汉族建筑与藏式建筑的特点，外观三层，一、二层之间靠北部有暗层，形成"明三暗四"的格局，一层面阔、进深各三间，四周出廊。一层称智行层，悬挂乾隆御题"智珠心印"匾额，供奉无量寿佛等众多佛像，殿内佛像前伫立多座佛塔，有鎏金宝石塔、金塔、紫檀木塔、铜铸塔、粉彩瓷塔、珐琅塔等。百年来有些塔被移动进出雨花阁，所以雨花阁中塔的数量不确定，只能介绍九座塔。

　　雨花阁殿顶鎏金铜塔。雨花阁殿顶是四脊攒尖形，各脊端一条金龙，脊尖一座金塔，这四条龙和塔共用了 500 多公斤铜才铸造而成。塔为铜体鎏金，通高九尺六寸，四方塔须弥座承托塔身，覆钵式塔身上挂串珠璎珞，朝南设雕花龛门，十三层相轮两旁加云纹板，塔华盖铸有兽头纹饰和垂帘，塔顶仰月宝珠塔刹。

雨花阁殿顶鎏金铜塔（2016 年）

雨花阁殿南廊内有座八角九层楼阁式紫檀木塔。塔结构非常精巧，塔座很特别，采用了八根桌腿式支撑着全塔，有点头重脚轻不稳的感觉。八根支撑腿座承托雕花须弥座，塔一层至九层紫檀木精雕卯榫衔接而成，每层设拱券龛门中间空腹，塔檐角悬挂黄色金属制小铃铛，塔刹金塔形垂八条金链。

雨花阁大殿内，佛像前部共有六座塔，正中一座紫檀木塔，左右是一对六角五层粉彩瓷塔和一对六角五层雕花楠木塔。

殿内迎门正中一对紫檀木八角七层楼阁式塔。塔座两层，上为汉白玉石八角须弥座，下是八角紫檀木须弥座。七层塔身向上收减呈八方笋状，每层八根立柱围成回廊，内八面中东、南、西、北四个正方向设佛龛供奉佛像，另四面是雕竖条隔板，塔檐木雕仿瓦木檐，塔顶九层相轮圆尖塔刹。

靠近紫檀木楼阁式塔左右，各一座六角五层粉彩瓷塔。粉彩瓷塔以凸凹槽层层相接，高约 2.8 米。塔座分两层，下层汉白玉石六角须弥座，上层紫檀木六角须弥座。塔身粉彩瓷质，每层六面其中三面各有一半圆拱形龛门，另三面是三小窗形，

雨花阁一层殿内景

六角五层粉彩瓷塔

南廊紫檀木塔

外一圈白色护栏装饰。五层塔檐不全一样，其中第四层是重檐形式，一、四（上层）层塔的檐较宽，檐脊上翘檐；二、三、四（下层）、五层是短塔檐；塔顶部六角攒尖，顶端金属圆圈和圆球组成塔刹。

粉彩瓷塔外侧是一对六角五层雕花楠木塔，高约3.4米，榫卯相连，少量的地方用胶粘。塔身五层，每层六面，每面是井字框九方格窗形，看上去与一般塔层间样式有所不同。

雨花阁殿正中佛龛后面即三座大坛城，类似天坛祈年殿建筑，坛城中供奉佛像，周围护法神像，其中一坛城供奉的是白檀木观音像，观音菩萨像前摆放一对藏式鎏金宝石塔，略显陈旧。塔底座紫檀木四方雕花须弥座，全塔铜铸鎏金制作，塔座四方须弥座，束腰部每面有两只狮子，须弥座上是五层四方托塔台，方托塔台每

观音像前鎏金宝石塔

面中间设护栏上下台阶，塔身为覆钵式，朝南嵌宝石佛龛门，十三层相轮两旁插挂宝石云纹板，塔顶镂空华盖仰月宝石塔刹，塔上镶嵌多颗宝石。

雨花阁的九座塔，除建筑屋顶一座塔外，其他四对八座古塔都陈列在殿内一层。佛堂内这些塔是重要的尊佛装饰物，几百年来静静地伫立在殿内，直到2010年故宫的工作人员给部分古塔做了防震、防倒加固处理。

10. 金佛覆钵式塔

　　金佛覆钵式塔收藏于北京故宫博物院内，不定期进行展示。金佛覆钵式塔制造于1911年，由黄金铸造，高约1.3米。金佛覆钵式塔塔座二层，下层是紫檀木"亞"字形须弥座，镶嵌浮雕花饰及蓝绿宝石。上层塔座与金塔一体，圆形须弥座承托塔身，塔身覆钵式，正面龛门内供奉坐佛像一尊。覆钵式塔身上是四方座和圆形须弥座共同承托十三层相轮。塔顶比其他金塔要复杂得多，有华鬘流苏的华盖，镶白玉石的仰月，镶红宝石的圆日，还添加了左右挑杆挂金经幡，塔顶端是镂空花饰顶珠（塔顶的装饰不知其名称）。此金佛覆钵式塔在藏传佛教宝塔中属于嘎当宝塔。

金佛覆钵式塔

11. 檀木钟表塔

　　檀木钟表塔展放在故宫内钟表馆，与清朝外国人敬献给朝廷的各种工艺钟表放在一起。檀木钟表塔采用中国密檐塔的形式，在底座上加入了外国机械指针钟表的部分，形成了有一定使用功能的装饰品。檀木钟表塔为六角十三层密檐，通高 1.2 米，主要用檀木雕刻拼砌而成。底座将传统的须弥座换成六面六角箱盒式，其正面嵌一个铜盘指针钟表，另五面嵌雕花金属装饰板，六个转角各装一个金烛台。底座上沿一圈玉石护栏，塔台正面设七级木台阶，又设一圈精雕木护栏，塔的每层都有金黄色小人，数量不等，塔顶六角攒尖葫芦尖。此塔应是出自中国工匠之手。

檀木钟表塔

通教寺三塔

通教寺位于东城区东直门内北小街针线胡同 19 号，三座古塔在寺的后院。通教寺最早为明代一太监创建，清代改建为尼僧寺，是北京城较知名的一座比丘尼寺庙。民国初期北京《本市寺庙调查一览表》记载："通教寺，（尼僧住持）果永，一人，针线胡同二号。"[1] 1941 年，由尼僧印和主持，当时殿宇破败，殿堂倾圮，佛

通教寺三塔（2014 年）

注释

①《本市寺庙调查一览表》（手抄本），中国国家图书馆藏，第 61 页。

像残毁。1942 年，从福建来的开慧和胜雨两位尼僧住进通教寺，着手重修殿堂，安单接众，创办了"八敬学苑"，积攒捐赠用于修寺。重修后的通教寺山门朝东，寺院面积扩大，建了大雄宝殿、念佛堂、五观堂、寮房等建筑。1984 年被定为北京市东城区文物保护单位。2009 年 2 月至 2010 年 11 月寺院再次全面大修。

通教寺院西南角是一处封闭的小塔院，西邻东直门北小街，塔院内有三座覆钵式白塔，始建年代不详，三塔均高约 4 米，南北一字排开。南边塔称"殊胜塔"，砖石结构通体白色，塔座四方须弥座，朝东嵌一块黑大理石刻金字"殊胜塔"，下款"通教寺"。须弥座上是四层收分四方台塔托（也叫脐轮），往上是四方凸棱形塔身，这与一般圆形覆钵式塔身有所不同。塔身上是八角须弥座和仰莲圈，连接十三层相轮；塔顶石刻仰覆莲花瓣华盖，束腰部一圈宝珠；塔刹是仰月托宝珠，象征日月。中间一座塔称"降魔塔"和北边一塔称"菩提塔"，这两座塔的塔身是圆形覆钵式，其他地方与"殊胜塔"塔形基本一样。这三座古塔修缮过，塔的具体情况没有查到相关文字记载。

法藏寺弥陀塔

　　法藏寺位于东城区龙潭路铁路西的幸福东街 10 号附近，旧地名霍家桥。法藏寺始建于金大定年间，原名弥陀寺。明朝景泰二年（1451 年）由太监裴善静重修，改称法藏寺。因其寺有高大的弥陀塔，民间俗称法塔寺，也有称白塔寺。法藏寺明代在外城内东南，属崇南坊；清朝寺庙荒废，到清光绪三十三年（1907 年），寺庙已毁，但弥陀塔还留存，1958 年弥陀塔被拆除。

　　民国时期的老照片再现了弥陀塔的身影，高大宏伟，庄严肃穆。

　　弥陀塔为八角七层阁楼密檐式砖木结构，建造具体年代不详。从老照片中的人物高度推算塔高度约 30 米。塔基座条石砌，一层塔身八面砖砌，能见到一面有被砖封堵的拱券门，估计拱券门的一面是朝南向，其他面无门窗，塔门两旁各一方石碑，还有一位坐着的人。塔的二至七层都是八面探出仰瓦灰梗塔檐，塔檐下木椽子或砖雕仿木椽，每面各有一拱券窗，窗内有台供奉佛一尊，佛前设一燃油灯，拱券窗两侧各开一小方窗，形成每面一大二小三个窗口，塔内有楼梯连通上下。塔顶八脊仰瓦灰梗攒尖顶，圆须弥座宝珠塔刹。清《宸垣识略》记载："法藏寺弥陀塔中空可登。塔崇十丈，窗八面，窗置一佛，凡五十八佛，佛设一灯。岁上元夜，僧燃灯绕塔奏乐。金光明窗，乐作天上矣。"[1] 就是说清朝年间，每逢正月十五上元节那天，天黑时寺中僧人便点燃塔上各层佛前灯，明亮的灯火透过窗口映照塔外，众僧

注释

① 吴长元辑：《宸垣识略》，北京古籍出版社 1983 年版，第 171 页。

在寺住持的带领下绕塔奏乐诵经，佛乐经声尘上。周围众百姓聚集，有双手合十祈求苍天风调雨顺的；有跟随僧侣队伍转塔许愿的；还有一家老小看热闹的，异常风趣，隆重热闹。每年农历九月初九重阳之时，很多人特来登塔远眺，迎秋风观望京城景色。弥陀塔建造质量上乘，几百年后仍然屹立着，"法藏寺弥陀塔和法塔寺地名早就名扬全北京城。1958年法藏寺塔拆除"。① 这样的阁楼密檐塔在北京地区并不多，房山区有良乡塔和天开塔，建造时间在辽金时期。

法藏寺弥陀塔（选自老照片）

注释

① 北京市崇文区地方志编纂委员会编：《北京市崇文区地名志》，北京出版社2004年版，第235页。

清乾隆景泰蓝塔

　　清乾隆景泰蓝塔，也可称珐琅塔，《旧都文物略》[①] 一书中看到，未知塔原在何处放置，塔已无踪迹。此塔为清乾隆年间制作的精品，塔座四方紫檀木雕花须弥座，雕刻花饰端庄精美。塔身为景泰蓝工艺制造，三层空心结构。塔一层四方形，十二根立柱围成回廊；廊内四面的每面开一雕花装饰龛门，两侧各设一双扇雕花活动门；上部四角重檐，檐下仿木斗拱，檐上仿瓦垄。塔二层八角形，外圈八根立柱围成回廊；八面中前后各开一雕花装饰龛门，其他六面各开一双扇雕花活动门，上部八角重檐仿木斗拱。塔三层圆柱形，外圈六根立柱围成圆形回廊；廊内六面前后二个雕花龛门，其他四面各一双扇雕花活动门；上部圆顶三层塔檐，圆攒尖塔顶，顶端覆钵式小塔，顶尖四棱金刚杵塔刹。塔整体从方到圆，呈现"天圆地方"之意，制作上从设计、做模、掐丝、点蓝、烧制、错平、磋磨等工序，分别制作构件，再进行立柱与回廊的结合，活动雕花双扇门的安装，塔檐上仿瓦垄面和檐下仿木斗拱卯榫组合等装配，制作工艺非常精致。可惜这座清朝"乾隆盛世"的景泰蓝塔，现如今不知身在何处。

注释

　　① 汤用彬等编：《旧都文物略》，中国建筑工业出版社 2005 年版，第 236 页。

清乾隆景泰蓝塔

蟠桃宫外三塔

　　蟠桃宫是老北京以庙会而出名的道观，地点在东便门角楼的东南方，今天仅剩蟠桃宫的一方石碑，伫立在马路旁小公园的凉亭中。

　　民间传"西王母设蟠桃盛宴款待众仙"，吃了蟠桃视为长生不老，为此建了蟠桃宫，历史可以追溯到明代万历年间。当时由道士掌管的蟠桃宫，周围砖墙内二进院落，三开间大殿里供奉着王母娘娘和麾下十二娘娘，娘娘们的神灵与求子、安产、养育、疾病等女性生活祈愿密切相关。每年农历三月初三春风地暖，蟠桃宫连续三天举行庙会，旺盛时京城远近闻名，随着香火聚人气，蟠桃宫前成为庙会聚散地，最旺盛时蟠桃宫前从东便门到白桥街里有一公里长，地摊相连，人声鼎沸，热闹非凡。

　　蟠桃宫南墙外有三座塔，从民国时期的老照片看，两座砖塔残损破旧，另一座覆钵式石塔相对完整。三座塔应与蟠桃宫有关联，可能是蟠桃宫内道人羽化后的墓

蟠桃宫外三塔老照片

塔。两座砖塔年久破旧，仅剩砖砌须弥座和塔身一小部分；覆钵式石塔有明代石塔特征，塔顶的塔刹部分丢失，塔身较完整。20 世纪 40 年代后期三座塔与蟠桃宫建筑基本消失。

二

西城区

西城区　古塔二十座

白塔寺白塔

白塔寺位于西城区阜成门内大街 171 号，正名妙应寺。元代称"大圣寿万安寺"，明天顺元年（1457 年）重修寺庙后改称妙应寺，因寺内有白塔，俗称白塔寺。白塔寺为三进院落，白塔在寺院的北塔院，塔院南门匾额书"敕建释迦舍利灵通宝塔"，门外立白塔设计建造者阿尼哥 [①] 塑像。白塔寺白塔建于元至元八年（1271 年），在北京地区是体量最大的一座古塔。

白塔寺的前身就有寺有塔，早在辽代此地有永安寺，有一座塔，是位佛教密宗高僧所建。"世传是塔创自辽寿昌二年（1096 年），为释迦佛舍利建，内贮舍利戒珠二十粒，香泥小塔二千，无垢净光等陀罗尼经五部，水晶为轴。" [②] 后来兵争战火使寺庙被损毁，塔也被破坏。

元世祖忽必烈占领北京后，兴建元大都城。元至元八年（1271 年）的一天，有人禀报忽必烈皇帝城西残塔处"每于静夜现光，居民惊疑失火，仰视之烟焰却无，

注释

① 阿尼哥（1244—1306 年），尼波罗国人（今尼泊尔人），贵族出身，通佛经，建筑师，雕塑家，工艺美术家。1261 年，16 岁的阿尼哥从尼泊尔来到中国西藏，负责修建西藏黄金塔获好评。1262 年跟随八思巴大师进京弘法，1278 年被元世祖忽必烈授予光禄大司徒，1279 年主持设计兴建白塔，后陆续建了 10 余座建筑，为尼泊尔与中国文化交流做出了杰出的贡献。

② 蒋一葵：《长安客话》，北京古籍出版社 1982 年版，第 26 页。

乃知舍利威灵，人始礼敬"。① 忽必烈听后，让八思巴大师去调查打探，八思巴命人打开残塔地宫，发现"石函铜瓶"藏有多件佛宝物，其中在舍利铜瓶底下有一枚铸有"至元通宝"的铜钱，残塔是前朝之物，"至元"乃是忽必烈定的国号，八思巴深感天意难测，回禀忽必烈。元至元八年（1271年）三月二十五日在八思巴大师的陪同下，忽必烈皇帝和察必皇后亲自到现场验阅，看到舍利铜瓶底下的"至元通宝"铜钱，极为惊喜，"帝后阅之，愈加崇重"。八思巴大师向忽必烈赞颂了一番塔中佛宝物和"至元通宝"铜钱寓意，为求佛力保佑江山社稷，请建一座大白塔。忽必烈欣然同意，下旨建立覆钵式白塔，藏佛宝物镇一方安宁。

建白塔聘请了尼波罗国（今尼泊尔）工艺建筑家阿尼哥主持，并授予"诸色人匠总管"的官职，阿尼哥带领数十名来华工匠团队，配备了上千民工和兵卒，在辽代永安寺残塔遗址上建白塔。原材料都是从百里以外或更远的地方运来，运石打凿

白塔寺白塔（2015年）

注释

① 蒋一葵：《长安客话》，北京古籍出版社1982年版，第26页。

铺基座，烧白灰制砖建塔身，熔铜铸造塔构件，建塔的过程中采用堆土方法，还是搭脚手架方法至今尚不清楚。至元十五年（1278 年），忽必烈多次褒奖阿尼哥，并提升阿尼哥为光禄大夫、大司徒，掌管宫廷各类器物制造的"将作院"之事。建白塔工程经历八年，至元十六年（1279 年）白塔建成，并迎来释迦佛舍利藏于塔中，忽必烈亲自前往瞻礼，并命名塔为"胜利三界大宝塔"。以白塔为中心建 16 万平方米的"大圣寿万安寺"院落，成为皇家礼佛的重要场所。这座硕大的白塔，集皇权与神权于一体，充分体现了元世祖忽必烈"以佛治心"的政策。元至元三十一年（1294 年）正月二十二日，忽必烈因病去世，葬礼就是在大圣寿万安寺（白塔寺）举行，参加人员达七万之多，声势浩大。

白塔为藏佛教覆钵式塔，起源于古印度的窣堵波，由塔基、塔座、塔身、相轮、华盖及塔刹等组成。"妙应寺白塔通高 50.9 米，砖石结构，塔基占地 1422 平方米。"[1] 白塔基座高 9 米，分三层，塔基一层，塔座二层须弥座，平面呈"亚"字形状。须弥座上匝放一圈铁灯龛，其上为俯莲花座，有五道环带形"金刚圈"承托塔身。塔身是一巨型覆钵体，直径 18.4 米，外形浑雄。为防止塔体开裂，加七道铁箍环绕，20 世纪 40 年代的老照片可以清晰看到塔身上铁箍圈印，使塔身更加坚固，后来外表加保护层涂白色。民间传说白塔裂开一条缝，是鲁班师傅一夜之间锔了七条铁箍。《燕京续咏·白塔寺之七铁箍》竹枝词曰："佛说因缘一缝开，结缘因待有仙来；玄机妙算无人识，七条铁箍成异哉。"

塔身之上须弥座连接相轮，相轮是砖砌呈圆锥状十三层，又称"十三天"，顶端接华盖。华盖又名天盘，直径 9.7 米，用厚木板为底，上包铜瓦及铜板，四周悬挂 36 片铜制透雕的华鬘流苏板，流苏板是一个"佛"字板和一个梵字板间隔悬挂。1978 年维修时发现华鬘上另有铸字，如"大明慈圣宣文明肃皇太后李，大明万历辛卯年九月吉日造"。华鬘流苏板下挂 36 个铜铸风铃，都是明万历十五年（1587 年）

注释

① 刘季人：《北京西城文物史迹》上册，北京燕山出版社 2011 年版，第 90 页。

八月铸造，其中 29 个风铃上有捐款铸铃人的铭文，这里有朝廷官员、宫中太监、笃信佛夫人、寺庙道观等。铭文例："万历十五年八月吉日／景皇陵管事袁奉造钟一口""万历十五年八月吉日／佑圣夫人徐氏造钟一口""朝天宫道官姜得玄造钟一口""天宁寺洪安造钟一口"等。华盖上是一座铜制覆钵塔的塔刹，高 4.2 米，由七条铁锁链固定于华盖中央，整个鎏金铜质塔刹重达 4 吨，当年怎样安装到塔顶上去，如何施工的至今还是谜。

明天顺元年（1457 年）重修大圣寿万安寺后，改称妙应寺。明成化元年（1465年）为敬佛，皇帝派官员去白塔寺送"香烛灯油"，白塔座周围建造灯笼一百零八

民国时期妙应寺白塔

座，点燃灯火，照亮白塔以奉佛。

清康熙二十七年（1688年）奉旨重修庙宇，并立御制碑。官府允许僧人出租部分房屋，维持寺中开销，逐渐形成白塔寺周围的商市和年节的庙会。一度百姓逛庙会转塔祈福成民俗，清《日下旧闻考》记载："元旦至三日，男女于白塔寺绕塔。"① 民间也有八月初八绕白塔风俗，认为能祛除邪祟，祈求吉祥。老奶奶领着孙子唱儿歌："秋风起，八月八，我跟奶奶绕白塔。白塔高，白塔大，绕来绕去够不着它。"

到清乾隆年间，遵旨大规模维修白塔，塔内增加了藏宝物，塔周围建红墙，四角设间亭，塔院赐名"敕建释迦舍利灵通宝塔"，院内塔殿供奉铜铸连龛三世佛。

清朝末年，清廷腐败，国家颓废，光绪二十六年（1900年）八国联军入侵北京，白塔寺遭到空前洗劫，寺内金银供器、佛卷经书被抢一空，但白塔没有受损。民国时期，1928年、1937年对寺庙白塔进行过较大的修缮。

1961年3月4日，中华人民共和国国务院公布"妙应寺白塔"为全国重点文物保护单位。1964年白塔顶安装了避雷装置。

1972年3月11日，周恩来总理批示："同意修复广济寺，重修尼泊尔工程师为我建筑的西城白塔寺，不作庙宇，只作古迹看待，专供游览。"② 周总理的这一指示延续到现在，白塔寺作为古迹景点开放参观，各大殿恢复佛像，东西厢房举办有关白塔历史的展览。

1976年唐山大地震波及北京，白塔天盘下十三天顶部被震坏，华盖倾斜，固定塔刹的铁链有几条震断。1978年秋对白塔进行维修，10月1日在塔顶内发现清乾隆十八年（1753年）修缮时存留的一批珍贵文物。文物包括：高20厘米的铜三世佛、黄檀木观音像、33粒佛舍利子、清代《大藏经》724函龙藏新版、楠木经函内

注释

① 于敏中等：《日下旧闻考》，北京古籍出版社2001年版，第2348页。

② 刘季人：《北京西城文物史迹》上册，北京燕山出版社2011年版，第101页。

放哈达、乾隆御笔抄写的《般若波罗蜜多心经》和《尊胜咒》、镀金银瓶放黄檀木念珠、赤金无量寿佛像，还有香泥饼、药材、五佛冠、五彩线密封册、补花袈裟、元代诗文罐等珍贵的文物。另外在塔裂缝中发现1937年"罗德俊记录日军侵华暴行手稿"，原稿现存于北京市档案馆。

2013年5月，白塔建筑又一次维修，原因是发现覆钵体表层砌砖渗水，向实心塔体渗侵饱和。拆开部分表面砖石晾晒，内湿阴干，用了一年多的时间。经检测，"内部依然有水分渗出，文物都有自己的生命周期，持续的维修是十分必要的"。[①] 按传统工艺补加砖石一万多块，塔表面处理也采用最传统的间隔敲入竹钉，用来固定马鬃状的"麻揪"，墙灰上下两层加麻白灰涂抹在伸展的"麻揪"上，将塔表面结结实实的全覆盖。工程打开塔肚子时，内部结构暴露出来，在白塔"塔肚"表层城砖砌体之内，还有一个"塔芯"，里外两层砖之间并没有"丁砖"拉接，甚至还有一道宽3厘米左右的缝隙，里外砖材料的尺寸，乃至砌法上都迥然相异，与表面规整的大城砖不同，内层塔芯是小砖糙砌而成，这说明现在看到的白塔内部可能有旧塔体形或是包砌的结果。白塔维修工程进行了2年7个月，到2015年12月竣工。

白塔寺白塔得到世人赞美，白净的塔体、巨大的体积感具有强大的威严与威慑，蔚蓝高空的风卷动着白云，白塔与红墙灰瓦犹如一艘"巨轮"在碧海晴空中乘风破浪。似乎它正带你穿越大千风景，回顾历史，涤荡时间，驶往彼岸。

注释

① 《北京晚报》2015年12月6日。

白云观罗公塔

白云观位于西城区西便门以西，是我国著名的道观之一，号称道教全真天下第一丛林。白云观始建于唐开元二十七年（739年），初名"天长观"，后多次易名，元代改名白云观，沿用至今。现道观内的建筑为清代风格，白云观前原有塔林，有道士塔25座，由于多种原因，现在东院仅存罗公塔一座。消失的白云观塔林另文介绍。

罗公塔在白云观东路真武殿以东的院中，是一座道士塔，全名为"恬淡守一真人罗公之塔"，建于清雍正三年（1725年）[1]。塔前原有一方清光绪年石碑，"文化大革命"期间被毁，石碑记载清雍正年间，传说道士罗真人有"特异功能"，如：一睡三年未醒，一顿食一斗米蒸饭和三百只鸡蛋，居住在蜜蜂巢内等。受到雍正皇帝的重视，敕封"恬淡守一真人"，建三层檐砖雕仿亭阁式实心塔。

罗公塔为八角仿亭阁式砖石塔，坐北朝南，测塔高约8.5米，塔基石制八角形圭脚，塔座一层须弥座，须弥座上下枋雕仰俯莲花瓣，束腰部刻祥云瑞草。下枋外立面每面雕有八宝、图书、棋盘、古琴、芭蕉扇、茶壶、香炉和宝剑等器物，以及道教八卦图案；上枋外立面每面雕有缠芝图案，图案雕刻得精细而逼真。须弥座上为平台，中间八角亭阁式塔身，周围一圈后补汉白玉围栏。塔身南面镶一方石刻塔铭，上面刻"敕封恬淡守一真人罗公之塔"字样，周围雕有四条龙配朵朵祥云。其

注释

① 刘季人：《北京西城文物史迹》上册，北京燕山出版社2011年版，第142页。

白云观罗公塔

余七个面都是砖雕仿木对开隔扇假窗，每扇窗上半部圆拱形，下部方形，窗中间雕六角镂空菱形花图案。塔身上部是三层砖雕仿木橡塔檐，塔檐的椽子、飞头、瓦垄、檐脊兽等俱全。原塔檐角挂有风铃，后部分丢失，为整体美观全部清理了。塔顶灰筒瓦铺面八角攒尖，顶端置绿色琉璃矮塔和琉璃宝珠塔刹。

"罗公据传为南方人，名字已不可考，因家境贫寒，幼年去道观打杂，对梳头有独到之处。当年雍正皇帝患头疮，太监梳头怎么也梳不好，找来民间梳头匠，雍正也不满意。此时正在北京的罗公进宫为雍正梳头，又用民间的秘方为雍正治好了头疮，雍正非常高兴，称罗公为剃头匠第一人。后来罗公羽化（去世）于白云观，敕封为'恬淡守一真人'。理发行业尊称罗公为本行业的祖师爷。"[1]

白云观罗公塔（2013年）

民国时期罗公塔

注释

① 刘季人：《北京西城文物史迹》上册，北京燕山出版社2011年版，第142页。

万松老人塔

　　万松老人塔位于西城区西四南大街 43 号，砖塔胡同东口。不大的小院里矗立着一座八角九层密檐青砖塔，称"万松老人塔"，塔始建于蒙古贵由汗二年（1247年），高约 15.9 米。据《日下旧闻考》记载："金元间有僧自称万松野老，居燕京从容庵，耶律楚材见之，参学三年，僧以湛然居士目之。今乾石桥之北有砖塔七级，高丈五尺，草生其顶，有石额曰万松老人塔。"[1] 早年万松老人塔是七层密檐平顶砖塔，后废弃荒草伴塔，但还是有僧人焚香护塔和文人题诗念塔。到清乾隆十八年（1753 年），乾隆皇帝得知万松老人塔破旧下旨，康亲王主持用青砖四面包砌了元代古塔，塔成八角九层密檐式砖塔，后来成为北京城内有地标性质的建筑。

　　万松老人即万松行秀禅师，是金、元朝代时著名的佛教大师，俗姓蔡，名行秀，河内（今河南洛阳）人，生于金大定五年（1165 年）。十五岁投身邢州（今河北邢台市）净土寺，出家为僧，曾在多座寺庙礼佛修禅。金明昌四年（1193 年）受金章宗之命到宫中说法，众大臣聆听，皇帝赐袈裟，同时"万松老人，耶律文正王之师也，其语文正王曰：以儒治国，以佛治心，王亟称之"。[2] 后受邀万松和尚在仰山栖隐寺、燕京报恩寺、万寿寺等寺庙做住持，老年退居从容庵。著有《从容录》《请益后录》《万寿语录》等。元代初，蒙古贵由汗元年（1246 年）四月四日，圆寂于门头沟樱桃沟的仰山栖隐寺，享年 81 岁。卒前七日书遗偈曰："八十一年，

注释

① 于敏中等：《日下旧闻考》，北京古籍出版社 2001 年版，第 803 页。

② 于敏中等：《日下旧闻考》，北京古籍出版社 2001 年版，第 803 页。

只此一语，珍重诸人，切莫错举。"因万松老和尚曾在广济寺修行过，徒报师恩，次年在此建塔……

耶律楚材著《湛然居士集》记载这样一段故事：皇帝巡幸到寺中与万松老人交谈，大为赞扬："车驾还宫，遣使赐钱二百万，使者传勃，命师跪听。师曰：出家儿安有此例？竟焚香立听诏旨。"就是传圣旨官让跪下听旨，万松和尚烧香站立着接旨，可见老僧气节之高贵，人行之品德。

万松老人圆寂后，舍利分藏在几座塔中，西四砖塔只是其中之一。明朝初改建北京城，塔东是城内西部主要南北道路，塔周围荒草丛生，居民建房，塔旁一家开肉铺饭馆，空酒坛就堆码在塔周围，而且附近的人只知有此塔，不知塔中埋葬的是何人。明万历三十四年（1606 年）一僧人来此，见到万松老人塔被糟蹋成这样，不禁失声痛哭。礼拜之后，募集资金清理杂草，维修保护万松老人塔，并终生守护。到清乾隆十八年（1753 年），乾隆皇帝见塔破旧，下旨修塔，由康亲王操办用青砖

万松老人塔（2020 年）

万松老人塔

民国时期万松老人塔

万松老人塔（1922 年）

把元代古塔四周包砌起来，呈现出八角九层密檐式砖塔，一层塔身八面，东西南北四个面为砖砌拱券假门，朝南的门楣镶嵌一方石额"清乾隆十八年岁次癸酉七月榖旦康亲王臣永恩奉敕重修"，其他四面方形砖雕假窗。塔上九层密檐青砖砌叠涩檐，每层檐下留有通气孔，据说与塔中元代古塔保护有关。塔顶八脊攒尖式，加了两层须弥座，座上宝珠塔刹，并在塔四周砌院围墙。

1927 年，万松老人塔为李垣的私产，东临街是"桥洪号羊肉铺"，李垣为经济利益要把砖塔及小院出卖。时任交通总长叶恭绰组织了"万松精舍"，成员有邓守瑕、齐之彪、关庚麟、朱道炎、赵润秋等人，以"万松精舍"与李垣多次交涉，阻止卖塔之事，迫于压力李垣取消了卖塔，终于同意将万松老人塔交"万松精舍"管理，提出维修及日常支出也由"万松精舍"承担。叶恭绰等人出资维修了砖塔，迁走了羊肉铺，修补了院墙，朝东建一座门楼，门额镶石刻"民国十六年重修元万松老人塔番禺叶恭绰敬题"字。当年六七月间，京兆全区旗产官产清理处给"万松精舍"下发了《留置证书》和《京兆尹公署传示》第 22 号，内称："案查前据该邓守瑕呈领万松精舍官产砖塔正书部照一案，当经发交京郊清室府官产处核办填发。传示该邓守瑕遵照取具铺保来署具领。""万松精舍"领到了财政部签发的京字第 124663 号执照。

1950 年 6 月 25 日，前"万松精舍"同人代表叶恭绰致函北京市文物整理委员会，"北京西四牌楼名胜古迹之元万松塔，前经手修理的万松精舍陈请你会接管，并将各项契据文件送请你会收管在案。……"[1] 1950 年 12 月，北京市文物整理委员会从私人手中接管了万松老人塔及院落。

1968 年西城区政府在维修万松老人塔时，发现了包藏在塔内的元代古塔，维修后并未对外开放。1995 年公布为第五批北京市级文物保护单位。2012 年又一次维修万松老人塔。2014 年，经西城区政府同意，砖塔小院经过改造，开辟成销售有关北京图书的"正阳书屋"院。

注释

① 刘季人：《北京西城文物史迹》上册，北京燕山出版社 2011 年版，第 294 页。

天宁寺舍利塔

天宁寺位于西城区西南部广安门外北滨河路西侧。天宁寺创建于北魏孝文帝时，最初寺名称光林寺，隋代、唐代、辽代、金代多次易寺名，明代宣德年间改称天宁寺，正统年间改称广善戒台，到了清朝又改回称天宁寺，寺名使用至今。清朝末年，"天宁寺住持叫宏度，住寺僧人五名，地址西郊西便门外六号。"[①] 天宁寺内有一座八角十三层密檐实心砖塔，称天宁寺舍利塔，是辽天庆九年（1119 年）五月至天庆十年（1120 年）重建，后来多次修葺。

现在的天宁寺舍利塔不是最初的塔，追溯历史，隋代时，隋文帝杨坚接受了印度僧人昙迁的一袋佛舍利，随后将舍利分为三十份，每一份舍利装入一个金瓶中，再把金瓶装入琉璃瓶里，外边套以铜函和石函，称七宝函。传旨将供奉有佛舍利的石函分发中原三十个州，各建一塔秘藏，陕西法门寺塔、北京天宁寺塔等均为三十座佛舍利塔中的一座。隋代在幽州宏业寺（今称天宁寺）建木塔，将佛舍利安放木塔下，木塔不知何时损毁。清《日下旧闻考》记载："京师天宁寺塔建于隋开皇末，规制特异，实其中，无阶级可上。盖专以安佛舍利，非登览之地也。"[②]

几百年后，辽天庆九年（1119 年）五月，在木塔遗址上建成八角十三层密檐实心砖塔，塔高达 57.8 米。如何确定天宁寺舍利塔的重建时间，是 1992 年 4 月，北

注释

① 《北京寺庙调查一览表》（手抄本），中国国家图书馆藏，第 15 页。

② 于敏中等：《日下旧闻考》，北京古籍出版社 2001 年版，第 1545 页。

天宁寺舍利塔（2019 年）

京市文物部门在维修此塔的工程中，塔顶上发现了一块石碑，碑刻有："皇叔判留守诸路兵马都元帅府事秦晋国王天庆九年（1119 年）五月二十三日奉旨起建天王寺（今称天宁寺）砖塔一座，举高二百三尺，相计共一十个月了毕。"根据这块石碑的文字证实天宁寺舍利塔是辽代天庆九年（1119 年）建筑，塔比旧木塔高大宏伟，因塔下藏原塔舍利石匣，所以重修的塔仍称舍利塔。

金贞元元年（1153 年）建中都城，城中豪华皇宫北有条中轴路，通往北城墙通玄门，在中轴路的西侧有大万安禅寺（今称天宁寺）和舍利塔，高大的舍利塔成为当时中都城重要的建筑物。到元代末，兵荒马乱的争战中，军兵火烧大万安禅寺的殿房，寺庙只剩受损的舍利塔。明代重修寺院和塔，宣德十年（1435 年）更名天宁寺，舍利塔也随寺称天宁寺舍利塔。

清末民国初天宁寺塔

　　天宁寺舍利塔是一座具有中国佛教文化的艺术之作，为八角十三层密檐实心砖塔，建在方砖砌的大平台上，塔下部是二层八角须弥座，下层须弥座束腰部每面设有六个壶门形，每个壶门内有一只自内向外伸出的狮子头，壶门之间砖浮雕以莲花为主，配有蒲草、茨菇等水生植物。须弥座转角处是一尊金刚力士像，上身赤裸，全身肌肉紧绷，双手承托着须弥座上枋。

　　上层须弥座比下层须弥座略矮，上层须弥座束腰部每面开五个龛门形，每龛门内一尊坐佛像。上枋用砖雕刻优美的西番莲花图案。须弥座上面是具有斗拱勾栏的平座和三层仰莲花瓣，仰莲花瓣初建时是用铁铸造成，可以注入灯油引捻点燃，夜间燃火灯光可映衬舍利塔。有一年春节时，皇帝率百官到天宁寺燃灯供佛，祈求苍天保佑世间一年风调雨顺、国泰民安。之后寺里为扩大影响，每月初八点灯三百六

民国早期天宁寺塔

十盏，众僧诵经，百姓聚众观灯，祈祷吉祥，寺庙灯火与天上的星月相映成辉。到清朝铸铁仰莲花瓣改成青砖材质成装饰物。

塔身一层八面，按辽代引入推崇的《圆觉经》经义，圆觉仪轨布置了五十三个浮雕塑像，内容丰富精美，其中东、西、南、北四个正方向面设半圆形拱券门，门两旁浮雕金刚力士、菩萨、天部等神像；其他四个面是砖雕仿木假窗，窗两侧立慈眉善目、温柔安详的菩萨、奴仆等；还有狮子、大象等佛坐骑，转角处砖柱上浮雕龙，所有浮雕造型物，优美生动，表情丰富，因年久失修，残破严重。

舍利塔十三层密檐，原塔檐上挂有铸铁风铃，"自是以上，飞檐叠拱，又十二层（注：应十三层）。每椽之首缀一铃，八觚交角之处又缀一大铃，通计大小铃三千四百有奇。风作时，铃齐鸣，若编钟编磬之相和焉"。[1]形容风吹来时塔上铃铛齐鸣，仿佛编钟编磬的和声悠远绵长，如今塔上已无风铃。

塔顶部为八角台座，二层莲花瓣承托顶端巨大的鎏金宝珠塔刹。鎏金宝珠塔刹在1976年唐山大地震波及中，震落损毁，后修缮添补的圆珠塔刹不是原金属材料。

清《天府广记》曰："隋天王寺，今之天宁寺。开皇中建，唐开元中修，明正统中重修，始改今名。内有塔十三层，每每现光，其影入殿之门窗隙内，一塔散为数十塔，影皆倒也。"[2]这段文字记载说明古人发现在阳光斜照塔身时，每层塔檐反射的金光，在殿门窗的缝隙中出现了"针孔倒影"的光学现象，感到异常新奇。

20世纪50年代，古建筑学家梁思成先生考察天宁寺塔后，称塔的结构"富有音乐的韵律"，是中国古塔建筑设计的杰作。天宁寺舍利塔还是研究辽代陪都南京城（今北京城）地址位置的重要依据。1988年"天宁寺舍利塔"被公布为全国重点文物保护单位。

天宁寺山门

注释

① 于敏中等：《日下旧闻考》，北京古籍出版社2001年版，第1545页。

② 孙承泽：《天府广记》，北京古籍出版社2001年版，第579页。

陶然亭慈悲庵二经幢塔

　　陶然亭公园位于西城区太平街 19 号，右安门东滨河路北侧。慈悲庵在陶然亭公园内湖心岛上，慈悲庵始创于元代，又称观音庵，周围原有窑厂，清康熙三十四年（1695 年），监管窑厂的工部侍郎江藻在慈悲庵内建一座三开间带廊的建筑，取唐代白居易诗"更待菊黄家酿熟，与君一醉一陶然"诗意，为题名"陶然"。慈悲庵坐西朝东，进庵门砖影壁后有一座金代经幢塔；北侧文昌阁院有一座辽代经幢塔。

　　慈悲庵辽代经幢塔，坐落在庵北侧的文昌阁院中央，建于辽寿昌五年（1099 年），测高约 2.8 米。经幢塔下部八角仰覆莲须弥座，中部经幢塔八面，石刻文字是佛语经咒和慈智大师的生平，文字大部分风化看不清楚，朝南正面大字有"故慈智大德佛顶尊胜大悲陀罗尼幢"字，是为了纪念慈智和尚而建。慈智和尚，俗姓魏，潏荫田阳人，燕京大悯忠寺（今法源寺）僧人，通晓经书佛法，在辽道宗耶律洪基年间被请进宫讲法，皇帝还赐"紫衣慈智"的称号。辽寿昌四年（1098 年）三月九日慈智和尚因疾圆寂，第二年弟子们为慈智和尚建立经幢塔。历史学家郭沫若先生曾来到陶然亭评价其"辽幢很有历史价值，它是测定金中都城址位置的重要坐标，同时还是北京历史上的一处重要水准点"。[①] 经幢塔顶部造型有些像朝官帽，八角方圆形外刻花纹，顶端莲花座承托宝珠塔刹。为保护古经幢塔的完整，公园管理处做了金属框架加玻璃将经幢塔罩了起来。

注释

　　①《陶然亭拓片研究"神秘石碑"》，《法制晚报》2016 年 4 月 24 日。

慈悲庵辽代经幢塔

慈悲庵金代经幢塔

慈悲庵金代经幢塔，建于金太宗完颜晟天会九年（1131年）四月十九日，经幢塔八面，测高约1.9米。下部石刻八角仰覆莲须弥座，中部八角塔身高0.52米，其中四个大正面，每面剔地出尖顶龛，龛内刻一尊跌坐佛像，佛后衬有火焰光环，神态安详，四佛摆出各自不同的手势。四个小侧面刻经文咒语，经文已经模糊不清。在西北侧面下方有人补刻"大清国康熙六年（1667年）八月重修佛像"字。经幢塔上部一层圆华盖，一层石刻仿砖瓦攒尖顶，顶端宝珠塔刹，从石质与风化程度看，攒尖顶部分应是后修补替换的。从民国时期老照片看，金代经幢塔的塔身上没有圆华盖一层，仿砖瓦攒尖顶直接装在八角塔身上，何时发生的变化，何原因待研究。为保护经幢塔，公园管理处已经用玻璃罩将经幢塔罩了起来。中国国家图书馆收藏有金代经幢塔经文拓片。

民国时期金代经幢塔老照片

首都博物馆收藏经幢塔

首都博物馆位于西城区复兴门外大街 16号。馆内收藏的一座"经幢"塔身，全名"佛顶尊胜陀罗尼之幢"，从香山碧云寺地区收集，此类经幢塔北京地区留存较多。

"佛顶尊胜陀罗尼之幢"塔为石八角柱状，基座和经幢塔顶檐盖部分已无存，仅剩经幢塔中部，高约 1.6 米，经幢塔八个面分四大面和四小面，刻满"佛说尊胜陀罗尼真言……"此经幢塔是由信奉佛教的民间居士"都维职孙士则邑人……"及家人立。可惜立经幢塔的缘由和时间文字模糊不清，没有提供更多的信息。

首都博物馆经幢塔

北海公园七塔

　　北海公园位于北京市中心区，东邻景山公园，南为中南海，东南是故宫，北部是什刹海，北海的水域又称太液池。金元时期沿湖建离宫，明清两朝代辟为帝王御苑，建成皇家御用园林。1925 年以"北海公园"为名对外开放，成为北京城保留下来的最悠久、最完整的古典皇家园林之一，北海公园中现存古塔七座，其中北海白塔最为著名。

1. 北海白塔

　　北海白塔位于北海公园琼华岛山顶，是北京城的标志性古建筑。北海琼华岛山顶元代时建广寒殿，不慎雷电失火被"收回天上"，后来重修广寒殿，明代末年殿堂失修坍塌。"本朝顺治八年（1651 年）立塔建刹，称白塔寺，今易名永安寺"。[①]

　　建白塔的起因，在琼华岛东南有一座清顺治八年"敕建"石碑记载了建白塔的始末。石碑阳面刻满、蒙、汉文《顺治八年建塔诸臣恭记碑文》，碑阴面刻监工大臣及各工种匠头的姓名。清朝皇家早有与蒙古贵族联姻的关系，顺治帝母亲孝庄皇后就是蒙古族人，蒙古笃信佛教。在清顺治初年，清王朝入关占领北京时间不长，社会问题复杂成堆，南方政权尚未稳固，蒙藏佛教首领需要团结，顺治帝为巩固清

注释

　　① 于敏中等编：《日下旧闻考》，北京古籍出版社 2001 年版，第 363 页。

北海白塔（2019 年）

王朝政权，应青海喇嘛恼木汗之请言，"请立塔建寺，寿国佑民"。在琼华岛之巅广寒殿旧址上建起了宏大的覆钵式白塔，以示对佛教的尊崇，后在琼华岛的南山坡建永安寺。

清雍正八年（1730 年）八月十九日北京发生强烈地震，震中在西山，京城受灾严重，白塔的塔身、塔座出现严重裂纹，勉强没有倒塌。两年后进行了白塔的修葺，并在琼华岛东南又立石碑，《白塔重修碑文》记："爰发帑金命官修葺，以岁之十二月肇工，凡用金钱五万二千有奇，阅十一年七月告成。……用以承世祖创建之志而福庇兆民于无穷也，岂独增壮丽于皇都，以为耳目之观哉？因敬记其岁月而勒之于石。雍正十一年（1733 年）癸丑八月吉日立。"[1]

注释

[1] 刘季人：《北京西城文物史迹》上册，北京燕山出版社 2011 年版，第 47 页。

　　清乾隆六年（1741 年）对白塔进行了修葺，后来的百年里只对白塔做了一般维修，直到 1976 年唐山地震，地震波及北京，白塔上的"十三层相轮"被震松动，相轮顶部石座被挤碎，导致华盖和塔刹倾斜，鎏金火焰珠脱落。1977 年进行修复时，施工人员发现相轮中心的主心木柱已糟朽，并发现主心木柱上半部的一个多层金质阴阳盒（舍利盒）内装有朱砂和舍利。此次修复相轮顶座，改用了混凝土制成的石质莲花圆座，按原样加了组合柱和圈梁，保持了原状。

　　北海白塔伫立于琼华岛山顶，塔建筑高 35.9 米。塔座是折角须弥座，上有三层金刚圈，塔身白色覆钵体，最大直径 14 米，中央有主心木柱（通天柱），柱上套有铁圈，接出环形分布的六道扁铁圈上防止塔开裂，全塔共有透风洞眼 306 个，塔内贮藏多件佛教器物。

北海白塔（1945 年）

覆钵塔身朝南有"眼光门"，门边框周围橘黄底蓝色花饰，门内有红底金色的梵文组合字，即所谓的"十相自在图"，这组金色梵文合体字是什么内容，《白塔"眼光门"之来源考》一文讲："此门周匝围以云纹及宝相花纹，下托以莲座，门形上尖，中硕，下缩。中有梵字一，系用梵文阑查字七字合成。据喇嘛云，此字乃'时轮金刚之种子'，盖为镇厌上所用者。"[1] 这组字图是藏传佛教一种写法，神秘高深，难于理解。

塔身上部为柱状的十三层相轮，相轮顶端有铁环突出于外皮，承接 6 根 0.5 米长的锻铁挺钩，支撑着金属铸华盖，极为牢固。华盖是由铜质镂空图案的地盘和天盘组成，地盘下沿悬挂风铃。塔顶端鎏金仰月宝葫芦，葫芦上部是鎏金火焰珠塔刹。

白塔前有乾隆十六年（1751 年）添建的善因殿，砖砌方高台，台上是善因殿，面阔一间，殿为方圆重檐顶，下层为琉璃瓦方檐，上层为琉璃瓦圆顶，宝顶是铜质鎏金。殿墙面用 455 块塑有佛像的琉璃砖镶砌而成，浮雕坐佛像 133 尊。朝南为铜制的四扇隔扇门，殿内曾供奉"大威德金刚神像"一尊。

清朝时，白塔前永安寺里引胜亭内有四方石幢刻"御制白塔山总记"，旁边涤霭亭内四方石幢"御制塔山四面记"。白塔后部曾经竖立过高大的"五虎杆"和铜铁信号炮，皇家亲兵驻守白塔上，称"信炮"，如有敌情就白天升旗，夜间挂灯笼，鸣放信号炮向全京城报警。清《日下旧闻考》载："信炮总管一人，五品官八旗各一人，掌监守白塔信炮。"[2] 可见当年守卫白塔的八旗亲兵官衔不低呢。

清乾隆二十三年（1758 年）刊印的《帝京岁时纪胜》一书记载，每年农历十月二十五日在永安寺及白塔办"白塔燃灯法会"，盛事宏大，"太液池之阳，有白塔，为永安寺。岁之十月廿五日，自山下燃灯至塔顶，灯光罗列，恍如星斗。诸内侍黄衣喇嘛执经梵呗，吹大法螺，余者左持有柄圆鼓，右执弯槌齐击之，缓急疏密，各

注释

① 《白塔"眼光门"之来源考》，《晨报》1941 年 3 月 8 日第三版。

② 于敏中等：《日下旧闻考》，北京古籍出版社 2001 年版，第 1219 页。

有节奏，更余乃休，以祈福也"。① 白塔的燃灯法会持续到民国时期，因无资金支持才停办。

白塔历年维修过多次，1976 年唐山大地震后，做了结构性维修，保持了几十年。2005 年进行了百年来最大规模的整修，彰显了琼华岛白塔的美丽景致。

2. 阐福寺二经幢塔

阐福寺位于北海公园太液池北岸。阐福寺西侧原有万佛楼（现为宝积楼）一院，院中靠南边，普庆门内东西两侧各一座石经幢塔，"清乾隆三十五年（1770 年）立"②，俗称东石佛经幢、西石佛经幢，也称经幢塔。二座经幢塔为柱状八角七层实心塔，全部用汉白玉雕造而成，其结构、造型和表面上浮雕图饰基本相似，石刻经文不一样，测经幢塔高约 8.5 米。经幢塔下部石台高 0.7 米，长、宽各 4.85 米，周围汉白玉雕龙和祥云望柱石护栏。塔座为石雕三层八角须弥座，束腰部雕花卉图案。经幢塔身共七层，塔身一层，为八角柱形，每面满刻有经文，部分文字风化看不清楚，东塔刻姚秦三藏法师鸠摩罗什译《金刚般若波罗蜜经》；西塔刻隋天竺三藏法师达摩笈多译《佛说药师如来本愿经》。第二层很矮，上下塔檐样式不同。第三、四、五层塔身八个面的每面均设一个佛龛，龛中一尊坐在莲花盘上佛像。第六、七层经幢塔身高度很矮，与五层塔檐组成八角三层一组石檐。塔刹为石雕莲花承托宝珠。这两座石经幢塔有敬佛装点寺院的目的，塔整体下大上小，层比例疏密适当，气势恢宏，保存完好，对研究我国石刻艺术有一定的参考价值。

注释

① 潘荣陛：《帝京岁时纪胜》，北京古籍出版社 2001 年版，第 35 页。

② 北海公园管理处编：《北海匾联石刻》，中国旅游出版社 2009 年版，第 145 页。

阐福寺西院东经幢塔

阐福寺西院西经幢塔

3. 十六应真像石塔

　　妙相亭及十六应真像石塔位于北海公园太液池北岸阐福寺内。妙相亭建于清乾隆三十五年（1770 年），是一座平面为"亞"字形，有 32 根红漆柱，八角重檐攒尖顶的凉亭，亭内一座"十六应真像石塔"，也称"妙相亭石塔"。清《日下旧闻考》记载："西门内构八方亭，树石塔，镌刻贯休画十六应真像，并恭勒御制赞语其上。"[1] 就是石塔上刻 16 位尊者的临摹画像，画像之上是相对的御制赞美之语。

　　石塔在亭中的缘由，清乾隆二十二年（1757 年）乾隆皇帝第二次南巡，在杭州孤山的圣因寺内，看到五代时僧人贯休绘制的十六罗汉图真迹十分赞赏，圣因寺住持明水向皇帝介绍说："圣因寺十六尊者像，尊者化身，妙绘传世千年。……愿天人共仰于万祀尔。"[2] "应真"也称作"罗汉"，而"罗汉"，佛教指断绝一切嗜好，解脱了烦恼的僧人。乾隆二十九年（1764 年）杭州圣因寺住持明水募集资金，将贯休所绘十六尊者像摹勒刻石，派人送至京城，乾隆诏令在北海阐福寺内建石塔，乾隆高兴之题写了《御制贯休画十六应真像赞》，将杭州送来的十六位应真像石刻及题文石刻镶嵌塔身之上。过了几年，乾隆三十五年（1770 年）感到塔之珍贵，为保护石塔，在石塔外建一座亭子，命名"妙相亭"，亭是为护塔而建，塔也随称"妙相亭石塔"。

　　十六应真像石塔为十六面，通高 6.88 米，全部采用汉白玉雕凿而成。下部须弥座下枋呈十六角，浮雕有海水江崖，每个角雕太湖石假山；上枋呈十六角上雕图案形式多种多样，有蝴蝶、芭蕉扇叶、喇叭花、菊花、荷花、宝相花、西番莲花、云纹等图案装饰；束腰部是二龙戏珠和祥云纹图案；整个须弥座雕刻玲珑剔透，十分精美。塔身十六面，每面石板高 1.26 米，宽 0.58 米，分上下两框，下框内用传统线描雕刻手法绘每位应真像（罗汉像），上框镌刻乾隆皇帝亲笔题写每一位应真的

注释

① 于敏中等：《日下旧闻考》，北京古籍出版社 2001 年版，第 397 页。

② 刘季人：《北京西城文物史迹》上册，北京燕山出版社 2011 年版，第 66 页。

赞语，统称《御制贯休画十六应真像赞》。塔顶部由两层塔檐和塔刹组成。塔檐的外形特像一顶高僧戴的毗卢帽，檐下雕有双龙戏珠和祥云纹，檐角各雕一只狮子头。塔顶有造型美观的小须弥座，比例匀称的覆钵喇嘛塔身，十三天相轮和宝珠塔刹。

塔身十六面，每面用传统线雕手法刻一位应真像，每位应真的表情怪异奇特，姿态各异，其线条流畅，栩栩如生。十六位应真的名字按石刻顺序正南、西、北、东、东南（顺时针方向），第一位，阿迎阿机达尊者；第二位，阿资答尊者；第三位，拔纳拔西尊者；第四位，嘎礼嘎尊者；第五位，拔杂哩通答答喇尊者；第六位，拔哈达喇尊者；第七位，嘎纳嘎巴萨尊者；第八位，嘎纳嘎拔哈喇锬杂尊者；第九位，拔嘎沽拉尊者；第十位，喇乎拉尊者；第十一位，租查巴纳答嘎尊者；第十二位，毕那楂拉拔哈喇锬杂尊者；第十三位，巴那塔嘎尊者；第十四位，纳阿噶塞纳尊者；第十五位，锅巴嘎尊者；第十六位，阿必达尊者。在石板下部有杭州圣

妙相亭

100 年前杭州圣恩寺石塔　　　　　　　十六应真像石塔

因寺住持僧人明水题字刻文。北海公园妙相亭及石塔不对外开放，石塔用金属框架加玻璃圈围了起来，加以保护。

4. 西天梵境二经幢塔

西天梵境，又称大西天，位于北海公园太液池北岸。两座经幢塔在西天梵境第一进院的天王殿前，钟楼、鼓楼建筑之北。两座经幢塔样式相同，为全石料打凿

注释

① 北海公园管理处编：《北海匾联石刻》，中国旅游出版社 2009 年版，第 137 页。

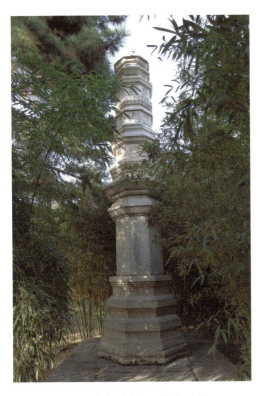

西天梵境东"金刚经"经幢塔

西天梵境西"药师经"经幢塔

八面七层经幢塔，也有称鞭形塔，"清乾隆二十四年（1759年）立"。①经幢塔高约9.2米，保存完好。塔下一方形石台，台高0.5米，长、宽各为3.3米。塔座较高大，由三层八角须弥座组成，须弥座的各层束腰部上层雕刻夔纹，中层雕刻卷草纹，下层雕刻山石花草纹，花纹图案精美。第一层塔身八面精雕镌刻经文，东侧经幢塔身刻姚秦三藏法师鸠摩罗什译《金刚般若波罗蜜经》；西侧经幢塔身刻隋天竺三藏法师达摩笈多译《佛说药师如来本愿经》。经幢塔第二层和第六、七层的层间都较矮，第三、四、五层的八个面，每面各刻一佛龛，龛内一尊莲花座上趺坐的佛像。经幢塔层与层之间的高度不同，塔檐样式有所不同，有素八角塔檐和仿筒瓦铺面塔檐两种。塔顶部八垂脊攒尖顶，顶端莲花承托宝珠塔刹。两座石经幢塔伫立在翠竹簇拥之中。

5. 西天梵境七佛塔

　　七佛塔位于地安门西大街 26 号的北京市文物研究所院内，这个院落属北海公园西天梵境（又称大西天）北部。七佛塔始建于清乾隆四十二年（1777 年），为八角重檐石木结构塔，就是塔采用木材制作，塔身嵌刻碑记和佛像的石板，外罩七佛塔亭保护。

　　七佛塔亭八角重檐，黄琉璃瓦屋面绿琉璃瓦剪边，一层二十四柱围廊，二层八柱围廊，黄琉璃脊攒尖顶，铜鎏金宝珠塔刹。亭基青白石制压面石及垂带台阶，亭内立八角七佛塔。

　　七佛塔是八面，朝北一面刻御题《七佛塔碑记》，内容是乾隆皇帝咨询章嘉国师，得知七佛种族、神足、执事弟子、佛子及父母姓名等，其余七面的每面各刻一佛像。建七佛塔起因是西藏活佛章嘉·若必多吉受戒后，来到京城，乾隆皇帝封章嘉为大国师，掌管京城喇嘛教事务。乾隆四十二年（1777 年）三月乾隆生母崇庆皇太后病逝，章嘉率京城众喇嘛在北海永安寺诵经七天，超度亡灵。乾隆非常信任活佛章嘉，将收到西藏六世班禅敬献的七幅唐卡番轴画，让章嘉解读，章嘉根据梵汉经典解释给乾隆皇帝。乾隆皇帝知晓后，御题塔碑文，命人把唐卡中七佛像刻于石板，嵌在塔上为后人所瞻仰。御题塔碑文用满、汉、藏、蒙四种文字介绍七佛的情况，御题塔碑文通过同一内容四种文字相关对照称呼，实际起到了民族文化的交汇与融合的作用。

　　七佛塔下部石须弥座，上下枋雕刻行龙戏珠，上下枭雕刻八达马，束腰部雕刻双狮戏球，转角处是力士像。塔身八面是木框镶石板，每面石板高 1.4 米，宽 0.64 米。八面石板朝北的一块刻乾隆御题《七佛塔碑记》，采用满、汉、藏、蒙四种文字；东北向为释迦牟尼佛像；东向为尸弃佛像；东南向为毗舍浮佛像；南向为拘留孙佛像；西南向为拘那含牟尼佛像；西向为伽叶佛像；西北向为毗婆尸佛像 [1]，镶

注释

　　① 北海公园管理处编：《北海匾联石刻》，中国旅游出版社 2009 年版，第 138 页。

刻七世佛采用阴纹雕刻方法。塔上部重檐为木结构，垂檐檐下饰一斗二升麻叶头斗拱，多年没有维修，木构件部分损坏。七佛塔有了塔亭建筑的呵护，才免遭风雨之淋，保存至今，可惜此塔破旧，不对外开放，很难见到塔的真容。

七佛塔局部

法源寺六塔

法源寺位于西城区菜市口西南，教子胡同南端东侧，始建于唐代，是北京最古老的寺庙之一。原寺院西侧有塔院，其中道阶法师塔最为著名，今已无存，现存的古塔都是 20 世纪 50 年代后陆续移到法源寺收藏的。其中两座陶塔是房山区北郑村辽塔（另文介绍）地宫中出土的，地宫中圆形陶幢塔在中央，周围四座圆柱四层陶塔陪衬摆设，其中三座陶塔损毁，只有一座圆柱四层陶塔较完好，1977 年移到法源寺收藏。另外有三座景泰蓝（珐琅）塔原为紫禁城内六品佛楼的供品，是清乾隆三十年（1765 年）由清廷内务府造办处监造。后被移到北京广济寺舍利阁，20 世纪 60 年代中期被从阁楼扔了下来，其残骸堆放在广济寺比丘坛内。1982 年经过精心填补修复，移到法源寺藏经楼。再有天王殿西南伫立两座石经幢塔，共计七座，其中一座是民国时期的经幢塔（另文介绍）。

1. 后唐时期陶幢塔

后唐时期陶幢塔通高 1.87 米，圆柱状。基座由周身塑水波纹的覆盆和塑弦纹的钵体器组成。幢塔身阴刻经咒四种：佛顶尊胜陀罗尼神咒、高王观音经一卷、续命经一卷、烧香真言。题记为"长兴三年五月十五日造，尊胜陀罗尼幢，奉为皇帝万岁□□法界一切有情同占此福，功得三宝弟子刘儒"。长兴三年为五代十国后唐明宗年号，即公元 932 年。^① 说明此陶幢塔的制造比原先存放它的北郑村辽塔还早一百多年。

2. 圆柱四层陶塔

圆柱四层陶塔，由基座、塔身、塔檐和葫芦塔刹组成，通高 2.18 米。为四层圆柱状空心塔，每层设三门，一层塔身坐落在圆莲花承托盘之上，二、三层窄边花纹檐装饰，四层有一圈类似莲花须弥座，顶部仿瓦木攒尖亭顶，葫芦形塔刹。塔采用分段陶土塑造而成，外挂釉烧制后再拼接，与陶幢塔是同时期制造物。陶幢塔和圆柱四层陶塔是北京地区发现最完整的五代后唐时期佛教文化遗存，属珍贵文物。

后唐时期陶幢塔

圆柱四层陶塔

注释

① 吕铁钢、黄春和：《法源寺》，华文出版社 2006 年版，第 322 页。

3. 景泰蓝喇嘛塔

景泰蓝喇嘛塔，原为紫禁城六品佛楼内摆放的装饰塔，塔上刻"大清乾隆己酉年敬造"的题字。塔造型比一般覆钵式塔要夸张一些，塔座"亞"字形，一层莲花和三层方形金刚圈承托塔身，塔身如两个缸盆对扣着，塔身上四方迟咕部比一般塔要高，而且是上大下小，塔华盖金饰镂空工艺精美。塔上的花纹以白底蓝色花，嵌金边，做工细腻，此塔是清乾隆时制作精品。

4. 景泰蓝六棱镜塔

景泰蓝六棱镜塔，原为紫禁城六品佛楼内摆放的装饰塔，塔上刻"大清乾隆己酉年敬造"的题字。塔呈六面锥柱状，须弥座上六角九层金刚圈，一层塔身六面，每面各一装饰金边的龛门，门洞内嵌镜面，往上仰覆莲须弥座。九层塔檐的每一层间都刻有梵文，塔顶圆葫芦状塔刹。全塔蓝色花纹，嵌缀红、黄、绿花形宝石，镶金边装饰，彰显了塔的华丽尊贵，此塔与紫禁城宁寿宫北梵华楼的一座掐丝珐琅大佛塔造型相似，经考证是为乾隆三十年祝庆而造，献礼贺品。

5. 景泰蓝药师塔

景泰蓝药师塔，也称景泰蓝药师琉璃光佛塔，原为紫禁城六品佛楼内摆放的装饰塔，塔上刻"大清乾隆己酉年敬造"的题字。塔的特点造型独特，色彩丰富。塔为二层须弥座，下层四方须弥座低矮，采用了紫红色仰覆莲装饰；上层须弥座丰满厚重，上下边红色回形纹，中间彩绘蓝色、红色、绿色的图案，嵌宝石。一层塔身平面四方，四角呈覆钵体的曲线，表面彩绘佛法器图案，色彩斑斓，每面一佛龛

景泰蓝喇嘛塔　　　　　　景泰蓝六棱镜塔　　　　　　景泰蓝药师塔

门，但佛龛内并不贯通也无药师佛像。塔上部七层四方塔檐，每一层涂红色写有梵文药师经咒，塔檐上金色瓦纹，顶部四方仿殿顶，顶端圆莲花托盘承金球塔刹。1982年从广济寺运来时，药师塔残损严重，又从广济寺找回一些残片，但还缺不少构件，最后不得不找到北京金属工艺厂，把已退休的老师傅找回来，复制缺损塔的部分构件，经过历时三个月修复制作，精心装配，始告修复完成。现在从上数塔檐的第二层为复制品。

6. 梵文经幢

梵文经幢塔已残损，位于法源寺山门内天王殿西南侧，建于金天会五年（1127年）。经幢塔八面柱状，高1.9米，每面石刻汉、梵文经咒语和题记。石经幢塔下边后配一石刻仰莲柱础座。经幢塔可识别题记："见在父洛州刺史银青崇禄大夫检校功部尚……天会五年二月十二日庚时立。"[1]

法源寺内经幢塔，右侧为梵文经幢

注释

① 梅宁华等编：《北京辽金史迹图志》下册，北京燕山出版社2003年版，第72页。

梵文经幢塔

西城区 消失古塔六十座

中南海千圣殿千佛塔

　　千圣殿千佛塔是位于西城区中南海西苑门内万善殿后院千圣殿中一座紫檀木密檐塔。万善殿始建于明代，清顺治皇帝赐名"万善殿"，清乾隆三十五年（1770年）重修，到清朝末年，万善殿的住持叫妙舟。万善殿后院有千圣殿，殿平面呈圆形，一圈立柱穹顶中空，重檐攒尖顶。千圣殿内立一座千佛塔。塔为全紫檀木造八角七层密檐塔，制作精美，摆放在殿中央八角石台上，塔座前摆放一张条几供桌。塔身各层八柱围成回廊，中间层层供台，台上原供奉小金佛像，称千尊佛。清光绪二十六年（1900年）八国联军入侵北京时被掠夺一空。[1] 千佛塔和小金佛像至今都不知下落，仅存民国时期老照片。

注释

　　① 刘季人：《北京西城文物史迹》上册，北京燕山出版社 2011 年版，第 157 页。

千圣殿千佛塔老照片

北海琉璃宝塔

　　北海琉璃宝塔位于北海公园太液池北岸"西天梵境"的天王殿后，早年称"大西天禅林"。清乾隆二十年（1755 年）奉旨建琉璃宝塔，负责工程是内务府望海、三和、法保、四格四位大臣。清内务府奏销档记：将"兔儿山去平后，剩余土方八百七十余方，运往大西天做新建琉璃宝塔筑打地基用"。琉璃宝塔为八角九层密檐，总高"二十七尺七寸六"。"外檐八面，檐头、檐墙俱砌琉璃佛砖，安砌琉璃斗拱。檐望、栏板、柱子、券脸砌成琉璃花砖。"塔顶是"铜质鎏金宝顶，周围挂鎏金铜索风铃"，塔下是"青白石须弥座，高六尺，周围汉白玉石栏板柱子六十堂，大小出水龙头五十六件"。[①]

　　这座琉璃宝塔建成后第二年，清乾隆二十三年（1758 年）二月，大西天禅林发生火灾，大火烧毁了殿宇一百二十一间及琉璃宝塔，损失达二十七万二千多两白银。清乾隆二十四年（1759 年），在烧毁的殿遗址上又建琉璃阁，保存至今，而琉璃宝塔没有重建。

注释

　　① 胡玉远：《燕都说故》，北京燕山出版社 1996 年版，第 358 页。

广济寺七如来石幢塔

广济寺，全名弘慈广济寺。位于西城区西四路口西北，是北京市著名的古寺庙之一。根据《中国北京弘慈广济寺志·金石志》记载，原寺内五观堂门前石台阶东侧有一座八面石幢塔，历史久远，今已不存在。从北京大学图书馆收藏的石幢塔拓片中得知，塔为八面，七面分别刻有七尊佛圣号，每面字的下端刻有不同形态的浮雕清水莲花图案；还有一面刻捐立石幢的善士姓名。1930年，北平研究院《院务汇报》称该石幢塔为"八面献食台刻石"。

七如来石幢塔建造年代不详，从民国时期老照片看已经是残缺，高度约2米，但石幢塔雕刻精美，基座八面莲花瓣。八面塔身的七面佛圣号：南无多宝如来，南无宝胜如来，南无妙色身如来，南无广博身如来，南无离怖畏如来，南无甘露王如来，南无阿弥陀如来。塔身上部檐盖刻二层仰莲花瓣和曲纹花边，檐盖上应该还有塔刹部分，民国时期就丢失。

广济寺七如来石幢塔

双塔庆寿寺

　　双塔庆寿寺原址位于西城区西长安街 28 号，即西长安街电报大楼门前。"始建于金大定二十三年（1183 年），名庆寿寺。"[1] 蒙古至元四年（1267 年）修建元大都南城墙的时候，因与庆寿寺发生冲突，元世祖忽必烈下旨"远三十步环而筑之"，把庆寿寺就保留了下来。就此证明了大都南城墙和丽正门的位置就在今长安街上。元代时为两位圆寂的住持各建一座砖砌密檐塔。明代初辅佐朱棣皇帝的高僧姚广孝居住过庆寿寺。明正统十三年（1448 年）大宦官王振在明英宗支持下重修过寺院，改名大兴隆寺。嘉靖十四年（1535 年）发生火灾把寺庙建筑烧毁，仅剩二塔。清乾隆二十九年（1764 年）重修古寺及古塔，寺山门石额刻"双塔庆寿寺"，寺庙树茂殿大，庙前流水贯通，两桥横跨，规模颇大，百姓俗称"双塔寺"。

　　双塔庆寿寺的西院有两座元代砖砌密檐塔。一座为八角九层密檐砖塔，塔铭曰"佛日圆明海云大宗师之灵塔"，安葬的是海云禅师灵骨。另一座是八角七层密檐砖塔，塔铭曰"佛日圆照大禅师可庵之灵塔"，安葬的是可庵禅师灵骨。当年寺里还立有海云、可庵大师的塑像及石碑。元《析津志辑佚》记载："海云可庵双塔在庆寿寺西。"[2] 清《天府广记》记载："元庆寿寺，即双塔寺。至元中建，今在西长安街。有二塔，一九级，一七级。寺僧海云可庵葬其下，僧像尚存。"[3]

注释

① 刘季人：《北京西城文物史迹》下册，北京燕山出版社 2011 年版，第 73 页。

② 熊梦祥：《析津志辑佚》，北京古籍出版社 1983 年版，第 119 页。

③ 孙承泽：《天府广记》，北京古籍出版社 2001 年版，第 582 页。

九层密檐海云大师灵塔

七层密檐可庵禅师灵塔

山门上"双塔庆寿寺"石额

  海云和尚，名印简，俗姓宋，山西宁远人，生于金泰和二年（1202年），七岁出家，八岁拜中观诏公为师受戒，十一岁纳具足戒，"已能开众讲义"，跟随师父到岗州广惠寺，因广济平民疾苦，在民间颇有影响，金宣宗赐其"通玄广惠大师"之称号。二十岁来燕京庆寿寺，主持该寺，封为国师，统领全国佛教。到元代，皇帝对海云和尚颇为尊重，请来议事讲经。海云与丞相霞哩和大官人胡土克交往中，用佛法慈爱影响他们在执政中少损害民众利益。海云亲传弟子十四人，著有《杂毒海》。元宪宗蒙哥汗七年（1257年）圆寂，当年九月建一座八角九层密檐砖塔，塔檐角挂风铃，塔刹金属铸造，塔前立《大蒙古国燕京大庆寿寺西堂海云大禅师碑》。1954年拆塔时墓穴中发现骨灰、木案、小石碑等文物，塔上"佛日圆明海云大宗师之灵塔"塔铭石收藏在首都博物馆，塔前石碑移至法源寺天王殿前保存。海云大禅师圆寂后在北京有三处立塔：双塔庆寿寺一塔（无存），门头沟潭柘寺下塔林院一塔，门头沟深山中白瀑寺一塔（无存）。

双塔庆寿寺

双塔庆寿寺（寺内）

清末双塔庆寿寺（今西长安街）

　　海云禅师圆寂后，其弟子可庵和尚继位庆寿寺的住持，多年后可庵圆寂，在海云灵塔旁建一座八角七层密檐砖塔，塔形基本相同，但是塔的直径大一些，推测建塔时资金比较雄厚，因不能超越恩师塔层数，就建粗了一些，朝南塔铭"佛日圆照大师可庵之灵塔"。

　　20 世纪 50 年代初，讨论北京城建设规划，在拓宽西长安街的规划时，梁思成教授提出道路中间建环岛，保留两座元代古塔建筑；反对者认为海云、可庵二僧对蒙古人入侵中原起过很大作用，应视为"汉奸"，且该寺除双塔外均为清代建筑，保留价值不大。最终决定拆除，1954 年 4 月庆寿寺及二塔建筑被拆除。[1]

注释

　　① 谭乃立：《旧京城市建设寻踪追迹》，首都经济贸易大学出版社 2010 年版，第 190 页。

双塔庆寿寺

1957 年 12 月 20 日，市政府办公厅一份《关于检查现存各处拆除的古建材料的情况和处理意见》中有这样一段："房管局还存有西长安街双塔寺的材料。塔顶葫芦与铁箍，拆时已由文物组取走保管，现存只有旧砖瓦。文物组认为如领导决定不再复建，旧砖瓦可拨给房管局利用，但料拱檐头仍应保存。副市长张友渔批示：凡是交房管局、园林局等利用的东西，都须算入基建或修缮投资额内。"[①] 拓宽西长安街工程，将街中间的双塔拆除，拆下的旧材料存放在房管局仓库内，多年后被消化处理掉了。

注释

① 王军：《城记》，生活·读书·新知三联书店 2014 年版，第 257 页。

护国寺三塔

护国寺位于西城区新街口东南的护国寺街之中，始建于元至元二十一年（1284年），初称大都崇国寺，也称崇国寺 [1]，寺内原有元、明、清石碑多方。明宣德四年（1429年）易名大隆善寺，明成化八年（1472年）改称"大隆善护国寺"，寺名使用至今，北京人俗称"护国寺"。护国寺为当时京城的藏传佛教大寺，坐北朝南，南北有 385 米，东西宽 40—68 米，寺内九进院落，大体分南北两部分，南部山门至千佛殿五进院宽大为寺主体，佛事正院；北部从垂花门至后楼四进院略短窄，乃附属堂殿，是藏经文、僧录司议事、方丈及高僧居住的地方，经过多次修缮。第七进院垂花门北原有东、西二座覆钵塔；第九进院后楼内有一座覆钵砖塔。民国时期至 1950 年护国寺庙会热闹非凡，小吃摊、小商贩聚集。1950 年之后，僧人出走，逐渐百姓搬进寺院居住成居民大杂院。百姓嫌古塔妨碍生活，又破旧，就给拆除了。这三座古塔现已无踪迹，但留有民国时期老照片和塔铭拓片。

明《帝京景物略》崇国寺一节讲："最后景命殿。殿傍塔二，曰佛舍利塔。" [2]就指寺内垂花门北侧殿前两座覆钵塔，东塔比西塔略大，但不是同一时间建造的。

东塔，"护国寺垂花门北东舍利塔有一塔铭，民国二十年（1931 年）夏北平研究院史学研究会发现于东塔北墙下，内容为通奉大夫湖广等处行中书省参政速安并

注释

① 石景山区八宝山西也有座"崇国寺"，寺同名。有讲"京都有东西二崇国寺，西城区是东崇国寺，石景山区是西崇国寺"。

② 刘侗、于奕正：《帝京景物略》，北京古籍出版社 1983 年版，第 33 页。

东覆钵塔　　　　　　　　　　　　　　　西舍利塔

男中奉大夫曲迷失不花建塔记，僧崇万撰写并书丹，时间为元延祐二年（1315 年）三月。此塔铭现已无存，国家图书馆存其拓片"。[①] 覆钵塔为砖石结构，二层须弥座，须弥座上三层石刻金刚圈，砖砌覆钵式塔身，塔身上"亞"字形须弥座，上枋位置每个角做蕉叶直立状，须弥座承托十三层相轮，塔顶扁圆盘华盖及莲花承托宝珠塔刹，此塔与妙应寺白塔形有些相近。

　　西塔，称"舍利塔"，砖砌四方须弥座二层，覆钵塔身，十三层相轮比较高大，圆盘华盖上是宝珠塔刹。"护国寺垂花门后西舍利塔前嵌石，周边刻花纹，中横刻'舍利塔'三字。西塔于 20 世纪 60 年代拆除，刻石去向不明，中国文化遗产研究

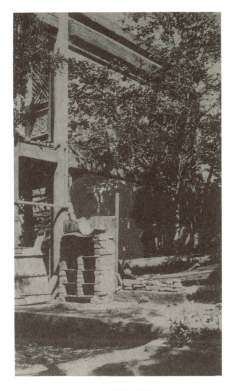

院存其拓片。"①

第九进院后楼，也称佛楼或后罩楼，明三开间二层，下层中明间内设一座覆钵塔，东间供奉帕布喇嘛木雕像，西间供奉铜质观音坐像。覆钵塔相轮和塔刹通上层，称"帕布喇嘛之塔"，建于元代。有人提出"帕布喇嘛之塔"是元代大国师八思巴的灵塔。元至元十七年（1280年）十一月二十二日八思巴圆寂，因其生前功劳大，在大都城建多座宝塔，崇国寺内建的覆钵塔是其中之一。八思巴圆寂后的四年，元至元二十一年（1284年）建成崇国寺，而且是把塔建在后楼之内，从时间推算八思巴圆寂后做法事建塔大约需要用一年时间，崇国寺建大殿及几层院落也得几年时间，这说明建造覆钵塔选好了

帕布喇嘛之塔

塔址，建塔与建寺有关联，可能是皇帝对大国师八思巴的重视把塔建在楼内，而且贯穿一层和二层。传说塔建在楼内，是蒙古人认为"建楼包塔是为了避免让行人走过时踩到塔的影子"，以表达心理上对神圣宝塔的尊重。现后楼与覆钵塔已无存。

注释

① 北京市西城区什刹海研究会编：《京城名刹护国寺》，团结出版社2017年版，第59页。

慈慧寺蜘蛛塔

慈慧寺是明代古寺，位于平则门（后称阜成门）外一公里，明万历八年（1580年）由四川来的僧人愚庵所创建，清乾隆二十二年（1757年）奉旨重修。当时的寺院山门内二进院，周围有多棵大树，石砌虎皮围墙，寺内殿阁内供奉旃檀佛，此佛是一位叫黄辉的太史亲手制作。佛前供案上正中放一只蜘蛛，面向佛伏躯，已经"寂然成遗脱"。据《天府广记》记载："慈慧寺在平则门外，万历八年（1580年）蜀僧愚庵建。寺后蜘蛛塔，蜀太史黄辉有碑记其事。"① 慈慧寺东北隅有蜘蛛塔，塔前立碑刻"黄辉往生塔记"。

为何叫"蜘蛛塔"？据《日下旧闻考》记载："黄辉往生塔记"明万历二十九年（1601年）七月九日，秋天的早晨，太史黄辉正在"予礼诵行道次"时，一只蜘蛛爬到黄辉的右臂上，并向手指爬去，此时黄辉右手持念珠动撵，感到蜘蛛在手上动就撵袖把蜘蛛抛了出去。落地蜘蛛向东南顺着窗户下爬到屋顶消失，黄辉感到"一念之差"对蜘蛛无理而后悔，听诵经时也不能精力集中，心神不定。"黄辉往生塔附记文"又讲，蜘蛛在窗上织出一张大网，夜间大网发光，那网"大如车轮，变现光怪，飞丝如緪，能与龙斗，火龙取之则入水，水龙取之则入火。然兼两龙之力以斗，则智穷而珠（蛛）为取矣"。告诉大家蜘蛛乃神也。蜘蛛液有毒，用羊乳汁可以化解。这只蜘蛛"一闻佛名，即得往生于清静摩尼宝珠中。是珠（蛛）也，无可

注释

① 孙承泽：《天府广记》，北京古籍出版社 2001 年版，第 588 页。

取，无可争，亦无可知，亦无无知之量，是乃可名真知珠（蜘蛛）矣哉，塔成"。[1]
为蜘蛛建塔，尊为神也，祈求神灵保佑。

如今，阜成门外已是宽阔的道路，两侧大厦林立，街道繁华，蜘蛛塔早已无踪迹。

注释

① 于敏中等：《日下旧闻考》，北京古籍出版社 2001 年版，第 1606 页。

奉福寺纯慧大师塔

奉福寺位于辽代南京城（今北京城）白云观西南。奉福寺内有辽太康十年（1084年）正月建纯慧大师灵经幢塔，塔上刻有"佛顶尊胜陀罗尼经"。塔前立碑，碑上镌刻僧人真延撰文并书写的纯慧大师生平。如今寺庙与塔都无存，具体遗址位置都难考证。

纯慧大师，讳非浊，字贞照，俗姓张氏，范阳人。自小脚有残疾，进盘山隐居，出家后勤功，"每宴坐诵持，常有山神敬侍，寻克痊"。辽重熙"八年冬，有诏赴阙，兴宗皇帝赐以紫衣"。十年后，"敕授上京管内都僧录，秩满授燕京管内左街僧录，属鼎驾上仙，驿征赴阙"。入宫之后，"恩加崇禄大夫检校太保太尉，次年，加检校太傅"。纯慧大师这段时间"搜访阙章，聿修睿典"，撰写"往生集二十卷"进呈给皇帝，受到皇帝嘉赞。辽清宁六年（1060年）纯慧大师在奉福寺坐殿，并设戒坛，"忏受之徒不可胜计"。三年后，清宁"九年四月，示疾告终于竹林寺。即以其年五月移窆於昌平县"。纯慧大师没有生辰时间和年龄记载，圆寂后葬昌平县。二十年后，司空豳国公十分敬仰纯慧大师，为大师在生前修行过的奉福寺里建立经幢塔，缅怀"音尘不泯"。[1]

注释

① 于敏中等：《日下旧闻考》，北京古籍出版社2001年版，第1587页。

黑塔与青塔

　　阜成门内北边，福绥境地区冰洁胡同（原冰窖胡同）原有弘庆寺，元代时因寺内有一座黑色的塔，俗称黑塔寺。明正统元年（1436年）寺住持一清和尚筹集资金改建三进寺院，"正统八年（1443年），奏请赐额曰宏庆"。正统十四年（1449年）四月在寺内立石碑。黑塔什么时间消失的没有记载。

　　冰洁胡同往南临近一条南北走向的青塔胡同，鲁迅博物馆的西侧。"青塔"源于元代平则门（明代后称阜成门）内大永福寺的一座青色琉璃塔。寺庙当时为元大都城校勘《大藏经》的场所，皇帝也来大永福寺上香，"原庙行香，英宗皇帝青塔寺，正官，二月初六日……速哥八剌皇后忌日青塔寺，二十一日"。[1] 明代对大永福寺进行过三次修缮，香火延续，万历三年（1575年）石碑记载："青塔寺者，即胜国时候敕建大永福寺也。寺在都城阜成门，故有青浮图（塔），稍东为白塔禅寺，相距里许，俗称青塔寺。"[2] 到了清代，《日下旧闻考》记载："黑塔寺在南小街冰窖胡同，青塔寺在阜成门四条胡同，相距里许。皆无塔。亦皆无寺额。独各有碑可考耳。"[3] 也就是说清乾隆时期青塔寺就已经只剩遗址，没有塔和寺匾额了，只有明正

注释

① 熊梦祥：《析津志辑佚》，北京古籍出版社1983年版，第64页。

② 王彬、徐秀珊：《北京地名典》，中国文联出版社2001年版，第174页。

③ 于敏中等：《日下旧闻考》，北京古籍出版社1983年版，第830页。

统年间和万历年间的二方石碑记载黑塔寺与青塔寺的事。因北京有多个地名叫"冰窖",这里改称"冰洁胡同";"青塔胡同"虽然无青塔建筑,"青塔"的名字至少使用了四百多年。

宏化寺大机老人塔

宏化寺，初称大慈仁寺，始建年代不详，位于西城区广安门外天宁寺东南。清乾隆年间宏化寺已经废弃成残殿，但存有石碑和砖砌七层密檐大机老人塔。今塔已经无存，遗址地点大约是新居东里居民小区内。

大机老人塔老照片（后是天宁寺塔）

据清《日下旧闻考》记载："宏化寺在天宁寺东南，惟余一殿存，并寺额佛像俱亡之矣。殿后百余步有塔不甚高，然亦重檐七层，其第一层有石陷壁间，刻曰僧录司左善世大慈仁寺开山第一代住持传曹洞宗师大机老人塔。""宏化寺遗址去天宁寺东南不半里。殿今废，诸珰碑亦无有，大机老人塔今尚存。"[1] 从民国时期老照片可以看出宏化寺大机老人塔到民国早期还存在，只是塔下部损坏严重，须弥座外表砖石被拆，什么时间大机老人塔消失不清楚。

注释

① 于敏中等：《日下旧闻考》，北京古籍出版社 1983 年版，第 1547 页。

西域寺三塔

　　西域寺，俗称三塔寺，位于西城区展览馆路与百万庄大街相交的路口东北，北京市市委党校以西。西域寺始建于明代宣德年间，民国四年（1915年）重修，占地八亩，六亩耕地，殿房及群房32间，寺内有三座覆钵塔。清《日下旧闻考》记载："西域寺在阜成关外马家沟，俗呼三塔寺，明宣德年间建。今已颓圮，仅存数楹。……至三塔止存二，其一已废。"[1] 因三座塔中有一座是智光大师的舍利塔，智光大师圆寂于明宣德十年（1435年）六月，后立碑。而宣德年的宣宗朱瞻基执政就十年，这说明西域寺建于明宣德十年以前，弘治十七年（1504年）重修，到清乾隆晚年三座塔就只剩两座塔和一座塔遗址了。寺庙香火延续，清朝末年，"三塔寺僧住持叫寂崐，住寺僧2人，地址西郊三塔寺村三号"。[2]

　　《日下旧闻考》是清乾隆五十二年（1787年）成书的，那时西域寺就剩两座塔了，可"三塔寺"地名却使用了几百年，至今还用。西域寺三座塔为砖石砌覆钵式塔，埋葬僧人的灵骨或衣钵等，因一塔无塔铭记载，不知塔主何人。按西域寺石碑记载，其中一座为智光大师舍利塔，另一座为大智法王舍利塔。

　　西域寺的两方碑，一方碑是明正统十年（1445年）曹义撰写的《敕赐西域寺记》，碑文所云：智光大师，大国师名雅尔㖤罗密克[3]，号无隐，俗姓王，山东庆

注释

① 于敏中等：《日下旧闻考》，北京古籍出版社1983年版，第1608页。

②《北京寺庙调查一览表》手抄本，国家图书馆藏，第39页。

③ 雅尔㖤罗密克。雅尔㖤，唐古特语夏居也；罗密克，智慧眼也。

云人，生于元至正六年（1346年）。15岁出家，到京都吉祥法云寺，后云游四方，"奉使西域，至天竺国及乌斯藏等处，宣传圣化，众皆感慕"。回来见到仁宗皇帝讲其经历，"念其勤劳"，"赐图书国冠金织袈裟禅衣诸物"，诰封"大国师，命居大能仁寺"。宣宗继位后，"敕有司度僧百余，与之为徒，建大觉寺以佚其老"。晚年居大觉寺，"示寂于宣德十年六月，享年八十有八……（火）化毕，骨皆金色，舍利盈掬。造塔葬于旸台山，仍建寺宇，赐名西竺。其弟子分其舍利，建塔寺于各处。其大国师乌巴迪呢雅实哩等建造灰塔于茶毗所。告成之日，赐名西域"。[1] 这说明智光大师圆寂在大觉寺，葬在京西旸台山，而舍利灵骨分于僧徒在西域寺建塔供奉。

另一方石碑，明弘治十七年（1504年）《李纶西域寺重修碑略》石碑，碑文所云："都城之西三里许，有梵刹曰西域。"明弘治十一年（1498年），大能仁寺西天佛子大智法王来此重修西域寺，得到了朝廷的"特赐银两，不期年而落成"。大智

民国时期西域寺塔

注释

　① 于敏中等：《日下旧闻考》，北京古籍出版社1983年版，第1609页。

法王，俗姓翟，山西蔚州人，八岁时"礼大通法王为衣钵侍者"，"师授灌顶广善大师教，传密乘经典心印秘"。弘治十四年（1501年）十月二十六日"跏趺而逝"，"追封静修悟妙灌顶大国师西天佛子大智法王"[1]，安葬在京西旸台山智光大师墓旁，同样舍利灵骨分僧徒另葬三塔寺处。

西域寺及古塔今都已无存，从民国时期老照片得知西域寺古塔形状，两座砖石砌覆钵式塔，二塔形略有不同，稍远处还有一座三层塔形建筑，有说是座普同塔[2]，不是三塔寺的三塔之一，留有疑问？塔周围荒旷，塔前铁路轨道应是门头沟城子火车站通往西直门火车站的一段。20世纪50年代开始建造百万庄居民住宅小区，西域寺及古塔遗址被拆除，荡然无存，只留下"三塔寺"虚有的地名。

注释

① 于敏中等：《日下旧闻考》，北京古籍出版社1983年版，第1609页。

② 普同塔，为佛寺内众多职事僧人的骨灰合葬的塔。

静乐堂塔井

　　静乐堂位于阜成门外三公里、慈慧寺北两公里，大约在百万庄大街北营房地区。明嘉靖末年，宫中贵妃捐钱购置土地建静乐堂，堂旁建石砌四方屋状塔，朝南设方尺门，塔四面设方窗洞通风，内有竖井，称塔井。塔井用于安葬宫中因病亡火化后的宫人遗骸，使用至清朝封建统治灭亡。

　　"古葬宫中之人所，谓之宫人斜。京城阜成门外五里许有静乐堂，砖甃二井，以屋塔，南通方尺门，谨闭之。"[①] 这里宫人指宫内嫔、贵人、妃子、常在、答应以及宫娥绣女等妇人，她们在宫中有某人因病疾而亡，除品位高有名称者外，一般不能赐给墓地，请旨发专门铜符，简单"承以殓具"，走紫禁城顺贞门右旁门，出玄武门（今称神武门），后经北上门、北中门，在皇城内东墙外的吉祥所停灵超度，再出北安门（也称地安门）向西，转过西四，出阜成门到静乐堂，沿途要验铜符。在静乐堂再验铜符后，火化，将遗骸入塔方尺门葬塔井中。

　　《北京风俗杂咏续篇》中写道："不复题红叶，秋风泣晚蛩。骨销慈慧塔，魂断景阳钟。荦路迷新草，眉痕堕远峰。踟蹰葬花处，烟雨冷芙蓉。"[②] 形容宫人死后的凄凉命运。

注释

　　① 于敏中等：《日下旧闻考》，北京古籍出版社 1983 年版，第 1607 页。

　　②雷梦水：《北京风俗杂咏续篇》，北京古籍出版社 1987 年版，第 69 页。

法源寺早期二砖塔

　　法源寺位于西城区菜市口西南，初名悯忠寺，始建于唐太宗贞观十九年（645年），是唐太宗为东征阵亡的将士们祈福的寺庙。唐代中期，发生了一场震动朝廷、影响全国的"安史之乱"。这次叛乱的发动者就是当时镇守幽州（今北京）的地方长官安禄山和史思明，两位长官信奉佛教在法源寺各建一座高十丈的砖塔。

　　元《析津志辑佚》记载："大悯忠寺在旧城之南，有二塔，左则史思明建，右则安禄山建。"[①]　"东一塔安禄山所建，塔内有苏灵芝墨迹在内。"[②] 这二座砖塔建造时间是"玄宗天宝十四年（755年），安禄山建塔于东南隅；肃宗乾元元年（758年），史思明于西南隅对立一塔"。[③] 这两座塔建造间隔三年时间，可世间发生重大变化。安禄山和史思明是同岁同乡，营州（今辽宁朝阳）人，安禄山作为唐朝驻守幽州的节度使，依仗多年的屯兵，在建砖塔的天宝十四年十一月，发动对唐朝廷的反叛进攻，史思明跟随安禄山的反叛军攻杀于战场。肃宗至德二年（757年）安禄山被自己的儿子安庆绪等人暗杀，史思明又归顺朝廷，暗中打着自己的算盘，转过年来肃宗乾元元年（758年），史思明在安禄山建的塔旁又建一砖塔，并立一方《无垢净光宝塔颂》石碑。安禄山和史思明建的二塔，大约在唐中和二年（882年）悯

注释

① 熊梦祥：《析津志辑佚》，北京古籍出版社1983年版，第69页。

② 熊梦祥：《析津志辑佚》，北京古籍出版社1983年版，第119页。

③ 吕铁钢、黄春和：《法源寺》，华文出版社2006年版，第9页。

忠寺一场大火中，随整座悯忠寺焚毁殆尽而消失。只有《无垢净光宝塔颂》石碑现存法源寺悯忠阁内。1966 年在北京市丰台区林家坟发现史思明的墓穴，地宫内壁上有一座四方七层叠涩檐的浮雕塔，有学者认为此塔是法源寺二塔的塔型，外观与长安城（今西安市）的大雁塔相似，属唐代砖塔。

后人为悯忠寺的双塔写诗：安史开元日，千金构塔基。世尊宁妄福？天道自无私。宝铎游丝□，铜轮碧苏滋。停骖指遗迹，含情立多时。

法源寺多宝塔

多宝塔，又称舍利多宝塔，位于西城区悯忠寺（今法源寺）内。多宝塔建于唐代，清代中期塔就已消失。清《天府广记》卷三十八和乾隆年于敏中等编纂的《日下旧闻考》卷六十及碑石都有过记载。

《天府广记》记载："隋舍利塔建于仁寿二年壬戌正月初，文帝为太子时，有梵僧以释迦佛舍利遗之。至登极，敕天下大州建舍利塔。时幽州节制窦抗造五层木塔，扃舍利于其下。至唐文宗太和八年塔灾。宣宗大中丙寅，得石函于故基下，移置于悯忠寺多宝塔。僖宗中和壬寅，又灾，延烧悯忠寺楼台俱烬。昭宗景福壬子（昭宗景福元年，892年），迁舍利于阁内。"[1] 这段话讲，隋仁寿二年（602年）正月，幽州刺史陈国公窦抗在"子城东门东百余步大街之北"的智泉寺[2] 建一座五层木制塔。隋仁寿四年，塔下安藏舍利石匣。唐文宗太和八年（834年）八月二十日夜，风雨雷暴的天气，引智泉寺发生火灾，寺和木塔都被烧毁。清理废墟时在塔基中得到保存完好的石函，石函内存有宝瓶舍利六粒，加上找到的香玉环、银扣等物一并转存至悯忠寺（今法源寺）收藏。悯忠寺建多宝塔，将舍利等物于唐会昌六年（846年）"九月二十八日藏之多宝塔下"[3] 供奉。到唐僖宗中和二年（882年），

注释

① 孙承泽：《天府广记》，北京古籍出版社2001年版，第578页。

② 智泉寺北京周边隋唐时期有两座：悯忠寺南不远一座智泉寺；房山云居寺的早期称智泉寺，隋代时地属涿县管辖。

③ 于敏中等：《日下旧闻考》，北京古籍出版社1983年版，第980页。

又发生一次火灾，火烧连片，悯忠寺楼台俱烬，多宝塔也被殃及。灾后僧人将舍利石匣清理出来"皆洗浴瞻礼"，寺中大德明鉴和尚平日将舍利随身供养，直到临终时交给弟子栖忍，栖忍和尚将舍利放回石函封好，供奉在悯忠寺观音阁内的观音像前。"至昭宗景福元年（892年）迁舍利于阁内，其阁乃李匡威所建之观音阁也。今舍利与阁皆无考。"[1] 也就是说到清乾隆年间多宝塔及石匣舍利等古物都已无存了。

2004年在法源寺前创建休闲绿地迎春园，悯忠寺（今称法源寺）前竖立一座"唐悯忠寺故址"石塔，以示纪念。

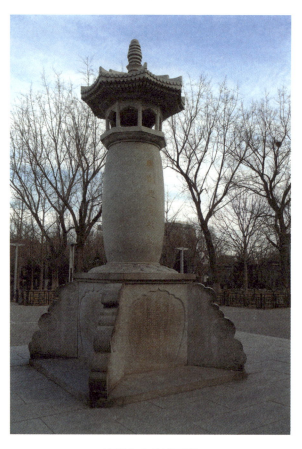

唐悯忠寺故址石塔

注释

① 于敏中等：《日下旧闻考》，北京古籍出版社1983年版，第978页。

法源寺道阶法师塔

法源寺道阶法师塔，又称晚钟塔，位于西城区法源寺西塔院。20世纪50年代建文化舞台时塔院及道阶法师塔被拆除，遗址大约是法源寺前街中国佛学院教学大楼处。

道阶法师塔在法源寺西塔院，塔前一座《道阶法师弘法颂并序》石碑。塔为覆钵式石塔，四方基台石刻望柱护栏及垂带台阶，塔座二层须弥座，下层六角石雕仰覆莲须弥座，上层圆形仰覆莲须弥座承托塔身。塔座上覆钵体塔身体量不大，朝南嵌石刻塔铭"法源堂上第十代道阶法师践公之灵塔"，往上六角须弥座，十三层相轮，石刻雕花圆华盖并刻梵文"阿弥陀佛"，顶端宝珠塔刹。民国时期照片道阶法师塔完整，20世纪50年代道阶法师塔被拆除，塔前石碑被移至法源寺院内。

道阶法师，名常践，字道阶，号晚钟，俗姓许，生于清同治九年（1870年），湖南衡山人。自20岁出家，礼衡州智胜寺真际比丘为师，去过天台、贤首、慈恩、南山等地寺院，学经礼佛，成为近代湖南四大高僧之首。清光绪年间来到北京护法，清宣统元年（1909年）住广济寺，宣统二年（1910年）住法源寺，由僧录司呈内务府，奏请钦定为法源寺住持。1912年法源寺成立佛教会，道阶法师任机关部理事长。1916年被法门诸长老推举为广济寺住持。1925年赴日本东亚佛教大会，被选为副会长，在日本"将搜译遗经，增扬法化"。后回归北京法源寺。1928年因军阀掌权的政府干涉寺产争夺，道阶辞去住持一职，赴东南亚各国考寻佛迹，搜译遗经，弘扬佛法，利益众生。不幸功业未成，1934年2月圆寂于南洋怡保三宝洞，时年65岁，僧腊46年，荼毗得舍利24粒。法孙梵月在法源寺西塔院建道阶法师塔，1935 年 3 月 17 日道阶法师灵骨奉归北京，3 月 18 日至 5 月 5 日灵骨入塔，共计七七四十九天，并召开了隆重的追悼法会，1938 年立《道阶法师弘法颂并序》石碑。① 可惜跨洋传播佛教的高僧道阶法师塔今已无存，石碑尚存法源寺院内。

法源寺道阶法师塔

注释

① 吕铁钢、黄春和：《法源寺》，华文出版社 2006 年版，第 177—186 页。

崇效寺二塔

崇效寺位于宣武门外白广路西崇效胡同内，遗址在白纸坊小学。

崇效寺始建于唐贞观元年（627年）。寺庙经历兴衰起伏，到明代兴盛起来，原因是太监们为了广集功德，料理后事，曾大肆注资兴建或扩建寺庙，以图佛神护佑，晚年有栖身之地。明嘉靖二年（1523年），宫内太监袁福、李奈、御马太监马玉等人，共同与崇效寺住持了空和尚修葺崇效寺，使殿宇焕然一新。嘉靖三十八年（1559年），内宫监掌丁字库太监李朗捐金三百两，建藏金阁一座和覆钵式普同塔一座。藏经阁东北有台，台后是塔，周围植千棵枣树。老照片中砖石覆钵塔就是明代所建，塔基上立三方石刻龛门，龛门内各一坐佛像，覆钵塔身朝南一塔铭石，塔前有砖砌供台和石刻香炉。另一座经幢塔，从塔造型和塔上精美的石刻推断应是清末民国初塔，从塔的圆仰俯莲须弥座，起伏雕刻的墩台，浮雕花纹的塔身，宝瓶形的塔刹等特点，与传统的经幢塔不同，带有创新的造型。二塔都留存到了民国时期，没有留下相关文字资料。20世纪50年代后，中国人民印刷厂子弟小学迁入崇效寺旧址，改造殿宇，拆旧建新，扩大至容纳学生1200人，学校保护了部分寺建筑。寺庙的藏经阁、天王殿、古槐树和几棵枣树等保留了一段时间，两座古塔今已无存。

崇效寺经幢塔   崇效寺普同塔

宏仁寺覆钵塔

　　宏仁寺，又称旃檀寺，位于西城区平安大街厂桥原北海中学西南，某军事机关办公区内。宏仁寺今已无存。

　　宏仁寺建成于清康熙五年（1666年），康熙四年在明代的"清馥殿""腾禧殿"旧基址上建造三进院落的宏仁寺，乾隆年间西单鹫峰寺破旧，"正殿旧奉旃檀佛像，乾隆中移入宏仁寺"①，供奉在大雄宝殿里。旃檀木释迦佛祖像是一尊极珍贵的佛像，是在印度由工匠雕刻完成，辗转到中国几个地方供奉，后移至北京寺庙，在宏仁寺供奉时不知是被烧毁，还是被盗走。宏仁寺内慈仁殿与大雄宝殿之间立一座覆钵式砖石塔，塔前多方石碑，建塔时间不详。塔基四方台，一圈琉璃砖花式矮围墙，朝南五步石台阶。塔座四方形须弥座，束腰部高二米以上，每一面设简单的装饰；往上五层砖砌四方金刚台，二层石刻圆莲花瓣和二层琉璃砖围墙。塔身覆钵体，覆钵体上嵌宽条装饰带，朝南精美雕刻眼光门。塔上部十三层相轮，金属制造的华盖和仰月葫芦形塔刹，还悬挂风铃，垂链条，当年宏仁寺覆钵塔十分精美，气势宏伟。1900年八国联军侵占北京，以宏仁寺是"义和团"坛址为名，驱赶僧侣，放火烧毁寺院殿宇建筑。宏仁寺一片瓦砾惨景，覆钵塔和数方石碑留存了几年，一度外国人将宏仁寺残塔照片制成邮政明信片，流传到世界各地，这也是外国侵略者罪行的记录，渐渐地覆钵塔遭人为拆毁，后铲除塔遗址，建办公大楼。

注释

　　① 震均：《天咫偶闻》，北京古籍出版社1982年版，第103页。

早期宏仁寺覆钵塔

宏仁寺塔（1905 年）

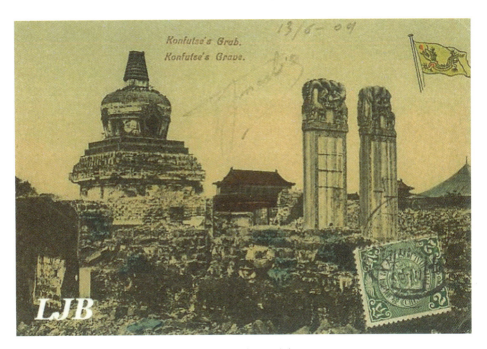

宏仁寺塔（1909 年）

善果寺塔

从民国时期老照片中看到善果寺覆钵式砖塔、城墙、天宁寺舍利塔之间的关系，分析照片是由东向西拍摄，善果寺覆钵式砖塔应在北京外城广安门以北，城墙内善果寺的西侧，塔始建年代不详。

善果寺位于广安门内广义街东侧槐柏树街。寺始建于五代时期的后梁乾化元年

善果寺塔（远处是广安门北城墙和天宁寺塔）

（911年），初名唐安寺。明天顺八年（1464年）春，尚膳监太监陶荣捐资修缮恢复殿堂，次年寺院焕然一新，太监陶荣奏请寺额，明英宗朱祁镇赐名"善果寺"。弘治十六年（1503年）加建五百罗汉堂。清顺治十七年（1660年）皇帝亲临善果寺，那时寺院"乔木荫森，院宇宏敞"，已成为北京一处胜地。早年，农历六月初六善果寺举办"晾经法会"，百姓可以去寺里看晾经，同时在护城河边观看大象洗澡，但进寺烧香仅限男性。明清两朝善果寺香火兴盛一时，寺中僧人圆寂后在寺西侧建塔也是顺理成章的事。清光绪二十六年（1900年）夏，八国联军入侵北京，洗劫寺院，善果寺败落。南城的老居民回忆，1961年上小学时还能看到残古塔，就在善果寺小学西南方向的后门。现寺庙和古塔都不存在，仅剩善果胡同地名。

地藏庵塔

　　地藏庵位于西城区阜成门外大街甲 10 号，北京阜成门外第一小学院内。早年地藏庵是座小庙，院内有一座砖塔，塔的形状不知，到 1949 年已经是破烂不堪，殿堂尚可使用。北京阜成门外第一小学建于 1950 年，初名圆广寺小学，1955 年迁到地藏庵，利用整修后的殿堂上课。根据小学校校史记载，1958 年 12 月 30 日，北京市文化局文物调查研究组同意拆除地藏庵的砖塔，改建校舍。小学后更名"北京阜成门外第一小学"。

广恩寺慈慧大师塔

广恩寺位于西城区菜户营地区。据《日下旧闻考》记载："广恩寺在右安门外西三里菜户营，旧名清胜寺，俗呼周桥寺。寺有燕山府清胜寺慈慧大师塔幢一，宋宣和七年（1125年）建。按宋史，宣和五年（1123年）金以燕京及涿易等六州还宋。至七年十月，宋郭药师始以燕山降金。此幢是宣和七年二月所立，彼时地属犹宋，故幢内以宣和纪年耳。"[①] 辽时北京称南京，是辽国的陪都，辽国与北宋国争战之地，1125年金国兵攻入南京城，灭辽赶宋，称燕山府。广恩寺应属辽时期的寺宇，内建立慈恩大师经幢塔，塔上的年月却使用了宋占领时北宋宣和年号。

慈慧大师，讳惠忍，俗姓和氏，燕山本地人，生于契丹重熙十二年（1043年），其父是龙门县县令。五岁归依大兴教寺山主上人为师，九岁受戒，学大崇佛教。后巡游讲经说法几十年，三十岁那年受到皇帝重视。辽天庆年间进入燕山府地，居住清胜寺。四十九岁的一次讲经，来徒众近千人，影响颇大。宋宣和七年（1125年）二月二十七日慈慧圆寂，享年八十一岁。慈慧的七位门徒为大师"依师遗嘱，白氎火化，焚于灵骨"。并建石幢塔葬灵骨，塔上刻"燕山府清胜寺故讲经律论提点慈慧大师实德记略"，还有观音菩萨像、尊胜陀罗尼经及七位门徒的名字。广恩寺慈慧大师经幢塔与寺庙都毁于战火，现无遗址可考。

注释

① 于敏中等：《日下旧闻考》，北京古籍出版社 1983 年版，第 1529 页。

白云观塔林二十五塔

　　白云观历史悠久，建于唐代，元代时兴盛发展，明清时期名传远近，到民国时期道长主持法会传道。白云观旁原有一片塔林，民国时期拍摄了"白云观塔林"老照片，老照片中的道士砖塔林立，全是一层须弥座，大部分是六角单层塔檐或八角单层塔檐的砖塔，只有一座是八角重檐塔，这些砖塔的造型基本一样，新旧程度差不多，应该是同一时期建造。老照片反映的塔林规模相当可观，但也只是白云观塔林一个局部影像。从老照片中可数出11座砖塔，另外还有2座低矮的砖砌圆丘式墓、石刻供台和一方高大的石碑，这里不包括道观内的八角三层"罗公塔"。

　　据1934年出版，日本人小柳司气太著《白云观志》记载：白云观"现存二十一基塔。其内二基塔无铭。外封土以为识者四。凡二十五。列其有铭者于左"。[①] 就是说20世纪30年代白云观塔林有塔21座，其中2座无塔铭，还有塔残基座4座，共25座塔。19座有塔铭的文字都一一列出来，从"白云观第二代住持旭初杨公之神塔""白云堂第二十一代方丈上至下融林泉刘大真人法塔／宣统三年（1911年）二月"，从塔铭刻有年款的时间得知，时间跨度为清乾隆年间到宣统末年。这表明塔林中的塔是清朝中期逐渐建造的，到清朝末年，前后经过一百多年，今已经荡然无存。

注释：
　　① [日]小柳司气太：《白云观志》，东方文化学院东京研究所1934年版，第38页。

民国时期白云观塔林

天宁寺塔林八塔

天宁寺塔林位于天宁寺的东侧，实际塔林规模、数量不详，从老照片分析具体位置应在北京外城广安门北侧城墙的西边，护城河东岸，与天宁寺有一护城河之

清末天宁寺塔林局部

隔。"天宁寺塔林"老照片有两张，拍于不同的时间，都是塔林的某一局部影像。一张是清朝末年英法联军随军摄影师费利斯·比托拍摄的天宁寺塔林两座塔，照片中一座下部有损的八角七层密檐塔，一座下部和顶部有损的覆钵砖式塔和一方石碑，以及塔旁七个人物，背景是城墙。另一张是民国时期塔林照片，显示六座覆钵式砖塔，塔下全部是条石方基座，塔须弥座平面呈六角、八角和"亞"字形，刻有砖雕花饰；其中四座是覆钵式塔身，两座是圆鼓形塔身，朝南都嵌有白石塔铭，但没有文字记载；塔身上须弥座承托砖砌十三层相轮，塔刹的造型各有不同。从覆钵式塔造型看明显有明清时期覆钵式塔特征，由于缺少历史资料，对塔主情况一无所知。如今，城墙与塔林被柏油马路和林立高楼所代替。

民国时期天宁寺塔林局部

朝阳区

朝阳区　古塔十二座

黄寺清净化城塔五座

　　黄寺清净化城塔院位于朝阳区西北安定门外黄寺路，现为中国藏语系高级佛学院。黄寺建于清顺治八年（1651年），到民国时期发展成由普静禅林（东黄寺）、汇宗梵宇（西黄寺）、清静化城塔院、资福院四个院落组成的寺庙建筑群。《宸垣识略》记："西黄寺在东黄寺西，雍正元年建。有世宗御书联额并御制碑，又皇上御制碑。清静化城庙在西黄寺侧，乾隆四十八年建，有御制清静化城塔记，清、汉、蒙古、梵字四体书。"[1] 连年的战争，政权的更迭，社会的变革，使大部分庙宇建筑渐毁消失，如今仅存清净化城塔庙，改称"西黄寺"，又称"清净化城塔院"。塔院主要建筑就是"清净化城塔"，为清乾隆年纪念六世班禅额尔德尼罗桑华丹益希（1738—1780年）而建造。清净化城塔是乾隆皇帝亲自督建完成，塔基座上耸立着覆钵式白塔，从塔底到塔顶层层是精美的浮雕图案，表现出清朝石雕刻的最高水平，加之周围四座经幢塔组成金刚宝座塔，体现了朝廷对佛教的尊崇。2001年6月被公布为全国重点文物保护单位。

　　清乾隆四十五年（1780年），西藏六世班禅额尔德尼罗桑华丹益希率千人跋山涉水到达河北承德朝谒乾隆皇帝，为乾隆皇帝祝贺七十大寿。九月与乾隆同回北京，下榻在黄寺。不幸于十月六世班禅患"天花"病，医治无效而病逝，次年遗体用舍利金龛送回西藏，乾隆皇帝亲自到黄寺拈香送灵。乾隆四十六年（1781年）敕命建造清净化城塔，并将六世班禅的衣履和经咒葬在塔内。乾隆四十七年（1782

注释

　　[1] 吴长元：《宸垣识略》，北京古籍出版社1982年版，第242页。

114

1898 年清净化城塔　　　　　　　　民国照片清净化城塔

年）十一月完工，以示对六世班禅额尔德尼罗桑华丹益希的纪念。

　　清净化城塔是乾隆皇帝根据印度《妙法莲华经·化城喻品》佛教故事而命名。"清净化城"寓意是清净、辉煌、美丽的城市激励人们去想望。佛所说的"化城"本来是不存在，化是从幻化而来，目的是为入佛智慧、最终成佛。

　　清净化城塔，可算作佛陀伽耶式的金刚宝座塔，塔全部采用汉白玉雕凿而成，塔通高约 24.8 米。塔的布局是下部一座 3 米余高南北石台阶的基台，台沿周围石望柱护栏，塔基台中央矗立一座高大的覆钵式喇嘛白塔，塔高 21 米余，四隅是石经幢塔，南北各一座石牌坊，朝南牌坊左右放置一对石辟邪，组成整个金刚宝座塔。

　　塔基台上覆钵塔脚下周围一圈地刻海水及海兽，寓意覆钵白塔是从滔滔海里冉冉升起。近一米宽的海水浮雕，海浪翻滚，波澜壮阔，刻画出了大海的磅礴气势。

海中雕有龙、鱼、螺、海狮、海马、海豚、海牛、螃蟹、海龟等动物，生动逼真，惟妙惟肖。在塔基台上有地刻浮雕图案的，是北京地区唯一一例。

覆钵塔座呈八角须弥座，精心雕刻了神像、护法力士、佛经中故事，以及卷草、彩云、双凤、莲花瓣、祥云、动物等丰富的图案。须弥座束腰部八幅高浮雕石刻图，诉说佛祖释迦牟尼的一生事。

朝南正中第一幅为"佛母成孕"图。图中菩提树旁一头白象身驮莲花宝座，座之上的佛陀踏云从天降来；而另一侧皇宫内佛母摩耶夫人端坐楼上，身旁及楼下有仆人活动。此图描绘的是佛祖入孕情景。

西南第二幅为"太子降生"图。描绘摩耶夫人率领随员离开宫城，要回到娘家去生子，途经蓝毗尼花园时，太子在无忧树下从佛母右肋降生，云中九龙吐水给太子洗浴。太子出生后一手指天，一手指地，高声唱言："天上地下，唯我独尊。"

朝西第三幅为"出游四门"图。太子成年后出城郊游，经过了城的四城门，看到许多老、病、苦、死及沙门的苦难悲惨景象，太子苦思摆脱苦难的方法。沙门曰："安住清净所在，修习解脱法门，到于彼岸。"太子得此开示，遂生出家之念。

西北第四幅为"入山修学"图。太子为受痛苦折磨人摆脱苦痛，29岁时不顾父王阻止，由仆人引马前行，带两位后妃及仆人于半夜逾墙出城。国王得知后，只能派五名族人跟随太子。辗转来到花木繁盛、泉水清澈的灵鹫山（般荼婆山），太子端坐在娑罗树下的磐石上，进行修法，寻找好方法。五名族人也成为太子成佛后第一批弟子。

朝北第五幅为"修法成道"图。太子四处拜师，苦修行六年，每天进食很少，寻求解脱苦痛的方法。一天，太子结跏趺坐于菩提树间莲花宝座上，有两名牧女在河边放牧，便以牛乳蒸成乳糜，奉献太子，太子深表谢意。太子趺坐49天后证得了人生的真谛，大悟过去，见未来十方世界中一切事情，得无上正等正觉和一切种智的佛果，号曰"释迦牟尼佛"。

东北第六幅为"初转法轮"图。在山、树、云间释迦牟尼端坐于菩提树间莲花宝座上说法，招收众弟子听法，连狮子都来听讲。释迦牟尼认为，人间有苦因和苦

佛母成孕（南）

太子降生（西南）

出游四门（西）

入山修学（西北）

修法成道（北）

初转法轮（东北）

神变降魔（东）

涅槃示寂（东南）

果，修道人知真实乐果，在鹿野苑听讲授"四谛""十二因缘"等法，告诉人们度生死、到彼岸的真实宝筏。鹿野苑作为初转法轮处，也成为佛教四大圣地之一。

朝东第七幅为"神变降魔"图。释迦牟尼结跏趺坐于宝座之上，双手结定印，微笑诵经，周身放光。魔王波旬怕太子成佛后对自己不利，率魔女和妖怪们各持兵器显神通势力，发动全面攻战。面对无数狰狞可怕的魑魅魍魉、夜叉恶兽，世尊岿然不动，示显神通变化，毫不动摇，最终战胜了各路妖魔鬼怪。

东南第八幅为"涅槃示寂"图。释迦牟尼坚持不懈地传道五十年，患病卧于石床上，众弟子围侍，然后安详而灭，这一天中夜，世尊世寿八十岁。诸弟子在金棺之中供养法体七日，释迦牟尼的弟子迦叶头陀等五百比丘举火焚化，天空中现出五彩祥云，得"舍利"八斛四斗，被古印度八个国王均分供奉。释迦牟尼的经卷，故经、戒、论三藏法宝，弘传后世。

塔须弥座上是五层塔阶部分，平面呈"亞"字形，四方折角，共有12角，层层收分，东、南、西、北四面，每面雕8尊圆龛坐佛像，其佛的手势各不一样，共32尊，佛像左右祥云陪衬。

须弥座上莲花盘承托覆钵式塔身，朝南雕花龛门，内坐三世佛。四周有浮雕站立姿势佛像，称"八大菩萨"立像，从正面三尊佛起，自左向右依次为文殊菩萨、金刚手菩萨、观世音菩萨、地藏菩萨、除盖障菩萨、虚空藏菩萨、弥勒菩萨和普贤菩萨。

覆钵塔身往上为"亞"字形台座，也有称迟咕部。连接圆柱形十三相轮，相轮底大上小，圈圈层层，直冲塔顶。最上塔顶是铸铜鎏金华盖加两侧云纹垂饰，顶端为莲花装饰，为上小下大的两个球状，正像两朵尚未开放的花苞，称为宝莲，象征着佛法清净无染。当年鎏金塔刹是乾隆皇帝钦定设计方案，在圆明园造办处承办完成后，将鎏金塔刹运到黄寺安装于塔顶上。

中心覆钵白塔的四隅各一座八面六层经幢塔，其规模、造型、装饰相似，塔高7米。下层须弥座，一层塔身刻汉字经文咒语，二、三、四层八面每面刻佛龛，内一尊坐佛像，塔顶三层密檐攒尖顶。经幢塔上文字是由两位大臣、大学士彭元瑞和

清净化城塔（2016 年）

曹文植在清乾隆四十九年（1784 年）所书写，镌刻于塔上：西南幢刻《千手千眼无碍大悲心哈达喇呢神章妙句》，西北幢刻《佛说药师如来本愿经》，东北幢刻《金刚般若波罗蜜经》，东南幢刻《楞严打哈达喇呢咒》。

清净化城金刚宝塔座的造型独特而别致，具有藏汉民族特色，据西黄寺的工作人员介绍，当年雕刻清净化城塔的工匠与河北省清东陵修建乾隆墓的是一批工匠师，他们手艺精湛，世代传授，卓绝千古。清净化城塔在阳光照射下，苍松翠柏拥簇中，似一丛玉笋拔地而起，特别高洁挺拔，白塔光灿夺目，交辉在层层琉璃庙宇建筑之中。

十方诸佛宝塔

　　十方诸佛宝塔位于朝阳区王四营乡的古塔公园内。十方诸佛宝塔建于明嘉靖二十四年（1545年），是北京城东部现存较完整的明代密檐式砖塔，塔前原有延寿寺，寺院毁于清朝末年，系八国联军所为，该塔也称延寿寺塔。十方诸佛宝塔安放了延寿寺众僧侣的灵骨，故又称诸佛宝塔。塔为八角九层密檐阁楼式砖塔，坐北朝南，塔高约27.1米，最大直径6.9米。塔座为高2米的八角须弥座。一层塔身南面有拱形门，现在被用砖封堵，原门楣上石额楷书题"十方诸佛宝塔"，九层砖砌叠涩塔檐。塔内中心呈锥形中空，直通九层，无台阶可登，第九层的八面每面各一方窗有通风功能，今已封堵。塔顶八檐脊攒尖式，塔顶部铸铜莲花承托宝珠塔刹。十方诸佛宝塔经后代数次修缮，如今古塔的部分残缺已修补好，一层拱券门和第九层方窗被封堵，周围环境绿化，古塔造型古朴典雅，气势雄伟浑厚，保留着明代建筑的特征。

　　塔旁有两方明代石碑，一方明嘉靖三十五年（1556年）立《重修十方诸佛宝塔碑》，另一方明万历元年（1573年）立《重修延寿寺碑》。根据碑文得知，此地明代称"回马房营"，十方诸佛宝塔是延寿寺僧人翠峰禅师主持修建的，塔建成后几十年出现了裂缝，尚衣监太监薛铭等人到延寿寺祭奠先师时，"观塔漏缝，恐后有伤不坚不固"，遂有"重葺宝塔之念"。"内外信官，檀越相助，置灰添石，砖填砌实"，宝塔得到了一次修葺。风吹雨淋石碑字已风化不可读，几十年前的碑文拓片收藏在朝阳区图书馆。

　　现在塔前石碑刻："北京市文物保护单位／十方诸佛宝塔／北京市人民政府一

十方诸佛宝塔（2012 年）

九八四年五月二十四日公布／北京市文物局二〇〇〇年十二月二十日立"字样。

2008 年 5 月，政府投资，占地 836 亩，建成郊野绿林古塔公园，绿荫中的十方诸佛宝塔，会将人们的想象空间带回到历史的长河中，为游览者平添了几分岁月的沧桑和厚重。

金河湾经幢塔

金河湾经幢塔位于朝阳区金盏乡温榆河金河湾西岸，始建于辽恭宗天庆元年（1111 年），2011 年 9 月出土发现，是朝阳区唯一的辽代经幢塔文物。

金河湾经幢塔由塔座、经幢身和宝盖组成，其中宝盖是后配的，高约 2 米。经幢身八棱柱体有残，长 1.8 米，汉白玉材质，四个宽面各 0.44 米，四个窄面各 0.4 米，上刻《佛顶尊胜陀罗尼》等经文，采用梵文一行汉字一行，相互对译，上下边缘刻缠枝牡丹纹。经幢塔上文字多有残损，拓片收藏于朝阳区图书馆。

金河湾经幢塔原立于何处不详，此地的历史建筑没有记载，混乱的战争年代，使经幢塔倒地埋于土中。2011 年施工偶然发现，经过整理立于原址，现在存一处私人会所内。关于经幢塔上镌刻内容有学者认为："在幢体所刻陀罗尼中，又分为三个体系，即以灭罪为主的佛顶尊胜陀罗尼体系；供养舍利塔的无垢净光陀罗尼体系；《显密圆通成佛心要集》提倡的大准提修持体系。将这三种密宗法门综合在一起，这在北京地区是绝无仅有的。"[1]

注释

[1] 朝阳区政协委员会编：《朝阳文史》第十七辑资料，第 212 页。

朝阳区图书馆藏金河湾经幢塔拓片

高碑店文化园收集五塔

　　高碑店文化园位于朝阳区高碑店镇，文化园包括：博物馆、书画店、收集石雕的商店、木器店、餐饮茶馆等。这里讲述的五座古塔都是从外地收集而来的，不是原北京地区的古塔，但商家拒绝说出原放置地方名。除了这五座古塔外，还有许多古塔石构件分散在文化园中，待需整理挖掘。

1. 金代石佛塔

　　这是一座较完整的八角三层佛龛幢塔，塔高约 5.5 米。塔上刻有文字：金代"崇庆元年三月造，甘肃冯州凡字"，可见塔是金代，原放置地比较遥远。塔上雕刻细腻，装饰华丽，造型有特殊的地方。塔座是八角带水槽座，束腰部八面，其中四面各浮雕一位力士托塔姿势，另四面各雕一只石镇兽，间隔出现。塔座上部是八角雕龙围墙，中间是水槽，中心莲花承托塔身。塔身第一层八面，每面上中下三层佛龛，每个佛龛内佛像各不同，有一佛二侍者的；有站立的；有盘腿坐姿的；有垂腿坐在须弥座上的等。塔第二层八面，每面上下两层佛龛，佛龛内是一菩萨二侍者。塔第三层八面只有四面各有一佛龛，其余四面平素。塔檐石刻八脊仿瓦木檐，塔刹是莲花承托葫芦形。二、三层檐上的束腰莲花承托盘，店家有可能放错了层间位置，莲花承托盘应该安置在塔座与一层塔身或二、三层塔身下连接处。

金代石佛塔

2. 清嘉庆年二石幢塔

　　这两座六面石幢塔样式、材质基本一样，应该是一座寺庙的物件，具体地点不详，后被移到此处。其中一幢塔，塔汉白玉石刻，高 0.78 米，六圭脚方圆塔座，每面刻三朵五瓣小花；塔身六面当中，有两面为宝瓶内插枝叶花朵，另有两面为宝瓶内插荷叶荷花，再有两面是石刻文字，"接龙堂上第六世上润下宗心公老和尚之塔"和"大清嘉庆二十二年（1817 年）九月初十吉时建生"。另一座石幢塔，汉白玉石刻，高 0.76 米，六圭脚方圆塔座，每面刻三朵五瓣小花，花与花之间有花纹陪衬；塔身六面，有两面为几案上宝瓶，宝瓶内插枝叶花朵；另有两面为几案上宝瓶，宝瓶内插荷叶荷花；再有两面是文字，"接龙堂上第六世上润下芝进公老和尚之塔"

清嘉庆年二石幢塔

润芝进公石幢塔

润宗心公石幢塔

和"嘉庆二十四年（1819年）正月初七日吉时建生"。两塔建造年份相差两年时间，僧名不同，均是"接龙堂第六世"的润宗心公老和尚和润芝进公老和尚。塔座是有六个圭脚，把幢塔座架起中空，有摆放之意，不知僧人的灵骨或舍利如何安葬。

3. 拼接石幢塔

在"韵唐风魏"店铺门前，从各地收集来的十一件石塔构拼接而成，六面五层石经幢塔，塔高约5.2米，反映出北方经幢石刻风格。一层、二层六角塔身上刻有双勾海棠池纹，转角是竹节纹，还有仰莲花瓣。三层有双狮戏绣球图案和文字。第四层六面都是文字，其中一面模糊文字："如乐。集堂遁河新泽县符氏人……随州黄龙堂禅院得授三弦大戒……不幸于道光乙未申月朔一日成然坐化，徒等痛念。……"五层六面也有文字，塔顶葫芦塔刹。

拼接石幢塔

4. 石雕动物幢塔

　　石雕动物幢塔是店家从各地收集来的古塔石构件，七拼八凑拼接而成的幢塔，幢塔为六角四层，特点是塔上石刻图案内容丰富，以动物图案为主，少量的神物和花卉图案。塔上动物有狮子、牛、马、鹿、象、羚羊、麒麟、彩凤、飞鸟、神兽等；其他图案有如意、莲花、海水、石崖、祥云和红日等，层间石构件也是拼凑而成，"合成"幢塔历史文化价值不高。

石雕动物幢塔

朝阳区　消失古塔十一座

朝阳门外延寿塔

这是一段明朝建塔的事。

据《明孝宗实录》记载："弘治十七年（1504年）二月，有旨，朝阳门外建延寿塔并殿宇廊庑墙垣，命内阁撰敕，令司礼监太监李英、内官监太监李兴提督监造。"监造延寿塔的工程浩大，动用了大量人力和物资。宫中大学士刘健等臣士们向皇帝朱祐樘进言，治国者要用"尧舜周孔道而已"，建塔是佛教之事，供养的寺观有定额数，僧道也是有定员的。建一座延寿塔"不知其所祈者何福，所消者何灾，护国庇民，其功何在？"建塔需要动以数万两白银，如果拿这些钱"赈济之用，即可以活百万生灵之命，岂非延寿一大功德哉！伏望陛下收回成命"请皇帝慎思，朱祐樘感觉大臣们说法有道理，是否撤回成命，停止建延寿塔？朱祐樘犹豫。朱祐樘出生在宫中，由于母亲原是使女，可以说是出身"微贱"，自幼是太监、宫女保护抚养，免遭万贵妃的暗算，成长中知道一些下层民众的疾苦。继位后相对"勤政爱民"，也能听些大臣之语。听了大学士刘健等人的建言，朱祐樘经过三思，敕书免令，"上曰：卿等言是，其即停止之"。建造过半的延寿塔工程就此停止了。

这件"建延寿塔未成"的事记录在清《日下旧闻考》卷八十八郊坰[1]之中。

注释

[1] 于敏中等：《日下旧闻考》，北京古籍出版社1983年版，第1482页。

净意庵五塔

　　净意庵是座明代古寺庙，原位于朝阳门外芳草地西巷附近，今朝阳区法院旧址上，早已无存。净意庵，又称"皇姑庵""吉香庵"，始建年代不详，明万历二十七年（1599 年）重修。民国时期庵有元代古柏两株，石碑两方，古塔五座，还有一座亭形铁制燎炉，炉身铸梵莲花，三腿作狮足形，下是石盘承托。正殿有铁香炉七个，分别是明崇祯年、清道光年、咸丰年各一个，清康熙及无年月可考各两个。传说清康熙年间，后殿悬挂过康熙御书额曰："舍宅一钱"。①

　　净意庵旁为塔院，院中至少有五座古塔，周围松柏树 45 株。从 1917—1919 年来北京的德国人尼·甘博拍摄的几张古塔的照片中，可以清楚地看到净意庵的五座古塔。从照片中分析五塔的位置，大约是方塔在中间，两覆钵塔在两旁，三座塔呈品字排列，坐北朝南；另外一塔靠近三塔西边的塔，再一塔单独伫立。

　　坐北朝南的三座塔，其中间一塔为方形砖石结构十三层密檐塔，称"太虚禅师塔"，为最古老一塔，建造于明万历四十八年（1602 年）。方塔端庄精致，须弥座石刻精美花纹，塔上多梵文装饰。从老照片上看方塔须弥座东部有损坏或塔身整体受地震等因素影响向东移位有所悬空。

　　右边（东南）一塔为砖石结构覆钵式塔，八角须弥座束腰部有砖雕花饰，覆钵式塔身朝南白石塔铭，塔铭刻"第二代冠代堂住持悟公白云禅师塔／明天启元年（1621 年）造"字。往上砖砌十三相轮和石刻华盖葫芦塔刹。

注释

　　① 朝阳区政协委员会编：《朝阳文史》第十二辑资料，第 214 页。

左边（西南）一塔为砖石结构覆钵式，塔座呈八角雕刻精美花纹须弥座，往上是五层金刚圈和砖砌覆钵式塔身，塔朝南有白石塔铭，刻"净意庵第二代堂上督事性公禅师／明崇祯十年（1637年）造"字。覆钵式塔身往上是磨砖对缝建造的"亞"字形迟咕部小须弥座和象征"十三天"的砖砌相轮；顶部石刻垂帘纹华盖和葫芦形塔刹。

其他二塔，分别是"第三代寿峰禅师塔"和"月禅师寿塔"，两塔均为明崇祯九年（1636年）建。

这五座古塔到20世纪40年代已经残破不堪，1951年将皇家祭祀太阳的日坛改建成日坛公园，施工时连庵带塔全部被拆除了，从此净意庵及古塔彻底消失，公园占地并未到净意庵这一片，空闲的土地建了高楼大厦。

净意庵单塔

民国初净意庵三塔南面

民国初净意庵四塔

满井三塔

　　"满井"地名在北京有多处，此"满井"位于朝阳区北部安定门外小关以西一公里，以前是大屯公社曹八里大队第二生产队，大约是现在国家奥林匹克公园南区的范围。早年，地面原有"满井径五尺余，清泉突出，冬夏不竭。好事者凿石栏已

满井三塔

束之。水常泛起，散漫四溢，井旁苍藤丰草，掩映小亭。都人诧为奇胜。"^①清朝康熙、乾隆时期井水丰沛，水质甘甜，有人特到此井取水，地名由井得"满井"名。清康熙十二年（1673年）当时的大兴知县张茂节在《大兴县志》记："满井出安定门外，循古壕而东五里，见古井。井面五尺，无收有干，干石三尺。井高于地，水高于井，四时不落，百亩一润，所谓滥泉也。……初春，游人汲而茗者，饮而歌者，日不绝。"^②满井临近大道，过往赶车的及行人常在此喝水、洗脸、打歇儿、饮牲口。后来地下水位降低，井枯沙埋，满井地名却使用了百余年。从民国时期老照片可见满井旁伫立着三座塔，为佛教寺庙塔院的覆钵式砖石塔，具体古塔情况不详，今天古井和古塔都无存。

注释

① 励宗万：《京城古迹考》，北京古籍出版社1981年版，第28页。

② 张茂节等编纂、罗保平等点校，《大兴县志》，北京古籍出版社2002年版，第24页。

东直门外铁塔

铁塔，即生铁铸造的佛塔。从民国时期的老照片上可以看到铁塔的顶部，而塔的周围有青砖砌成六角小城堡，把铁塔包裹起来，称铁塔院，也称铁塔寺。铁塔院中间空心设门、台阶、拱形窗，外墙上嵌石刻。民国初期《本市寺庙调查一览表》记："铁塔院住持常海，寺僧一人，地址东郊东直门外一百号。"[1] 就是说铁塔院在东直门外关厢大街 100 号，当时守院护塔的僧人叫常海。20 世纪 30 年代出版的《北平旅行指南》记载：铁塔"寺在东直门外东行里许。周围作墙圆城状，铁塔高矗半空，塔下为正方砖台。相传寺建于明末。塔中祀像为一胡僧，云系坐化于此。祀像乃其肉身，外傅以漆，香烟所熏已不辨颜色"。铁塔院前农历正月初一、四月初八举办过"庙市"，就是小商品交易会，代烧香拜佛。据当地老人相传，铁塔在 1958 年"大炼钢铁"时被当地农民扔进"土高炉"中烧化了。[2]

关于当年"铁塔寺"的位置，有两个地方可能是寺旧址。

其一，东直门外原有个二里庄村，村旁原有一座清真寺和一座小寺庙，清真寺经过迁移，转建到东直门外察慈 6 号；而寺庙，百姓俗称"铁塔寺"，现已不知踪迹。

其二，东直门外大街加拿大使馆北部有个"塔园"的老地名，是朝阳区与东城区交界处，民国时期这里曾有僧人塔院，墓塔多座，可能"铁塔"也是其中之一。

注释

[1]《本市寺庙调查一览表》(手抄本)，中国国家图书馆藏，第 37 页。

[2] 北京市朝阳区政协编：《首都文史精粹·朝阳卷》，北京出版社 2015 年版，第 127 页。

后来居民拆塔建房，"塔院"叫成"塔园"。1985 年在此建外交人员公寓和办公楼，时称塔园外交人员公寓，地属朝阳区三里屯街道办事处。①

民国时期东直门外铁塔院

注释

　　① 北京市地名志编辑委员会编：《北京市朝阳区地名志》，北京出版社 1993 年版，第 115 页。

东直门自来水塔

东直门自来水塔位于东直门外东北，今北京自来水博物馆院内，属近现代工业设施，1957 年被拆除。

清光绪三十四年（1908 年）三月，为适应社会发展需要，在多方因素影响下，

清末东直门自来水塔

清农工商部奏请朝廷兴建自来水设施。朝廷同意后创办北京城自来水厂，筹资建"京师自来水股份有限公司"，首任总理由周学熙担任。自来水厂引孙河水，经过水过滤处理，由水塔加压，管道供应北京城部分地区。

水塔建于清光绪三十四年（1908 年），外国人设计，吸取了中国塔的一些元素，使用进口钢材，钢架结构，塔身平面呈六面形，高六层，镶嵌 12 条龙形做装饰，转角处装有风铃，塔顶水罐容积 750 立方米，总高 54 米。水塔供水运行 34 年后，1942 年停止使用，1957 年被拆除。

海淀区

海淀区　古塔七十九座

永安万寿塔

　　永安万寿塔位于阜成路八里庄桥西北，京密引水渠西岸，海淀玲珑公园内，此地为慈寿寺。清《日下旧闻考》记载："慈寿寺去阜成门八里，圣母慈圣皇太后所建，盖正德间大珰谷大用故地。经始于万历四年，凡二岁告成。入山门即有窣堵波，高入云表，名永安塔，华焕精严。"[1] 永安万寿塔建于明万历四年（1576年），为八角十三层密檐砖石结构实心塔，测塔高56.3米。[2]

　　建永安万寿塔的缘由，只因慈圣皇太后是万历朱翊钧的生母，她为了给执政六年而逝的穆宗朱载垕灵魂寻找栖息之地，又为十岁登基当皇帝的朱翊钧成年后能多子多福，巩固自己和小皇帝在宫廷中的统治地位，而大兴土木工程，建造了五进院落规模宏大的慈寿寺和永安万寿塔。这段历史由大学士张居正写成碑文记录下来。明《帝京景物略》中记载："万历四年，慈圣皇太后为穆考荐冥祉，神宗祈胤嗣，卜地阜成门外八里，建寺焉。寺成，赐名慈寿，敕大学士张居正撰碑。"[3]

　　慈寿寺自建成后，因有皇家背景，香火不断。到清光绪年间发生火灾，慈寿寺部分建筑焚毁，寺庙渐被废弃，殿堂坍塌被百姓占用，仅存部分殿房和古塔。塔北侧留有两方明代经典人物画石碑，东北一碑"紫竹观音菩萨像"；西北一碑正面雕刻

注释

　　① 于敏中等：《日下旧闻考》，北京古籍出版社1983年版，第1611页。

　　② 测塔高，2014年9月3日特请北京建筑大学测量专业人员，用"SOKKIA全占仪"进行测量，永安万寿塔高56.3575米。

　　③ 刘侗、于奕正：《帝京景物略》，北京古籍出版社1982年版，第216页。

永安万寿塔   20 世纪 30 年代阿东照相馆拍摄永安万寿塔

的线描人物"鱼篮观音像"，碑的阴面雕刻线描人物"关帝像"和"赞关圣诗句"。

　　永安万寿塔的塔基青砖砌条石边。塔座两层八角须弥座，砖雕精美，下层须弥座束腰部，每面六个壶门，壶门内应是兽头（已损毁），间隔处雕力士像和盆花，转角处宝瓶柱装饰。上层须弥座束腰部每面砖雕图 7 幅，除朝南面正中有三尊佛祖像外，其余都是与佛教有关的故事图，小巧精致，每幅图上方设一匾额，刻有故事名字，共计 56 幅。两图之间是力士像，转角处是双力士像。往上砖雕仿木斗拱，石刻与砖雕结合的护栏，每面由四根望柱三方护栏板组成装饰圈，护栏上精雕多种演奏乐器与佛教法器，背景配花卉图案。再往上是两层仰莲花瓣承托塔身。

　　第一层塔身是最精华的部分，八个面是间隔四门四窗，东、西、南、北正方向是砖雕假拱券门，每座门内砖雕对开门，门上砖雕门响钹，门顶拱券砖雕三条

龙，外圈祥云朵朵，门两旁是泥塑手持兵器的金刚武士像。门额上石刻题字，南正面"永安万寿塔"，东边"镇静皇图"，西边"辉藤日月"，北边"真慈洪范"。"正南的那块刻着'永安万寿塔'五个大字，这是清朝乾隆时期重修后由乾隆皇帝手书的。"[1] 八个塔转角为圆形盘龙柱。另四面每面一砖雕拱券仿木假窗，假窗是仿木双开菱窗，外框砖雕花饰和祥云图案，窗头雕一兽头，两旁站立泥塑卫士。上沿部八面一圈砖雕 88 尊坐佛像（每面 11×8）和一圈砖雕 48 条飞龙（每面 6×8），檐下砖雕仿木斗拱，外伸砖瓦檐。

永安万寿塔的第二层至十三层塔檐，檐下仿木斗拱，层间每面设三个拱券佛龛，龛内有一尊鎏金坐佛像，其大部分金佛像都损毁，部分金佛像在维修时从塔上取下来保存。檐上青灰筒瓦铺面，檐脊上有仙人、走兽和兽头，檐角下悬挂大风铃和檐椽下悬挂小风铃，塔顶部八角庑殿顶，八面双层墩台，铜铸宝葫芦塔刹。

永安万寿塔上的风铃为铁质铃，铃铛遇风即响，铎鸣四端，玉声悦耳，影响八方。现在大风铃已不存在，而塔的六、七层以上的檐椽下还保留零散百十个小风铃，风吹响动渐弱。塔的东侧有条街道称"玲珑巷"，街名就因永安万寿塔上的风铃清越，而得名。1932 年起北平市街巷村里定名称"玲珑巷"，属第 13 自治区第 10 坊，街名一直沿用至今。据公园工作人员讲，20 世纪 80 年代的一天，有个"飞贼"沿避雷线徒手登塔妄想偷盗塔铃，结果坠下受伤，百姓发现后报警，警察抓到"飞贼"，当时《北京晚报》还进行了报道，此事成了街头巷尾民众的谈资。

海淀区政府为保护古迹，1989 年以永安万寿塔和慈寿寺遗址为基础开辟公园，取名玲珑公园。2006 年扩建公园占地 8.1 公顷，设有古塔平台、鉴池、往来亭、鱼乐池、假山树林，还有蒸汽火车头广场等。改造后的玲珑公园布局更加突出古塔的韵味，成为昆玉河畔一道靓丽的风景点。此塔砖雕内容丰富，为北京现存明代密檐塔的代表作之一。

注释

① 易海云：《海淀杂记》，北京出版社 2001 年版，第 44 页。

白塔庵砖石塔

　　白塔庵，原称崇庆寺，位于海淀区西三环紫竹桥西南的中国画研究院内，老地名称三虎桥。白塔庵塔砖石结构，通高 25 米，为覆钵式砖石塔。1981 年被公布为海淀区重点文物保护单位，并进行了修缮。

　　《海淀文物》记载："民国时期此处有庵，但始建年代查无考，其庵因塔而得名。相传明建文帝在'靖难之役'中逃出南京城，削发为僧。至晚年时来到北京，死后即葬于北京西山，并建衣钵塔一座，即此塔。"[1] 这段记载不太现实，建文帝被朱棣夺权所害，怎么还敢到朱棣眼皮底下来呀。塔旁有银杏树和柏树各两棵，皆是几百年的古物。

　　白塔庵砖石塔坐落在青砖砌 3 米多高的四方基台上，朝南墙上镶嵌一块文物牌："海淀区文物保护单位／白塔庵塔／海淀区人民政府立一九九二年九月"。从现场观察情况看，四方基台原是土岗子，周围地势应是坡缓起伏。1983 年中国画研究院在此建院，施工平整地面时塔基台形成，为保护加固古塔，青砖砌四方基台，1986 年全面修葺古塔建筑。塔座是"亞"字形须弥座和六层石塔阶，由于年久风化，须弥座很多石刻浮雕图案损坏，维修时更换了部分石构件，但没有恢复雕刻图案，六层塔阶的石尖状方角象征蕉叶状。塔座之上是砖砌覆钵式塔身，也称塔心轮，俗称塔肚子。青砖砌覆钵式塔身的东、南、西、北四个方向各设一石雕拱券佛龛，龛内佛像端坐在莲花座上。佛龛外沿精雕细刻佛的坐骑大象、狮子、马和迦楼

注释

　　① 北京市海淀区文化委员会：《海淀文物》，文物出版社 2002 年版，第 113 页。

白塔庵砖石塔（2013 年）　　　　　　民国时期白塔庵砖石塔

罗像，顶部是宝相花、缠枝藤浮雕。塔身往上是覆莲花瓣承托"亞"字形须弥座，再上边是石砌十三层相轮，塔顶为铸铜元宝纹垂帘宝珠华盖及宝瓶塔刹。有专家估计铜塔刹重达 2 吨，当年能将铜塔刹装到 20 多米高的相轮之上，也是一件相当不容易的事。

万寿寺鎏金多宝塔

万寿寺鎏金多宝塔位于海淀区万寿寺的无量寿佛殿内。最初鎏金多宝佛塔放置在宣武门外长椿寺内的大殿里，长椿寺建于明万历二十年（1592年），是万历皇帝的生母孝定李太后，为安置从河南来北京的神功敬佛水斋禅师，而建造的长椿寺并铸金塔。清《日下旧闻考》记载："长椿寺在土地庙斜街，本朝乾隆二十一年（1756年）重修。渗金佛塔今在正殿中，其高充栋。寺有明万历中工部郎中米万钟（写）水斋禅师传碑。"①长椿寺水斋大师，佛名归空和尚，本名阳明，中山郡人，生于明嘉靖三十八年（1559年）七月。削发归佛门后诵经云游，归空和尚带一头牛长途跋涉来京城。据说能七日不食，而日饮数升水，得名水斋大师。云游三十年，跪行至五台山，途中流血都不知疼痛，为礼佛先后"点燃"了自己的三根手指，"参古松，燃一指以供文殊。再礼普陀，参大智，燃一指供观音。后礼峨眉，印通天，燃一指供普贤"。②最终牵牛步行来到京城，孝定皇太后得知后，建长椿寺赐于水斋大师修行，建寺后铸造了铜制鎏金十三层密檐多宝塔。

20世纪70年代末，鎏金多宝塔被移到真觉寺（五塔寺），安放在金刚宝塔座东北的树林中。80年代将塔送入故宫修复厂进行修复，把缺损的佛像、神像、金刚力士、狮子及莲花瓣等部位精心修补添齐，恢复了鎏金多宝佛塔的原貌。然后，将鎏金多宝塔放置在南长河旁的万寿寺无量寿佛殿内，原无量寿佛的汉白玉须弥座

注释

① 于敏中等：《日下旧闻考》，北京古籍出版社1983年版，第956页。

② 同上。

万寿寺鎏金多宝座塔（2013 年）

之上。

　　鎏金多宝佛塔铸造于明万历年间，为八角十三层密檐鎏金铜塔。多宝塔由须弥座式塔座、第一层塔身、十三层塔檐和宝珠塔刹四段组成，通高约 5 米。塔身主要为铜质，并含有铅、锌、银、金等金属元素，由于年代已久，外表变为青铜色，但被游人长期摩擦的部位，露出了里面金黄的鎏金层。塔身上精铸造了佛像、菩萨像、罗汉像、诸天神像、护法金刚力士和飞天像等，其塑像造型生动，共有 440 尊神像，个个神通，表情各异，好似佛教神话中的天国。

鎏金多宝塔座分为二层须弥座，下层八面须弥座束腰部的每面各一拱券壶门，门内一只向外伸头的狮子；朝南正面拱券龛门两旁各有两位神像，其他七面各一位神像，八个面转角处各有一位大力神像，共26位神像。神像也叫"诸天"，是印度佛教中作为佛教的保护神安置在塔上，每位"诸天"有自己的名字，而且各自有神功本领。上层须弥座比下层须弥座尺寸略小，上枋和下枋是仰覆莲花瓣。束腰部八个面，每面各铸三尊神像，正南面中间为禅宗祖师达摩像，左边为六祖慧能像，右边为百丈怀海像，其他各面分别是十八罗汉像，转角处各铸一尊金刚力士像，力士们均半蹲姿势，双脚用力，手托举着须弥座上枋，须弥座上是塔护栏，护栏板上线雕花卉图案，护栏之上二层仰莲花承托着十三层密檐塔身。

密檐塔身的第一层比较高大，东、西、南、北四个面铸拱券门，门为仿木双扇门，每扇门上装九排门钉，每排四枚门钉，双扇门共计72枚门钉。塔南面门上铸一尊骑龙首马身的观音像；北门上铸一尊八只手臂的观音像，每只手上拿一样法器；东、西两门上铸是佛像。塔门两旁铸有手持降魔兵器的护法金刚力士像。塔身其他四面是方形假窗，在东南窗上铸有骑狮子的文殊菩萨像；在西南窗上铸有骑象的普贤菩萨；在东北、西北窗上各铸有一尊坐在祥云上的观音菩萨，好似观音菩萨从天而降，救护众生。假窗下边铸有花盆图案，盆中成满方胜、犀角、珊瑚、铜钱、西番莲花等宝物。第一层塔身往上是十三层塔檐，塔檐是铜铸造仿木椽子、瓦垄和滴水等造型，形状非常逼真。从塔檐的第二层到十三层，塔檐之间，八面的每面各铸有三尊佛像，均双手合十，呈结跏趺坐姿势，十二层共铸佛像288尊。

塔顶是攒尖式，中心是三层仰莲花座，承托着一枚大金圆球，组成宝珠塔刹。

据寺内工作人员介绍，当年鎏金多宝塔移进万寿寺时，考虑到无量寿殿内的佛像已无，只剩下无量佛的石基座放置鎏金多宝塔比较合适。在无量寿殿内搭起脚手架到殿顶。首先把十三层密檐塔身及塔刹移进去吊起来，再将须弥座和一层塔身安置好，慢慢地把密檐塔身落在一层塔身上，各段之间铸有卯榫。安放好的鎏金多宝塔没有用铜焊接起来，仔细观察就能看到连接处的缝隙，有缝隙大的地方还加砖垫平。工作人员还讲，关于铜铸的鎏金多宝塔是什么时间铸造的，因无文字记载，一

时确定不了准确时间，但在修复塔时发现塔的第九层一密檐檐头有"万历"铜钱纹图案，字迹十分清晰，从而确定了鎏金多宝塔是明万历年间铸造的。

　　万寿寺鎏金多宝塔是明代铸造的精品，工艺精湛，体现了我国 16 世纪铸造工艺和鎏金工艺已经达到极高的水平。鎏金多宝塔具有很高的文物价值和艺术欣赏价值。

普会寺经幢塔

　　普会寺经幢塔位于海淀区新兴立交桥西北的普惠南里小区花园内。普会寺是古称，现称普惠寺，一字之差原因，学者王同桢认为：清《日下旧闻考》记载寺庙应为"普会寺"，一直到民国期间仍为"普会寺"，我们分析判断是日伪时期错把"普会寺"写成"普惠寺"，一直错传至今。①

　　普会寺经幢塔始建于明嘉靖二十八年（1549 年），经过城市旧村改造保留了下来，与《普会寺迹址碑记》石碑并立在普惠南里小区花园中间。经幢塔由三部分组成，塔下石刻圆形仰覆莲花须弥座。塔身八面分四大面四小面，刻有"大佛顶尊圣陀罗尼咒"文，后题"大朝岁次己酉十一月十七日，宣差滨棣大使张信顺建，王府下断公事官元奴立"。塔顶石刻八角攒尖圆塔刹，测塔高约 2.2 米。关于普会寺经幢塔的历史，清《日下旧闻考》记载："普会寺，辽之驻跸寺也，在玉河乡池水村。嘉靖甲寅，御马监太监蔡秀恭重建。土人呼其地为蔡公店。殿前石幢一，书大佛顶尊圣陀罗尼，后题大朝岁次己酉年十一月十七日宣差滨棣大使张巴舒新建王府下断公事官普元弩立。"② 这说明在太监蔡公重修寺庙前的五年，石经幢塔就已存在。清《日下旧闻考》书中文字记载也有错误，书中写"张巴舒新建"，实际塔上文字是"张信顺建"；书中写"普元弩立"，实际塔上文字是"元奴立"。

注释

① 海淀史志编辑部：《海淀史志》2016 年第 1 期，第 28 页。

② 于敏中等：《日下旧闻考》，北京古籍出版社 1983 年版，第 1589 页。

普会寺经幢塔和石碑（2018 年）

普会寺经幢塔局部

碧云寺金刚宝座塔

　　碧云寺位于静宜园（又称香山公园）北侧。碧云寺院依山而建六进院落，西边最高处是金刚宝座塔，由大小十一座塔组成。碧云寺始建于元代，最初是耶律阿勒弥住宅改建的"碧云庵"。到了明代，先后被两位有权势的大太监于经、魏忠贤占有，为自己建造墓地，孽罪有应报，两太监都未能葬在这里。清代碧云寺已是香火旺盛的佛教寺院，乾隆年间进行过大规模扩建工程，乾隆十三年（1748 年）印度僧人贡奉金刚宝座塔样式，乾隆皇帝下旨按比例放大，在碧云寺院后建起金刚宝座塔。清《日下旧闻考》记载："乾隆十有三年，西僧奉以入贡，爰命所司，就碧云寺如式建造。尺寸引伸，高广具足。势同地涌，望拟天游。"[1] 金刚宝座塔建后，乾隆十六年（1751 年）秋，乾隆皇帝亲登金刚宝座塔并赋诗赞美："百丈之山，延缘徐步忘其高。十丈之塔，矗尔拔地直上，乃讶高岧峣。……高秋乘兴一拾级，目穷千里心万方。今年登塔凡三度，六和报恩皆有赋。……"[2]

　　碧云寺金刚宝座塔，坐西朝东，通高 34.7 米，由基座、塔座、座上分前部和后部组成。塔基座是两层的高大基台，下层基座四方形采用花岗岩石虎皮墙砌四周，基座上设汉白玉望柱围栏，东面铺有石台阶；上层基座，汉白玉满雕佛像图案墙，东设拱券门，门内二通道上基座台。台上前部是南北各一座覆钵式石塔，中间罩亭及四座小覆钵式白塔；后部是中间一座高大方形十三层密檐塔，四隅各一座方形十

注释

① 于敏中等：《日下旧闻考》，北京古籍出版社 1983 年版，第 1461 页。

② 于敏中等：《日下旧闻考》，北京古籍出版社 1983 年版，第 1462 页。

碧云寺金刚宝座塔东面

三层密檐塔，西边一棵古柏树等，塔座上共有大小十一座石塔，这种样式的金刚宝座塔在北京仅此一例。

塔上层基座，又称金刚宝座塔的座身，平面为凸字形，座身外围均用汉白玉砌成墙，墙壁上分为五层并雕满了浮雕图案，精美绝伦。朝东是正面拱券门洞，门上镶嵌一块石额，上刻"灯在菩提"四个大字。券门内设石供桌，墙正中嵌一石额，上刻"孙中山先生衣冠冢"金字，是1925年3月12日革命先驱孙中山先生因病在北京逝世，停灵于碧云寺，后将衣帽封葬在金刚宝座塔下的石龛中，供后人瞻仰。两侧拱券通道，石阶盘旋而上，可直登宝座的台上罩亭。

金刚宝座塔的座身五层浮雕图案层，第一层是刻卷草、锦带图案。第二层每面用短柱隔成若干个佛龛，南、西、北三面刻有坐姿佛像，三面共计34尊佛像；东面券门两侧龛中雕刻2尊佛像和4大金刚武士像。第三层，一圈双角龙首浮雕，共计龙首83个，个个栩栩如生。第四层东面是9尊跌坐的阿弥陀佛像，其他三面是

碧云寺金刚宝座塔侧面

手捧钵的药师佛坐像，在南、北折角凹进一段，凹处的药师佛两侧是龛洞，龛洞内一座浮雕覆钵式小塔，显得别致美观。第五层雕刻着佛教的八吉祥物：轮、螺、伞、盖、莲花、宝瓶、双鱼和盘长，它们在佛教中有特定的寓意。

宝座平台上周围设汉白玉石护栏，东部中间一座罩亭设出入口，朝东的门额上镌刻"现舍利光"四个楷体大字和西番缠枝花边。罩亭顶的四角各一座覆钵式小白塔，中间方形亭尖，形成一个小金刚宝座塔。罩亭的南北两侧分别矗立一座汉白玉砌覆钵式喇嘛塔，下层"亞"字形须弥座，覆钵塔身的四面各有一个佛龛门，龛内刻一佛像。塔身上小须弥座接十三层相轮，相轮上安置铜制华盖，华盖如罗伞外圈铸有垂帘串珠图案，顶端铜制宝珠塔刹。

座台上后部是五座方形密檐式塔，中间一座塔高有十几米，下层须弥座，束腰部刻卷草、锦带图案，一层塔身四面，每面图案由方柱分出三部分，中间是坐佛一尊，两旁各是一立姿侍者，都在莲花须弥座之上，西番莲花背景。塔身为四方十三

碧云寺金刚宝座塔（1900年）

层密檐，由下至上层层收分，原檐角下挂有铜铃，现在的檐角石都是维修后补的，铜铃早已无踪迹。塔顶是一座小覆钵式白塔的塔刹，小覆钵塔身朝东设一佛龛，龛内一尊慈目安详的坐佛像，塔顶铜制华盖，如同垂帘串珠的罗伞，顶端铜宝珠塔刹。中间大塔四隅是四座十三层密檐石塔，其塔样式与中间大塔基本一样，就是尺寸略小一些，第一层塔身中间的坐姿佛像样式各不同，塔顶白色覆钵塔、铜制华盖和宝珠塔刹一样。五塔西侧有一棵树干分为九枝的"九龙柏"树，当年孙中山先生还关照过此树，所以"九龙柏"在北京的古树中是棵知名树。

　　碧云寺金刚宝座塔是一座单独建筑，周围松柏树林，东面石板铺道连接四柱三门石牌楼，金刚宝座塔既庄严又有气势，彰显出清朝乾隆时期中国文化与印度佛教文化交流的成果，石雕刻的水平高超，塔建筑几百年不朽。

过街楼挂甲塔

　　过街楼挂甲塔位于海淀区香山碧云寺以西1.5公里，在香山的香炉峰北侧与天宝山之间的山谷凹处。顺着碧云寺旁的公主村往西防火道上山，弯弯曲曲的山路，到山凹处建有一段城墙，城墙跨公路是砖砌拱券门洞，也称西城关，城关门洞以西是三条山路的交汇处。城关拱券门洞上镶一石刻额匾，莲花瓣花边，但看不清楚字迹，城关上一座白色葫芦形塔，名挂甲塔。

　　早在明代，门头沟地区及周边的煤炭运过山凹，在山坡堆积转运办成煤厂，到清代设兵营，人口增多，建房扩街渐成村庄，叫"煤厂村"。村有东城关和西城关，为官府收煤炭税的关卡，设官房昼夜有人把守，凡是从门头沟运至海淀一带的运煤炭驼贩均在此交税。现在西城关尚存，东城关已消失。

　　挂甲塔建于清代[①]，晚于城关建筑。为何称"挂甲塔"，民间有一种说法，清乾隆时皇帝下旨大兴土木建静宜园，打算将周边百姓迁走，村民们强烈不满，为了表达反抗满族统治者，故把杨家将的故事附会到这里，说杨六郎与辽兵作战时在城关上挂过盔甲，吓退辽兵，所以这地方叫"挂甲"。西城关两侧原有石刻，现仅剩一门上石额，但字已看不清楚，据记载，城关南北两侧各有一块匾额，北侧为"兜率真境"，南侧为"绀翠凌虚"，还有一副石刻楹联，上联为"日临祇树浮金座"，下联为"香散天花绕法台"。

　　20世纪50年代西城关建筑已经破旧不堪，60年代中期遭破坏，21世纪初将西

注释

　　① 张有信：《身边的历史》，北京出版社2005年版，第114页。

城关和挂甲塔修复，但当地百姓认为修复的西城关和挂甲塔与原样式有差异。挂甲塔为砖石结构，测塔高约 5.8 米。塔基用条石铺砌，灰色四方形基座台。一层覆钵式塔身白色，东、西、南、北四个方向各有一龛门，门内供奉一尊佛像，塔身上石刻莲花圆承托盘，成为塔中腰部。上层是纺锤形白色塔身，塔顶三层金刚圈和一个宝珠塔刹。挂甲塔的特殊之处是上部纺锤形白色塔身替代了十三层相轮部分，使之塔的形状与一般传统塔形状有所不同。

过街楼挂甲塔（2013 年）

大觉寺白塔

　　大觉寺原名"清水院"，位于海淀区温泉镇西旸台山东麓，创建于辽代咸雍四年（1068年）。大觉寺内大悲坛后山坡处，仁立着一座覆钵式白色喇嘛塔，寺内说明牌称"白塔"。关于这座白塔是哪位高僧的，目前有所争议，有说塔是迦陵性音和尚塔，有说不是。清《日下旧闻考》记载："……寺旁有僧性音塔。"① 而不是在寺内，原大觉寺西南有过塔院，性音和尚塔应在塔院，可惜今塔院已无存，此塔主也说不清了。

　　大觉寺白塔，其主是谁不管，单说迦陵性音和尚塔。原塔铭"敕建国师圆通妙智大觉禅师传临济正宗三十四世迦陵性音和尚塔"。性音，本姓徐，字迦陵，自幼聪明过人，能言善诵。早年于杭州理安寺出家，入学临济宗，后辗转来到京城柏林寺，曾任柏林寺方丈。性音与雍亲王（雍正皇帝登基之前）交往甚密，经常在一起研习佛理，密议国事，后在大觉寺任过方丈。"大觉寺者，金清水院故址，明以灵泉寺更名。运谢禅安，蔚为古刹。康熙庚子之岁，皇考以僧性音参学有得（德），俾往住持丈室，御制碑文以宠之。及圆寂归宗，复命其徒建塔于此。"②

　　白塔坐西朝东，为砖石结构覆钵式，塔由地宫、塔基、塔身、塔刹组成，塔身为白色，测塔高约15.4米。塔基高0.5米四方基台，东向三步台阶。上面是八角砖雕圭脚的须弥座，须弥座的上枋和下枋，雕刻着仰覆莲花瓣，须弥座束腰部每一

注释

　　① 于敏中等：《日下旧闻考》，北京古籍出版社1983年版，第1765页。

　　② 同上。

大觉寺白塔（2013 年）

个面有砖雕图案，菱形图案中央一条腾云驾雾、张牙舞爪的祥龙，龙周围是祥云朵朵。四角各一个三角形花卉图案，包括葵花、牡丹、莲花、菊花、西番莲花等，花卉造型精美，形态各异，构图别致，具有较高的欣赏价值。

　　八角须弥座上是砖雕精美圆形须弥座，束腰上雕有密集的莲花图案，往上三层金刚圈与塔身连接。塔身白色覆钵式，朝东开一个青砖雕刻的塔门，又称为"眼光门"。塔门为拱券门，门的周围雕刻有火焰纹饰，中间雕刻两扇拱券假门，门扇上六角花和卷云镂空花纹。

覆钵塔身的上面，竖立着被俗称为"塔脖子"的十三层相轮。在相轮的顶上，安有铸铁圆华盖，在华盖外沿上铸有莲枝花纹和 16 个"佛"字，沿下悬挂着铁铃 7 个，本应是 8 个铁铃，西边丢失了一个，留有空位。铸铁华盖上仰覆莲花瓣承托圆宝珠塔刹。

白塔后是二层楼阁称龙王堂，左右一棵古松树和一棵古柏树，为白塔站岗守护了几百年。清末文人傅增湘诗赞白塔："俨然一塔压琳宫，沐日摩云势岸雄。"

朝阳院白塔

朝阳院位于海淀区青龙山南麓苏家坨镇管家岭村旁。朝阳院建于明代，清代重修，坐西朝东，依山坡建三层高台三进院，设爬山廊和歇山卷棚顶敞轩等建筑，院旁有去往妙峰山香道茶棚，1950 年后朝阳院建筑渐渐损毁。白塔坐落在二三进院之间一平台之上，白塔为砖石覆钵式塔，高约 10 米。塔基座上环塔有石刻水槽，金山泉水和冰河沟水分别从院的西南、西北两个方向汇入朝阳院三殿前水池中，再沿石水槽流到塔下水槽，分左右绕到塔前，从石造水簸箕垂流到塔前的圆形石钵内，钵内水满溢流到方水池，形成流水抱塔垂泻的景观。方水池的水浇灌蔬圃后流出朝阳院。

白塔为砖石砌筑，外涂白色，塔基石垒高台，塔座石砌"亚"字形须弥座，底边刻云纹圭脚，立面平素无图案。须弥座上五层方台座，其中上三层的拐角朝上的部位有蕉叶角。塔身圆柱杯状，上大下小，朝东有塔"眼光门"。塔身上小须弥座和十三相轮，塔顶石圆盘华盖，下缀八个金属风铃，顶端石柱状尖塔刹。

2011 年管家岭民俗村的村民自愿捐资在塔遗址处修复白石塔，成为"水塔奇观"一景，但废弃的朝阳院及茶棚等建筑并没有修复，仅竖立一方纪念石碑。

朝阳院白塔

朝阳院白塔老照片

金仙庵悟璋和尚灵塔

　　金仙庵位于海淀区阳台山风景区内。金仙庵原名金山寺，创建于明代，是佛、道共存的混合寺庙。据传金章宗时期这里是西山八大水院之一的"金水院"，明代成化年间重修，明正德七年（1512年）太监谷大用出资修葺并扩建金山寺。清代晚期，慈禧太后的表妹金仙削发为尼出家在此修行，故改名金仙庵。此地山石缝中泉水多年流量不减，水味甘甜，沁人心脾，泉水叫金山泉。庵院内西山坡上有一座建于清光绪二年（1876年）的悟璋和尚灵塔。

　　金仙庵地处大山的山腰处，庵前设"金山圣泉"池，红墙青瓦，院有三进殿，左右跨院，后院一座砖石塔，院内古树遮天。抗日战争期间建筑被日军焚毁，1953年由北京大学出资重修。2012年又一次大规模重建，但金仙庵悟璋和尚塔并未整修，保持原貌。

　　塔下石碑《金仙庵悟璋和尚碑记》，碑文由清同治年状元陆润庠撰写并书。金仙庵悟璋和尚，俗姓刘，祖籍盛京（今沈阳），后迁顺天府大兴县。道光二十四年（1844年）秋九月十一寅时生。初为长春宫御前总管，赏加花翎正三品。后起法心归于禅门，在京西北安河金仙庵出家，法名悟璋，潜心修道，深知佛理。发心募化重修金仙庵殿宇，兴修三年，还未满僧愿，于光绪二年（1876年）五月二十八日圆寂，享年33岁。义弟大太监李乐元、刘诚印为悟璋和尚建塔立碑。①

注释

　　① 张文大：《妙峰山碑石》下册，团结出版社2013年版，第438页。

民国时期悟璋和尚灵塔

金仙庵悟璋和尚灵塔（2013 年）

悟璋和尚灵塔为覆钵式砖石塔，坐西朝东，塔通高约 15 米，四方形塔基台是花岗岩石砌，塔座四方须弥座，无花纹图案，东南角损坏。覆钵式塔身下部一层花岗岩石金刚圈座，一覆二仰三层绿色琉璃莲花装饰圆须弥座。青砖砌覆钵式塔身，朝东塔铭石刻"金仙堂上皈依仙上悟下璋和尚寿塔"。塔身上一层花岗岩石六方座，座上是由绿色、青紫色、黄色三种颜色琉璃组成的金刚圈和绿色琉璃莲花圆须弥座。塔身的上下装两道琉璃制圆须弥座，而且是精心制作的琉璃制品，经历了百年以上的风雨侵蚀，大部分完好，现在仍然色彩鲜艳。塔身上部为十三层相轮，相轮层层由花岗岩打造圆饼形码砌而成。塔顶华盖是一整块圆形石雕凿而成，直径大约 1.3 米，厚 0.4 米，估计有上百公斤重。华盖的内圈周边刻大明神咒"唵、嘛、呢、叭、咪、吽"六字真言，外圈周围刻有"西方极乐世界阿弥陀佛"十个字，字与字之间刻如意云纹，每个如意云纹下刻一个"鼻眼"挂铁环，根据民国时期老照片得

知铁环是挂铸铁方铃的。由于铸铁铃沉重，冬季山风凛冽铃摇摆剧烈，加之铃上挂眼铁质风化，现在铸铁铃一个都不存在，可惜塔顶端的宝珠塔刹也丢失了。在北京地区的古塔中采用琉璃莲花圆须弥座和石华盖内外刻文字的，仅此一例。

颐和园多宝佛塔

多宝佛塔，也称琉璃塔，位于颐和园万寿山的后山，是花承阁的一部分。花承阁建于清乾隆十八年（1753 年），由花承阁、六兼斋、多宝佛塔、莲座盘云佛殿等组成，多宝佛塔在建筑群的西南角。多宝佛塔琉璃构件表面，采用黄、绿、蓝、紫等颜色的琉璃构件分层建造，塔上立平面多用黄色佛龛坐佛像组成，所以称"多宝佛塔"。多宝佛塔是乾隆皇帝下旨建造，意为乾隆母亲皇太后祈福，并祝她健康长寿。

多宝佛塔建在花承阁西南侧一座单独的小院里，坐南朝北，与大多数古塔方向相反。塔前设对称之字形台阶，一方清乾隆年间汉白玉石碑，碑上用汉、满、蒙、藏四种文字刻有《御制万寿山多宝佛塔颂》碑文。碑曰："万寿山阴花承阁西，五色琉璃合成宝塔，八面七层，高五丈余，黄碧彩翠，错落相间。飞桷宝铎，层层周缀。榱桷户牖，不施寸木。黄金为顶，玉石为台。千佛瑞相，一一具足。坐莲花座，现宝塔中。轮相庄严，凌虚标盛。用稽释典，名曰多宝佛塔。……宝塔忽涌现，全身在其中。一佛一宝塔，光满三千界。一塔千亿佛，神妙复如是。……"[1]

多宝佛塔是一座八角七层楼阁式实心琉璃宝塔，塔高约 16 米，由五彩琉璃砖贴面。塔七层分成三组，第一、二层一组；第三、四层一组；第五、六、七层一组。塔檐的各层的琉璃瓦颜色不同，下边第一层黄色，第二层绿色，第三层紫色，第四层青蓝色，第五层蓝色，第六层青蓝色，第七层黄色。第一、三、五层塔身为

注释

① 于敏中等：《日下旧闻考》，北京古籍出版社 1983 年版，第 1402 页。

颐和园多宝佛塔

颐和园多宝佛塔北面

八个面，朝向东、西、南、北四个正方向面各设一个大佛龛，龛内供奉一尊绿底金黄色佛像。其他四个侧面略窄，每个面上镶嵌一排排琉璃砖制小佛龛，龛内供奉一尊坐佛，大小佛像共有 580 尊。第一、三、五层设有望柱护栏装饰，第二、四、六、七层檐下主要是琉璃装饰仿木斗拱。塔顶八脊黄琉璃攒尖顶，顶端金属二层罗伞式宝刹。

多宝佛塔的塔刹十分讲究，塔刹金属二层罗伞式整体铸铜鎏金，由于天然腐蚀，表面金色变成铜灰色。塔刹分三部分，底部八脊黄色琉璃瓦攒尖顶；中部是须弥座承托着铜华盖，华盖罗伞状外沿悬挂一圈铜铃；二层铸钟形，外表面分八个区域铸有圆铆钉和花纹图案，叫铃铎式塔身；顶部叫塔刹尖，铸铜造圆花鞭状，后加了根避雷针。

民国时期颐和园多宝佛塔

　　多宝佛塔造型端庄秀丽，耸立在松林山坡之中，在阳光下璀璨辉映，斑斓迷人，风起时铃声悦耳，在清代同期建筑中堪称珍品。

颐和园二经幢塔

颐和园二经幢塔位于颐和园万寿山北坡须弥灵境遗址平台处，坐南朝北，经幢塔上刻有金刚经和佛像，是佛教装饰物。原平台上的大殿建筑被毁，平台上剩有一对石狮和两座经幢塔。

两座经幢塔形制一样，八角六层全石材雕凿，测塔高约 8.3 米。经幢塔下部塔座是三层须弥座，第一层塔身的石料与塔其他层不一样，青白花纹，石质细腻专门

颐和园二经幢塔（2012 年）

万寿山南排云殿遗址前双塔与石狮

排云殿遗址左右两石塔

刻经文，由于常年风吹雨淋，石刻经文的文字大部分都风化，只有少量文字还能看清楚，经鉴定为《金刚经》。第一层塔檐含有四层形式组合，一层八角素塔檐；二层石刻八脊仿瓦垄檐；三层八角圆边云纹盘；最上层是二层仰莲承托塔身。第二、三、四层都是八面，每面一个佛龛，龛内有一尊跏趺在莲花座上佛像，共计 24 尊。层与层之间是八角素塔檐和仰莲或云纹承托盘，向上收分缩小。第四、五、六层是石刻八脊仿瓦垄檐。塔顶部攒尖式，八棱钻石状塔刹。这种塔刹样式与老照片样式不符，应该是后来修复时制作的。

1860 年 10 月，英法联军火烧清漪园（后称颐和园），园内一片残墙断壁。1873 年英国医生德贞、1876 年英国工程师查理德分别拍摄了万寿山前山照片，照片中都显示排云门内水池北有两座经幢塔，与后山须弥灵境遗址的两座经幢塔完全一样。有学者认为在慈禧太后执政修复颐和园的庞大工程中，因某种原因把两座石经幢塔从万寿山排云殿院移到后山须弥灵境遗址平台上，才有了现在的景致。

颐和园香岩宗印四座喇嘛塔

　　颐和园万寿山北坡，有一处建于清乾隆年间集汉、藏建筑风格的皇家寺院，仿照西藏桑鸢寺形式修建，寺院建筑群由须弥灵境、香岩宗印、四大部洲、月台、日台及四座喇嘛塔等组成。走进颐和园北宫门拾级而上，穿过"松堂"牌楼就是须弥灵境，须弥灵境建成于清乾隆二十三年（1758 年），是佛教喻意的世界，中心建筑是香岩宗印之阁，阁内供奉三世佛和十八罗汉。阁外东北、西北、东南和西南四角设方台，台上各有一座雕房式塔门基座的喇嘛塔建筑，四座塔寓意代表佛教密宗的"四智"。

　　东南是白色喇嘛塔，代表"大圆镜智"，俗称为天洁塔，测塔高约 15.3 米。四方形塔基座，朝北开一拱券式门洞，周围设盲窗。基座上"亞"字形须弥座，塔身为白色葫芦状，装饰黄琉璃金法轮图案，底部和束腰部是仰覆莲花瓣，朝北有一黄琉璃龛门（眼光门）。塔身上迟咕部雕黄琉璃圆箍形，往上白色十三相轮。塔顶铸铜镂花华盖，悬挂一圈铜铃铛，承托着仰月、圆日和火焰宝珠组成的金塔刹。

　　西北是红色喇嘛塔，代表"妙观察智"，俗称为皆莲塔，测塔高约 15.1 米。塔的基座、相轮、塔刹结构与白色塔基本一样，只是塔基座朝南设一拱券门，塔身造型为红色两个鼓形叠放状，周围嵌有朵朵盛开的琉璃莲花浮雕，朝北有一黄琉璃龛门（眼光门）。塔上部十三相轮、铸铜镂花华盖和金塔刹。

　　东北是绿色喇嘛塔，代表"成所作智"，俗称为地灵塔，测塔高约 15.9 米。塔的基座、相轮、塔刹结构与白色塔基本一样，只是塔基座朝南设一拱券门，塔身造型为绿色平面呈"亞"字多棱状重叠状，周围一圈黄琉璃龛门，龛中镶嵌着一柄

东南白色的大圆镜智——天洁塔

西南黑色的平等性智——吉祥塔

宝剑图案。朝北有一黄琉璃龛门（眼光门）。塔上部黄琉璃须弥座，白色十三相轮，铸铜镂花华盖和金塔刹。

西南是黑色喇嘛塔，代表"平等性智"，俗称为吉祥塔，测塔高约 14.8 米。塔的基座、相轮、塔刹结构与白色塔基本一样，只是塔身造型为两层圆筒状叠放，圆筒呈上小下大，周围装饰浮雕金刚宝杵图案，朝北有一黄琉璃龛门（眼光门）。塔上部黄琉璃须弥座，白色十三相轮，铸铜镂花华盖和金塔刹。

四座喇嘛塔的塔身上都有朝北的黄琉璃龛门（眼光门），龛中镶嵌着一幅用兰

东北绿色的成所作智——地灵塔

西北红色的妙观察智——皆莲塔

扎①体套写的字图案，称为"十相自在"②。这种字体立体感强，密度较大，具有虚实相生、收放相应、刚柔相济、线条优美的特点，有很强的装饰作用，具有辟邪的功力。此字图案总的意义是表示功德圆满、吉祥如意。有人比喻这四座喇嘛塔代表佛教的宇宙观，象征四大天王，保护世间风调雨顺之意。

"大圆镜智"塔眼光门

注释

　　①"兰扎"是梵语，是古印度天成体字母，藏文中的有字头形就是依据兰扎体而来。

　　②"十相自在"藏语"朗久旺丹"，是藏传佛教时轮宗的一种极具神秘力量的图符，象征时轮宗的最高教义，故被认为极具神圣意义和力量效。它是由7个梵文字母，加上日、月、慧尖三个图案组成，具有装饰和辟邪的功力。

圆明园观水法二石塔

　　圆明园创建于清康熙四十六年（1707年），在"康乾盛世"时无比辉煌。圆明园是由圆明园、长春园和绮春园三园林组成，其中长春园内有大水法建筑，原设三层喷水装置，当所有喷嘴齐喷水时，壮观绚丽。为让乾隆皇帝观喷水表演，在大水法前面建了观水法建筑。"观水法"是西洋建筑，由刻有西洋军旗、军刀枪炮等装饰的五连方石雕屏风及石台宝座两座四方锥形石塔组成。观水法为坐南朝北，乾隆

观水法老照片

观水法东塔（2014 年）

观水法西塔

皇帝曾坐此朝北观看大水法的表演，当时还有大臣们认为此举有反传统礼仪……

两座四方锥形石塔一样，分立在石屏风东、西两侧，塔为整块汉白玉石雕刻，四方锥形，测塔高约 2.2 米，塔身每面镌刻浮雕西洋花饰，塔顶雕精美花饰，下边四角各刻一只狮子爪子形支撑塔身，塔下西洋花纹四方石座。总之，此塔是清代制作西洋风格的石塔，在北京西洋式塔极少。

清咸丰十年（1860 年），圆明园遭英法联军焚毁，大水法和观水法同时被毁弃。20 世纪 20 年代，圆明园内观水法的两座方形石塔被移到北京大学的朗润园当作装饰物，几十年过去了，又被弃置。1977 年 10 月成立不久的圆明园管理处与北京大学协商，将朗润园的两座方石塔移回原地。经校方同意，圆明园管理处的十几名职工，用一架绞盘，将两座石塔拉出百米长的湖滨曲径。然后，吊装运回圆明园的旧址，再把塔竖立起来。这是百余年来破天荒第一次将圆明园失散的文物建筑运回园内，原物归原位。汉白玉方石塔回归圆明园的经过，被当时管理处的张恩荫写在《略忆开辟圆明园遗址公园的前前后后》一文中。

"观水法"老照片可以看到两座四方锥形塔，照片是圆明园管理处刘阳提供。拍摄者是法国人罗伯特·德赛玛伯爵，他是 1880 年法国驻北京公使馆秘书，在北京居住过四年时间。

四王府普庵塔

　　四王府[1]普庵塔位于海淀区四王府村东北普陀山的南山坡上，在某部队院中。据《日下旧闻考》记载："四王府东北一里许为普陀山，有天仙庵、普庵塔院。……院西数十武为普庵塔，塔制八觚，门南向，内供普庵菩萨像。"[2]

　　普庵塔始建年代不详，塔高约9米，为砖砌八角七层密檐塔，塔身一层八角内部中空，东、西、南、北四个正方向各开一上半圆拱券门，另四个面各个开四方窗，修缮改造后将方窗封闭，朝南门内供奉普庵菩萨像，据说菩萨像是明正德六年（1511年）塑造，现已无存。塔檐采用青砖砌叠涩式，塔顶内收，塔刹为后修补圆盘托柱状塔刹，塔形轮廓线很柔和，周围松林环抱。塔旁有明正德六年"嵩云洞"石刻。塔东是明代建的天仙庵，原庵内有明万历三十三年（1605年）铸造的大钟，清乾隆十二年（1747年）"敕建普陀山天仙庵碑"。1900年八国联军经过此地，焚毁了天仙庵，但普庵塔保留了下来。

　　1999年被海淀区公布为文物暂保单位。普庵塔修复后，在某部队院中。

注释

　　[1] "四王府"名称由来有多种说法。其一，《明史·列传·诸王五》中有"景恭王载圳，世宗第四子，归葬西山，妃妾皆还居京邸"的记载。明代世宗朱厚熜第四子载圳，在嘉靖十八年（1539年）四岁的朱载圳册封为景王，嘉靖四十四年（1565年）去世，葬西山脚下，并建王府，所以此地称"四王府"。

　　[2] 于敏中等：《日下旧闻考》，北京古籍出版社1983年版，第1676页。

普庵塔老照片

四王府普庵塔

香山琉璃万寿塔

　　琉璃万寿塔位于海淀区香山公园内，宗镜大昭庙西侧山坡上。清朝这里建皇家园林的"静宜园"，乾隆四十四年（1779 年），西藏六世班禅大师入京朝觐，乾隆皇帝下旨在北京和承德两地为班禅大师建藏式寺院。北京静宜园内建藏式寺院"宗镜大昭之庙"，亦称昭庙，多宝琉璃塔就是昭庙建筑的一部分。

　　琉璃万寿塔为建筑装饰塔，有镇恶压邪之功能，伫立在昭庙后绿林树丛中，寺院的最高处，随着四季的变化而景致不同。春天，山上绿叶初绽，松柏苍翠，而塔身金黄，这嫩绿、金黄更显示出春天的明快和生机；夏日，山上绿树成荫，浓荫中琉璃塔在浓绿色的衬托下，更为醒目；秋天，山上秋叶红黄相间，满山红遍，与金黄色的琉璃塔融为一体；冬天，雪霁之后，山上一片洁白，使这座琉璃塔的身影更加高大、雄伟和醒目。

　　塔旁公园说明牌：琉璃万寿塔（俗称琉璃塔），建于清乾隆四十五年（1780年）。宗镜大昭庙最后一组建筑，高约 30 米。为七层密檐式实心塔，塔基八角形须弥座，塔身表面八十座琉璃佛龛，檐端缀有铜铃，微风徐来，铃声悦耳。塔下由八面伞形的瓦顶建筑承托，内筑石刻拱门，石壁上镌刻八尊佛像及法器八宝等。

　　琉璃万寿塔的基座建在用花岗岩条石叠砌而成的四方形台基上，台基四周砌琉璃砖花墙。塔一层是石木琉璃瓦建造的八角形亭式建筑，中心石砌塔心，一层顶外围汉白玉护栏，亭檐外伸，覆黄琉璃瓦绿琉璃瓦剪边，檐下彩绘垂花柱，形成一圈回廊，重修后支柱间装红漆木花棂门和窗；中心石砌塔心，东、西、南、北四个方向设石雕塔门，其他四面是木棂窗，塔心的八个面有佛龛佛像，佛龛周围雕佛教吉祥八宝和花卉图案。实心的塔心上是承托塔身的须弥座，须弥座束腰上、下枋，各塑仰覆莲花瓣。再往上是八角七层琉璃塔身，塔身表面全部是黄绿色琉璃，每面有一拱券佛龛门，龛中间一尊结跏趺坐金色琉璃佛像。在每层塔檐的檐角下，各悬挂一枚铜铃，随风叮当响。塔刹是八条垂脊攒尖顶，中央一个圆形塔刹，为金黄色琉璃制成。

琉璃万寿塔 1860 年遭英法联军焚烧，木建筑部分及石像均被严重破坏。20 世纪初美国摄影师约翰·詹布鲁恩拍摄了一张香山琉璃万寿塔的照片，反映了塔当时受损的实际情况。1965 年整座琉璃万寿塔重新修缮，再现旧日佳境，成为香山公园景点标志性古建筑之一。

20 世纪初香山琉璃万寿塔

香山琉璃万寿塔

香山永安寺影壁三塔

  香山永安寺位于北京海淀区西部西山脚下的香山公园（静宜园）南部，是座著名的庙宇。香山永安寺始建于唐代，历代修葺扩建，清乾隆时期达到鼎盛，1860 年被英法联军烧毁，2017 年全面修复工程完成。

  寺的最高处是"圆灵应现"大殿，修复后的大殿富丽堂皇，殿前高台阶边有座

"圆灵应现"殿前石影壁

清代建石影壁，影壁为独立的建筑，由石雕仰覆莲须弥座、条石拼砌四立柱、整块大石板贴面、宝瓶短柱和圆弧顶等组成。影壁分三幅一组正反两面图案，朝东每面刻一座线描塔形，三塔均高约一米，塔为覆钵体塔形中间填有经文；朝西一面刻菩萨观音像，影壁立柱刻有对联。影壁经历几百年风雨侵蚀，图案有些模糊，在东侧影壁塔形中央隐约看到"乾隆十一年（1746年）"的字样，说明影壁是清乾隆时期建造。

影壁塔之一

冷泉天光寺塔

　　天光寺位于海淀区百望山以南冷泉村东南天光寿山的山顶上。天光寺始建年代不详，寺有大约六七间殿房的院落，一口水井，一片山间平地，现在已成一片残墙荒草的废墟，寺旁不远有一座无名覆钵式砖塔，虽有残缺，整体还算完整。塔基被盗挖，塔座平面"亞"字形仰覆莲须弥座，砖砌五层金刚圈，塔身砖砌覆钵体，朝南石塔铭丢失，往上是小须弥座承托七层相轮，塔刹已不存在。

天光寺塔　　　　　　　　　　　　　　天光寺塔

秀峰寺志定慰翁和尚塔

秀峰寺志定慰翁和尚塔位于北京鹫峰国家森林公园的中日友谊林里山坳中一小塔院内。塔建于清嘉庆元年（1796 年）[1]，坐西朝东，为砖石结构覆钵式塔，塔体修长，测残塔高约 5.4 米。塔座四方石砌须弥座，须弥座上四层石砌方台，一层圆金刚圈，砖砌覆钵塔身，朝东原有石刻塔铭石，铭曰："传临济报恩第七世衍法堂上中兴第一代志定慰翁老和尚灵塔"。覆钵塔身上砖砌小方须弥座和石刻"十三天"，顶部塔刹丢失。

鹫峰国家森林公园隶属北京林业大学，地处京西旸台山，地域跨海淀区和门头沟区，2003 年被定为国家级森林公园。由海淀区森林公园东门进入，上山步行20 分钟，经秀峰古刹、地震台遗址、情侣松以及一大片"中日友谊林"，在林中防火路的西侧 50 米，三面环山，小山坳里坐落着石块砌的一院落，东面砌矮墙石阶，院正中是志定慰翁和尚塔，北侧紧挨着有两座圆形墓，碎石砌，外涂青灰色，分别是直径 2 米、高 1.3 米和直径 1.8 米、高 1.5 米两座墓。几百年的风雨自然侵蚀，人为的损坏，志定慰翁和尚塔整体保存完整，但塔刹、须弥座外砌石、塔铭石、石矮墙等都缺失残破，周边绿树成荫，植被茂盛，杂草有一人之高，站在防火路上根本望不见古塔影子，走进去才能看到志定慰翁和尚塔。塔前立"海淀区文物普查登记项目／秀峰寺和尚塔／苏家坨镇人民政府／二〇一八年一月"。

注释

① 北京市海淀区政协委员会编：《海淀古塔古桥》，学苑出版社 2019 年版，第 9 页。

秀峰寺志定慰翁和尚塔西侧

秀峰寺志定慰翁和尚塔东侧

普照寺四塔

　　普照寺位于海淀区大觉寺以北 500 米的山沟口。普照寺以西的山沟阳坡有四座古塔破旧不堪，相距不远。残古塔排列不齐，分布在山坡树林中，塔之一，覆钵式石塔，塔相轮、塔刹损毁，测残塔高约 1.7 米，最大处直径大约一米；塔之二，两棵树生长在塔基座的角上与覆钵塔共存，测残塔高 3.5 米；塔之三，石砌覆钵式塔，塔身已经损毁一半；塔之四，砖砌覆钵式塔，被人为拆毁，测残塔高 1.5 米。虽然四座塔都比较残破，塔上也无塔铭石，但仍可以推断出是明清两朝代僧人或太监的墓葬塔。

　　普照寺建于明天顺五年（1461 年），明弘治六年（1493 年）及清顺治十三年（1656 年）重修。寺院坐西朝东，四合院布局，分为南北两院，南院门额"普照禅林"。原寺内石碑多方，有元大德年间《定演寿记》碑，明天顺五年（1461 年）《敕赐普照寺记》碑，明成化十五年（1479 年）《大明诰封圆修慈济国师塔铭》，明成化十六年（1480 年）《五台净戒禅师塔铭》，明弘治六年（1493 年）《重修普照寺记》碑，明正德四年（1509 年）《大明故内官监太监罗公塔铭》等。[①] 可惜历史石碑记载的人名事略与现存残古塔对不上号，有待研究。

注释

　　① 张有信：《身边的历史》，北京出版社 2003 年版，第 191 页。

普照寺石塔之一

普照寺石塔之二

普照寺石塔之三

普照寺砖塔之四

胜果寺遗址三塔

　　胜果寺遗址位于海淀区温泉镇大觉寺西北一公里山沟里，背山而坐，面向东南，地处幽雅僻静。胜果寺始建年代不详，明正统三年（1438年）宫内太监重修，正统十四年（1449年）英宗朱祁镇赐名胜果寺。现在胜果寺是一片废墟瓦砾遗址，高大的银杏树和小树杂草包围着寺遗址，寺旁山坡上伫立着三座残破的古塔，东西排列。东侧的塔为石塔，上部相轮和塔刹都损毁，测残塔高约2米。中间塔从整体看似被后人重新码砌过，基座被放置在石块之上，上部相轮和塔刹缺损，测残塔高约3.3米。西侧的石塔保存较完整，根据塔旁山石上的石刻得知，塔名"旸台山吉祥普同宝塔"。普同宝塔石须弥座，覆钵体的塔身由石块码砌，外层包白灰浆层工艺讲究，塔身上的小须弥座和十一层相轮，经受了几百年风雨侵蚀还很坚固，测残塔高约3.9米，但塔刹已丢失。三座残石塔虽无僧人姓名，但却是胜果寺的历史见证。

胜果寺石塔（东）

胜果寺普同宝塔（西）

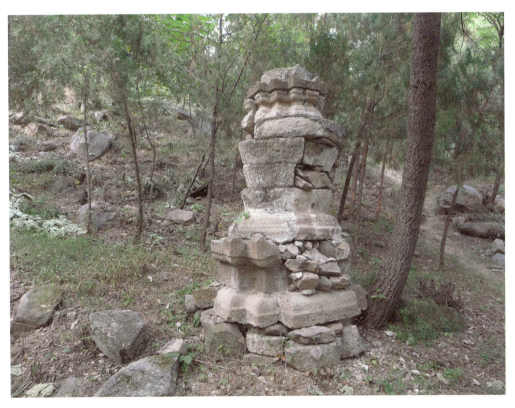

胜果寺石塔（中间）

莲花寺塔院四塔

在北京称"莲花寺"的寺庙有几处。西城区广安门内大街莲花胡同有莲花寺，海淀区大觉寺南有莲花寺，通州城区中仓街道有莲花寺胡同等。

这里讲的莲花寺塔院四塔，位于海淀区苏家坨镇徐各庄村，莲花寺南大约500米的山坡上。莲花寺始建于明代，清朝末年为宫中太监所有，作为其养老送终的地方。寺依山势由水池、院门、马厩、山门、大殿、配殿及南北跨院等组成，现在大部分建筑都被改造，存有清光绪年间的三方石碑。

莲花寺大门

莲花寺 1 号塔

　　莲花寺南跨山沟 300—500 米外，南山坡阳面原是寺塔院，有僧人墓塔多座，现荆棘树丛中存有四座残破的覆钵式塔。研究北京西山历史文化的学者张文大认为："明代宣德初年重建大觉寺，西天宗派创始人智光和尚来大觉寺讲经传法，形成依大觉寺为中心的汉传密宗西天宗派庵寺群，莲花寺当是其中之一。莲花寺与大觉寺同属汉传密宗西天宗派，所以这里的覆钵式塔应是西天宗派僧人示寂入葬的墓塔。其制式与胜果寺前、普照寺西僧塔无异就是证明。明代正德年以后，西天宗已经衰落，清代大觉寺已经属临济宗，围绕大觉寺的庵寺都已不传密宗的西天宗。清代显宗塔多是四方或多方密檐式（也有少量覆钵式）。莲花寺塔院的覆钵式塔当属明中期之前。"

　　莲花寺塔的四座残塔由东至西分布在二十多米范围的山坡树丛中，从东到西分为 1 号石塔，塔须弥座被盗拆，塔身上损毁，残高 2.6 米；2 号砖石塔，相对完整，

莲花寺 2 号塔

塔顶损坏，高 3.7 米；3 号砖塔，从残存塔看，砖砌是磨砖对缝，砖雕花纹细腻，高 3.2 米；4 号残塔，损坏严重，只剩塔心遗址，周围散落塔石构件，高 1.8 米。四座覆钵塔制式基本一致，石塔是同时期建造的塔，砖塔建造要晚一些，因塔上无塔铭石，所以塔不知是何人，何年建塔。塔座石砌 "亞" 字形须弥座，三、五层金刚圈，覆钵形塔身，上边 "十三天" 相轮，塔刹都丢失。有的塔身、须弥座部分被盗拆，石块脱落，相轮损坏，塔刹全无，塔地宫被盗贼挖出大洞，地宫中已空无。莲花寺塔院的四座残塔没有列入文物保护单位之行列，处在荒野树丛之中。

莲花寺 3 号塔

莲花寺 4 号塔

周云端大和尚灵塔

周云端大和尚灵塔位于海淀区温泉镇徐各庄村大觉寺以南的山坡上，建于明弘治五年（1492年）。周云端一僧留有两座塔，一座在海淀区大觉寺南，是座纪念亡灵塔；另一座塔在房山区孤山口村北，是座灵骨墓塔（另文介绍）。

周云端，名吉祥，法号云端，明代顺天府昌平文宁里（今海淀区柳林村）人，生于明正统六年（1441年）二月二十三日丑时。明宪宗生母、明英宗周贵妃、成化时的周太后、孝宗时的太皇太后，是周云端的堂姐。周云端童年时期因家住距离古刹大觉寺不远，经常去寺内玩，受到佛教的熏陶，决心出家落发为僧。在为僧修行中，常到京城行游，偶然机会，见到在皇宫里的姐姐，才知道姐姐已是皇贵妃，后来宪宗朱见深继位皇帝，姐姐是宪宗的生母，尊称周太后。在皇帝的恩典和周太后的关照下，为弟弟周云端扩建了广安门内报国寺，并取名大慈仁寺，皇帝特授周云端僧录司左善世（明代掌管僧人的最高机构及官职），兼大慈仁寺第一代住持。周云端对周太后送来的大量财物和官职并不在意，一心修行，"戒行之高，操履之纯"，过着出家人的生活。明弘治五年（1492年），周云端圆寂于大慈仁寺，享年52岁。周云端大师是皇亲国戚，有皇舅身份，少年在大觉寺出家，大觉寺的修缮也得到过皇帝恩赐等等原因，其徒大觉寺住持性容为周云端建灵塔。

周云端大和尚灵塔地处幽静的东山坡，坐西朝东，与大觉寺的朝向一样，为八角七层密檐砖塔，测塔高约17.8米，比房山孤山口的周吉祥塔低了4米多，但塔的结构及砖雕图案均十分相似。塔基由条石砌，在圭角上是两层须弥座，下边须弥座已经残破不堪，无完整的图案。上边须弥座束腰部有砖雕，八个面的每一个面由砖雕缠枝花隔成两幅花卉图案，构图别致，雕刻精细。须弥座处曾经被盗贼挖开过大洞，现在已经用红砖封堵起来，使塔座的色彩上失去了协调感。

塔座八角须弥座上是一圈雕花护栏和三层仰莲花瓣承托塔身。第一层塔身的东、南、西、北四个正方向有砖雕拱券假门，假门拱楣刻牡丹花和莲花装饰，还雕有两个门簪，双门扇上雕斜条纹饰。在正东方的假门上镶嵌一块石刻塔铭，上刻铭文："圆寂本师僧录司左善世兼大慈仁寺开山第一代住持并大觉堂上周公云端大和尚灵塔／孝徒僧录司左觉义兼本寺住持性容／弘治五年三月吉日立"。塔身其他四面是砖雕方形假窗，每个假窗中图案均不一样，具有较强的装饰作用，转角处是半圆形柱，檐下雕倒垂如意云头。塔身上为七层塔檐，各层塔檐均采用正反叠涩做法，外沿呈凹曲线的形式，各层檐角挂方形铜铃，由于年久，挂铃已无存。塔的顶

周云端大和尚灵塔（2013 年）

部攒尖式，八角座，两层仰莲花承托纺锤形塔刹。

周云端大和尚灵塔是纪念塔，为何七年后的明弘治十二年（1499年），在房山区孤山口村北另建一座砖砌八角七层"周吉祥塔"并葬灵骨，其原因究竟是什么？这还是一个谜。房山区周吉祥塔前有记载周吉祥生平戒行的石碑。

真觉寺金刚宝座塔

真觉寺位于北京动物园之北，长河北岸，俗称五塔寺，门牌五塔寺村24号。真觉寺由蒙古人始建，初名正觉寺，明永乐年间重建称真觉寺，清代多次修缮。1927年寺院以2500银元卖给黄姓私人，1937年中央古物保管委员会收回寺庙及30亩土地，当时真觉寺内仅保留下来的古建筑一座金刚宝座塔。北京地区金刚宝座塔有四处，分别是真觉寺金刚宝座塔、碧云寺金刚宝座塔、西黄寺金刚宝座塔和妙高寺金刚宝座塔。其中真觉寺金刚宝座塔是北京地区雕刻图案精美的金刚宝座塔之一。

金刚宝座塔指一座四方宝座上有五座塔，中间一座大塔，四隅各一座小塔组成的建筑形式，是用来礼拜金刚五方佛的象征性建筑，它起源于印度比哈尔南部的佛陀伽耶塔，为释迦牟尼得道处迦耶山寺所建的纪念佛塔。据佛经上说，金刚界的东、西、南、北、中五方佛主，称五部，每部有一位部主，中间的大塔是代表大日如来佛，四隅的小塔分别代表阿众如来佛、宝生如来佛、弥陀如来佛和不空如来佛。他们分别都有自己的坐骑，大日狮子座、阿众象座、宝生马座、弥陀孔雀座和不空迦楼罗座。五座塔的意念境界分别代表着理性、觉性、平等性、智慧和事业。

真觉寺金刚宝座塔建成于明成化九年（1473年）十一月初二。据《帝京景物略》记载：明代"成祖文皇帝时，西番板的达（有译成班迪达）来送金佛五躯，金刚宝座规式，诏封大国师，赐金印，建寺居之。寺赐名真觉。成化九年，诏寺准中印度式，建宝座，累石台五丈，藏级于壁，左右蜗旋而上，顶平为台。列塔五，各

二丈，塔刻梵像、梵字、梵宝、梵华。中塔刻两足迹"。[1] 明永乐四年（1406 年），朝廷正准备迁都和大规模营建京城宫殿，从印度来中国一位高僧班迪达拜见明成祖朱棣，敬献五尊金佛和金刚宝座塔的图样，并与朱棣谈论佛法，朱棣十分喜悦，封班迪达为大国师，授予金印，将真觉寺供其居住。关于建造金刚宝座塔的时间，"明永乐间重建金刚塔，成于成化九年，凡五浮图，俗因称五塔寺。乾隆二十六年重修"。[2] 如果，从明永乐四年（1406 年）开始建金刚宝座塔，到成化九年（1473 年）建成，经历了成祖、仁宗、宣宗、英宗、代宗、宪宗六朝皇帝，时间跨度达 67 年，各位皇帝执政期间政治、经济、社会背景情况皆不同，贯穿起来建造这样一座

真觉寺金刚宝座塔（2013 年）

注释

① 刘侗、于奕正：《帝京景物略》，北京古籍出版社 1982 年版，第 200 页。

② 于敏中等：《日下旧闻考》，北京古籍出版社 1983 年版，第 1288 页。

金刚宝塔座的建筑工程，这里有些蹊跷？北京石刻艺术博物馆认定真觉寺金刚宝座塔建于明永乐年间（1406—1424年）。

金刚宝座塔的四方台基座上部略有收分，南面和北面各开一拱券门，两门相通，南面拱券门上汉白玉石额刻"敕建金刚宝座塔"，落款刻"大明成化九年十一月初二造"，说明了宝座塔建成的具体时间。券门外沿雕刻着大鹏金翅鸟（迦楼罗）、狮子、大象、跑马、孔雀和飞羊等浮雕图案，分别为五佛的坐骑。金刚宝座塔的四面墙壁下部是须弥座，上下枋仰覆莲花瓣，平面上刻梵文和藏文，束腰部雕刻狮子、大象、四大天王，还有小菩萨、法轮、伏虎罗汉、降魔金刚杵、菩提树、三牌和佛八宝等浮雕图案。墙壁的上部是五层短檐佛龛，每个佛龛中坐一尊姿势不同的佛像，共计有佛像384尊。金刚宝座台的内部是拱券洞式塔室，室中心一方形塔心柱，在塔心柱四面各一个佛龛。塔室南北设拱券门，东西各一条很窄的拱券石阶通道，仅供一人盘旋而上到宝座台上，石阶的出口处是一座重檐方圆罩亭，亭一

民国时期真觉寺金刚宝座塔

层朝南拱券门，亭顶覆四方绿琉璃瓦檐；二层圆形攒尖式顶铺黄琉璃瓦。

金刚宝塔座平台上伫立着五座四方形的密檐石塔，均带有唐代密檐石塔的造型风格，塔身砖砌，外沿砌青白色条石。中间一座塔高 8 米，十三层密檐；四隅的各塔均高 7 米，十一层密檐；正南面是重檐琉璃瓦方圆罩亭。中间塔下部须弥座石雕精美，束腰南面正中位置刻有圆形圈，圈中一双凸雕佛足，足心朝外，下面托以盛开的莲花，周围是卷草图案，称"佛足"。此图案在北京地区的寺庙中是唯一的"佛足"雕刻。在佛塔上雕刻佛足的解释：佛祖释迦牟尼在病逝前曾站在一块大石头上，给世间众生留下遗言。后来，他的弟子就在释迦牟尼站过的地方，雕刻出佛足的形状，在其他地方刻佛足，寓意为佛足到此地，以示纪念。须弥座束腰中除了佛足外，还刻满了浮雕图案，每个面中间用金刚宝杵隔成三部分，中部的中心立有三块福牌，福牌两侧各有一只卧姿狮子，并举起一只前臂，承托着须弥座上枋，再

真觉寺五塔金刚宝座

两边各有一头大象，它们显得特别温驯，静静地卧在旁边。塔一层四面各一龛门，龛内坐佛，两侧是站立的侍者及浮雕图案，往上十三层塔檐，顶端铜质覆钵式塔刹。台座上四隅各一座方形密檐塔，造型差不多，塔上的雕刻图案略有不同。塔一层的四面各一拱券龛门，龛内一尊坐佛，两侧站立侍者及浮雕图案。四座塔比中间塔低一节，塔檐为十一层比中间塔少二层，塔檐的四角悬挂方形铜铃，塔刹为石质小覆钵塔。四座塔簇拥着一座高塔，伫立在满是佛龛的台座之上，看上去金刚宝座塔和谐、庄严、美观。

清乾隆二十六年（1761年）大修真觉寺，并立"御制重修真觉寺碑"。到清朝末年一场大火烧毁寺院殿宇建筑，但金刚宝座塔留存下来。

1927年，真觉寺被北洋政府的蒙藏院以2500大洋售与官僚地主黄垿东。黄将残存殿宇建筑拆卖，运走不少文物倒卖。

1930年，政府收回由天然博物院代管，只剩几间值更土房。

1932年，一些散兵游勇借游览之名，强行登塔拆毁中心宝塔顶端的鎏金塔刹的一角。

1934年2月9日夜，一群土匪登塔，锯断鎏金塔刹。次日，聚众再盗，塔金顶俱被截去。民国政府缉拿盗贼，不久，盗塔刹的主犯葛立山、张文福被拿获法办，金刚宝座塔的鎏金塔刹并未找回，也未修复。1938年民国政府迫于社会舆论压力，草草修了一下五塔，添建围墙和大门，盖几间土房派人值班。

1961年3月，认定"金刚宝座塔"为全国文物保护单位。1967年期间，金刚宝座塔管理欠缺，遭到破坏，周围环境荒废。1979年修缮一次，封闭管理。1987年在真觉寺成立北京石刻艺术博物馆，渐渐地文物保护步入正确轨道，金刚宝座塔得以享受国家级文物保护的待遇。

北京石刻艺术博物馆六塔

北京石刻艺术博物馆在真觉寺遗址上，位于海淀区西直门外白石桥五塔寺村 24 号，是一座陈列北京地区石刻文物的专题性博物馆。1987 年正式成立，占地面积 2 万平方米，隶属北京市文物局。该馆修建在明朝永乐年间（1403—1424 年）所重建的真觉寺遗址上，主要古建筑真觉寺金刚宝座塔（另文介绍），博物馆藏品 1200 余件，其中有一座石幢古塔、五座古塔石刻和民国时期的一座石幢塔。

1. 印心玺公和尚灵塔

印心玺公和尚灵塔存于北京石刻艺术博物馆院内，始建年代不详。塔为经幢式，塔下部石刻不等边六角须弥座，只剩须弥座的上半部，雕刻覆莲花纹，塔身六面不等宽度，前后两面各宽 0.45 米，左右各两面，每面宽 0.37 米，顶部石刻仿小垄瓦檐圆攒尖顶，顶端宝珠塔刹丢失，塔通高约 2.3 米。

印心玺公和尚灵塔正面石刻"圆寂上方山大悲堂上开山第一代住持传曹溪宗三十八代印心玺公和尚灵塔"，塔身其他五面无字。印心玺公和尚生前是房山上方山大悲堂的住持，圆寂后葬海淀区西八里庄北洼路。多年后，在一次施工中发现了灵塔，移至北京石刻艺术博物馆收藏。

印心玺公和尚灵塔

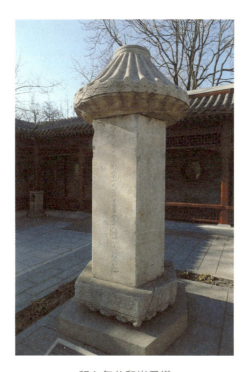

印心玺公和尚灵塔

2. 宝塔寺塔佛造像

宝塔寺位于西城区南礼士路 15 号院，寺始建于明正统十三年（1448 年），民国初期，"宝塔寺住持永荣，寺僧一人，地址西郊月坛夹道三号"。[①] 寺院二进加一后院，依次是山门、前殿、大雄宝殿、后院，殿房共八十二间，后院一座石塔。[②] 寺庙荒废多年后成居民院，石塔残破保留到 20 世纪 50 年代。

石塔始建于明正统十三年（1448 年），为六角五层实心塔，塔基由石块和青砖砌，塔身青砖砌，五层塔檐青色仰瓦灰梗面，塔高约 10 米。塔下部第一层四方须弥座，束腰部无石刻花纹，第二层四面均镶汉白玉，每面浮雕两尊趺坐袒臂佛像和三座塔形。塔第三、四、五层为六面形，每面一个圆佛龛，龛内坐一尊趺坐袒臂佛像。塔顶六角攒尖式塔刹，顶檐六角各檐脊端悬挂铜风铃一个，塔旁有石碑一通。据清《日下旧闻考》卷九十六记载："顺天府西有宝塔寺。宝塔寺殿前塔高二丈余，砖基高三尺许。第一层叠石为之；二层制方，每方刻菩萨像；三、四、五层皆六面，每面刻佛像。有正统十三年赐礼部札付，碑云寺初名宰塔，后改今名。"[③]

老照片可以看到石塔全貌，寺庙建筑犹存。20 世纪中期在拆残塔时保留了第二层精美的"宝塔寺塔佛造像"构件一块，现存北京石刻艺术博物馆。石刻"宝塔寺塔佛造像"高 0.66 米，宽 1.24 米，最厚处 0.29 米。内容石刻浮雕三座方塔和莲花座上二位坐佛像，方塔为重檐正面开双扇门，莲花屋面、宝珠顶。二佛结跏趺坐于各自的莲花座上，闭目肃穆，背靠光环，大衣披肩，胸前束裙，螺发顶严，右侧佛做禅定与愿印，左侧佛双手结禅定印。原石佛塔上共刻有大小佛像 26 尊。

注释

①《本市寺庙调查一览表》手抄本，中国国家图书馆藏，第 14 页。

②刘季人：《北京西城文物史迹》上册，北京燕山出版社 2011 年版，第 16 页。

③ 于敏中等：《日下旧闻考》，北京古籍出版社 1983 年版，第 1603 页。

宝塔寺塔佛造像

宝塔寺石塔老照片

3. 定光佛无量宝塔佛造像

定光佛无量宝塔建于明正统年间（1436—1449 年），原塔伫立在通州区台湖镇麦庄村。因年久残破，20 世纪 50 年代定光佛无量宝塔被拆除，塔上镶嵌的石刻十分精美，拆塔时保留下来部分石刻，几经辗转，五块塔上石刻收藏在北京石刻艺术博物馆。

保留下来定光佛无量宝塔石刻为明代平面阴线刻佛像图，采用阴阳互倒、粗细并用的刀法刻成，是线刻艺术的精品。

石刻之一：高 0.8 米，宽 0.43 米，线描无量光佛结跏趺坐在莲花宝座上，手施禅定印，背后光环祥云，左右各一胁侍菩萨，双手合十，侧身相向，佛像周围刻有文字"定光佛无量宝塔""大明正统年造""南无遏云定光如来舍利□""明正统年造"等。

石刻之二：高 0.36 米，宽 0.35 米，线描刻观音菩萨像，观音左手持净瓶，右

石刻展览厅内

宝塔石刻之一

宝塔石刻之二、三

宝塔石刻之四、五

手握杨柳枝，端坐在莲花宝座上，祥云外刻"观音菩萨"字。

石刻之三：高 0.36 米，宽 0.35 米，线描刻大势至菩萨像，菩萨手持花卉，端坐在莲花宝座上，祥云外刻"大势至菩萨"字。

石刻之四：高 0.36 米，宽 0.35 米，线描刻护法天神韦陀，身穿铠甲，头顶红缨帽，双手合十，横持钢鞭，威风凛凛，周围祥云环绕。身旁刻"韦陀尊天"等字。

石刻之五：高 0.54 米，宽 0.5 米，线描刻达摩祖师和童子像，达摩的头部与光环采用了阴阳互倒的刀法，飘带祥云连贯，左下方有一童子作拜揖状。与其他几幅石刻雕刻手法有所不同，不知这五块石刻在塔上怎么位置分布，现存北京明代古塔中还未见这样雕刻精美、内容丰富的石刻图案。

4. 金代佛造像幢

金代佛造像幢收藏于北京石刻艺术博物馆院内。佛造像石幢是北京石刻艺术博物馆征集而得，经专家鉴定为金代石幢塔，现只留存塔身的某一段，无石幢座和塔刹。

金代佛造像幢八面，高 0.42 米。八个面分间隔大小面，四个大面各宽 0.21 米，剔地出尖顶龛，龛内雕刻一尊坐佛像，佛像身披对襟大衣，胸前束裙，高髻发结，均结跏趺坐莲花宝座之上，四佛坐姿一样，但手印各不相同，雕刻肃严规矩，造型简洁生动。四个小面很窄，各宽 0.04 米，无图案，从横断面看呈四方形抹了四个角。

5. 荐福讷庵谦公禅师之塔

荐福讷庵谦公禅师之塔收藏于北京石刻艺术博物馆院内。荐福讷庵谦公禅师之

金代佛造像幢

荐福讷庵谦公禅师之塔

塔为元代造物，现只留存塔身一柱，无塔座和塔刹。

北京石刻艺术博物馆的说明牌：刘道谦塔铭元至元二十九年（1229 年）。仅存幢身一段，八面刻，残存正面及两侧面文字。残高 110 厘米，残宽 47 厘米，残厚 42 厘米。首题"元讷庵谦公禅师塔铭"，塔铭"荐福讷庵谦公禅师之塔"，徒单公履撰文，葛询书丹。上下边框线刻卷草及云纹，塔额下部线刻宝相花及门扇图案。此幢塔为明城墙填充之物，20 世纪 70 年代北京修环线地铁时，拆城墙施工时出土。

6. 佛顶大悲心陀罗尼幢

佛顶大悲心陀罗尼幢收藏于北京石刻艺术博物馆院内。佛顶大悲心陀罗尼幢为

辽金时期的石幢塔，现只留存塔身的其中一段，无塔座和塔刹。

佛顶大悲心陁罗尼幢八面，高 0.53 米。八个面分间隔大小面，四个大面各宽 0.18 米，剔地出尖顶龛，龛内雕刻一尊坐佛像，四佛坐姿一样，但手印各不相同。四个小面各宽 0.11 米，依次刻"佛顶大悲心陁罗尼幢""东方阿门佛南方宝生佛""西方无量寿佛北方不空成鹫佛""奉为亡过父母持建"。意思是笃信佛教的人，为已故的父母而建造这座石经幢塔。

佛顶大悲心陁罗尼幢

静明园（玉泉山）九塔

　　静明园位于海淀区五环路香泉桥以东，是清朝皇家园林三山五园之一。静明园是以玉泉山为基础建造的皇家御苑，玉泉山的泉水甘甜润喉，金、元时期就被人重视。金朝章宗完颜璟在玉泉山建避暑之所"芙蓉殿"，也称玉泉行宫。明正统年间，

静明园（玉泉山）9座古塔示意图

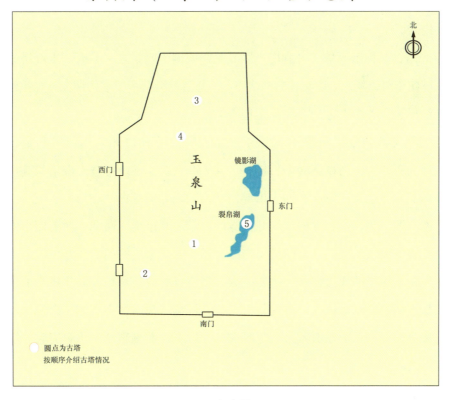

玉泉山图

英宗朱祁镇在此建上严华寺、下严华寺、金山寺、崇真观、望湖亭等建筑。清康熙十九年（1680年）将玉泉山改为行宫，命名"澄心园"。康熙三十一年（1692年）奉旨更名"静明园"。清乾隆十五年（1750年）再次大加修葺，增建了定光塔等景观并命名了"静明园十六景"。静明园中建有九座古塔都与佛教相关，如玉峰山顶上定光塔、刻满佛像的华藏海石塔、妙高寺的金刚宝座塔、圣缘寺多宝琉璃塔和藏于裂帛湖中镇海塔等。

1. 玉泉山定光塔

定光塔位于静明园内玉泉山南部玉峰山顶香岩寺中，在古塔示意图中编号为1号。塔以它优越的地理位置和精美的造型，成为玉泉山的标志性建筑，并且还是颐和园的借景。

定光塔，又称玉峰塔、舍利塔，因其是静明园十六景之一，有"玉峰塔影"之美誉。塔建于清乾隆二十四年（1759年）[①]，是清乾隆皇帝要求仿照江苏省镇江金山妙高峰江天慈寿塔修建的。塔前山坡上是香岩寺、普门观等。

定光塔为八角七层阁楼式，高约33米，底直径约12米。塔身中心是石质塔心，外层为青砖砌，内设旋转条石楼梯，共150余级，逐级可登上宝塔最高层，举目远望四面八方之景。每层有四个拱券门和四个拱券镂花窗，在第一、三、五、七的东、南、西、北四个正方向，均开拱券门，东北、东南、西北、西南四个方向是拱券镂花窗。而二、四、六层的门窗与一、三、五、七层的门窗相错位置。这种门与窗上下位置相错的建筑方式，主要是为了使塔身的应力均衡，防止塔身的纵向开裂，以保证塔身的坚固持久。塔的每层内设有佛龛，龛内供奉铜制密宗佛像，佛龛外围是乾隆皇帝御题额联石刻及"乾隆御笔"印章，雕刻精细，保存完整。塔第一

注释

　① 张宝章：《静明园述往》，中央文献出版社2012年版，第69页。

定光塔

民国时期玉泉山定光塔

层额曰"初地珠标",第二层额曰"二利胜果",第三层额曰"三摩慈荫",第四层额曰"四至无遮",第五层额曰"五蕴皆空",第六层额曰"六度圆成",第七层额曰"七宝庄严"。塔的第七层塔心柱每面开一佛龛,两旁雕刻楹联,周围雕着佛教八吉祥:轮、螺、伞、盖、双鱼、瓶、盘长和花,还雕有吹奏乐器和舞蹈的天神,配着祥云。塔外的每层绿琉璃瓦檐,采用砖雕仿木斗拱,以承托外伸塔檐,八个檐角悬挂铜铃,风吹铃响。顶部琉璃瓦攒尖式八条垂脊交汇中央,塔顶部须弥座承托着顶尖一颗金色宝珠塔刹。

定光塔原计划是建造九层,"在乾隆十六年(1751年)写《玉峰塔影》诗时并未开建,而是在八年后的乾隆二十四年(1759年)才建筑完成,而且修建的是一座七层宝塔,并不是《玉峰塔影》诗并序中所写的'浮图九层'。这是因为弘历(乾隆皇帝)受到了'在西方建塔不吉利'议论的影响,而修改了原设计"。[1] 所以,现在看到的玉泉山定光塔是八角七层阁楼式塔建筑。

清乾隆年间扩建静明园十六处园林景点,因远眺定光塔,塔影映在昆明湖水中成影,得"玉峰塔影"名。乾隆皇帝多次幸游静明园并登定光塔,为塔内各层题额写联,还写下《玉峰塔影》和《登玉峰定光塔》等诗句。若站在定光塔顶层举目远眺,"天风劲吹,掀人衣袂,云雾在耳畔浮游,恍若人在仙境中"。[2] 东南望京城旌旗,俯瞰昆明湖殿堂,北有大道东西塔似哨,转身见西山层叠绿荫。

2. 玉泉山华藏海塔

华藏海塔位于静明园内玉泉山西南山脚下华藏海禅寺旁,建于清乾隆年间,编号为2号。塔为汉白玉石塔,八角七层密檐塔,塔高约15米,塔底直径约5米,

注释

① 张宝章:《三山五园新探》,中国人民大学出版社2014年版,第296页。

② 于九涛:《三山五园览胜——玉泉山静明园》,中国画报出版社2016年版,第158页。

形如玉笋，雕刻精美。这座汉白玉石塔建在华藏海禅寺旁，是寺建筑的一部分，被称为"华藏海塔"。

华藏海塔下部八角形汉白玉平台，台面用浮雕刻有海浪，海浪中翻腾着龙、海马、海狮、海兽等动物。平台上是两层塔座，下层八角形塔座，塔座每个面雕刻着展翅飞翔的凤凰和缠枝西番莲图案，上层塔座是须弥座，须弥座束腰部是八块汉白玉石板，石板上雕刻着八幅佛祖释迦牟尼《八相成道图》，图中是释迦牟尼及弟子、摩耶夫人、侍女、魔王等人物和动物形象，造型生动精美。须弥座束腰部八个转角上各是一尊护塔力士像，威武雄壮。须弥座上莲花盘承托塔身，一层塔身的东、南、西、北四个方向面，分别雕刻有释迦牟尼、文殊菩萨、观音菩萨和普贤菩萨四尊佛像，其他四个面各雕刻了手持金刚杵的力士护佛神像。塔第二、三、四、五、六、七层的八面，每面各一圆龛，龛内端坐一尊佛，塔上共有佛像52尊（没有包括《八相成道图》中的佛像），塔佛龛旁无佛像刻祥云花纹。塔檐下层石雕八角仿托盘，檐面仿瓦铺面，檐脊带檐兽，檐脊端挂风铃。顶部莲花座承托一座小覆钵塔

玉泉山华藏海塔（1874 年）

玉泉山华藏海塔（1927 年）

形塔刹。华藏海禅寺与华藏海石塔之间有山崖石刻，乾隆皇帝题"绣壁诗态"字，取杜甫诗"绝壁过云开锦绣"的句意。

玉泉山华藏海塔老照片

玉泉山华藏海塔（2014 年）

3. 妙高寺金刚宝座塔

妙高寺金刚宝座塔，也称妙高塔或木邦塔，位于静明园内玉泉山的北高峰顶，编号为 3 号。清乾隆三十六年（1771 年）玉泉山北高峰顶建一座佛寺，因为仿照江苏无锡金山妙高峰的庙宇建造，所以命名妙高寺。清《日下旧闻考》记载："玉峰塔影之后，北峰上为妙高寺，殿后为妙高塔，又后为该妙斋。"[1] 寺前建一牌楼，乾隆皇帝御题"灵鹫支峰"，寺庭院中间建一座有缅甸佛教风格的金刚宝座塔，"塔高约 24 米，砖石结构"[2]，金刚宝座塔具有小乘佛教建筑特点，高大的覆钵式主塔和四角圆柱形亭阁式塔，共五座塔，造型别致，洁白的塔身，金色的塔刹，矗立在玉泉山北峰之上，在蓝天白云衬托下，分外高洁挺拔，纯朴而美观。

建妙高塔的起因，是为纪念清朝廷派兵征战缅甸木邦胜利而建造。乾隆年间，云南边界与缅甸木邦土司发生摩擦，乾隆三十二年（1767 年）朝廷派兵征战缅甸木邦，两年后缅甸木邦土司投降议和，对清朝廷称臣纳贡，战争结束。清军撤出缅甸木邦时，将木邦佛塔的图纸带回北京，乾隆皇帝为纪念征战缅甸的胜利，便按图纸上佛塔形在玉泉山建造妙高塔。当时，乾隆皇帝对此有论述："塔建峰巅，仿金山妙高峰之制，因此名之。兹北峰上为木邦塔，乃乾隆三十四年征缅甸时，我师曾驻彼，图其塔形以来，因建塔于此，取兆平缅甸之意。"[3]

妙高塔建筑白色基调，非常别致，塔基座砖石砌四方形，高 2 米多，四面各开一拱券门，基座内拱券通道十字贯通，设台阶通基座顶部。基座上四周有砖雕护栏，中间五座缅甸木邦式佛塔，中间大塔座呈八角形，四个正方向有四个拱券门，四门呈十字贯通拱券顶，门上有短瓦檐遮护，塔座上有一圈装饰围栏。塔座中间五层金刚圈承托圆鼓形的塔身，塔身上二圈金质装饰条，往上圆须弥座和扁圆饼状七

注释

① 于敏中等：《日下旧闻考》，北京古籍出版社 1983 年版，第 1422 页。

② 于九涛：《三山五园览胜——玉泉山静明园》，中国画报出版社 2016 年版，第 173 页。

③ 于九涛：《三山五园览胜——玉泉山静明园》，中国画报出版社 2016 年版，第 172 页。

层相轮，顶端铜制鎏金扣钟式塔刹。大圆鼓形塔四隅各有一座小塔，为圆柱形单层亭阁式塔。塔身圆柱形，设拱券假门，内实心，一圈灰瓦塔檐，上是十三层相轮，顶部圆锥形铜制鎏金塔刹。整体看塔为下圆柱形，上圆尖状，呈圆锥形塔，所以有人称它"锥子塔"。

妙高寺金刚宝座塔（1918 年）

妙高寺金刚宝座塔（2019 年）

妙高寺金刚宝座塔（2014 年）

北京古塔 BEI JING GU TA

4. 圣缘寺多宝琉璃塔

多宝琉璃塔，也称五彩多宝琉璃塔，位于玉泉山西麓圣缘寺内，编号为 4 号。圣缘寺在玉泉山仁育宫南侧，是一座三进院落的佛寺，多宝琉璃塔在山坡上第三进院内，塔南为圣缘寺围墙。圣缘寺多宝琉璃塔的建造形式与颐和园万寿山多宝佛塔是同形制。

多宝琉璃塔是一座八角三组七层密檐宝塔，塔高 16 米，全塔五彩琉璃砖贴面。塔檐的各层琉璃瓦颜色不同，塔的第一、三、五层八角塔身比较高；第二、四、六、七层塔身较矮，但各层的每个檐角悬挂一只铜铃，随风阵响。在第一、三、五层塔身的八个面中，分东、南、西、北四个方向，有大琉璃佛龛和小琉璃佛龛；另外四个侧面宽度尺寸略窄，每个面上镶嵌一排排琉璃砖制成的小琉璃佛龛，龛内供奉一尊绿底金黄色佛像。三层大佛龛内大佛像共 12 尊，全塔上小佛像 636 尊，大小佛像总共 648 尊。[①] 塔宝顶由四周挂一圈铜铃的宝盖和铜扣钟式塔刹组成，塔刹通体黄铜鎏金，金光耀眼。

5. 裂帛湖镇海塔

裂帛湖位于海淀区静明园内玉泉山东麓。裂帛湖是静明园中最有名泉水湖之一，湖中水质清澈，湖底坐落一座石塔——镇海塔，编号为 5 号。镇海塔为八角七层汉白玉雕凿而成，塔身绝大部分淹没在湖水中，只有石刻圆形宝珠塔刹随水位高低变化露出水面。

关于镇海塔的传说：玉泉山的泉水涌出形成裂帛湖，很早湖中就有石塔。清乾隆时期，乾隆皇帝下令围绕玉泉山修建静明园，想把裂帛湖再挖深一些，看一看石

注释

① 王珍明：《乾隆三山诗选》，开明出版社 2006 年版，第 169 页。

1877 年托马斯·查二德拍圣缘寺琉璃塔

圣缘寺多宝琉璃塔

塔到底有多高。工程开始后，工匠们顺着石塔不断往下挖，结果挖了三天三夜，也没挖到石塔的塔基，众人感到十分奇怪，就报告给乾隆皇帝。乾隆皇帝听了报告也觉得奇怪，心想，这座石塔怎么这么高呀！但塔再高也应该有底呀，朕非要把这塔底挖出来弄个究竟不可。随后乾隆皇帝下旨继续挖到塔底。不料，在这天夜里，乾隆皇帝做了一个梦，梦见一位白胡子老人飘飘然向他走来，对他说：石塔下面是海眼，是用来镇住海啸的，只能让水一点一点流出，所以石塔的名字叫"镇海塔"。一旦挖到塔基，海眼被损坏，里头的水就会不受控制，喷涌而出把北京变成一片汪洋大海。说完老人转身而去。乾隆皇帝一下子从梦中惊醒，吓出了一身冷汗，立即

传令挖塔工程停止，从此谁也不敢再动这座石塔。^①镇海塔静静地伫立在裂帛湖中，露出圆形塔刹点缀着湖光景色，让传说继续流传下去。

裂帛湖镇海塔圆形塔刹

注释

① 汪建民、侯伟：《北京的古塔》，学苑出版社 2008 年版，第 280 页。

凤凰岭风景区九塔

　　凤凰岭风景区位于海淀区苏家坨镇境内，距北京城中心51公里，景区内山峰层峦叠嶂，草木遍及山野，古迹有建于辽代的龙泉寺、石拱金龙桥、参天银杏树、山崖中三佛洞、残破的寺庙遗址等，还有九座古塔。九座古塔分别是：继升和尚塔、魏老爷灵塔、瑞云庵金刚塔、摩崖石塔、飞来石塔、上方寺密宗石塔、上方寺玲珑塔、上方寺残石塔、覆钵式砖塔。

凤凰岭风景区9座古塔示意图

凤凰岭图

1. 继升和尚塔

继升和尚塔位于海淀区凤凰岭风景区龙泉寺旁，古塔示意图中编号1号。塔"建于清代，为覆钵式和尚塔"。[1]龙泉寺始建于辽代应历初年，因寺南有龙泉池而得名，寺内一座单孔石拱桥，一雄一雌两株银杏树，多层殿宇。继升和尚在龙泉寺修行多年，传法弘恩，为龙泉寺著名僧人，相传继升和尚在坐化圆寂的当天，空中祥云万里，地上百鸟啼鸣，龙泉寺众僧诵经七七四十九天进行悼念。建立起这座灵塔，塔周围的檀香味回绕飘香，据说三年不散。

继升和尚塔在寺外东北山坡，全花岗岩石打凿而成，塔高约7.8米，塔座是"亞"字形仰覆莲须弥座，须弥座上是五层金刚圈，最上一层刻莲花瓣，塔身石砌覆钵式，塔身上平面呈"亞"字形须弥座和仰莲圆承托盘，上部为十三层相轮，塔顶石刻祥云华盖，顶端仰月圆宝瓶形塔刹，也称"日月星辰造型"，意思是日月法轮常转，预示着其灵魂可直接升天。

2. 魏老爷灵塔

魏老爷灵塔位于凤凰岭自然风景区的龙泉寺内，编号2号。塔为全石料打凿覆钵式石塔，测塔高约6米。塔旁一方"修复石塔碑"讲述了魏老爷的情况。魏老爷灵塔修复碑文：魏老爷，河北廊坊人，生卒年不详，幼年曾于梦中拜谒道家祖师魏伯阳，为寻觅师父仙迹，一路艰辛万苦，行医治病，潜修密炼。到龙泉寺仙人洞内闭关修炼，后坐化于仙人洞。清嘉庆初期，昌平州根据民意，重修龙泉寺及魏老爷塔，周边百姓纷纷捐款。塔、寺修成后，曾一度香火鼎盛。依据史料及民间传说，魏老爷乃一介平民，非僧非道，行医治病，在体悟人生真谛的道路上，正是他朴实

注释

① 张有信:《身边的历史》，北京出版社2003年版，第182页。

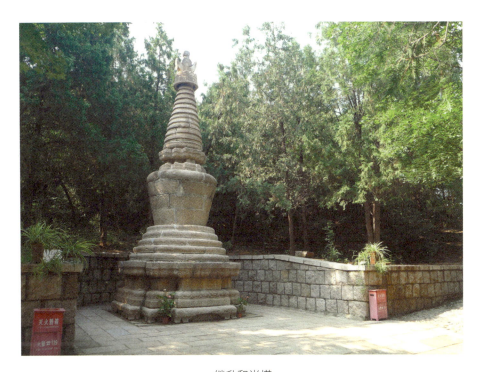

继升和尚塔

魏老爷灵塔及石履

无华、忍辱精神、敦厚善良的优良品德为后人所传颂，为纪念他，当地百姓将他的塑像供奉于大殿内，肉身安葬于塔内，并将他坐化的山称为老爷山。每逢农历九月十七日，据传乃魏老爷成道日，人们纷纷来此进香，表达朴素、美好的愿望，祈福消灾。魏老爷已成为百姓心目中的神仙、佛、圣人。

魏老爷塔毁于 20 世纪 60 年代中期那段混乱年月。几十年后，在聂各庄乡政府及西山农场的大力支持下，由北京大圆圣慧文化艺术公司捐资组织在旧址，用旧料修复，于 2001 年 10 月竣工，刻石碑以记。魏老爷塔前供台，台上摆放一双魏老爷的石刻大鞋，以怀念魏老爷步履四方，为民行医治病。

3. 瑞云庵金刚塔

瑞云庵金刚塔，又称妙觉禅寺塔，位于凤凰岭风景区瑞云庵，庵山门旁一高大的金刚石顶上，编号 3 号。金刚塔以"金刚石"名而来，为青砖码砌六角七层密檐式塔，塔高约 2 米多。塔始建年代久远，现在看到的塔是 1925 年重建，后又进行过修缮。

瑞云庵此地原为金代章宗皇帝的北京西山"八大水院"之一，名黄普院。明宣德九年（1434 年）宫中尚膳监太监尹奉带人来此观景，只见"前有石金刚，后有洞曰明照，禅院佛刹左右相望，东曰上方（即凤凰岭辽代上方寺），西曰圆，南曰大觉灵山（即大觉寺），高声圣泉中流（即黄普院水洞）。真胜境也"。[1] 太监尹奉回宫后出资扩建寺院，明正统四年（1439 年）建成后皇帝朱祁镇赐名"妙觉禅寺"。明弘治十四年（1501 年）改名"明照洞瑞云庵"，现山门的门额石刻镌刻"明照洞瑞云庵明弘治十四年八月立"字样。当时并未建金刚塔，太监尹奉从宫中退休来妙觉禅寺任第二代住持，直至圆寂。第三代住持静端和尚，为纪念尹奉的修寺之功，在

注释

① 瑞云庵旁明正统四年（1439 年）《敕建妙觉寺记》石碑文。

瑞云庵金刚石塔

瑞云庵金刚石塔景

金刚石上建金刚塔，称"千载寿塔"。静端和尚向后人讲：金刚石有神灵，经过日月星辰的历练，能日行八百里，常到上方寺去偷听老僧诵经。为不让金刚石到处乱跑动，建造座塔镇住神灵。

瑞云庵山门东侧斜立一巨大的花岗岩石，高有 15 米，在巨石的顶端耸立着金刚塔，景致特别。塔基为方形，上面是六角须弥座，须弥座的下枋处，每个角雕有一只长双角的镇墓兽，兽形类似绵羊头，束腰部无任何装饰图案。第一层塔身六面，也未雕塔门和假窗装饰，塔身七层密檐，每层塔檐砖雕檐脊、勾头和滴水等齐全，塔顶砖砌六方座扣钟式塔刹，新装金属避雷装置。

在百姓中流传着很多有关瑞云庵和金刚塔的传说，例如有人在洞里发现石碑写有"银子一沟，不在东沟在西沟"，于是就有人去山沟里寻找金银；有人拿佛像前烛台便卖，买主因发现内为"黄金铸造"而发财等。郝仲泉所著《神山景观考及传说》记录一事（注：是否真实未证实），1924 年秋，有两位有身份的好事者，雇人架梯子上到金刚石上寻找"镇塔之宝"，七拆八卸就把金刚塔给拆了，可什么宝物也没找到。二人怕别人发现被人耻笑，1925 年找人按原样重建了瑞云庵金刚塔。

4. 摩崖石塔

摩崖石塔位于凤凰岭景区北线虎陀山的山腰处，"神泉"景点南侧一山坡隐蔽处，编号 4 号。石塔旁说明牌：摩崖石塔"为辽代产物，是过去到上方寺进香途中在此拜祭山神的地方"。而《海淀文物》一书第 137 页称此塔为"搁衣庵塔"。

石塔依山取石，雕凿一凸起的天然花岗岩石，塔底未离开山体，应属立体浮雕石塔，在北京古塔的建造形式上少有。塔下部四方仰覆莲须弥座，塔身圆角边四方形，正中一佛龛门，门内供奉一尊佛像。塔身上部五层方相轮，一个倒扣的盘形华盖和宝珠塔刹。测塔高约 4.9 米。过去，摩崖石塔前道路是人们去往凤凰岭上方寺进香的一条山道，香客途中必经此塔，香客会祭拜一下再前行。

摩崖石塔

5. 飞来石塔

飞来石塔位于凤凰岭自然风景区的凤凰岭最高峰，海拔 748 米，编号 5 号。山顶有一高十七米形如卵的巨大石头，插在山顶石崖中，而在这块卵形石头顶建一座石塔，伫立在一边是绿色平原；一边是层叠山峦的山峰顶，如同一座"灯塔"标志。巨石上刻着："原塔毁于一九四七年春。北京市海淀区旅游局出资赞助重新建立飞来石塔。凤凰岭自然风景区一九九八年。"

飞来石塔始建于清光绪二年（1876 年），因地处山峰之巅，受风雨雷闪影响，七十年后损毁，剩半截塔残基石座。1998 年为开展自然风景旅游重建飞来石塔，飞

来石塔为全石结构，六角七层密檐式，塔高 2.95 米，每层各雕佛像 6 尊，除塔铭外，共雕有佛像 40 尊。特点是塔的第六层高于其他层高，雕刻有塔铭和佛龛佛像，佛龛比其他层佛龛高。从塔的安全角度考虑，重建时塔上安装了金属避雷装置，使石塔免遭雷击。

当你登上山顶，看到"飞来石塔"那壮观的景色，就会联想起北宋时期的诗人王安石的一首《登飞来峰》："飞来山上千寻塔，闻说鸡鸣见日升。不畏浮云遮望眼，自缘身在最高层。"

6. 上方寺密宗石塔

上方寺密宗石塔位于凤凰岭风景区上方寺遗址东北山谷内的山道旁，编号 6 号。塔为全石料打凿，有明代石塔特征，塔主人姓名及建造时间不详，测石塔高约 6.7 米，整体保存完好。塔基座条石砌四方形，石四方须弥座上无花纹。须弥座上是四层方形塔阶和一层圆形金刚圈，起到由下方形转换上圆形的过程，石砌覆钵式塔身，朝东的方向有一佛龛门，龛内无供奉，往上迟咕部是方须弥座和九层相轮，华盖雕花纹圆盘状。塔顶部仰月、圆日、宝葫芦组成塔刹。

7. 上方寺玲珑塔

上方寺玲珑塔位于凤凰岭风景区上方寺遗址北山坡上，编号 7 号。塔建于元中统年间（1260—1264 年），"为金末元初当地某禅师灵塔"[1]，还有提出塔建于元代

注释

① 张有信：《身边的历史》，北京出版社 2003 年版，第 180 页。

飞来石塔（2013 年）

上方寺密宗石塔

末"建于元中统年间"[1]，测塔高约 10 米。玲珑塔为砖砌六角五层密檐式塔，因地处深山中，人为破坏不严重，近年修缮一次。塔基座原双层须弥座维修后变成一层装饰，每面两个壶门龛，上部砖雕斗拱。须弥座上砖雕佛万字装饰围栏，受损地方维修后减少了砖雕图案。砖雕三层仰莲承托盘，特点在三层仰莲花瓣不一样大，下层薄，上层厚。一层塔身朝南原有石刻塔铭，因塔铭丢失修补时抹成白灰墙，其他五面是砖雕方形假窗，六个转角处各立一座五层密檐塔装饰，上沿一圈砖雕倒垂如意云头。五层密檐下部砖雕仿木斗拱，上是青砖铺砌叠涩檐，檐边沿中间内弧弯挑檐。塔刹为六角仰莲花座，砖雕葫芦塔刹。全塔玲珑别致，做工精巧，伫立于深山葱绿之中，所以人们称"玲珑塔"。

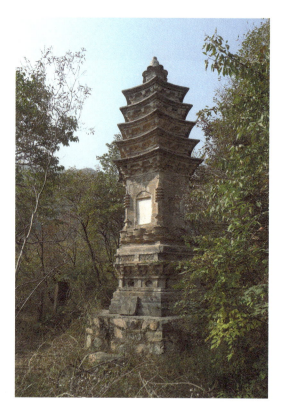

上方寺玲珑塔

注释

① 北京辽金城垣博物馆：《北京元代史迹图志》，北京燕山出版社 2009 年版，第 268 页。

8. 上方寺残石塔

上方寺残石塔位于凤凰岭风景区上方寺遗址西侧山坡上，距玲珑塔以西 100 米，编号 8 号，塔主人和建塔时间不详。残石塔为石砌结构覆钵塔，坍塌破旧，石构件散落周围，从石刻花纹和塔形看塔应该是明代石塔。

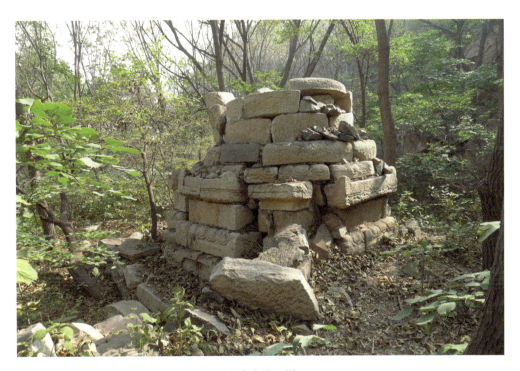

上方寺残石塔

9. 覆钵式砖塔

　　覆钵式砖塔位于凤凰岭风景区上方寺遗址以东 600 米的一座山头上，周围群山环抱，地形隐蔽，编号 9 号。塔为青砖砌覆钵式，测塔残高 4.5 米，塔上部相轮和塔刹部分损毁，推断应为清代和尚墓塔。

覆钵式砖塔

海淀区　消失古塔十八座

法慧寺琉璃塔

　　法慧寺琉璃塔位于海淀区圆明园遗址公园的海岳开襟北岸之阳坡，原法慧寺庙宇的西北。塔始建于清乾隆十二年（1747 年），是一座用大理石和琉璃砖贴面而成的七层琉璃塔。塔由大理石雕凿塔基，塔身一、二层四方形，塔身三、四层八角形，塔身五、六、七层圆形及金属塔刹组成。塔座四方须弥座，上下枋仰覆莲花，束腰部石雕精美花纹。塔身第一层四方形贴琉璃砖面，每面有一个上半圆拱形佛龛，龛内有一尊佛像，第一、二层是四方塔檐。第三层八面塔身，每面各一佛龛，龛内有一尊站立佛像，第三、四层是八角塔檐。第五层呈圆柱形塔身，分六个弧面组成，每一弧面有佛龛和坐佛像，第五、六、七层为圆形塔檐。塔刹是金属铸造而成，整座塔上圆下方，中间过渡和谐，表示了"天圆地方"之说。

　　《三山五园览胜——圆明园》讲：法慧寺西院是一座高耸的五色琉璃砖塔，塔基为正方形大理石须弥座，台上设有汉白玉石栏杆，台高 0.99 米。琉璃塔为 7 级，上圆下方，总高 23.55 米。塔下层两级为正方形，高 6.91 米，塔檐琉璃瓦分别用翡翠色与黄色。塔中层为八方式，高 5.69 米，塔檐分别用青色与紫色琉璃瓦。塔上层为圆式，高 6.97 米，塔檐分别用绿色、黄色和青色琉璃瓦，塔顶为金包铜覆钟锦罐式，高 3.07 米。塔身四周都有佛龛，内坐观音像，是圆明园内最高的一座塔。塔北为两卷殿两间，内额曰"静娱书屋"。[1]

注释

　　① 北京市海淀区文化发展促进中心：《三山五园览胜——圆明园》，中国画报出版社 2016 年版，第 154 页。

1860 年英法联军火烧圆明园时，法慧寺瓦木建筑被烧毁，琉璃塔并没有毁坏。从清朝末年到民国初年的老照片可以看到法慧寺琉璃塔身影，而后的日子里圆明园没人管理，琉璃塔是人为损坏，还是受外界影响倒塌，不得而知，现在仅剩塔基座遗址。

2019 年法慧寺琉璃塔基座遗址

清末法慧寺琉璃塔

238

法海寺门上塔

法海寺①位于海淀区香山之南门头村以西。门头村西去往八大处的小道上有法海寺，是山中一小寺庙，寺前 0.5 公里处的山道上有一座法海寺山门建筑，门上一座覆钵式塔，建于清顺治十七年（1660 年）。

法海寺门上塔，也称过街塔，坐西朝东。石拱券门洞东面门额上题"敕赐法海禅寺"，旁边一行"顺治十七年夏月吉日"的小字。西面门额上题有汉、满、蒙三种文字，汉文是"唵巴得摩乌室尼渴华麻列吽登吒"，为经咒真言中的如意轮咒，亦称满愿轮咒，是佛教寺庙常诵的《十小咒》之一。人从门洞通过一次，就等于诵如意轮咒而功用来。

法海寺门上是覆钵式塔，塔基平面四方形，砖砌主体条石嵌边。塔座是砖石结构，石质灰白，平面为"亞"字形须弥座，每面"刻着生猛的浮雕狮子。在束腰上枋以上，各层重叠像阶梯，每级每面有三尊佛像。每尊佛像背带光环，成一浮雕薄片，周围有极精致的玻璃边框。像脸不带色釉，眉目口鼻伶俐秀美，全脸不大及寸余"。②塔身砖砌覆钵体，四面各一个浅龛，龛中坐一尊佛像。塔身上小十字须弥座承托相轮，上是石料雕凿的十三层相轮，相轮上接石刻垂珠帘华盖，塔顶端塔刹丢失。

据当地乡人讲，1931 年 8 月间，一日大风雨把塔刹的月牙形顶尖吹掉。著名古

注释

① 此"法海寺"与石景山区磨石口北的"法海寺"是同名不同寺。也有称东法海寺。

② 梁思成：《梁思成文集》（一），中国建筑工业出版社 1982 年版，第 348 页。

建筑家梁思成和林徽因 1932 年 10 月考察了法海寺门上塔，塔座中束腰部刻浮雕狮子，覆钵塔身四面有浅龛，龛中有浮雕佛像，刻工甚俊，所拍照片塔顶端已无塔刹。

法海寺山门塔今留存 1932 年、1957 年和 1958 年三张照片，1958 年北京市首次文物普查，对山门塔进行了拍照和文字记录，当时文物普查的文字记录："法海寺坐西朝东，寺之头道山头为塔门，塔居于石圆旋门之上，塔门楼 9.50 米，进深 7.00 米，长宽 8.60 米见方，门口宽 3.80 米。塔高 9.00 米，直径 2.00 米，塔为砖石结构，上有石十三天，塔腹东西各有石佛龛一个，石佛一尊，塔座共五层，每层各有琉璃小佛三尊。塔下为石甬路。"[1]

1957 年时部队进驻法海寺周边，在山门旁植树育林，并拍摄植树的照片。到 20 世纪 60 年代山门及门上塔建筑还在，后拆除建部队礼堂。

法海寺门上塔（1932 年）

注释

　① 海淀区香山街道办事处：《香山旧影与传说》，新华出版社 2016 年版，第 28 页。

云林寺云浪和尚塔

云林寺，明代佛寺院，位于西直门外高梁桥西三里，真觉寺（五塔寺）以东，极乐寺以西，今天的地点大约在北京动物园北部及北京海洋馆附近。

据清《日下旧闻考》记载："极乐寺西有灵通观、云林寺。灵通观碑一，明大学士叶向高撰，天启三年立。云林寺后僧塔一，上有石刻云：临济正宗三十四世开山建云林堂上云下浪本和尚弟子实证立。"①

云林寺及云浪和尚塔，早年就被拆除，现已无存。

注释

① 于敏中等：《日下旧闻考》，北京古籍出版社 1983 年版，第 1631 页。

双林寺五古塔

　　双林寺位于海淀区紫竹院公园内东南，现已不存在。称双林寺的古寺北京有多处，门头沟区清水镇清水村就有一处，辽代建。据《旧都文物略》载："双林寺在西直门外三里许。明万历初，大珰冯保营葬地，造寺曰双林。双林，冯之别字也。后保败，寺入官。有印度僧足克戬古尔来京演法，帝赐居此，改名西域双林寺。寺旧有三大士，塑西番变相。又有水池，多朱樱，有塔。"[1] 工部侍郎王槐在双林寺碑文记载：梵僧足克戬古尔传教至此，见地势灵秀，松木茂盛，遂憩息松下，其后一月不食，默诵密咒。慈圣皇太后与皇帝听闻，赐寺名"西域双林寺"。就是说朝万历年间，太监冯保信奉佛教，在西直门以西1.5公里处建一座寺庙，用自己的名"双林"当寺名，准备以后当坟茔。不想冯保因罪被贬，双林寺充公。此时印度僧人足克戬古尔来京传经演法，批准住双林寺，见寺内佛像与印度佛像相同，周围景致也好，心情顿开，开始辟谷修炼，一个月不进谷食，只诵经念咒。此事传到宫中，慈圣皇太后与皇帝听闻，赐寺名"西域双林寺"。

　　双林寺明清时期一直是佛教寺庙，《侯仁之与北京地图》中"清西郊园林"图，标出了双林寺在紫竹院公园的湖东南边。[2] 双林寺曾经有过塔林，具体有多少塔不知，20世纪50年代拍摄的照片反映，寺庙已废弃，但塔林中的部分古塔仍然存在，塔周围荒凉。一座高大宏伟的八角七层密檐塔和四座覆钵砖石塔，这四座塔的

注释

　　① 汤用彬等：《旧都文物略》，华文出版社1986年版，第195页。

　　② 岳升阳：《侯仁之与北京地图》，北京科学技术出版社2011年版，第48页。

塔主何名？塔何时被拆除？没有任何信息。八角七层密檐塔坐北朝南，南门上额石刻"藏经塔"，旁注"万历四年造"。1975年7月因藏经塔的塔身开裂，有着整四百年历史的密檐藏经塔被拆除。

2011年紫竹院公园管理处委托北京市文物研究所在双林寺遗址处寻找到藏经塔

双林寺塔林之一（1950年）

双林寺塔林之二（20世纪50年代）

的塔基址，经过建围挡、拆花圃、挖掘、清理一番施工，2012年找到双林寺藏经塔的八角塔基，保存较为完整，方形基座、八角基台和方形地宫文物实体。2016年在绿荫丛中塔遗址处，建一座钢筋混凝土结构的承台，把塔遗址给罩了起来，外形成"自然土丘"，称"双林寺塔遗址"建筑，开辟成紫竹院公园一处历史文化景点。

双林寺藏经塔

紫竹院双林寺藏经塔遗址（2016年）

紫金寺行臻经幢塔

　　紫金寺位于金中都城右街，具体地点不详。紫金寺有一座金承安五年（1200年）僧人行臻经幢塔，经幢塔前有二百六十多年后竖立的一方明天顺八年（1464年）五月石碑，碑文由著名僧人道深撰写，明代石碑记录行臻经幢塔在"广济寺玉河乡池水村（今玉渊潭西南方）"。清《日下旧闻考》记载："广济庵明天顺八年碑一，僧道深撰。庭中有金承安五年四月僧行臻塔幢一。幢凡六面，一面刻佛顶尊胜陀罗尼梵本，又二面刻智炬如来心破地狱真言，皆梵书。又三面刻记文，皆楷书。"所说碑记文就是"金中都右街紫金寺故僧行臻灵塔记"。灵塔记的内容："金中都右街紫金寺故僧行臻灵塔记。臻公者宝坻县青公台东保君政第三男也，俗姓杨氏，承安三年遇恩具戒，于承安四年十二月十五日示寂。承安五年四月十三日寺主善珍建。"①

　　金代僧人行臻的经幢塔，金代立于紫金寺，明代改称广济庵（寺），清代中期记录于典籍之中。今天，金代僧行臻经幢塔和明代石碑都已无存。

注释

　　① 于敏中等：《日下旧闻考》，北京古籍出版社 1983 年版，第 1598 页。

知春路白塔庵白塔

　　海淀区知春路 56 号院的金谷园居民小区，原是白塔庵旧址。白塔庵始建年代不详，清嘉庆十六年（1811 年）白塔庵住持恒钵将庵送给嘉兴寺，重修后改名称崇庆寺。崇庆寺有殿房 28 间，白塔一座，小塔 5 座，水井 2 口，银杏树 2 株，松柏槐树多株。[1] 可百姓习惯叫白塔庵，寺旁村庄称白塔庵村。

　　白塔庵内原有一座白塔，建造年代不详，有说是明代塔，塔高 5 丈（16.7 米），直径 9 尺（3 米），腰径 4 尺（1.33 米），塔呈葫芦形状。塔南有一石壁，宽 1.5 米，高 1 米，上书"五湖四海九州方圆，白塔一座立地顶天；皇帝下马驻足礼拜，天下诸神刮目相看"。塔和寺在 1860 年一起毁于英法联军之手。[2] 从石壁刻的文字内容看不像清代僧人之语，民国时期到 20 世纪 70 年代，这里有东白塔庵村和西白塔庵村，可能寺毁白塔还存在，人们已经不把皇帝当回事了才把此篇文字刻在石壁上。

　　白塔庵和白塔早年间就已无踪迹，"白塔庵"地名还在使用，与西三环路的白塔庵是同名异地的寺庙。

注释

　　① 徐征：《海淀地名典故》，北京出版社 2003 年版，第 171 页。

　　② 张有信：《身边的历史》，北京出版社 2003 年版，第 108 页。

笑岩德宝禅师塔

笑岩德宝禅师塔在笑祖塔院内，位于海淀区西直门北大街文慧桥的西侧，元代西土城墙外小西门旁，现已不存在。

笑岩是明代和尚，北京人，俗姓吴，原名月心，又名德宝，佛号笑岩。出家于北京广慧寺，拜了空和尚为师，遍访名山各寺，得法于玉泉明聪，号称为临济宗第二十八代传人，撰写《笑岩集》四卷，宣扬"诸佛与众生，唯是一心，更无别法"。佛教界声望极高。明万历初年，笑岩因年老体薄，回到北京，住西城柳巷，圆寂后在此建砖石砌覆钵式的"笑岩德宝禅师塔"。①

明崇祯年李自成攻占北京时，战火对塔有损。清顺治十七年（1660年）此地扩建成塔院，笑岩德宝禅师塔外围有小塔十二座，尊称笑严德宝禅师为笑祖，塔院称笑祖塔院。在房山区南尚乐乡三岔村路口北，有一方清同治三年（1864年）"利公禅师碑铭"石碑。碑阴面刻"大清京都西直门外笑祖塔院反本寻复临济正宗碑记"，记录了临济正宗传承的事，并提到笑祖塔院是佛教临济宗的公产。②

抗日战争时期，日伪占领北平时期《东亚画刊》刊登"笑岩德宝禅师塔"照片，塔为覆钵塔，看上去塔残破已经摇摇欲坠，周围有农田。民国时期《北平特别市政府寺庙登记》，笑祖塔院，坐落西郊警察三分署笑祖塔院村十五号，明万历年

注释

① 徐征：《海淀地名典故》，北京出版社 2003 年版，第 73 页。

② 北京石刻艺术博物馆：《新日下访碑录·房山卷》，北京燕山出版社 2013 年版，第141 页。

笑岩德宝禅师塔

间建立，系佛教临济宗所建之公产。本庙面积约六亩余，房屋十七间。……后来，城市建设古塔及塔院消失，但"笑祖塔院"地名仍在使用。

华严永固普同塔

　　海淀区北土城西路 167 号院 51 楼前后，明代时称"鹰房村"，清代时叫"十方塔院"，过去"十方塔院"有千佛寺和 27 座古塔，最大的一座"华严永固普同塔，明万历乙酉年慈圣宣文明萧皇太后建"[1]，葬遍融和尚，在德胜门外西北是地方标志性塔。20 世纪 50 年代还存遗址，1968 年拆除，现建成楼房居民小区，"塔院"地名仍在使用。民国时期老照片"塔院三塔"中最大一座是华严永固普同塔。

　　明代万历年间，一位四川营山籍的少年赤脚出游，跋山涉水，远足而来，来到北京龙华寺听法，深悟其教，平日以砍柴卖柴为生，几年后进柏林寺为僧，起法号遍融和尚。遍融闭门修法七年，修法后四处筹资，在元大都北土城墙外小月河旁置地建寺庙，建成千佛寺并常住，成为千佛寺的开山始祖。后得到了信佛"慈圣宣文明萧太后"的支持，赐金百镒（一镒合二十两），铸佛千尊，寺称千佛寺。万历十一年（1583 年）九月，83 岁的遍融和尚染疾，口念佛面西而圆寂，萧太后得知后，派遣太监送去银两，建立"华严永固普同塔"。塔为青砖码砌八角七层密檐式，塔内藏大师灵骨舍利，塔上列八十一佛龛，塔内中空不可登，塔下有隧道，设石门。塔顶覆琉璃瓦，塔檐角悬挂铜铃，塔身雕刻多尊佛像，华丽壮观，塔旁立碑。清《日下旧闻考》曰："赵志皋大护国千佛寺遍融大师塔院碑略，慈圣宣文明萧皇太后，根盘仙李，华茂金枝。赐金百镒，范像千身。千佛寺所由建也。仍于万历十一年遣内官赍白金七十八两，于德胜门土城关外鹰坊村置地四顷八十七亩有奇，于中

注释

　　① 于敏中等：《日下旧闻考》，北京古籍出版社 1983 年版，第 1773 页。

建立普同大塔一座。内列八十一龛，其中一以藏师全身舍利，余以待继师者。"① 为什么萧太后如此器重遍融和尚？据说萧太后当年怀有身孕时，曾请一位高僧叫达天达和尚，问他自己身怀是太子还是公主。高僧告诉她，是太子龙孕，分娩时果然是男婴。萧太后赏金、赐地、建塔都是为报答达天达和尚，此和尚即遍融和尚。

后来的百十年，华严永固普同塔周围又建多座小塔形成塔院，清乾隆五十年（1785 年）时，周围有塔 12 座。塔院还立有两方石碑，分别是"超衍寿塔碑"，清雍正四年（1726 年）立；"敕建封阐教师塔碑"，清乾隆五十年（1785 年）三月立。今塔和石碑已无存。

民国时期塔院三塔

注释

① 于敏中等：《日下旧闻考》，北京古籍出版社 1983 年版，第 1773 页。

玄同宝塔

　　玄同宝塔位于北京海淀区温泉镇大工村的山上。此地原有一座古堡式建筑，是明代崇祯年间司礼监掌印太监高时明兴建的家庙"玄同道院"。玄同宝塔即是玄同道院之塔。塔为八角七级密檐式，葬太监高时明，塔额书"玄同宝塔"。因塔地处大工村，所以也称"大工塔"，民国时期老照片中可以见到塔身影。

玄同宝塔老照片

玄同宝塔石构件

据 1936 年出版李慎言著《燕都名山游记》载："大觉寺西，九峰环抱状如游龙。山上有玄同道院遗址，七级宝塔叫作玄同宝塔。"说明 20 世纪 30 年代，玄同道院和塔还在。玄同道院 1941 年拆毁，1957 年玄同宝塔的地宫被打开，后拆除遗址。

现在，山坡上玄同道院仅存遗址，山坡留存有零散的玄同宝塔上的塔石构件。

普济寺尊胜塔

北京西郊北京植物园内有条樱桃沟，明代是樱桃沟宗教文化最为兴盛的时代，这条山沟里有七座寺庙，从平地延伸进山沟半山中有广慧庵、隆教寺、五华寺、广泉寺、圆通寺、太和庵和普济寺。普济寺东侧原有僧人"尊胜塔"一座，始建于明正统八年（1443 年），完工于正统十一年（1446 年）。到清朝中期寺废塔塌，但"普济禅寺碑记"断碑留存在北京植物园，古籍也有记载。今寺、塔都无存。

清《日下旧闻考》记载："普济寺遗址尚存，有断碑一，明僧道深撰，正统十一年立，略云：香山乡五华之西，层峦巨壑，叠嶂悬崖，双涧交流，千岩毓秀，可为梵刹，募众缘鸠工建造，额曰普济禅寺。又建尊胜塔一座，兴工于正统八年，完于丙寅之秋，僧国观为住持。……尊胜塔废址在寺东高三尺余。"①

注释

① 于敏中等：《日下旧闻考》，北京古籍出版社 1983 年版，第 1685 页。

圆明园大水法双塔

　　圆明园是由绮春园、长春园和圆明园组成，统称圆明园。长春园西部有著名的大水法遗址，大水法始建于清乾隆二十四年（1759 年），是以喷泉为主体的园林景观，也是西洋楼景区中最大的喷泉。大水法是由大理石建造有精美花纹的大牌坊，牌坊前设椭圆水池，周围立有动物造型的狮子、石鱼、梅花鹿、猎狗等，个个都可喷水。椭圆水池左右伫立两座石塔，称"大水法双塔"，两座塔造型一样。

　　大水法双塔的每座塔坐落在单独的圆形水池中央，周围有 44 根高低不等的铜管皆一起喷水。塔平面四方形，有十三层下大上小呈笋状，高达 18 米。塔分三部分，下部三层直边方台式塔座，一、二层平面无图案，第三层高大，四面雕刻波浪图案；中部十层笋状塔身，层层收分，每面刻精细花纹，内部有铜水管通顶端；顶部装有一铜制"蒺藜"，十六根铜管朝向四面八方，喷出水流弯曲下垂，犹如瀑布，与下边水池里喷泉上下呼应，蔚为壮观。

　　1860 年 10 月英法联军占领圆明园，对园内的金银财宝进行了疯狂的抢劫，几天后英军首领命令士兵一齐纵火烧毁圆明园，两天两夜大火把圆明园烧成一片灰烬。1900 年八国联军又一次洗劫圆明园。大水法也在其中被毁，随之喷水石塔坍塌，在人们的视线中消失。大水法双塔今仅存遗址，清代刻制的圆明园铜版画能见双塔身影。

铜版画大水法双塔

大水法塔（铜版画局部）

卧佛寺青崖和尚塔

　　卧佛寺青崖和尚塔位于北京海淀区北京植物园内，卧佛寺万松亭、藏经楼庭园西侧。青崖和尚砖砌墓塔前有一方汉白玉墓碑，立于清乾隆十一年（1746年）七月。墓塔和石碑在20世纪60年代中期被毁。墓塔被拆光，石碑被推倒，碑身被弃置于行宫院荒草中，碑座不知去向。1983年建曹雪芹纪念馆时，青崖和尚墓碑被清理出来，竖立在纪念馆西院小碑林中。

　　青崖和尚，俗姓丁，名元日，字青莲，淮安盐城人。生于康熙十九年（1680年）正月初七日，卒于乾隆十一年（1746年）闰三月二十七日，享年六十七岁。自幼聪颖机敏，举止异常，七岁时竟有出家奇想。父亲丁偶梅和母亲易氏倍感惊诧，便送儿子到永宁寺出家。为寻求佛教真谛，青崖禅师携带一钵一笠，拜诸名师，云游四方，足迹踏遍大江南北，先后在天童寺、卧云庵、灵隐寺、云峰寺等拜师修行，"由是，师资深契，洞彻法源，盖至是而始得所宗之道"，佛学的造诣达到相当深度。雍正十二年（1734年）甲寅秋，清世宗胤禛正热衷提倡佛教，听有人推荐青崖和尚，便召来京。雍正皇帝对青崖"仪观修伟，戒行精严"非常满意，便重予奖赏，赐紫衣四袭及宝盂、玉如意等物，并把青崖留在皇宫里。乾隆元年（1736年）丙辰召青崖和尚朝见，命为西山十方普觉寺的住持僧，主持法席十一年，直到乾隆十一年（1746年）圆寂。乾隆皇帝发内帑银一百两，和硕怡亲王弘晓银五十两，交卧佛寺住持僧，会同内务府官员办理丧葬事宜，建塔立碑。大臣张廷玉所撰碑文："西山普觉寺青崖禅师圆寂之岁，其嗣法弟子将奉法体藏于寿安山本寺之西园。"这西园就是万松亭畔，那座青崖和尚塔的原址地。

诗画名家郑板桥赋诗《寄青崖和尚》："山中卧佛何时起，寺里樱桃此人红。骤雨忽添崖下水，泉声都作晚来风。紫衣郑重君恩在，御昼淋漓象教崇。透脱儒书千万轴，遂令禅事得真空。"

卧佛寺青崖和尚塔（20 世纪 20 年代 ［美国］白德尼·甘博拍摄）

金山宝藏寺宝塔

　　金山宝藏寺宝塔位于北京海淀区青龙桥街道的董四墓村西北一公里金山山麓。金山宝藏寺建于明宣德九年（1434 年），是由御马监太监王贵出资，西域僧人道深修建。清朝时宫中太监进住寺中，宣统年间重修过，到民国年间出宫的太监小德张也曾掏钱重修寺建筑。殿后山坡有一座和尚塔，没有记载塔主何人，为密檐式砖

金山宝藏寺影壁

塔，塔高 7 米，直径 3.5 米，塔毁于 20 世纪 50 年代。宝藏寺留存有三方石碑，碑文都提到塔的事情。

《重修金山宝藏寺碑记》记载："前明永乐间，有播州僧道深来兹，于山之阳创构苍雪庵，正统四年（1439 年）敕赐寺名宝藏。距京三十里，九门双阙，佳气郁葱，楼台城郭之崇丽，遥与林坞相掩映。北望紫荆、居庸，皆隐隐可见。道深称寺有八景，香火连绵，迄今四百余年矣。殿宇峣岩，丹青剥落。住持僧净省来居此寺，伤庙貌之倾颓，悲先师之创制，乃一心修整，十载经营，而珠林宝塔，均复旧观矣。"

《宣统碑》之一："旧有金山宝藏寺一座，庙宇宏大，楼殿繁多，创于前明永乐年间，诚胜境也。但历年既久，风雨摧残，几将倾坏矣……三人者慷慨仗义，不惜巨资，共襄盛举，使千年古寺，焕然聿新。当此鸠工告竣，仰宝塔之玲珑，睹神殿之灿烂，因思众善无量之德，故勒诸金石，以垂不朽焉。"

《宣统碑》之二："计凡新建大殿、天王殿二层，东西配殿六间，宝塔一座，旗杆两面，平台楼房十数余间，香火之地四百余亩。……玲珑宝塔，透晓雾而半出重霄。"

2001 年 5 月，解放军总参管理局对金山宝藏寺前院进行了修整，宝塔已无存。

五

丰台区

丰台区　古塔十二座

镇岗塔

镇岗塔位于丰台区长辛店乡张家坟村西和云岗交界的一座山岗上。镇岗塔是一座石基座青砖砌花式塔，建于辽金时期。[1] 塔有九层，底座八角直径约 8 米，底周长 24 米多，测塔高约 23 米。民间传说：镇岗塔所在高岗地是一条龙脉，地势奔腾往复，有龙兴之象，人们唯恐龙脉塌毁会影响周围百姓的生活，恳请皇帝建佛塔，随后建起这座青砖砌花式塔镇之，故称镇岗塔。

镇岗塔的塔基以石料铺垫，塔座是砖砌须弥座，因年代久远风烛残毁，修补时处置简单，外层加砌了青砖抹水泥面，原来模样已经看不到了，只保留了须弥座上部砖雕仿木斗拱部分。第一层塔身八面，东、西、南、北四面各一砖雕拱券门，朝南门上塔铭石丢失，其他四面每面各一个四方形砖雕假窗，为防止塔体开裂加装了一圈十几厘米宽的金属带，往上砖雕仿木斗拱，筒瓦铺小垄塔檐。西北面有浮雕两武士、两文官和大鹏金翅鸟，雕刻线条朴实有力，人物面部表情极为生动。第二层到第九层呈圆柱笋状，密布佛龛相错环绕而上，且逐渐向内收拢，每层若干塔形佛龛，二层佛龛是砖雕对开假门，往上每个塔形佛龛中一尊浮雕坐姿佛像，有的双手合十，有的双手上举，有的一手平伸，总之，每尊佛像手势不一；佛像神态庄严逼真，姿态各异，古朴生动，可惜大部分残毁。塔顶八角砖砌叠涩塔檐，承托一砖砌圆锥形塔尖。这是一座有着地标性建筑意义的塔，也是有很高艺术价值的古塔。

注释

① 北京市丰台区地方志编纂委员会编：《丰台区志》，北京出版社 2001 年版，第 644 页。

镇岗塔（2013 年）

　　1957 年 10 月 28 日，镇岗塔被公布为北京市第一批市级文物保护单位。1958年修缮维修一次。1982 年北京市文物局拨款修塔基护坡，并给镇岗塔装了避雷设施。

峰香公寿塔

　　峰香公寿塔位于丰台区王佐镇瓦窑村与栗园村之间。此地原有金大定年间创建的大庆寿寺，明代有奉福寺，"奉福寺在栗园庄，正统年间黄太监建，正德五年（1510年）韦太监等重修"。[①]几百年来，寺香火延续，规模可观，寺旁塔院原有塔十多座，民间俗称乱塔寺。清《日下旧闻考》记载："乱塔寺近栗园村，在县（指房山县城）东北四十里。"[②]抗日战争时期，世间混乱，侵华日军强迫百姓交砖修筑炮楼，村民无力缴纳，就拆寺庙与塔上旧砖应付。如今，仅保留明嘉靖年间的七级砖结构密檐塔一座。

　　峰香公寿塔为八角七层砖砌密檐塔，底部直径约5米，测塔高约17.8米。《北京市丰台区地名志》记："峰香公寿塔……现存石碑文载：'钦授万寿戒檀宗师兼敕赐崇（奉）福寺第一代主（住）持桂峰香公寿塔铭。明嘉靖年立'。"[③]但文物部门定名"密檐塔"。塔座两层须弥座，后添补砖雕图案丰富，上接砖雕仿木斗拱，须弥座上是二层砖雕护栏装饰，三层砖雕仰莲花瓣承托塔身。第一层塔身八面，东、西、南、北四个方向各设一砖雕对开假门；另四面各一砖雕正方假窗，每个方窗内雕不同的菱角花纹装饰，转角处为圆角柱，上部砖雕倒垂如意云头。往上是七层砖

注释

　　① 沈榜：《宛署杂记》，北京古籍出版社1982年版，第226页。

　　② 于敏中等：《日下旧闻考》，北京古籍出版社1983年版，第2130页。

　　③ 丰台区地名志编纂委员会编：《北京市丰台区地名志》，北京出版社1993年版，第396页。

峰香公寿塔（2013 年）

塔檐，各层塔檐下部砖雕仿木一斗三升斗拱，出檐砖砌叠涩式，显得青素庄严；塔顶攒尖式，塔顶是八角须弥座承托圆宝珠塔刹。塔在石砌高基台之上，西向设 22 级台阶，周围植松树，设铁栅栏保护古塔。

　　1997 年维修峰香公寿塔的塔刹时，加装了避雷设施。1984 年 5 月以"密檐塔"名公布为丰台区文物保护单位。2005 年丰台区政府拨款 22.5 万元维修古塔及清理整治周边环境。

芦井村四塔

芦井村位于丰台区长辛店镇。芦井村北射击场路八号院（某部队院）内有四座砖砌覆钵式和尚塔，此地原为观音寺的塔院，是长宽约 20 米半敞开的场地，分布着古老的四座古塔和数棵松柏树。

塔院中间一座石砖结构覆钵式塔，称"善翁和尚塔"，塔高约 9 米。塔下部石砌六角须弥座，须弥座石刻精美仰覆莲花瓣，束腰部刻团花图案装饰，转角是石刻金刚杵，上下枋立面刻缠枝宝相花。往上五层金刚圈和仰覆莲花承托盘，承托着砖砌覆钵式塔身，朝南嵌汉白玉塔铭，塔铭四周刻云纹和元宝花，中间刻"大清康熙二十五年（1686 年）五月／贤首正宗二十六世御生善翁和尚塔／嗣法门人慧善立"字。塔身上是六角砖雕须弥座，高浮雕手法，制作精美，朝南刻有三世佛，其他五面是向阳花、连排宝珠、莲花瓣纹等图案，再上是仰莲盘承托九层相轮。塔顶汉白玉石华盖，刻三层不同的图案，上刻连纽圈纹，中为中腰连珠，下是垂帘珠饰，可惜顶端塔刹丢失。

在善翁和尚塔东侧是一座"乐修善公和尚灵塔"，塔为青砖砌覆钵式，塔高约 8 米。塔座砖砌"亞"字形须弥座，束腰部无图案，但上下各有一圈连珠纹。须弥座上三层金刚圈，还有一圈很少见的上下连珠和覆莲花瓣承托座。覆钵塔身朝南嵌白石塔铭，塔铭周边精刻舞龙祥云，中间刻"大清康熙二十九年（1690 年）十月初四日奉／圣旨殡埕钦命圣感住持中兴角观音寺传贤首慈恩二宗第二十七世乐修善公和尚灵塔"。塔身往上是八角砖雕须弥座，束腰部砖雕龙、鹤、祥云和花卉等图案，再上边九层相轮。顶部石刻垂连珠饰华盖，可惜塔刹丢失。乐修善公和尚因是善翁

善翁和尚塔

乐修善公和尚灵塔

之徒，因此塔晚四年建造完成，所以从材料、高度、雕刻花饰等都比善翁和尚塔差一节，意在尊重师长。

　　塔院场地东边一座覆钵式砖塔，塔高约 3 米；西南一座覆钵式砖塔，高约 2.5 米。这两座覆钵式砖塔体量较小，区别在塔身上八角须弥座，东边塔须弥座下枋有风化的花纹，而西南塔须弥座上无图案。塔顶部砖拼砌圆盘承托圆宝顶塔刹，两座塔上的塔铭石均无字，《北京市丰台区地名志》记载这两座塔建于清乾隆年间。[①]芦井村 4 座古塔 1984 年 5 月被公布为丰台区文物保护单位。

注释

　　① 丰台区地名志编纂委员会编：《北京市丰台区地名志》，北京出版社 1993 年版，第 401 页。

东边覆钵塔

西边覆钵塔

妙敬大师经幢塔

　　妙敬大师经幢塔原在右安门外达圆寺，始建于金大定二十七年（1187 年），塔现收藏于北京丰台区文物管理所。妙敬大师经幢塔仅存塔身，塔身八角直棱形，汉白玉石质，高 0.85 米，通宽 0.63 米。塔身八面，其中第一面至第四面镌刻汉译《佛顶尊胜陀罗尼经》，上下两端阴刻卷草纹，计 17 行，满行 25 字。第五面梵汉字合璧，镌刻"毗卢遮那佛大灌顶光陀罗尼"等字。第六、七、八面楷体字记文 20 行，满行 37 字，镌刻"中都显庆院故萧花严灵塔记"，记录了妙敬大师的生平。

　　妙敬大师，师讳妙敬，俗姓萧，号萧花严，金上京济州人（今吉林省农安县），其父是金朝武臣，曾授武义将军充吏部令史，母董氏共有继嗣六人，妙敬大师为长子，萧家与金廷皇室有着紧密特殊的关系。七岁时拜济州祥周院张座主为师。皇统元年（1141 年）赴上京楞严院礼弘远戒师为师，受戒。至皇统二年（1142）再次来济州西尼院与众住持向义学开演花严经，从此功成名就。正隆元年（1156 年），妙敬大师追随太后来到中都（今北京），入住右巡院长清坊显庆院，金大定二十七年（1187 年）四月二十日妙敬大师患有小疾，不幸未愈而圆寂，享年六十七岁。大定二十七年五月十八日，弟子燕儿、福严、广惠三人"思师之念，忆师之恩"立经幢塔。妙敬大师的父亲与弟弟身为金朝武将战场厮杀，而妙敬大师皈依佛门，为朝廷弘扬佛法，保佑平安，得到了金皇室的崇信与重视。

千灵山风景区五塔

千灵山风景区位于丰台区王佐镇西北，处在丰台区与门头沟区交界地，距北京城区 30 公里。山坡向东紧临古刹戒台寺，很多古迹都与戒台寺佛教有关。景区千峰竞秀，景色奇佳，古迹遍山，石窟洞群，金佛远眺。主峰极乐峰海拔 699 米，是北京西南一座崇山。景区内有五座古塔，分别是道孚塔、护国宝塔、实山上人塔、四神咒塔座和金钟塔。

千灵山风景区5座古塔示意图

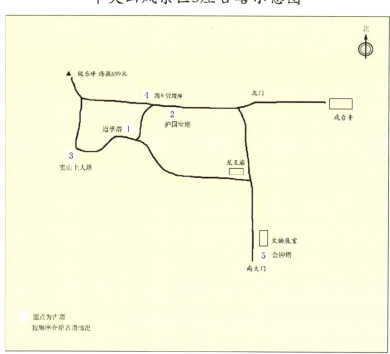

千灵山风景区 5 塔位置图

1. 道孚塔

　　道孚塔位于千灵山朝阳的半山腰，道孚和尚修行的石洞旁，古塔示意图编号 1 号。道孚塔始建于明代。据清《日下旧闻考》卷一百五记载："僧道孚钵今在明王殿内，衣已无存。观音洞在寺南半里许。观音寺侧俗称伏虎岩，岩右有僧道孚塔……"[1]

　　道孚和尚，俗姓刘，法号道孚。自幼受寺僧影响，少年出家，经过多年修行，任戒台寺的住持，老年后自己选千灵山半山腰的岩石洞，进洞闭谷修炼，直至圆寂。去世的道孚和尚肉身不腐，为纪念高僧在石洞旁建道孚塔，今天石洞内立有道孚和尚像。道孚塔为砖结构八角九层实心密檐塔，测塔高约 12.5 米，每层间砖雕倒垂如意云头，塔檐下部砖雕仿木斗拱，檐面叠涩砖砌，塔顶攒尖式，砖雕仰莲盘承托宝珠塔刹。山洞旁有明万历三十七年（1609 年）石刻，字迹已经风化看不清楚。

山腰处道孚塔（2013 年）

注释

　　① 于敏中等：《日下旧闻考》，北京古籍出版社 1983 年版，第 1740 页。

道孚塔

2. 护国宝塔

护国宝塔位于千灵山极乐峰下的太古化阳洞洞口，戒台寺之西 0.5 公里，编号 2 号。护国宝塔始建于明嘉靖三十九年（1560 年），为石结构八角十一层仿木实心密檐塔，测塔高约 7.7 米，是明代具有杰出代表性的石雕塔精品。

据《日下旧闻考》卷一百五"郊坰"记载："极乐峰在马鞍山之西，太古洞即化阳洞，亦名庞涓洞，洞门刻'太古化阳洞'五字。洞左石塔十一层。塔碑文有：嘉靖三十九年，东直门外牛房主禅明辉、徒普照、信官郝春建马鞍山护国宝塔，刻造周围佛像八十八尊，上四面四尊，万寿戒坛传戒宗师前古杭净慈住山沙门宗林撰。"[1] 这段文字讲明嘉靖三十九年（1560 年）北京东直门外牛房寺的住持明辉，带徒弟普照和信徒郝春等人，集资筹资建造了护国宝塔，并在塔身雕刻了许多佛

注释

[1] 于敏中等：《日下旧闻考》，北京古籍出版社 1983 年版，第 1739 页。

像，特请万寿戒台宗师宗林撰写碑文。

护国宝塔的塔基四方台，南设三步台阶，周围汉白玉护栏。塔座为八角仰覆莲须弥座，下枋上雕佛八宝图案，覆莲瓣上雕刻花蕊；束腰上雕刻有高浮雕的雄狮、飞羊（带羽毛翅膀的神羊）、大象、鸱吻、麒麟等神兽的图案，周围朵朵祥云。须弥座上枋雕刻有弥勒佛、药师佛、菩萨等造像28尊。塔座上为两层仰莲花瓣承托塔身，第一层莲花瓣的正南方的两片莲花瓣上雕刻供养人像两尊，第二层莲瓣上，每瓣上各刻一尊佛造像，共计24尊。第一层塔身上周围原建有石护栏，现已残失，塔身八面交错刻四门四窗，门为五抹，窗为四抹。塔身下部雕刻佛造像24尊，有释迦牟尼佛、阿弥陀佛、文殊菩萨、普贤菩萨、药师佛、大肚弥勒佛，其正南为三世佛，阿难、迦叶二弟子。四个侧面窗的上下各刻一尊佛造像，共计8尊，窗上为释迦牟尼佛、药师佛，西北角窗楣上阴刻有"文殊—普贤菩萨"字样。东、南、西、北四个正方向的门楣上各刻一尊佛造像，共计4尊，为释迦牟尼佛、文殊菩萨、普贤菩萨、药师佛，塔身转角柱自上而下各刻双手合什小佛8尊，共计64尊。

护国宝塔

第一层塔身最上部雕刻云龙 8 条，塔檐下饰斗拱，檐部刻勾头、滴水、瓦角等，完全与瓦木结构建筑相同。从第二层到十一层塔檐逐渐有所收缩，塔刹由三层仰莲、五级相轮、葫芦塔尖等组成。全塔共雕造佛像、菩萨像、胁侍像 154 尊，与史书所记载有所出入。整座塔造型优美，比例谐调，雕刻精良，造像栩栩如生，眺望石塔，宛若玉笋，娇婉玲珑，是北京地区明代同类石塔中杰出的石雕作品，距今近 460 年。

3. 实山上人塔

实山上人塔位于千灵山南坡一山头顶部，远远的地方就能看到山顶蔚为壮观的白塔，编号 3 号。塔为砖石结构覆钵体，外涂抹白色，塔刹金色，测塔高约 6 米。根据风景区说明牌介绍，实山上人为清代千灵山的高僧。出家前是位石匠，曾在戒台寺雕刻石狮。常年受佛教思想感染，干活时每凿一锤，即口喊一声佛号。石狮雕刻完成后，出家为僧，拜师诵经，一度云游四方，到处遍访高僧。最后回到千灵山极乐洞，面壁苦修行，十年未出山洞，头发都可绕肩膀，最终修炼成一代高僧，成为临济正宗第十九代宗师，后人建白塔纪念。

4. 四神咒塔座

四神咒塔座位于丰台区千灵山景区内，在靠近山顶的金灯洞南，编号 4 号。原塔坍塌什么样子不知，塔身一定有石料刻经文咒语，现因年久坍塌，只剩塔座，为保护古塔的残塔座，景区管理部门用玻璃罩了起来。

四神咒塔旁有一方清代石碑，碑首刻祥云和"碑记"二字，碑文并无年款，为捐款建塔的人名，分三部分：御用太监六人，东堂沸泉住持能香及僧人四位，信士

实山上人塔

四神咒塔座

会首领五人，信徒二十六人，共计人名四十二位。还刻有信徒念语："天天路上，祈福为光，生死海中，念佛第一。"

5. 金钟塔

　　金钟塔位于千灵山风景区南门内，编号5号。金钟塔始建年代不详，全石结构，雕刻精美图案石塔，石塔原在千灵山南边的一座小山头上，因塔损毁严重，将其移至山下景区的展览室旁，用木料修补了部分塔身和塔刹，成了石木塔。塔基圭脚座残破，补了木料和水泥。塔座须弥座和四方塔檐上保留着原精美的石刻佛像和人物。塔须弥座四方形上下都是仰莲花瓣，须弥座的束腰部每面分八个佛龛，每个龛内一尊坐在莲花盘上佛像，每尊佛像姿势都不同，总共32尊佛像。四方塔檐由

金钟塔

一块石头雕凿而成，四角翘檐，厚度20厘米，每面刻有人物图案，因损毁严重三面都面目全非，只有一面能看到五位人物，从人物姿态和装束看是舞者，背景是祥云。因塔身和塔刹是木料后补的，塔的高度已难估算，听说原塔就这样高，形如大钟，所以称金钟塔。

六

石景山区

石景山区　古塔二十八座

八大处风景区十七塔

八大处风景区位于北京市石景山区中北部的西山南麓，有翠微山、青龙山和虎头山三山相依连绵，历史上这里朝阳、背风、有泉水、风水好，寺庙众多，其中有八座古刹最为有名，故称"八大处"。八座佛教寺庙依次是长安寺、灵光寺、三山庵、大悲寺、龙王堂、香界寺、宝珠洞、证果寺，组成了以佛教文化为主的风景区，现保存有十七座古塔，分布其中。

1. 量周观公和尚愿幢

量周观公和尚愿幢位于石景山区八大处长安寺的观音殿西北，寺院的围墙外，古塔示意图编号1号。长安寺是八大处的第一处，创建于明弘治十七年（1504年），初名善应寺，曾多次修缮。寺院坐西朝东，红墙围绕，两进寺院，寺内二株白皮松树尤为醒目，殿宇建筑是按原貌修复。

寺旁原有南北两处塔院，多座僧人墓塔，现状是寺西南一座惠月承公和尚愿幢，西北一座量周观公和尚愿幢及六座较小的砖佛塔。量周观公和尚愿幢为亭阁式四方塔，也称愿幢。始建于清乾隆四十一年（1776年），坐西朝东，砖石结构，测塔高约5米。四方塔基台用条石砌，前有五步石台阶，莲花望柱石护栏。塔座汉白玉四方仰覆莲须弥座，塔身及上顶部青砖砌，表面雕刻许多精美花纹装饰，朝东一拱券龛门，原有石刻塔铭，现以无存。根据中国国家图书馆所藏拓片资料可知，塔

八大处风景区17座古塔示意图

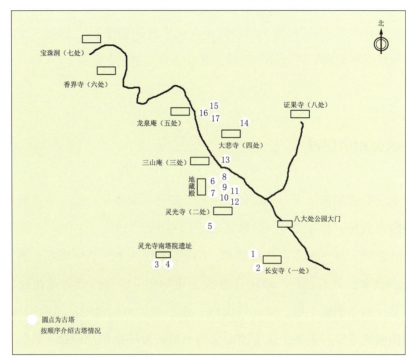

八大处十七塔示意图

量周观公和尚愿幢

铭为"钦命万寿寺方丈、弥勒院开山、传贤首宗三十一世上量下周观公和尚之塔"。拱券龛门左右砖雕联语："现身于恒沙劫中，证果在菩提树下。"横额"常寂光中"。量周观公和尚是清乾隆年间万寿寺住持，著有《量周语录》传世。[①]

2. 惠月承公和尚愿幢

惠月承公和尚愿幢位于石景山区八大处长安寺（又称第一处）观音殿南侧小门旁，寺院内西南角，编号2号。愿幢始建于清嘉庆十二年（1807年），为亭阁式四方塔，也称愿幢，坐西朝东，砖石结构，测塔高约6.3米，其中塔基台高1米，宽3.9米，长4.3米，青石护栏。塔座砖雕四方须弥座，塔身四面砖雕花纹装饰，塔顶部高1米，四角四座小塔，中心一方塔，四面各一圆拱窗形，窗内雕一个"佛"字。愿幢朝东的塔铭石丢失，从中国国家图书馆所藏塔铭拓片可知，塔铭刻"庄严示寂贤首宗第三十二世上惠下月承公和尚灵塔"。塔铭两旁刻砖雕联云："空华开落归真谛，智果圆成证涅槃"；石横额"窣堵遗规"，小字"嘉庆丁卯春日""董诰题"。董诰（1740—1818年）为清乾隆、嘉庆两朝受皇帝信任的清廉官员，他为惠月承公和尚题字，说明长安寺的僧人与朝廷官员的交往较为密切。

3. 灵光寺南塔院二塔

灵光寺位于石景山区八大处景区内，是八大处的第二处，灵光寺始建于唐大历年间（766—779年），初名龙泉寺，金代、明代重修，明成化十四年（1478年）再度重修，易名灵光寺，沿用至今。南塔院在灵光寺外西南百米的虎头山东坡，塔院

注释

① 政协北京市石景山区委员会编：《石景山地名掌故专辑》，第327页。

占地南北长 31 米，东西长 35 米，原四周石砌围墙，朝南设石台阶一座门楼，楼门楣额石刻"圆明寂静"大字，右边小字"中华民国拾有玖年岁次庚午四月初八日"；左边小字"重兴灵光寺住持僧圣安建立"。院内仅剩海山和尚塔和圣安和尚塔，塔

惠月承公和尚愿幢

灵光寺南塔院二塔

周围植 42 棵松柏树。

海山和尚塔为覆钵式石塔，编号 3 号，东侧是圣安和尚覆钵式砖塔，塔坐北朝南。原塔的相轮和塔刹损毁，修复塔时补齐了"十三天"相轮和塔刹部分，测塔高约 7 米。海山和尚是清朝末年灵光寺的住持，清光绪二十六年（1900 年），北京、天津等地的义和团与八国联军展开了激战，因义和团住过灵光寺，八国联军得知，用炮火将灵光寺轰为一片瓦砾。面对殿倒墙塌的废墟，当时体弱多病的海山住持召集周边诸寺长老住持，议论修复灵光寺。大家推举模式口承恩寺的高僧圣安，此僧德高望重。海山住持知人善任，将圣安请到灵光寺，委托圣安做一寺住持，重修庙宇，再塑佛身，同时海山将灵光寺的田契当众交与圣安。圣安被海山住持的赤诚之心所感动，接受力任。灵光寺修复不久，海山圆寂，圣安住持万分悲痛，在寺南山坡一块平地建塔院立石塔葬海山和尚。

圣安和尚塔为青砖砌覆钵式塔，位于海山和尚塔东侧，编号 4 号。2013 年进行了修复，塔身覆钵式，砖雕七层相轮，塔顶的塔刹缺失，测砖塔高约 4 米。圣安和尚，俗姓杨，法名圣安，字希庵，宛平县雍王府人。圣安和尚民国二十四年（1935 年）圆寂后，安葬在自己创建的塔院内，前任海山和尚塔的旁边。田树藩著《西山名胜记》写道："圣安和尚，为人正派，经营寺内，整齐雅洁，勿令有倾圮残破处，真乃有功佛门者。民国二十四年（1935 年）圆寂，时年七十一岁。著者以联挽之云：鲁殿赖重兴，数十年困苦经营，名高八大；佛门孚众望，七一龄功德圆满，誉载四平。"①

4. 灵光寺招仙塔基座

灵光寺位于石景山区八大处公园内，是八大处的佛寺第二处。灵光寺创于唐大

注释

① 田树藩：《西山名胜记》，中华印书局 1935 年版，第 4 页。

历年间，初名龙泉寺。金大定二年（1162年）改觉山寺。明成化年间敕修后，改称灵光寺，沿用至今。灵光寺招仙塔基座在灵光寺南鱼池院，编号5号。招仙塔原为八角十三层砖石结构，建于辽咸雍七年（1071年）八月，是为辽国丞相耶律仁光的母亲郑氏修建的。招仙塔建造成时，地处灵光寺旁的翠微寺内，因翠微寺被毁，清末民初重修灵光寺时二寺合一了。据《日下旧闻考》记载："灵光寺右有翠微寺。翠微寺无碑碣可考。寺后有塔，十层（注：应是十三层）八棱，俗称画像千佛塔。绕塔基有铁灯笼十六座。"[①] 招仙塔老照片显示塔高大宏伟，十三层砖砌叠涩檐，塔顶两层莲花承托宝珠塔刹，塔周围的铁灯龛16座，作为燃灯供奉之用，塔檐角悬挂风铃，塔身的许多青砖上刻有精美的佛名、经文、塔形等图案，所以俗称"画像千佛塔"。

灵光寺以供奉佛牙舍利著称于世。《辽史·道宗二》记载："（辽咸雍七年）八月辛巳，置佛骨于招仙浮图，罢猎，禁屠杀。"[②] 咸雍七年（1071年）八月二十九日，道宗亲自将佛牙舍利放在招仙塔内。

佛祖释迦牟尼留存于世仅有两颗佛牙舍利，一颗传入锡兰（今斯里兰卡），一颗传入乌苌国（今巴基斯坦），后由乌苌国传入于阗（今新疆和田）。5世纪，南朝高僧法献西游于阗，把这颗佛牙舍利带到南齐首都建康（今南京）。隋统一天下，佛牙舍利送到长安。五代时期，中原混乱，佛牙舍利辗转到北方辽国陪都南京（今北京）。佛牙舍利从咸雍七年（1071年）安奉于招仙塔至清末庚子（1900年）之后被发现，在翠微寺招仙塔中供奉了830多年。[③]

1900年八国联军入侵北京，义和团在灵光寺设坛集结队伍反抗八国联军，灵光寺发生了激烈的战斗。9月17日，八国联军将大炮架设在四平台村口，狂轰寺院古建筑，致使招仙塔和殿宇建筑化为一片废墟，招仙塔仅剩塔基座部分，所以现在

注释

① 于敏中等：《日下旧闻考》，北京古籍出版社1983年版，第1722页。

② 政协北京市石景山区委员会编：《石景山地名掌故专辑》，第329页。

③ 政协北京市石景山区委员会编：《八大处专辑》第十五集，第34页。

招仙塔被毁前老照片

1958年建佛牙舍利塔

又称"灵光寺招仙塔基"。战斗结束的1901年，僧人们清理塔基瓦砾时，发现一个石函，石函内装一沉香木匣，匣上刻有"释迦牟尼佛灵牙舍利／天会七年[1]四月二十三记／善慧书"，僧人们保护供奉着佛牙舍利几百年。残余的招仙塔基座经过简单修缮，测残塔高约7.5米，底部加砌一周保护墙，而珍贵的"佛牙舍利"经过辗转，今供奉在灵光寺1958年始建的十三层佛牙舍利塔内，每逢重大佛日供大众瞻礼"佛牙舍利"。

有民间传说，人们把这塔基座叫作招仙塔，是因百姓认为只要招仙塔不倒，

注释

① 石景山历史研究学者李新乐认为，"天会七年"乃十国北汉刘氏（刘钧）的年号，即公元963年，见《补续高僧传》，早于建塔时间百年以上。"天会七年"金代有天会年号，即公元1129年，这样石函匣的刻制时间晚于建塔时间，不合实际。这些"时间记载与实际"有存疑问题。

"邪恶"就不能再抬头。

1954年万隆会议期间，与会的多国首脑向周恩来总理表达参拜佛牙舍利的愿望。1958年中国佛教协会在国家拨款支持下，特在灵光寺北院建起佛牙舍利塔。佛牙舍利塔高51米，为八角十三层绿琉璃密檐塔，缀风铃102只，鎏金覆钵式塔刹，珍贵的"佛牙舍利"供奉在塔身殿堂内的七宝金塔中。赵朴初撰文《重建佛牙舍利塔记》，记有"昔庚子坏，今庚子成"，招仙塔是光绪庚子年（1900年）毁，1960年"庚子年"新佛牙舍利塔建造成，时间正好是一个甲子。1964年6月25日，中国佛教协会在灵光寺举行隆重的佛牙舍利塔开光典礼。

原供奉在招仙塔内"佛牙舍利"是佛教圣物，也是我国珍贵历史文物，1955年缅甸佛教代表团专程来北京，迎奉"佛牙舍利"去缅甸仰光七个月。许多来北京的外国元首，特别是东南亚各国领导人，经常来此朝拜，瞻礼佛牙舍利。

附加一段，据1935年出版田树藩著《西山名胜记》记载：民国期间，因招仙塔基座地处山崖边，向东南瞭望视野开阔，有人曾在招仙塔基座上建一亭子，供游览者休闲赏景，特请徐世昌题写匾额"咸雍亭"，亭名出自塔基座上的青砖刻"咸雍七年造"的字样。后来修缮塔基座时亭子被拆除。

招仙塔基座

5. 海圆大和尚愿幢

地藏殿位于石景山八大处灵光寺东侧，是一处供奉灵塔的跨院。地藏殿坐西朝东，殿前是两层高台，分上下层，中间设石台阶。高台上下两层共有八座塔，其中一座覆钵式砖塔、四座清代亭阁式愿幢、两座经幢塔和一座 2000 年建海圆老和尚像的琉璃亭。

海圆大和尚愿幢在高台上层北侧，编号 6 号，是一座全汉白玉石亭阁式塔，愿幢坐西朝东，基座四方台有望柱石护栏，朝东设石台阶。愿幢座为四方仰覆莲雕花须弥座，束腰部雕精美花纹装饰，四角刻方杵短柱，上下枋莲花瓣。中部愿幢身四隅各一根浮雕盘龙柱，龙驾祥云缠绕柱。朝东有浮雕灵位牌和挽联牌，灵位牌"灵光寺住持海圆大和尚愿幢"，挽联语："住持灵光寺位隆三果，守获佛牙塔勋重四禅"，横额："法海圆行"。愿幢的其他三面刻"金刚般若波罗蜜经"，上边是垂花柱和垂帘装饰。顶部是类似四角轿顶形，石沿外伸刻浮雕蝙蝠、万字牌和如意枝，顶端六角莲花须弥座承托六面瓶状塔刹，塔刹每面一个字，"唵、嘛、呢、叭、咪、吽"六字真言。

6. 地藏殿砖石愿幢

地藏殿砖石愿幢位于石景山区八大处灵光寺旁地藏殿院内台阶上层靠南侧，编号 7 号。愿幢也是灵墓塔的一种形式，这座砖石愿幢建造精良，由于塔铭石刻字迹不清楚，不知愿幢是何人也？测愿幢高约 4.5 米。愿幢下部四方须弥座，束腰部砖雕卷草花纹装饰。中部塔身四角石立柱，朝东是镶嵌汉白玉雕龙灵位牌和莲花挽联，其中部分字迹不清，莲花边横额石刻篆书"寂而常晚"四字，挽联语"寿微极乐无央数，荀宰□□九千秋"。塔顶部是四方平台宝座塔式，有砖雕图案装饰望柱护栏，台上四隅各一座小砖塔，围绕中间一座较大的覆钵式砖塔。

海圆大和尚愿幢

地藏殿砖石愿幢

7. 崇理鉴公和尚愿幢

崇理鉴公和尚愿幢位于石景山区八大处灵光寺旁地藏殿院内，地藏殿前高台下层北侧，与海圆和尚塔为邻，编号8号。崇理和尚塔坐西朝东，为全石结构，四柱亭阁式塔，也称愿幢，测愿幢高约4.3米。塔基月台有望柱石护栏，东设三级台阶。塔座四方仰覆莲须弥座，雕刻工整精美，中部塔身朝东正面两立柱刻一副挽联，挽联语："妙心常寂光无量，净土重来信有徵"，横额"当机普应"。中间浮雕塔铭牌，下部仰覆莲须弥座，左右和上部是三条龙驾祥云起舞图案，中间刻字一些风化不清，大体分辨出的字为"钦……上崇下理鉴公和尚愿幢"。塔身西面是清道光十三年（1833年）和硕豫亲王的题字，讲对佛教的感悟，愿幢上有亲王亲笔题字的，这

是唯一一例。愿幢塔身南北两面刻有"佛顶尊胜大陀罗尼经"经文。愿幢顶部类似四方轿顶形，外沿伸出面刻圆万字牌、蝙蝠、如意枝图案等。顶端仰覆莲须弥座承托六面宝瓶状塔刹，每面石刻一梵文字"唵、嘛、呢、叭、咪、吽"六字真言。

8. 慧安成公和尚愿幢

慧安成公和尚愿幢位于石景山区八大处的灵光寺旁地藏殿院，地藏殿前高台下层南侧，编号9号。愿幢为石雕刻四方亭阁式塔，坐西朝东，测愿幢高约4.7米，愿幢基座是四方台，台前设石台阶，上有石望柱护栏。愿幢座是石雕四方仰覆莲须弥座，中部塔身四隅各一方石柱，中心四方塔身，呈亭式回廊，朝东刻浮雕须弥座

崇理鉴公和尚愿幢   慧安成公和尚塔

承托三龙纹灵位牌，上镌曰"示寂香界掌上传贤首宗第三十二世慧安成公和尚愿幢"。朝东的两石柱刻一副挽联，挽联语"偶来东土居香界，此去西方认故庐"，横额"不生不灭"。愿幢顶部是类似四角轿顶式，有人说似官帽形，四面沿外伸上刻有高浮雕万字牌、蝙蝠、如意枝等图案，雕工十分讲究。塔顶小须弥座承托六面宝瓶塔刹。慧安成公和尚愿幢整体感觉平直端庄，比其他愿幢在尺寸上略小一点，石雕刻庸满繁缛，可惜没有建造的时间记载，与周围愿幢塔样式基本一样，大约是清朝晚期建造。

9. 月潭涧公和尚灵塔

月潭涧公和尚灵塔位于石景山区八大处灵光寺旁地藏殿院内，地藏殿高台下层南侧，北与慧安和尚塔为邻，编号10号。塔为藏佛教覆钵式塔，建造方式青砖磨砖对缝，拼砌而成，塔前石碑刻有"示寂香界堂上第九代传贤首正宗三十八世上月下潭涧公老和尚觉灵"字样。五层塔相轮有残，塔顶端塔刹损毁，测残塔高约4.9米。

月潭涧公和尚灵塔

10. 地藏殿二经幢塔

　　地藏殿位于石景山区八大处公园灵光寺东侧，二经幢塔在地藏殿前高台下南侧，月潭涧公和尚灵塔前左右，编号 11、12 号，测塔高约 1.9 米。二经幢塔坐西朝东，塔为八角二层石雕凿而成。塔下部仰覆莲须弥座，下枋大上枋小，中间束腰部八个平面浮雕图案，东、南、西、北四个正方向分别是四大天王，东方持国天王魔礼海，手持玉琵琶，护持东胜神洲；南方增长天王魔礼青，手持青云剑，护持南赡部洲；西方广目天王魔礼寿，手持蛇，护持西牛贺洲；北方多闻天王魔礼红，手持罗伞，护持北俱卢洲。其他四面分别是佛神兽狮子、麒麟、大象、獬豸等。塔身一层八面，每个面上平滑无字，塔成双摆放，推断可能是供奉镇物塔。一层塔檐八脊石雕仿仰瓦灰梗檐面，檐下每个角上刻龙的儿子椒图浮雕像，口衔着门环守卫着，檐脊上卧石狮。塔二层雕刻丰富，底是八角莲花托盘，莲花瓣间有八个罗汉脸；二层塔身八面间隔雕刻四尊坐佛像，头顶一圈石刻仿罗伞垂绸，二层塔檐莲花造型。塔顶端是莲花承托桃形塔刹。

　　二经幢塔应该是笃信佛教居士为自己尊敬的师傅所供，从雕刻物的形式看，塔属清末民国初的物件。虽然摆放在月潭涧公和尚灵塔前，可月潭涧公和尚灵塔是砖砌塔，而二经幢塔是石头精雕细刻的，从建造成本讲，一般有经济能力应先修好灵塔，而不是把费用过多放在附属镇物上，采用石料修建的塔比砖砌塔保存时间会长久，按此理推断二经幢塔应不是月潭涧公和尚灵塔前的镇物。因二经幢塔上无文字记载，具体造塔目的、何人建造、打凿时间、原摆放地点等信息都是未知。

11. 三山庵覆钵塔

　　三山庵覆钵塔位于石景山区八大处公园三山庵（第三处）前的松林中，编号 13 号。三山庵始建于金天德三年（1151 年），也称三圣庵，坐北朝南，是座佛教小庙，

地藏殿二经幢塔

三山庵覆钵塔

僧人著书的地方，清乾隆年间重修过。

三山庵外原有塔院，现仅剩一座塔。覆钵式塔为砖石结构，塔高约 5 米，以青砖为主，塔须弥座与覆钵体塔身之间、塔身与九层相轮之间采用了石料衔接，朝东的塔铭石用汉白玉精雕细琢而成，可惜上面的文字被人为破坏看不清楚了，塔顶的石塔刹也丢失。

12. 大悲寺体然和尚塔

大悲寺体然和尚塔位于石景山区八大处公园内大悲寺东跨院，编号 14 号。大悲寺又称大悲阁、大悲堂，是八大处的第四处。2012 年寺院大规模重修扩建后，将成为八大处中寺院面积最大一处佛殿建筑群。寺前高台阶，山门前广场，殿宇青砖琉璃瓦，多跨院楼宇依山坡起伏，雄伟壮观。原塔林院在寺院外，如今扩建进院内，塔林院变成三层楼宇加厢房的跨院，塔院古塔仅剩一座体然和尚塔，周围的环境已大变模样。

清光绪年间，体然和尚贤首宗三十六世，时任大悲寺住持，佛教高僧，还懂医术，大约清宣统年间体然和尚圆寂，具体时间不详，晚清诗人延鸿和哥哥延菊岑为其建塔。体然和尚塔为砖石结构覆钵式塔，保存较完好，条石铺面的塔基座四方台，高出地面 3 米，测塔高约 6.9 米。这里原是大悲寺的塔院，周围山坡树木，并无殿宇建筑。体然和尚塔的塔座"亞"字形无花纹须弥座，塔身青砖砌覆钵式，朝南方向一塔铭石刻，由于年久风化字迹已不清，有人复制仍残缺，留下的文字大约是"大悲堂上三十六代体然公和尚塔"，塔铭石上嵌砖雕"寂而常照"。塔上部是青砖小"亞"字须弥座，圆形七层相轮，石雕圆盘华盖，顶端石刻仰莲承托宝珠塔刹。

大悲寺体然和尚塔

13. 龙泉庵前三砖塔

龙泉庵又名龙王堂，位于石景山区八大处公园内大悲寺西北山坡处，是八大处的第五处，庵院始建于明洪熙元年（1425年），清顺治二年（1645年）于该处发现一泓清泉，遂建龙王庙。清康熙十一年（1672年）再次重修，成为庵院，全庵共有五个院落组成，分为上、中、下三层，松柏蔽日，清泉涌流。

龙泉庵前一片松树林，原是龙泉庵的塔林院，五百多年的演变到现在，大部分塔已消失，仅剩伫立在松林中三座覆钵式青砖砌塔，编号15、16、17号，三座塔样式高低大小相差不多，测三座砖塔均高约4.5米，塔与塔相距8—10米，呈三字形，塔上没有留下可考证的文字。此地松树与古塔相间，幽静清凉，有"三塔映月"之称。

龙泉庵前三砖塔

姚家寺通杰和尚塔

　　姚家寺通杰和尚塔位于石景山区八大处的第八处证果寺东南一公里处，2013 年8 月塔修复竣工。姚家寺，初名圣（胜）水寺，又名圣水禅林，是元代皇帝家庙大天源延圣寺的附属寺院，寺院内设浴室，立有洗浴"规矩"，连皇帝到此都要进行带有浓郁宗教色彩的沐浴。原姚家寺建筑已无存，八角七层密檐砖塔犹存。砖塔前原有一方石碑，是明末清初的僧人海愍撰写，记载圣水寺住持通杰和尚塔的情况。

　　姚家寺通杰和尚塔建于清康熙初年，为砖砌八角七层密檐塔，测塔高约 17.5

姚家寺通杰和尚塔

米。塔座八角须弥座，须弥座上三层仰莲承托塔身。塔身一层八面间隔，分别四个面各设一砖雕圆拱仿木对开门，另四个面各一砖雕仿木六角花菱窗，上部砖雕仿木斗拱。因原塔年久开裂，略有倾斜，修复时一层添加了二圈金属带加固。塔身一至七层塔檐是青色八脊仰瓦灰梗面檐，第三、四层之间四个正方向各有一小拱券龛门，门内无佛。檐脊端挂铜铃，铃内垂十字形铃锤，山风吹来时，铜铃作响，铃声一片，再显古塔情景。塔顶八角攒尖顶，青砖圆盘座，塔顶端仁立一根近 2 米的金属杆，用作避雷针。

清《日下旧闻考》卷一百四记载："姚家寺遗址仅存，寺右塔一，八棱七级。又数十武有僧塔。塔前碑一，僧海慜撰，钱唐高士奇书，康熙年间立。"[1]根据塔碑得知：通杰禅师（1596—1661 年），师名通杰，号汉萍，俗姓杨，楚之汉阳人。生于明万历二十四年（1596 年）"丙申之元旦"，三岁过继徐氏，二十七岁落发为僧，拜师学经，云游"吴燕鲁晋之山川靡所不至"历寺，访诸山名寺，五十岁来北京，请住京西翠微山圣水禅林。清顺治五年（1648 年），五十三岁的通杰禅师在寺任住持。到清顺治十八年（1661 年）的除夕这一天，通杰禅师提笔写下"痛惜寸阴，努力取办，人之将死，其言也善"十六个字[2]，"忽书偈语，掷笔跏趺而逝。……世寿六十有六，戒腊三十有三"。[3]清康熙初年建塔立碑。

关于通杰和尚塔的塔主是谁，有不同声音，研究石景山地区历史的李新乐老师认为圣水寺原有二塔，一塔无存，另一塔修复更新，显然不是通杰禅师灵塔。清《光绪顺天府志》记："寺久废，存僧塔一。前有康熙年间僧海慜撰腾水汉萍禅师塔铭碑，高士奇书。相近又一僧塔，八棱七级，在姚家寺遗址之右。"[4]这段记载也没有讲清楚"通杰和尚塔"到底是哪座塔。

注释

① 于敏中等：《日下旧闻考》，北京古籍出版社 1983 年版，第 1716 页。

② 政协北京市石景山区委员会编：《石景山地名掌故专辑》，第 349 页。

③ 摘自塔前碑《僧海慜胜水汉萍禅师塔铭并序》。

④ 周家楣等：《光绪顺天府志》（二），北京古籍出版社 2001 年版，第 562 页。

报隆庵砖石塔

报隆庵砖石塔位于石景山区石府村东北山坡上。报隆庵始建年代不详，清乾隆年间，寺内香火旺盛，当时由僧人广明任住持。民国十年（1921年）石府村大户牛、高两姓曾捐款重修报隆庵。[①] 现仅剩遗址。报隆庵以北百米开外山坡上松树成林，林中伫立着一座覆钵砖石塔。北京市古代建筑研究所包世轩先生认为："此塔有明显的明代建筑风格，其为明代建筑无疑。"[②]

原塔为石材雕刻和青砖码砌而成，须弥座上四面浮雕有双狮子滚绣球图案，雕工精细，刀法细腻，后有损坏，修复时将塔座和须弥座外层加砌了青砖，把残旧的石刻图案包砌到里面。须弥座上的塔阶是一层花纹图案和四层阳刻梵文，环列塔四周，这段也称脐轮。塔身青砖砌外涂白色覆钵体，朝南汉白玉石刻眼光门，周边花纹中间刻梵文合体字"十相自在图"，十分壮观。几十年前拍摄的照片覆钵塔还完整，可惜塔顶部的相轮和塔刹被盗丢失，测残塔高7.3米。塔基下有一深洞，是被人盗挖过的痕迹，维修塔时填埋盗洞，砌补起了须弥座，整理了覆钵塔身，往上相轮和塔刹未进行修复。

注释

① 北京市石景山区城市规划管理局组编：《北京文物胜迹大全·石景山区卷》，北京燕山出版社1998年版，第50页。

② 政协北京市石景山区委员会编：《石景山地名掌故专辑》，第369页。

报隆庵砖石塔老照片

报隆庵砖石塔（2018 年）

崇国寺砖塔

崇国寺砖塔位于石景山区八宝山以西，西长安街文化艺术公园的郎园内。此地原是金元时期的崇国寺故址，寺初建大约在金代末期，元代时有一定的规模，因与西城区崇国寺（后称护国寺）同寺名，也称西崇国寺。崇国寺旁设塔院，历代寺住持圆寂后建塔安葬，曾一度数量众多，民国时期已经破烂不堪。1958年北京市文物普查时崇国寺还有三座古塔，七级密檐塔、扣钟塔和覆钵式塔各一座，现仅存覆钵式砖塔一座。

崇国寺覆钵式砖塔为寺僧人墓塔，塔用青砖砌，有少量的砖雕图案，塔刹顶装有避雷功效的金属装饰，测塔高约15.2米，塔身的南侧和东侧各镶嵌一方白石刻塔铭，由于自然风化，石刻字迹已经无踪迹。《北京文物胜迹大全·石景山区卷》记载塔铭有二：南面赫然刻着"崇国寺十方□□□"五个大字，"十方"后面还有三个字，已漫漶不清，难以辨认；东面塔铭较大，估计镌刻着该塔僧人生平，可惜风化严重只字无存。[1]

《梁思成文集》记载塔院，1965年的一天，塔院七级密檐塔坍塌，塔内出土一方塔铭，内容是"大元燕都大崇国寺宣授诸路释教总统兼讲学……志公大师塔铭"。塔铭详述金末元初崇国寺住持定志大师生平，及重兴大崇国寺之始末。

注释

[1] 北京市石景山区城市规划管理局组编：《北京文物胜迹大全·石景山区卷》，北京燕山出版社1998年版，第222页。

2005 年博古艺苑古玩工艺品市场投资 10 万元，对古塔进行了整体维修，清理周围环境，并加装白石护栏。2019 年改造成西长安街文化艺术公园，崇国寺古塔保留下来并加了半开放式围墙。

崇国寺砖塔（2014 年）

慈善寺燃灯古佛塔

　　慈善寺位于石景山区天泰山的半山腰处，八大处西北 10 公里。慈善寺建于明末清初，是座佛教、道教及民间诸神为一体的寺院群，经过清乾隆、嘉庆、道光、光绪和民国时期等重修与扩建，寺院建筑群沿山道依山排列，具有相当规模。1916至 1925 年冯玉祥驻军于慈善寺。寺的南山坡有一座慈善寺燃灯古佛塔。

　　燃灯古佛塔，又称魔王和尚衣钵塔。塔建于清乾隆五十六年（1791 年），塔为覆钵式砖石塔，坐东朝西，测塔高约 11.5 米，周围树木茂密。塔基石砌，塔座原是什么样子不知，后维修时用砖砌成梯形方台，塔身砖砌覆钵体，塔身上是一个"亞"字形须弥座，座上十三层圆锥状相轮，相轮顶一圆盘形石华盖，华盖之上立有葫芦状塔刹。覆钵式塔身的西面，镶嵌一块汉白玉塔铭，上面镌刻："南无燃灯古佛莲灯教主之宝塔／乾隆五十六年三月建／信士弟子内务府誉后头目永文光、永文秀、朱福、了相、子天仙保瑞常、良贵募化，僧仁礼重修。"从这段塔铭的文字而得名"燃灯古佛塔"，为什么又叫"魔王和尚塔"？

　　据传清朝时，一位僧人居住在慈善寺旁的山洞里，专修苦行。僧人每日重复着一种修行的方式，就是将一个大石球从山上推滚到山下，再将大石球扛回山上，再推下山，每天往复不断。此事传到京城皇帝的耳里，僧人的怪异行为却得到了皇帝的恩赐，敕赐"魔王菩萨"。魔王和尚得名后，更加认真修行，生前就建造这座覆钵式砖石塔，并嘱咐弟子们在他去世后，要将他的遗体放在一个大缸中保存，过一段时间，如果遗体腐朽，就将遗体火化后葬入塔中，如果遗体不腐朽，说明修行成果，就供奉在寺中大殿内。若干年后魔王和尚圆寂，身体发光，如燃灯照耀，遂被

称为"燃灯古佛",弟子们按遗愿将魔王和尚的遗体存放在大缸中,才过去两天,竟从缸里飘出一股异香。弟子们把缸盖打开,见魔王和尚的遗体保存完好,遂将遗体全部涂上金漆,面向东南方向,供奉在慈善寺魔王殿上,并给加了黄袍。僧人们定农历三月十四、十五、十六三天为魔王和尚成道日。附近善男信女听说此事蜂拥而至,瞻仰和尚肉身仪容,顶礼膜拜,香火盛旺。

1916年冯玉祥将军来到慈善寺,僧人把魔王和尚的事讲给将军听,并说肉身胎像状貌英武,是清代顺治皇帝的化身。冯将军听后,只是一笑。冯玉祥根本不相信"顺治皇帝的化身"的说法,认为这是寺中僧人附会的,目的是吸引众多的香客来此朝拜,以扩大慈善寺的影响。

据民国三十四年(1945年)《重修慈善寺碑记》中记载:"供奉燃灯古佛,俗称

慈善寺燃灯古佛塔(2013年)

魔王老爷。元觉妙境，灵显真迹，亿兆图钦，闻名中外。例于每年三月之望，为古佛成道之期。远近村民，绅商学界，善男信女，焚香顶礼者络绎塞途，感灵祈福者争先恐后，厥因肉体成圣，佥欲瞻祷仪容，诚为一方火极盛之寺也。"[1]

注释

① 汪建民、侯伟：《北京的古塔》，学苑出版社 2008 年版，第 227 页。

贤良寺塔院二塔

　　贤良寺塔院位于石景山区八大处的第一处长安寺西南百米外，虎头山东麓。贤良寺塔院内两座古塔，塔为坐北朝南，砖石结构，一东一西并排，相距4米。西边的法安和尚塔，东边的法安弟子吕和尚塔。

　　北京称"贤良寺"的寺庙有多处，此贤良寺指北京东城区王府井东校尉胡同，后移建冰盏胡同，曾经是雍正皇帝的弟弟硕怡贤亲王的府宅院，后改寺庙称贤良寺。清代《日下旧闻考》一书载："贤良寺旧在东安门外帅府胡同，雍正十二年（1734年）建。本怡贤亲王故邸，舍地为寺，世宗宪皇帝赐名贤良寺，御撰碑文以记。乾隆九年（1744年），皇上御书心经塔碑，勒石于寺，二十年移建于冰盏胡同。"①

　　清光绪二十四年（1898年）贤良寺住持晟一和尚年迈，有意退下来静心调养，邀请法安和尚到贤良寺管理寺内事务。宣统元年（1909年），晟一染疴，三月初四拂袖西归，葬京西翠微山塔院，法安和尚成为第三十六世贤良寺住持。宣统年间，法安想到自己有生之年，用七千元选虎头山下购地14亩，建贤良寺塔院，石砌围墙，种植松柏百株，还建二进院落的阳宅，正殿曰贤良堂，阳宅是护塔僧人的栖息之所。塔院建造断断续续，经营了二十年，至民国十九年（1930年）方告落成，在塔院内附设阳宅院，在北京郊区极为罕见。如今，塔院现存有松柏数十株、阳宅房屋数间、两座古塔及一方石碑。

注释

　　① 于敏中等：《日下旧闻考》，北京古籍出版社1983年版，第706页。

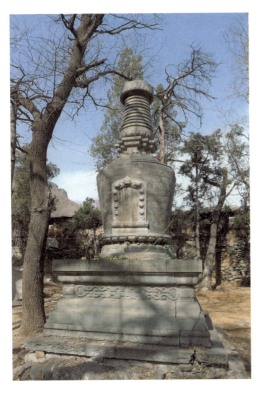

法安和尚塔

吕和尚塔

法安和尚塔砖石结构，塔座是四方须弥座，束腰部石刻浮雕盘锦花图案，须弥座上是圆形仰覆莲花座承托塔身，塔身砖砌覆钵体，朝南是石刻眼光门，门周围高凸雕十一朵莲花头，中心一行石刻塔铭字，其中部分字风化看不清，塔铭"庄严示寂贤良堂口可清管理僧录司正堂修贤良……第三十六……"字样。塔身上砖雕"亞"字形须弥座和十一层相轮，相轮上是石刻垂帘纹圆华盖，塔顶端的塔刹石丢失，所以塔的高度矮了一截，测塔高约 5.9 米。

法安和尚，俗姓王，母阎氏，名本明，字法安，祖籍顺天府宛平县人，生于清道光二十八年（1848 年）十一月。7 岁在磨石口承恩寺出家，24 岁到潭柘寺学习戒律，期满回到承恩寺，后受邀到贤良寺管理寺院。光绪三十三年（1907 年）任僧录司正职，管理解决寺内外及僧人与民事的矛盾纠纷，判罚是非分明，民间颂声载

贤良寺二塔（2014 年）

道。光绪三十四年（1908 年）十月光绪皇帝和慈禧太后相继驾崩，法安和尚去完成了嗨经道场。[1] 法安和尚生前就把自己的后事安排有序，1913 年"鸠工命匠，不数月而塔工、墙垣、门楼、花墙等，一律告成"。直到法安和尚圆寂葬翠微山塔院。

法安和尚的弟子吕和尚继承佛事，圆寂后建塔的样式与师父覆钵塔一样，塔上石刻花纹图案少一些，朝南的塔铭文字被人凿毁，塔座石须弥座损坏严重，塔身上是石质圆须弥座，与法安和尚塔砖雕"亚"字形须弥座不同，塔上部相轮、华盖、塔刹完整，测塔高约 6.3 米。

塔院北墙竖立一方"贤良寺塔院碑志"石碑，碑文下款是"宣统岁次癸丑年桂月敬立"。"癸丑年"是公元 1913 年，应是民国二年，可当时僧人还认为是"宣统年"，这也说明当时政府还没有彻底肃清封建清朝帝王统治的影响，北京正处在政权更迭的混乱时期。贤良寺塔院 1996 年公布为石景山区级文物保护单位。

注释

① 政协北京市石景山区委员会编：《石景山地名掌故专辑》，第 404 页。

田义墓二经幢塔

　　田义墓位于石景山区模式口街，是明代万历年间大太监田义和明、清太监的墓地群，北京市文物保护单位。田义墓园区占地约6000平方米，内有太监墓穴、石碑、石五供、石刻、碑亭和棂星门等，东跨院有四间展室的"太监博物馆"和石景山区田野收集的古石刻多件。田野收集的古石刻有大型棂星门，有明清石碑，有

经幢塔

南山和尚塔

石马、石虎、石羊、石狮等石刻，其中还有收集来的两座经幢塔，其一，南山和尚塔；其二，经幢塔，两座经幢塔原放置地都已变了模样，具体地点无考。

南山和尚塔为石刻八面经幢式塔，塔身高约1.2米，每面在0.19—0.2米之间，顶部无塔帽石，底座石刻仰覆莲花须弥座，高0.32米，圆直径0.95米，推断为后配的。塔身正面上是莲花帽图案，下是盛开莲花图案，中间刻"传南山正宗千□四世省南□公大和尚之塔"，其他七面字迹风化已看不清楚。

经幢塔为石刻八面，塔高约1.55米，八个面分大小面，满刻汉字和梵文经咒，大面宽0.18米，小面宽0.1米。塔底座圆鼓形，高约0.32米，直径0.4米，表面刻有垂帘纹和佛字，顶部无塔帽石。这里的圆鼓形经幢塔座，应是某经幢塔的华盖石，因为有垂帘纹和佛字，那有把"佛"字当底座装饰的。

法海寺三经幢塔

　　法海寺位于石景山区模式口的翠微山南麓，初名龙泉寺，始建于明正统四年（1439 年），由御用太监李童倡导集资，工部营缮所修建的禅宗寺院，四年后建成，英宗皇帝赐名"法海禅寺"，寺中以宫廷画师描绘的佛教壁画最为著名。寺中保留三座经幢塔，佛顶尊胜陀罗尼经幢塔、三宝施食幢塔、楞严经幢塔，都是一位太监李福善在监工建寺时同时建造的。

　　"佛顶尊胜陀罗尼经幢塔"原在大雄宝殿前月台的东侧，后维修时将经幢塔移至东廊庑的檐下。经幢塔建于明"正统四年岁次己未九月二十六日谨立"，经幢塔顶部缺失，经幢塔座八角仰覆莲须弥座，高 0.75 米，上下枋和束腰部都刻花纹。经幢塔身高 1.5 米，经幢身八面分四大面各宽 0.17 米，四小面各宽 0.12 米，经幢塔上刻汉字和梵文字迹清晰完整，汉字曰："大明金台大夫李福善泊众信官等，同发诚心于正统四年夹钟闰月下弦良日鸠资建创法海禅寺命工镌立。"汉字经文与梵文经文字有："佛顶尊胜陀罗尼幢一座上载，尊胜真言塔一座，大灌提陀罗尼，大准提陀罗尼，报父母真言，灭轻重罪障陀罗尼，破地狱陀罗尼，灭罪真言，生天真言……"八段梵文经文真言共计 566 字。

　　"三宝施食幢塔"原在大雄宝殿前月台的西侧，维修时将幢塔移至西廊庑的檐下。幢塔建于明正统六年（1441 年），幢塔顶部分缺失，幢塔座八角仰覆莲花须弥座，高 0.65 米，中间束腰部和上下枋都刻不同花纹图案。幢塔身高 1.15 米，顶部有凸榫头，经幢塔身八面，分四大面各宽 0.12 米，四小面各宽 0.11 米，刻字清晰。刻文"三宝弟子大夫李福善"在明正统六年（1441 年）五月建幢塔，刻了六百八十

楞严经幢塔

三宝施食幢塔

佛顶尊胜陀罗尼经幢塔

多字的"三宝食文"，目的是"专为祝延，皇图永固，圣寿万安，官宰康宁，士民乐业，祈见在宗亲均增福慧，过去先祖同脱苦轮……"最后刻"大明六字真言，唵嘛呢叭咪吽"。六字真言都有口字部首。

"楞严经幢塔"安置在大雄宝殿西侧廊庑室内，建于明正统九年（1444年），经幢顶部分缺失，经幢座为八角仰覆莲花须弥座，高0.82米，下枋刻如意云纹圭角，束腰部阳刻云纹框，上枋刻连枝花图案。经幢身高2.5米，经幢身八面，分四大面各宽0.13米，四小面各宽0.11米，总高3.32米。经幢塔上字迹清晰完整，除楞严陀罗尼神咒经文外，还刻了修建法华寺十八个工种的百十多号工匠头的人名单，这为后人研究古代寺庙如何修建提供了翔实的有价值资料。修建法华寺的工种有：木匠、瓦匠、石匠、画士官、画士、妆銮匠、雕銮匠、漆匠、捏塑官、锯匠、戗金匠、铸冶官、锉磨匠、钉镊匠、铁匠、搭材匠、五墨匠、土工匠，以及搬运钱粮斋食等诸善人。

石景山区　消失古塔十三座

崇国寺四塔

　　崇国寺位于石景山区八宝山以西博古艺苑古玩工艺品市场院内，也称西崇国寺，东崇国寺是指西城区护国寺的原寺名。此地金元时期的崇国寺故址，寺初建大约在金代末期，元代时有了一定的规模，历代寺住持圆寂后建塔安葬，寺旁塔院内古塔众多，曾葬崇国寺隆安选公、定志、定演三位住持僧 [1]，到清朝末年民国初时塔已经破烂不堪。1907 年老照片反映了崇国寺的四座塔，其中三座七级密檐塔和一座覆钵式塔。1958 年北京市文物普查时崇国寺还有三座古塔，现仅存覆钵式砖塔一座（另文介绍"崇国寺砖塔"）。

注释

　　① 北京市石景山区文化委员会编：《石景山文物》，第 163 页。

崇国寺四塔（1907 年）

杏子口三塔

　　杏子口位于石景山区与海淀区交界的山口处，过去从香山到八大处，杏子口乃必由之路。20世纪50年代这里建北京部队大院，道路被圈围院内，如今知道"杏子口"地名的人都不多了。杏子口山道两坡原有三座佛龛方塔，北坡两座，对面南坡一座。

　　民间传说：杏子口俗称剪子口，唐高祖李渊初登大宝座之时，有两位开国军师袁天罡、李淳风辅佐。一日，二人来至杏子口处，只见一座高山（万安山）隐于云雾之中，犹如巨龙出海，大有翻江倒海之势。二人大喝一声："此孽障如不早早制服，必留后患。"说罢两人同时挥剑劈去，只听一声巨响，云雾立时散去，眼前出现一条山口。因其形状如张开的剪子，于是，人们便称此口为剪子口。

　　周肇祥是清末举人，民国年间任过湖南省省长、清史馆提调、北京古物陈列所所长。周肇祥所著的《琉璃厂杂记》一书，记录了民国初年周肇祥以文物专家的眼光考察杏子口的古迹。杏子口两侧的山崖上，有三个石室（塔），内有石佛，外有文字，从石室外壁的"至元""大辽""嘉靖""万历""顺治""光绪"等文字分析，周肇祥推断石室为辽代遗物，把杏子口石室的石刻视为珍宝，要"暇日当遣工拓之"，发现了杏子口石室的考古价值。

　　周肇祥考察杏子口20年之后，我国著名的古建筑学家梁思成也对杏子口进行了考察。将考察成果写成《杏子口的三个佛龛》一文，文中写道："在没有马路的时代，这地方才不愧称作山口。在深入三四十尺的山沟中，一道唯一的蜿蜒险狭的出路；两旁对峙着两堆山，一出口则豁然开朗一片平原田壤，海似的平铺着，远处

民国时期杏子口北坡二石塔

民国时期杏子口南坡石塔

浮出同孤岛一般的玉泉山，托住山塔。这杏子口的确有小规模的'一夫当关，万夫莫敌'的特异形势。两石佛龛既据住北坡的顶上，对面南坡上也立着一座北向的，相似的石龛，朝着这山口。由石峡底下的杏子口往上看，这三座石龛分峙两崖，虽然很小，却顶着一种超然的庄严，镶在碧澄澄的天空里，给辛苦的行人一种神异的快感和美感。"[①]

杏子口三塔，全石结构，平面约一米见方，高约2米，四面由青石板合成，其中间腰部有卯榫连接，朝南开一佛龛门，内刻跌坐佛像，顶部由整块石料雕凿而成，北面二塔都是重檐二层，南坡一塔单层，其塔样式与房山云居寺及石经山的唐代石塔有相似之处，可周肇祥认为是辽代的塔。三塔本身没有塔铭记，梁思成考察中发现石板上刻有"跑着的马，人脸的正面等"图案，文字有年号和人名等，较古的文字有金章宗"承安五年（1200年）四月二十三日到此"和元代的"至元九年

注释

① 梁思成：《梁思成文集》（一），中国建筑工业出版社1982年版，第349页。

（1272 年）六月十五日□□□贾智记"等。这说明至少金朝中期古塔就已经存在，有人在塔上刻字，随着时间的推移，后人加刻了不少图文。梁思成先生认为："龛内有一尊无头趺坐的佛像，虽像身已裂，但是流利的衣褶纹，还有'南宋期'的遗风。"[①] 可惜三塔都无存在。

注释

① 梁思成：《梁思成文集》(一)，中国建筑工业出版社 1982 年版，第 351 页。

金阁寺塔

金阁寺塔位于石景山区石景山的山顶原金阁寺内。原金阁寺塔为砖石结构四方楼阁式塔，高 165 米，始建年代不详。1959 年拆除。金阁寺始建于唐代，寺内原有明代万历年间和天启年间石碑各一方，提到寺内孔雀洞石经刻，"幽州卢龙两节度使刘相公敬造，元和十四年（819 年）四月八日建"。[①]

清《日下旧闻考》记载："石经（景）山孤山特立，洞皆凿石而成。最上为金阁寺，有塔，宜远眺。"[②] 又记："山巅有塔。塔下南北为城关，南门额曰舍利宝塔。高约四丈余，四正作方屋如阁，四隅作圆屋如亭，内皆塑护塔神像，盖即金阁寺塔。"[③]

1958 年石景山地区成立石景山钢铁公司（即首都钢铁公司）大兴土木工程，从上到下搞"大跃进"运动，为防止敌人飞机入侵轰炸，把高射炮阵地设在石景山顶。1959 年春，石景山钢铁公司的第一建筑公司工人，在塔周围搭脚手架，开始拆除工作。首先拆掉的是塔顶的宝瓶，其次是鎏金的华盖。在塔下向上观看，华盖在塔顶并不起眼，然而拆下来却有磨盘般大小，上面还铸有"石景山"字样。再往下拆，就是相轮十三天（俗称塔脖子），其下为塔身。塔身内有佛经一部，用黄绫书写。塔基有块一米见方的青石板，掀开青石板，有一砖坑，坑内有木匣，打开木

注释

① 于敏中等：《日下旧闻考》，北京古籍出版社 1983 年版，第 1727 页。

② 于敏中等：《日下旧闻考》，北京古籍出版社 1983 年版，第 1726 页。

③ 于敏中等：《日下旧闻考》，北京古籍出版社 1983 年版，第 1727 页。

匣，又套一匣，当打开第三套木匣时，只见金光闪闪，里面藏有金砖、银元宝各二，应是僧人为防意外或修缮寺庙的备用金。拆卸下来的石构件及宝物，运到仓库收藏。若干年后不知下落。研究石景山历史学者李新乐回忆，当年见过塔上鎏金华盖的"石景山"三字，并认为塔是明代造，清代重修过。 [1]

金阁寺塔老照片

注释

① 北京市石景山区文化委员会编：《石景山燕都第一仙山》，第37页。

妙行大师塔

　　妙行大师塔位于石景山区西北荐福山昊天寺院前。昊天寺辽代建,妙行大师为第一代住持,明正统四年(1439年)太监王振重修后改称隆恩寺。妙行大师塔建于辽大安九年(1093年),是妙行大师生前利用皇家恩赐的稻田和果园为资本,自己督建完成的,事后还欠款若干。塔基石、塔座石等,都是从房山范阳山(今房山大石窝)开采运送过来。据说,有一次运石料的车过永定河时被大水淹没,消息传到妙行大师,大师做法事大喝"嘿祷"一声,被淹没的车辆居然出泥汤水"乘载坦途",顺利把石料运到寺里,建成了塔。妙行大师塔是空心八角密檐塔,有说是塔"六檐",这不符合一般佛塔层数之规矩,反正塔挺高大,巍然耸立,站在塔上,可鸟瞰燕京城。七年后,辽寿昌六年(1100年)妙行大师圆寂,将灵骨葬在塔内,在塔一层佛龛内铜铸造一尊丈六的金色观音像。民国时期隆恩寺和妙行大师塔都废毁,1927年隆恩寺部分石建筑拆成石材,被张学良购买运送去东北建家坟。

　　妙行大师 [1] (1023—1100年),俗姓萧,名志智,字普济,契丹族人。可能是皇帝亲戚,自幼得到辽圣宗之女秦越公主的眷顾,十五岁得到恩准,跟随辅国大师海山和尚学佛。辽清宁五年(1059年)秦越公主病故前嘱咐,把公主府第、稻田、果园等都施给萧志智建一座寺庙,寺建成后,道宗御赐名"昊天寺"。辽咸雍六年(1070年)妙行大师得到由道宗用金粉亲手抄写的《大乘三聚戒本》,并在昊天寺举办过两次盛大的法事活动。"妙行大师塔石碑"现存辽宁省博物馆。

注释

　　① 门头沟区仰山栖隐寺有一座金代建"妙行大师灵塔",僧名同。

秀峰寺四塔

　　秀峰寺位于石景山区隆恩寺故址西南山坡一个叫卧牛台的地方，是隆恩寺的下院寺庙。根据 1958 年文物普查记录，当时存有寺庙山门、灵官殿、供奉碧霞元君大殿等建筑，寺旁塔院中有古塔，留有老照片为证。

　　秀峰寺在 1958 年文物普查的资料记录，当时塔院尚存四座塔，均为砖塔。第一塔为六角五层密檐塔，下层每面均有砖雕的门和窗，面南塔铭无存。六角形须弥座，上有仰莲，每边长 1.65 米，高 6 米，塔刹残。第二塔与一塔同，南有塔铭"中庵禅师灵塔"。第三塔圆塔肚，南面砖塔铭，字不清，方形须弥座，塔相轮十三天，塔刹无，直径 3.6 米，高 3 米。第四塔（倒坍）方形须弥座，9.4 米见方，塔身覆钵体，相轮十三天，塔刹无，无塔铭，高 2 米许。第二塔南面有石碑，方首，长方形座，浮雕双龙戏珠，首篆"隆恩□□塔铭"，碑通高 2.45 米，宽 0.4 米，厚 0.2 米，座长 0.7 米，宽 0.4 米，无碑文记载。不难看出，这是隆恩寺的塔院。[①] 现在此地已无寺庙和古塔，成为居民住宅小区。

注释

　　① 政协石景山区委员会编：《石景山地名掌故专辑》，第 40、374 页。

秀峰寺四塔老照片

七

门头沟区

门头沟区 古塔一百四十六座

高家园天奇瑞禅师塔

　　高家园天奇瑞禅师塔位于门头沟区高家园草帽山的山沟里，现已建成"西山艺境"住宅小区。过去这里叫小园村，在永定镇南部，为山前平坡地势，因距离戒台寺不远，许多上香的香客和官员去戒台寺要在寺里吃斋饭，寺里常年需要蔬菜，从明代起这里的人在此种菜供应戒台寺，逐渐成村叫"小园"。村西有座西大庙，民国时期西大庙毁于火灾，庙中大和尚死后，一个叫贺本山的小和尚，将庙里东西及庙基条石变卖一空，留有庙遗址和两座破覆钵式塔。

　　塔为明代石塔，坐西朝东，全石料打凿覆钵式塔，测塔高约5.5米。塔座平面"亞"字形须弥座，塔座上雕一圈莲花承托塔身，覆钵塔身朝东有雕刻精美的眼光门，门内嵌塔铭"临济二十六世天奇瑞禅师塔"，往上五层柱状塔相轮，塔顶有垂帘珠华盖，仰莲座承托仰月和宝葫芦塔刹，塔整体保存基本完好，部分损坏的须弥座石刻及塔刹石刻修补复原。原天奇瑞禅师塔东北处还有一座"履衡贵禅师塔"，20世纪60年代中期塔被拉倒砸毁，只剩残石构件，"西山艺境"房地产开发商补做一座小石覆钵式石塔，并非是原履衡贵禅师古塔的形状。

　　天奇瑞禅师塔前说明牌：初见此处开阔之地，群山连绵，植被茂密，三山环抱，景色宜人，可谓"藏风聚气"之风水宝地。地块核心位置，在两棵古国槐和四棵古侧柏的掩映下，赫然立着一座覆钵形藏式石塔，碑刻为"临济二十六世天奇瑞禅师塔"，且塔身之下刻有龙纹图案。

　　佛教"临济宗"为禅宗五教之主流之一，有"儿孙遍天下"之誉。天奇瑞禅师塔为明代高僧，曾任金陵名刹灵谷寺住持，僧道很深并有语录行世，在当时佛教界享有崇高威望，圆寂后葬覆钵塔中。覆钵式僧塔是明代比较盛行的一种塔型，"皇家第一寺院"潭柘寺上塔林院中的清代僧塔全部是砖砌覆钵式塔，而明代多是石砌覆钵塔。足见此塔具有很高的历史文化价值。

在开发此地时，出于保护历史文物的责任和使命，西山艺境在规划设计过程中，特别坚持地保留了该处古塔和古树，弥足珍贵。并充分尊重土地原有地形地势，精心设计了下沉式台地公园，增加灌木、花丛、休闲设施点缀其中，以供人们茶余饭后休闲小憩。

天奇瑞禅师塔及小石塔（2021年）

椒园寺残砖塔

　　椒园寺位于门头沟区龙泉镇龙泉务村，距离门头沟城区6公里，龙泉务村南一公里外的山坳里，有一座椒国寺残砖塔。椒园寺始建年代不详，现存明宣德二年（1427年）石碑，记有寺重修观音圣像和高大古树的文字。椒园寺庙建筑毁于20世纪60年代中期的那场浩劫，1985年公布椒园寺遗址为门头沟区文物保护单位。

　　椒园寺残砖塔在朝西南的山坡上，相离寺大约200多米。山沟坡地上椒园寺遗址，仅存有两棵千年古柏树和两棵古银杏树，枝繁叶茂，遗址被整理出砖平地。塔为清代僧人青砖砌覆钵式墓塔，测残塔高约2.3米。此地原有僧人塔多座，被盗墓者强挖使塔坍塌留了很多痕迹，仅剩一座残砖塔，因塔铭被盗，不知塔主人姓氏。残塔下地宫被挖开，地宫位于塔正下方，是由青砖砌半圆拱顶墓穴，地宫内有4平方米的空间，比地面塔座占地面积都大，墓内可以直接摆放棺椁及随葬品，由于盗挖墓穴的行为，杂石填埋了部分地宫。从现存的残塔截面可以清楚看到原覆钵塔建筑的全部结构和建造方式。

椒园寺残砖塔

武德将军经幢塔

　　武德将军经幢塔位于门头沟区龙泉镇龙泉务村的村委会院中，横躺残卧，无人问津。经幢塔为金代"武德将军幢"，测塔高 1.4 米，塔身八面直楞柱状，分四大面四小面，刻有梵文经咒和汉字武德将军生平，可惜塔基座和塔顶部分都无存。原经幢塔在村外铁道旁，推断那里可能是"武德将军"的坟墓。1992 年维护铁路路基施工被发现武德将军经幢塔的塔身，运至龙泉务村中，当时没有及时收集塔座和塔华盖等石构件。

　　武德将军经幢塔建于金正德六年（1161 年），经幢塔的上下边刻蔓草纹，塔身八面中两面是汉字武德将军生平记，六面是梵文"佛顶尊胜陀罗尼"经文，全石磨损严重，汉字中仅剩断续可读 280 余字，武德将军的生平难识别，武德将军为金代武散官，六品。刻文最后"正德六年岁次辛巳五月□□□日立石／中都河南郡宫福昌刻"字样。①

330

武德将军经幢塔

石厂村纪玄和尚塔

　　石厂村位于门头沟区永定镇，北京 S1 中低磁悬浮轻轨铁路的西边终点站就是"石厂站"，2010 年进行农村城镇化改造，整体拆迁撤村，全村村民迁入楼房小区。纪玄和尚塔在原石厂村的村北山坡上，为"明代建筑"[①] 青砖条石砌覆钵式塔，测塔高约 9.5 米。山坡上的纪玄和尚塔破旧，塔基高大，周围被挖掘平整种植蔬菜，塔座和塔须弥座的表面条石砖块被拆走，裸露内心，塔地宫被盗挖有洞，朝南的塔铭石和塔刹损毁，"十三天"相轮剩五层，塔顶的石刻圆形华盖石脱落在塔下，华盖外侧环刻如意云头和垂帘珠纹，残塔主体挺立着。

　　纪玄和尚塔旁原有一方"万古流芳"石碑，碑阳额篆题"纪玄塔铭"，碑立于明代。20 世纪 60 年代石碑被百姓当成东井的井台石，凿孔架辘轳打水用，因长期磨损字迹模糊不清，后水干井废，碑石也无踪迹。

　　纪玄和尚塔的塔刹比较少见，圆盘华盖上是一个形如酒坛和火焰球组成的石塔刹。形如酒坛石直径 0.77 米，高 0.5 米，中心一孔直径 0.4 米，上刻塔铭框，框上面一个麦穗状的图案，下面一个精美的贝壳图案，内雕"纪玄和尚"四个字。2013 年岁末的一个夜晚，有人剪断大门的铁锁，盗走了从塔顶脱落的塔刹火焰球和形如

注释

　　① 北京市门头沟区永定镇石厂村委会编：《石厂村》，中国博雅出版社 2014 年版，第 105 页。

酒坛石，在出逃时将形如酒坛石摔成三块。

纪玄和尚塔北侧嵌标牌：北京市门头沟区普查登记文物／济（纪）玄和尚塔／门头沟区文化委员会／2013 年 1 月立／编号：110109943170000516。

石厂村纪玄和尚塔

万佛堂开山寿塔

万佛堂开山寿塔位于门头沟区永定镇万佛堂村外山坡上。据说当地三龙山被皇帝敕赐为万佛山、万佛寺、万佛堂而得地名，现存万佛寺遗址。穿过万佛堂村后，西北山坡就能看到开山寿塔。

开山寿塔建于明正统元年（1436 年），是经历明代成祖、仁宗、宣宗三朝的老僧人，慧进大师的舍利塔。塔为六角五层密檐砖石砌实心塔，坐北朝南，测塔高约11.5 米。塔座石砌须弥座，高 2.5 米，近年修补后比原塔座有较大的差异，束腰部无图案，上部砖雕仿木斗拱、一圈护栏和三层仰莲花瓣。塔身一层朝南拱券龛门，门中石塔铭"开山寿塔"四字，其他五面是砖雕方形假窗，转角处是圆形角柱，上部倒垂如意云纹。塔身二层至五层为砖砌叠涩塔檐，檐下施仿木斗拱，檐外沿凹内曲弧形。原塔顶部坍塌，塔就剩四层残缺，修补后恢复成五层密檐式，塔顶做成攒尖式，塔刹一座小宝塔。

《补续高僧传》记载：万佛堂开山寿塔为慧进禅师塔，慧进俗姓宋，字栖严，号止翁，山西霍州灵石人，元至正十五年（1355 年）生人。九岁在大云寺出家，拜渐公为师，遂通华严经后得法主之称。明代初在南京受太祖皇帝召见，赐紫衣钵，命住天界寺。后到北京，得到仁宗皇帝嘉奖。宣宗皇帝赐毗卢冠，织金磨衲，召至廷内讲经说法。明正统元年（1436 年）闰六月圆寂，享年 82 岁，皇帝上遣礼部谕祭，赐万佛山地建塔葬舍利。

万佛堂开山寿塔从形制上看是北京地区明代比较大型的密檐塔，1981 年被公布为门头沟区文物保护单位。

万佛堂开山寿塔（2013 年）

桃花庵开山祖塔

　　桃花庵开山祖塔位于门头沟区永定镇黑港村西北山坡上。桃花庵早已不复存在，开山祖塔建于明代，为六角五层密檐实心砖塔，测塔高约 12 米。开山祖塔的塔基石刻圭脚，塔座为双层六角须弥座，下边须弥座六面的每面砖雕有麒麟、白象、神牛、猛虎等动物形象的瑞兽图案；上边须弥座束腰部砖雕牡丹、菊花、大丽、萱草等花卉图案。须弥座上由仿木斗拱承托砖雕花纹"万字不到头"的护栏，再上为三层仰莲瓣承托塔身。塔身一层六面中间空洞，朝南正面开龛门，门上嵌"开山祖塔"楷书四字石匾额，其余五面皆为砖雕斜格棂花假窗，纹饰多样富于变化，上部一圈倒垂如意云纹装饰。塔身第二层至五层塔檐下均为砖雕仿木斗拱，檐面铺灰瓦垄沟，滴水纹样精巧，檐脊高挑。塔顶部为砖砌六角座，三层仰莲花承托圆宝珠塔刹，整塔造型简洁明快，秀丽挺拔。塔周围是山梯田果树，1981 年被公布为门头沟区文物保护单位。

桃花庵开山祖塔（2013 年）

广智禅寺过门塔座

广智禅寺过门塔座位于门头沟区潭柘寺镇鲁家滩村南 4 公里山中，西边隔山与房山区谷积山灵鹫禅寺为邻。因过街塔往西南百米是一座跨山涧石拱桥，往上走是广智禅寺遗址，所以民间也称"高桥寺"，过街塔建筑为寺庙山门。从石拱桥上石刻"天顺元年间造"，得知广智禅寺和石拱桥明代天顺年间就已经存在，推断过门塔也应是明代建筑。

广智禅寺过门塔为覆钵式塔，塔座为四方磴台式建筑，石拱券门通道南北走向，去往广智禅寺的山间小道就从磴台的券门内通过。磴台石块砌四方形，边长 4.2 米，高 3 米，券洞高 2.3 米，宽 2.2 米。磴台上原有一座石砌覆钵式喇嘛塔，塔高 4 米，四方石须弥座，覆钵塔身向东有一石刻佛龛，龛高 0.46 米，宽 0.3 米，内供奉一尊佛像，石佛高 0.31 米[①]，可惜古塔被人为拆毁。石景山八十多岁赵志欣老人讲："2000 年高桥寺过街门的石塔是被人用炸药给炸毁的。"今天仅剩下塔台座和一堆塔上石块构件，夏季塔座周围草木繁茂，此地偏僻来人甚少。

佛在塔上，塔在券门上，上山进寺的善男信女，凡经过塔下的人，就等于向佛进行一次顶礼膜拜。修建过门塔的用意就是方便信佛礼佛之人，凡是经过塔下的人，都算是向佛进行一次顶礼，不用进庙焚香跪拜，只从塔下走过就行了，这是便捷的敬佛行为。

注释

① 北京市门头沟区地方志编纂委员会编：《北京市门头沟区志》，北京出版社 2006 年版，第 610 页。

广智禅寺过门塔老照片

广智禅寺过门塔座（塔已毁）

白瀑寺圆正法师灵骨塔

　　白瀑寺，又称白瀑寿峰禅寺，位于门头沟区雁翅镇淤白村北 5 公里的金城山中。寺中大雄宝殿西侧有一座古塔，塔全名"白瀑寺圆正法师灵骨塔"，为六角三层密檐式和覆钵式实心砖石塔，测塔高约 16 米。明代古籍《宛署杂记》记载："白瀑寺在雁翅社（镇），金时僧人圆正建，皇统六年（1146 年）沙门希辩记。"[①] 根据塔铭石记载圆正法师塔建于金皇统六年（1146 年）十月一日，与古籍记载一致。

　　"白瀑寺圆正法师灵骨塔"随寺院是依山坐西北朝东南，塔座六角砖砌须弥座 2 米多，束腰部壶门雕卧兽，须弥座上是三层砖雕仰莲承托六角塔身。第一层塔身六面，正背两面各是砖雕拱券门，门两旁是砖雕假窗，转角处有经幢塔装饰，塔身正面拱券门，门楣上刻浮雕二佛像和莲花，龛券上二女飞天，衣带飞舞，上方有盛开莲花，中间原是圆正法师塔铭，门内修复时补砌青砖。正面两侧镶嵌有石刻塔铭，右边一面损毁补石板无字，现只剩左边一面是圆正法师塔铭，题首"大金燕京宛平县金城山白瀑院正公法师灵塔记"，为研究塔的历史提供了重要信息。塔朝北、南两面各为一方形砖雕假窗。塔身上是三层砖砌叠涩塔檐，檐间每面饰砖雕垂云如意。密檐之上双层仰莲花承托覆钵塔身，青砖砌覆钵塔身上一圈垂云如意纹装饰，再往上是六角须弥座和仰莲托盘承托十一层相轮。塔顶两圈砖雕仰莲，上是铸铁镂刻万字空心球的塔刹，这种塔刹极为稀少。"圆正法师灵骨塔"将密檐式塔和覆钵式塔组合在一起，塔下部为密檐式，上半部为覆钵式，其造型较为特别，在北京这

注释

　　① 沈榜：《宛署杂记》，北京古籍出版社 1982 年版，第 228 页。

圆正法师灵骨塔（2016 年）

种古塔共有四座，房山云居寺北塔、昌平银山塔林元代僧人墓塔、门头沟仰山灵隐寺妙行大师塔。

《大金燕京宛平县金城山白瀑院正公法师灵塔记》塔铭，记载了圆正法师的生平，《北京辽金史迹图志》收录了塔铭的全文。圆正法师俗姓曹，法名圆正，中京乾州（今辽宁锦州市）人，父讳文用，母田氏，生于辽咸雍三年（1067年）六月十五日午时，出生时身体放白光，祥瑞之兆，其长相与一般人相异。在孩童时，不喜茹荤，但对佛教却很感兴趣。十五岁出家为僧，辽寿昌年间来到金城山，发现这里群峰秀异，溪水清甘，就住了下来，每日野菜充饥，生活非常艰苦，后来山民樵夫发现他，施米二升，并听他讲经说法。随后，周围很多僧人和俗民来听讲经，影响越来越大。辽乾统元年（1101年），昌平、玉河、矾山、怀来四县的僧俗，集资建筑起寺院。金天会十二年（1134年）三月十一日圆正法师圆寂于白瀑寺，享年68岁，其遗体火化后，获三百颗舍利子，僧人将舍利分成两份，在寺内外各建一塔供奉。可惜寺外的舍利塔无踪迹，十二年后的金皇统六年（1146年）寺内大雄宝殿右侧"圆正法师灵骨塔"建立完工。

圆正法师灵骨塔是金代塔中较杰出的一例，因地处偏僻，保存较完整，具有特色的铸铁塔刹球部分被毁，塔的一些棱角地方被损坏，近年陆续维修恢复。

白瀑寺药师塔

　　药师塔位于白瀑寺内大雄宝殿的东侧，与"圆正法师塔"相配左右，塔旁是药师殿和伽蓝殿。药师塔是 2015 年仿照大殿西侧的"圆正法师塔"样式复建的，塔高约 16 米，青石板雕刻表面，大部分是机器加工图纹装饰。塔座六角须弥座在三层仰莲花之上，束腰部每面两壶门无图案，转角处各一位魁梧的金刚力士。塔身一层朝南拱券佛龛门，龛门周边雕缠枝莲花，左右各一位飞天女，龛内一尊药师佛像结跏趺坐在莲花盘上，面容安详，双手托一座五层密檐塔。药师佛的全名"药师琉璃光如来"，为佛国东方净琉璃世界之教主。东南、西南两侧面各一拱券佛龛，龛内各有浮雕坐佛像 30 尊，另三面是浮雕假窗，六个转角各刻一座经幢塔。往上依次是三层六角塔檐，檐下一圈垂云如意纹，檐上莲花座承托挂垂帘珠装饰的覆钵式塔身，塔身上六角托盘和仰莲花承托十一层相轮，塔顶仰莲花承托六角三层宝塔形塔刹。仿古塔整体做工精细，特点是每一层都是仰莲花瓣承托上部，从下边须弥座到塔顶共有 5 层仰莲花瓣层。

药师塔（2016 年）

白瀑寺源衍、海云、勤公三座幢塔

　　白瀑寺位于门头沟区雁翅镇淤白村北 5 公里的金城山中。寺中发现的明代石碑记载了白瀑寺的悠久历史。白瀑寺创建于隋唐年间，原寺内外曾立三座幢塔，塔形是经幢式，因塔上无佛经文，所以称幢塔，现仅剩部分幢塔石构件存放在门头沟区博物馆内。其一是"源衍长老塔"，其二是"海云法师塔"，其三是源衍大师的弟子"勤公禅师之塔"。

　　"源衍长老塔"为八角幢塔，塔身和顶部华盖石雕构件存留。塔身刻文字记述了源衍禅师的行迹，塔身高 0.8 米，直径 0.37 米，八面的每一面宽 0.16 米。塔文曰："故衍公长老塔，大周朝元元年口敬口，淤泥坑白瀑岭。"其他七面记白瀑寺历史。其中"大周朝元元年"的年份未查到出处。塔是源衍长老的弟子本勤禅师在"戊申"年建立。"戊申"年是蒙古（定宗）贵由汗三年（1248 年）。

　　"海云法师塔"为经幢式塔，根据门头沟文物管理所文件记载，1958 年 6 月 11 日工作人员华犁、传世昌、李重华三人的调查记录，"海云法师塔"在寺山门外台阶下，汉白玉石材经幢形制，幢塔上文字记述了海云法师的事迹（但字迹不清），有弟子百余名，元至元十七年（1280 年）正月十六日立幢塔。据《北京市房山区志》记载：金代"贞祐三年（1215 年），成吉思汗赐海云禅师固安、新城、武清之地，房山栗园、煤坑之利"。[①] 说明海云法师在当年受过皇帝的恩赐，得到了不少

注释

　　① 北京市房山区志编纂委员会编：《北京市房山区志》，北京出版社 1999 年版，第 14 页。

土地和煤炭的经济利益，并到深山白瀑寺讲经修行过，也可能白瀑寺得到过海云法师的资助，后为海云法师立幢塔。海云法师在京城影响很大，墓塔有三处，另两处在京城内双塔庆寿寺和潭柘寺的下塔院"圆明海云大师塔"。

"勤公禅师之塔"原在白瀑寺山门外，为白石刻八面幢塔，塔座、塔华盖和塔刹丢失，仅剩中部八面柱状塔身，塔身高 0.9 米，八面中四个面各宽 0.19 米，另四个面各宽 0.1 米。塔正面的上部刻"勤公禅师之塔"，中部刻线描画坐在莲花上的勤公和尚像，下部刻仿木双开门图。塔其他七面刻"金城山白瀑寿峰禅寺第十一代勤公禅师塔铭"及六十多位捐款建塔人名。立塔时间为元大德二年（1298 年）五月。

根据塔铭得知，勤公禅师，法名本勤，俗姓刘，祖籍相州临川县杨村人，生于金大安元年（1209 年）。儿时金兵向南袭扰中原，父母带着全家逃难来到大山中，在白瀑泉这里过着艰难生活，长大后受僧人影响，皈依佛门。拜师念佛四十余载，受海云禅师教诲，是源衍禅师的弟子之一，元至元二十一年（1284 年）赴潭柘寺学习求法，后回到白瀑寺。元至元二十七年（1290 年）正月十六日安静微恙圆寂，享年 82 岁，寺中百余师徒弟子送葬立塔。在元代的"勤禅师塔铭"中"礼"和"济"两个字的写法与今天的简体字写法相同，而没有采用当时通用的繁体字，是否古人真有先见之明。元大德二年（1298 年）立幢塔在山门外，几百年的风雨蚕蚀，年久失修塔残损，翻修寺院时将塔身石构件移出，现存在门头沟区永定河文化博物馆院内。

勤公禅师之塔

斋堂黄峪沟魁山和尚塔

魁山和尚塔位于门头沟区西斋堂北的黄峪沟内。塔为清代盔式塔，根据保存较完好的石刻塔铭得知，塔修建于清顺治四年（1647 年）二月十七日。塔坐北朝南，测塔高约 2.8 米，石块砌塔基座，青砖砌圆柱形塔身，白灰掺黄土抹面，圆盔式塔顶，塔北侧植一棵槐树，槐树有百年，与僧塔同存，树生长茂盛，树干渐粗大，树冠罩着僧塔，塔伫立依靠着大树，形成塔树相依之景。塔身朝南有一砖雕佛龛和一石刻塔铭，佛龛中的佛像已无，只剩有"伽、佛、阿"三个字。塔身正面有一青石板塔铭嵌于塔上，塔铭高 60 厘米，宽 34 厘米，厚 8 厘米。记事文字，碑文楷书 11 行，满行 24 字，共刻 161 字。石刻塔铭周围凹刻花纹，中间内容："大清顺治岁次四年二月丁□十七日戊□清明吉节修建／敕建功德／住持禅师讳超金号魁山和尚享□寿圆觉墓塔"，还有僧徒捐款人姓名大约 30 人。

现在古槐树的树干部分空洞，但枝叶繁茂，古塔破旧不堪，但塔铭没有被全毁，塔前两米是百姓建的养鸡大棚。魁山和尚塔作为佛寺的附属文物，对研究门头沟地区佛教建筑有重要意义，为研究清代古塔形制及佛教寂葬提供了珍贵的实物资料。

黄峪沟魁山和尚塔

斋堂狼窝沟二塔

门头沟区的斋堂是一重要乡镇，斋堂镇政府所在地又分东斋堂和西斋堂两个村庄。西斋堂村西北的狼窝沟（当地人也称狼窝港）内一小山顶上，原有三座明代建的砖塔[1]，呈"品"字形排列，年久倒塌一座，仅剩六角三层密檐塔一座，六角一层砖塔一座。1995 年被公布为北京市门头沟区文物保护单位，2015 年修缮一次。

高的六角三层密檐砖塔，建造时是依山势而建，坐西南朝东北，测塔高约 6 米，为砖砌六角三层密檐实心塔。塔基采用条石砌，面宽 1.18 米，高 0.66 米。须弥座高 0.67 米，上下枋各三层砖收分，束腰中部雕有花卉图案，六个转角是花岗岩石刻圆柱形，上是莲花如意须弥座。一层塔身高 1.7 米，正面有装饰性一佛龛门，门上额塔铭丢失，其他五面是万字纹或十字纹的砖雕假窗，六转角处装饰砖砌圆柱，上部刻倒垂如意云纹，砖雕斗拱承托三层砖砌叠涩檐。塔顶叠涩收分六角攒尖形，塔尖一石刻圆宝珠塔刹。

另一座六角一层砖塔，位于三层密檐砖塔的东北 5 米处，测塔高约 3 米，砖砌六角一层实心塔，塔座两层须弥座，比例不均，下层须弥座无图案，高 0.67 米，而上层莲花须弥座高 0.2 米左右。塔身一层高 1.03 米，正面塔门有损，但门上塔铭保存下来，塔铭楷书："历代住持僧众宝塔，大顺三年五月终"，文物部门认定"大

注释

① 北京市门头沟区地方志编纂委员会编：《北京市门头沟区志》，北京出版社 2006 年版，第 606 页。

斋堂狼窝沟二塔（2015 年）

顺"应为"天顺"，时间是明天顺三年（1459 年）五月。[1]其他五面砖雕装饰假窗，窗芯花纹不一样，有十字纹、有万字纹、有铜钱纹等，有一面曾经被盗贼开洞，深一米，呈方形地宫暴露，内空无，后封堵。塔顶七层收分攒尖，六角塔刹座，补圆宝珠塔刹。

门头沟地方口语记载：狼窝港密檐塔，原有三座呈品字形的明代僧人塔。其中"港"字，门头沟地区方言：沟、港＝岗，当地人发"巷"的音。

注释

① 北京门头沟村落文化志编委会编：《北京门头沟村落文化志》，北京燕山出版社 2008 年版，第 561 页。

灵岳寺妙明幢塔

灵岳寺位于门头沟区斋堂镇以北 5 公里，白铁山南麓的山中平台上，始建于唐贞观年间，辽代重修称"白铁山院"，金代改称"灵岳寺"，后来进行过多次重修，2005 年再次大规模修缮。灵岳寺保留二进院落，独立封闭，大雄宝殿建筑带有唐代、元代木结构古建特点，还有古松树和古槐树。2013 年 3 月 5 日被公布为全国重点文物保护单位。

灵岳寺院旁原有塔林，20 世纪 60 年代以"破迷信"为由将塔林拆除，现仅剩一座元代妙明幢塔残石构件，移置到整修后的灵岳寺内。

妙明幢塔为八角经幢式石塔，原塔高 2.1 米。现被人为砸成若干石块，从塔身残块断续的文字可得知一二，大约是妙明禅师的行记，塔须弥座下枋被砸，还能拼凑在一起，塔顶石刻仿瓦垄构件能看出形状，八角塔身的碎石多块只保留残损有许多文字，但断不成章。有一块石刻"第二代住持……前往怀来……筠子林撰并书……颇通四事文学医卜性理……兵火后残民北来扰燕……斋堂礼灵岳住持……"等字样，其中"兵火后残民北来扰燕"一句与历史文献记载吻合，体现了元代统治者在周边地区爆发战争使得百姓陷入水深火热之中，导致大量难民背井离乡。还有一块"大元元……"字，疑似是元代的年号。

妙明幢塔构件

火村河顺宝塔（黑塔）

　　门头沟区斋堂镇火村的村北口原有黑白两座古塔，号称"黑塔"的火村河顺宝塔与号称"白塔"的火村风水塔相互辉映，始建年代不详。20世纪60年代中期被毁坏，"破四旧"清理塔地基没有任何发现。

火村河顺宝塔

塔为覆钵式，采用青灰色砖贴面，并非是黑色，测塔高约 12.6 米。塔上石刻塔铭："火村旧有河顺宝塔，传创建于明代，因月岁久年深，风雨摧残，塔毁于公元一九六四年六月，今逢盛世，李广元等发诚心集资复建河顺宝塔，以慰火村众老殷切期盼。今大功告成特为之记。公元二〇〇四年仲春毂（榖）旦日。"

火村河顺宝塔铭

火村风水宝塔（白塔）

　　火村风水宝塔位于门头沟区斋堂镇火村的村北口，与火村河顺宝塔为邻。原塔建于明代，用河滩鹅卵石堆砌覆钵式塔，外涂白色，百姓俗称白塔。20 世纪 60 年代中期被毁坏，"破四旧"清理塔地基没有任何发现。

　　2004 年 5 月重建古塔，塔灰白色覆钵式，测塔高约 6.8 米。石塔上石刻塔铭："火村旧有风水宝塔，传创建于明代，因月岁久年深，风雨摧残，塔毁于公元一九六四年六月，今逢盛世，李广元等发诚心集资复建风水宝塔，以慰火村众老殷切期盼。宝塔巍巍，永照火村。今大功告成特为之记。公元二〇〇四年仲春毂（穀）旦日。"

火村风水宝塔

清水村双林寺经幢塔

　　清水村位于门头沟区斋堂川清水镇，村庄分上清水村和下清水村。明《宛署杂记》："双林寺在清水龙泉乡，瑞云（寺）下院也。元至元年建，景泰年间村民马真等重建，正德元年、六年重修。"[1] 双林寺在上清水村西北一山沟的阳坡上，元至元年间建寺，该寺是百花山瑞云寺的下寺。明代几次重修。现存元代时期东、西两座小配殿建筑、道下水井一口、辽经幢塔一座和明正统六年（1441 年）石碑一方。2011 年被公布为北京市文物保护单位。

　　双林寺经幢塔原在正殿石台阶下的东侧，又称"佛顶尊胜陀罗尼幢"塔，建塔时间在塔身一层，刻有辽"统和十年（992 年）岁次壬辰十月辛酉朔十二日建"字样，塔比双林寺建寺的元至元年（1264 年）还早 270 多年。有说双林寺是辽代寺院，初名清水院。[2] 经幢塔高 4 米多，为全石料打凿，共有五层，呈下大上小，略有收分柱状。塔基座八角须弥座和仰莲承托盘。第一层塔身高 1.1 米，八面等分每面宽 0.19 米，八面刻"佛顶尊胜陀罗尼经""佛说佛顶尊胜陀罗尼经"、序文、人名题记等，题记内容有斋堂村、胡家林村、清水村、齐家庄村、清白口村施舍居士人名及官吏的姓名。第二层塔身高 0.8 米，八面刻经文"般若波罗蜜多心经"。第三层塔身四面，每面有四个佛龛，每龛一尊佛像，佛像有释迦牟尼、文殊菩萨、普贤菩

注释

　　① 沈榜：《宛署杂记》，北京古籍出版社 1982 年版，第 229 页。

　　② 北京市门头沟区地方志编纂委员会编：《北京市门头沟区志》，北京出版社 2006 年版，第 607 页。

双林寺经幢塔一层塔身

20 世纪 60 年代双林寺经幢塔

门头沟存放双林寺经幢一、二层塔身

萨等诸佛；第四层塔身为四面，每面一龛门，雕刻造像有四个伎乐人，伎乐人分别做弹琴、弹琵琶、吹笛、吹排箫，舞蹈姿态各异；第五层圆棱柱形。层与层间仰莲花圆承托盘，顶部八角攒尖式与圆柱塔刹。20 世纪 60 年代的老照片可以看到塔的全貌，双林寺经幢塔给研究地方佛教、佛教艺术、地方史等提供了珍贵的资料，是一件融建筑艺术、雕刻艺术、书法艺术于一体的杰作。

20 世纪 60 年代经幢塔还伫立在寺内，不知何时经幢塔被拆成 14 块，部分塔构件收藏在门头沟区永定河文化博物馆，部分收藏在首都博物馆。

黄塔村白塔

黄塔村位于门头沟区西部清水镇，百花山北山坡，海拔高 727 米。村庄的村民唐代初期从山西、陕西迁居而来，村北山坡上有一座黄颜色石塔，故村以黄塔为名，称黄塔村。"黄塔，原在村北山上，始建于明代。塔高 4 米，塔有底座、塔身和塔尖。一个长鹅卵石立在顶端作为塔尖。"^① 黄塔是村庄的象征，有避邪祈吉作用。塔年久失修损坏，1984 年为开发乡村旅游，旅游公司出资 2800 元。由黄塔村任全孝带领四人修复古塔，覆钵式塔用石头、烧砖、水泥等补砌而成，高约 6 米。2006 年塔外表加刷黄色涂料，结果没两年日晒雨淋黄色渐变成白色塔，有悖祖先的黄色塔。

黄塔的传说：过去，黄塔供奉水母奶奶，马家铺的龙王庙供奉龙王爷，每逢大旱年景时，百姓祈雨，为求雨村民夜里"偷"走水母奶奶和龙王爷，抱着水母奶奶和龙王爷的人走过各家各户门口，人们都用水瓢、盆、碗盛上水在家门口等着，当水母奶奶和龙王爷到自家门前时，把水浇到水母奶奶和龙王爷身上……在天亮前把水母奶奶和龙王爷送回去，祈求神仙显灵，老天果然天降甘露，保佑农耕丰收，在村旁山顶建一座黄塔为苍天传送去谢意，让百姓平安。

注释

① 北京门头沟村落文化志编委会编：《北京门头沟村落文化志》，北京燕山出版社 2008 年版，第 131 页。

黄塔村白塔（2010 年）

仰山栖隐寺十八座塔

仰山栖隐寺位于门头沟区妙峰山南樱桃村北一公里的山上，栖：释栖息；隐：意隐遁。寺始建于唐末，初名"仰山院"。金世宗大定二年（1162年），世宗皇帝敕赐额"仰山大栖隐禅寺"，使之成为大金国的皇家寺院，还是西山"八大水院"之一，金章宗曾多次上山幸游栖隐禅寺，著名僧人万松行秀在此任过住持，后葬北京西四砖塔胡同东口的"万松老人塔"。元朝末寺毁于战火。明朝时，皇帝支持，太监筹资重修仰山栖隐寺。清朝末年至民国初期衰败，抗日战争期间遭受炮火袭击，"文化大革命"时破坏严重。1981年仰山栖隐寺被列为门头沟区文物保护单位。[①]

栖隐寺坐落在山凹中，周围五座秀美山峰恰似五大莲花朝拜佛，这五座山峰分别为北面级级峰、西面锦绣峰、南面笔架峰、东面独秀峰、西面莲花峰。寺后的西北原是塔林院，听樱桃沟村当地老人讲：寺塔林院原有百十座古塔，20世纪50年代，这里还存留几十座佛塔。到了60年代，"以粮为纲"，"农业学大寨"，全村村民动员上山修梯田，古佛塔就被一座座炸毁或拆除，有的仅剩塔基座，条石和方砖被运回村里垒墙建院或修梯田。勉强保留下来两座古塔。2006年，以复建古寺为由，扩建庙宇规模，工程宏大，其中陆续在旧塔遗址的基础上复建了十六座塔，塔形各不一样。

注释

① 顾大勇：《妙峰山文献释读》，北京燕山出版社2014年版，第53页。

仰山栖隐寺18座古塔示意图

仰山栖隐寺古塔示意图

1. 妙行大师灵塔

妙行大师灵塔 [①] 位于仰山栖隐寺西部塔林院北山坡上，古塔示意图编号 1 号。塔为尼僧塔，建于金代，塔身砖砌结构，测塔高约 8 米。塔下部六角须弥座高 0.6 米，塔身圆鼓状，上端一圈砖雕倒垂如意云头，往上三层四方砖砌塔檐，檐下皆以

注释

① 石景山区隆恩寺有一座辽代"妙行大师塔"，僧同名。

364

妙行大师灵塔

砖雕仿木斗拱，檐上青砖叠涩砌檐面，塔刹为维修后添补的，与原塔刹形有区别，砖砌四方短柱攒尖顶，顶端一圆球，此塔造型在北京地区比较少见。

妙行大师原名志达撒鲁，为金窝鲁欢（宗隽）之女。窝鲁欢，姓完颜氏，是金太祖第八子。金大定二十一年（1181年），妙行大师去世后葬门头沟区南樱桃沟村。1979年墓葬出土墓志铭，墓志铭113个字，志达撒鲁出家后，来仰山栖隐寺为尼，皇帝赐紫尼，封为妙行大师，圆寂后葬仰山栖隐寺后塔林院。

此塔是否是"妙行大师灵塔"，有争议，有资料记：该塔是"仰山第七代□公和尚之塔"，塔为砖石结构，高约4米，塔基为六角须弥座，塔身呈腰鼓状和六角三层檐塔，莲花宝珠塔刹。

2. 无名六角三层密檐塔

　　无名六角三层密檐塔位于门头沟区妙峰山南樱桃村北，仰山栖隐寺西部塔林院北山坡，距离妙行大师灵塔以西 20 米，编号 2 号。无名塔主体是座古塔，坐北朝南，青砖砌六角三层密檐实心塔，测塔高约 6 米，塔主体保存完好，塔铭石和塔顶部遭人为破坏。塔基座高 0.8 米，已残破，第一层塔身六面，朝南是砖雕假门和门上原有塔铭石，可惜塔铭石被人为撬走丢失；东西两侧每面各一个四方砖雕假窗，窗上雕刻十字形花纹图案；其他三面素墙，上方一圈砖雕倒垂如意云纹装饰。塔身往上是六角三层砖砌叠涩檐，檐下砖雕仿木斗拱承托塔檐，塔檐外沿呈凹曲弧状，使塔檐角显得更长，突出了塔形的曲线变化，彰显塔的挺拔。无名六角三层密檐塔得到局部修复，顶部修补时建成六角攒尖顶，六角柱及扁葫芦造型的塔刹，与原塔刹样式上有差异。

无名六角三层密檐塔

3. 寺内修复十六座塔

仰山栖隐寺历史悠久，到了 20 世纪 60 年代，为响应号召多种粮食，全村村民动员起来上山修梯田，塔林院中的古佛塔就被一座座炸毁或拆除，塔铭石被乱丢遗弃，大部分塔仅剩塔基座，拆下来的条石和方砖被运回村里垒墙搭院或修梯田。几十年后，为旅游需求又修复了古塔。

仰山栖隐寺的古塔在文献中有过记载，原前院有金代一方石碑，今剩碑头，篆刻为《祖师辩公大和尚开山道行碑》，记录了金天德二年（1150 年）建青州希辩大和尚灵塔于寺西北，清雍正十年（1732 年）重修。《门头沟文物志》记："仰山第七代□公和尚之塔"，塔为砖石结构六角三层檐塔，高约 4 米；"灵泉果公和尚之塔"，六角三层密檐，檐下砖砌斗拱，其他多塔等。《妙峰山琐记》记：有证公和尚及灵

仰山栖隐寺塔林院

3 号覆钵砖塔

15 号五层圆锥塔

泉果和尚灵塔多座，今皆亡矣。仰山栖隐寺第二十六代满禅师三级寿塔（注：碑全称"仰山栖隐寺第二十六代满禅师寿塔铭并序"），亦在塔群之中。出土"住山之塔"铭石，说明塔林中有一座住山之塔。[①] 可惜的是现在众多的塔与记载中塔主人名对不上号。

2010 年后，栖隐寺全面扩建殿堂建筑，在原寺遗址上大面积扩建殿宇，原塔林院山坡古塔遗址处修复了十三座青砖塔，编号 3—15 号；在寺院东原残古塔基座上修复了三座砖塔，编号 16—18 号；塔形多样各不一样，有四方密檐塔、六角密檐塔、八角密檐塔、圆鼓状加叠涩檐式塔、覆钵式塔、圆柱形塔等，塔的层数从一层到九层都有，真可谓古塔之大观，就这样也远远没有达到原来的古塔数量。

16 号圆柱状塔

注释

① 张文大：《妙峰山碑石》，团结出版社 2013 年版，第 114 页。

戒台寺法均大师舍利塔和衣钵塔

　　戒台寺位于门头沟区马鞍山阳坡。寺始建于隋代开皇年间（581—600年），初名慧聚寺，明英宗朱祁镇赐名万寿禅寺，建有中国最大的佛教戒坛，民间通称戒台寺。但明嘉靖年石碑记："马鞍山有万寿禅寺者，旧名慧聚，唐武德五年（622年）建也。"①

　　法均大师舍利塔和衣钵塔坐落在戒台寺内的戒坛以南。辽代法均大师是最初在寺内建立戒台的，并经常在此开坛传戒，法均大师圆寂后建两座塔纪念。

　　根据《法均大师遗行碑铭》②记载：法均大师，辽开泰九年（1020年）生人，从小是孤儿，不知是何地方人，少儿时生活无拘无束，并喜好云游。16岁被京西紫金寺的非辱禅师收为弟子，学习修炼律宗佛法十余年。辽"清宁七年（1061年）春，朝命与能校定诸家章炒"。至秋，来到马鞍山慧聚寺（今戒台寺）进行禅修，赴宫中讲经传法"授紫方袍，赐德号严慧"。辽咸雍五年（1069年），50岁的法均和尚受皇帝敕命在慧聚寺创建戒坛，并在坛中开坛演戒，教化四众。一时远近僧众、香客，听到消息后纷纷前来求戒。因为人们认为听了法均大师演戒后，可以消灾去祸，解脱罪恶，聋哑人可开口说话，佝偻病人能挺直腰板等，法均大师名声外扬，千家万户知晓，当时北方辽国境内百姓蜂拥而至，南方宋国的百姓冒着被杀的

注释

　　① 于敏中等：《日下旧闻考》，北京古籍出版社1983年版，第1742页。

　　② 梅宁华等：《北京辽金史迹图志》下册，北京燕山出版社2004年版。

法均大师衣钵塔

法均大师舍利塔

危险，也前来受戒。前后来受戒者极多，每天达千人，成为当时佛教的一大盛事，法均大师的演戒同时也受到皇帝的认可和支持，被僧众和香客尊为"普贤大师"。辽大（太）康元年（1075年）三月四日法均大师圆寂，终年55岁。在大峪遗体火化后，"当年五月十二日起坟塔"，灵骨舍利被葬在建造的塔内。有段记载令人震撼："缞绖者数百人，舍身命者十余。"就是说法均大师圆寂后，有数百人穿孝服，更有十余人为法均舍命殉葬，这样的事较少听说。

法均大师舍利塔始建于辽代大（太）康元年（1075年）五月十二日，明代重修，为八角七层密檐砖塔，测塔高约16.4米，一棵松树依抱着塔，称抱塔松。塔旁竖立一方辽代大安七年（1091年）石碑，碑文介绍了法均大师的生平和对佛教所做的贡献。

若干年后塔坍塌，僧人将舍利和衣钵取出供奉在大殿里。明代宣德年间，由朝廷拨资金修复戒台寺建筑，主持工程的僧人知幻和尚，在修建寺院的同时，重建了法均大师八角七层密檐舍利塔，法均大师的舍利回藏塔中。并在一层砖雕假门上镶嵌一石塔铭"大辽故崇禄大夫守司空传菩萨戒坛主普贤大师之灵塔"，下款"大明正统十三年（1448年）中秋日筑坛知幻道孚重建"。

法均大师舍利塔旁高台之上有一棵种植于金代的松树，松树伸出弯曲的树枝依抱着塔，称抱塔松。民间传说"怒涛夜吼雷雨声，抱塔龙松啼月黑"，讲的就是"抱塔松"。传说这棵松树原本是一条神龙，被玉皇大帝派到凡间来守护法均大师舍利塔。在一个乌云密布、雷电交加的深夜，阴云滚滚，闪电道道，眼看霹雳雷电就要把塔给摧毁，龙松伸出了两枝树干犹如人的双臂护抱着塔身，保护古塔近几百年，遂形成古松抱塔的奇观。可惜，1981年对塔进行维修时，锯掉了抱塔松的一枝树干，现在只能看到单臂抱塔松。

法均大师舍利塔西侧十几米的地方，有一座八角五层密檐砖塔，青砖砌实心结构，测塔高约14.8米，称"法均大师衣钵塔"。衣钵塔没有具体建造时间，推断是明代重建舍利塔后建造的，从建筑形式上保持了一些辽代塔建筑风格。

法均大师衣钵塔的塔座为砖砌须弥座，须弥座的束腰部未雕任何图案，须弥座上三层莲花瓣承托着塔身。塔身一层八面，东、南、西、北四个正方向为砖雕仿木假门，每扇门上雕六瓣花组合的装饰图案，门楣拱券形有浮雕，南北两门楣是"双龙戏火球"，而东西两门楣是"双凤耍宝珠"。其余的四面各有一方形带花边框的假窗。塔身八个转角处，各雕刻着一座转角经幢塔，据说这八座转角经幢塔象征佛祖释迦牟尼的一生事迹，佛教传说，释迦牟尼从佛母受孕、太子降生、四门出游、逾城出走、修法成道、初转法轮、战胜魔军到涅槃示寂，一共经历了八个阶段。将八座经幢塔雕制在法均大师的衣钵塔上，是对法均大师德行的最高赞颂，说明法均已经修成正果。在门窗之上有一圈倒垂如意云头图案装饰。一层塔身上是五层砖砌叠涩塔檐，每层檐下砖雕仿木斗拱和两层仿木椽子。塔顶是砖砌六角塔刹座，座上五层仰莲花瓣组成的一簇花，中间承托一圆宝珠塔刹。

法均大师舍利塔和法均大师衣钵塔并立在戒台下绿荫丛中，已成为戒台寺中重要的一历史景致。

戒台寺三座经幢塔

　　戒台寺是北京历史悠久的佛教戒坛，寺庙已有 1400 多年历史，原名慧聚寺。辽咸雍五年（1069 年）法均和尚在此建立戒坛，经常在此开坛传戒，故称戒台寺。戒台殿的院正门明王殿前伫立三座经幢塔，两座是为纪念法均大师而立的"尊胜陀罗尼经幢塔"，另一座是"月泉新公禅师寿塔"。

　　两座尊胜陀罗尼经幢塔并排伫立，守护在法均大师塔和衣钵塔旁高台之上，两塔是重檐，塔刹石丢失，塔的高度一样，测高约 2.5 米。八面塔身分大小面，大面宽 0.14 米，小面宽 0.1 米，八面满刻经文，为保护古经幢塔，在塔外做了钢架玻璃罩。两塔建塔时间不同，靠北侧塔"维大康元年（1075 年）岁次乙卯七月干酉朔二十四日甲申庚时建"；靠南侧塔"维太康三季 ① 岁次丁巳三月辛亥朔月四日甲子坤时建"。经幢塔上大部分字已风化看不清。

　　月泉新公禅师寿塔 ② 位于戒台寺明王殿前左侧，属八面石经幢塔，立塔时间是"大元至元二十八年（1291 年）岁次辛卯月癸巳日乙未时庚申"，测塔高 2.16 米，塔座是下八角上圆形无花纹，高 0.15 米；八棱柱状塔身，高 1.25 米；八面塔华盖刻人物，直径 0.34 米，高 0.18 米和宝葫芦塔刹，高 0.58 米组成。正面镌刻

注释

　　① 辽道宗的年号"大康"，也写作"太康"，史籍碑刻上都使用，可通用。维太康三季，即太康三年（1077 年）。

　　②"月泉新公禅师"石幢塔有两座，一座在戒台寺的明王殿前伫立，另一座在戒台寺北山沟中下院西峰寺旁（另文介绍）。

月泉新公禅师寿塔

戒台寺经幢塔

伎女之六

伎女之三

"故月泉新公禅师寿塔"，字下刻一朵绽放的荷花。侧面首题"大都鞍山慧聚禅寺月泉新公长老塔铭并序"，部分文字风化看不清。

月泉新公禅师，俗姓郭，名同新，字仲益，燕都房山神宁太平里的双明居士次子。十二岁在戒台寺出家，拜坚公长老为师。后外出游学，至元初年应请任戒台寺住持。在此期间整修寺院，增添庙产，栽植树木，绿化荒山。并开坛演讲，弘扬佛法。元至元六年（1269年）奉帝师之命任济南灵岩寺住持。元至元二十二年（1285年）圆寂，骨灰分葬三处，济南灵岩寺、戒台寺和西峰寺。

经幢塔八面塔华盖最精彩，每一面刻一位伎女，高发髻，身着长裙，飘带垂饰，双手持琴坐姿演奏，优美温雅，可惜面部损毁，使用的乐器也有不知名称。各面依次：1.伎女坐姿双手持"山字形"吹奏琴；2.伎女侧坐姿吹短直箫；3.伎女坐姿一腿横，腿上放置一古琴弹拨；4.伎女坐姿吹一排下大上小的竖管排箫；5.伎女双手各持连接双铃铛的绸带起舞；6.伎女坐姿抱弹琵琶；7.伎女坐姿吹一支横笛；8.伎女侧坐吹一瓶状的乐器，每个画面人物演奏的乐器各不同。

戒台寺东南塔院二十五塔

　　戒台寺位于门头沟区马鞍山麓阳坡，有"天下第一坛"之称。戒台寺东南塔院在戒台寺院东南 500 米处，明清两朝代所建。自戒台寺建立以来，寺周围的山林之地就有僧人墓地多处，因年久风雨蚕蚀消失了一些，保留至今天原塔林大约分三处：一处是戒台寺内抱塔松前法均大师的舍利塔和衣钵塔及经幢塔，另一处是东南塔院，再一处是寺西边山坡多塔（千灵山风景区内）。

　　戒台寺南塔院内的古塔林立，原有明清两朝代的僧人塔四五十座，年久失修，多座塌倒成废砖石堆，损毁严重，尚存一座比较完整密檐式知幻大师塔和两座覆钵式喇嘛塔，其他塔坍塌残损。东南塔院的正中塔主人是戒台寺中兴之祖"知幻大师"，知幻大师是迄今为止戒台寺僧职最高的住持，生前将戒台寺从废址中重建，把戒台寺带到了历史最繁盛时期。知幻大师塔是明代英宗皇帝特封敕建的佛塔，古塔示意图编号 1 号。塔为八角九层密檐砖塔，测塔高约 16 米，周边其他的古塔全部是覆钵砖塔，高度也都低于知幻大师塔，一高塔周围几十座覆钵式墓塔，而塔的布局没有规律，众多古塔是几百年逐渐形成的一处古塔建筑群，一处佛教圣地。

　　知幻大师俗姓刘，字信庵，别号知幻，生于明建文三年（1401 年）。据传知幻一出生就哭声不止，一直哭过满月，被抱到一座接待寺里，僧人一抱哭声才停止，随收为俗家弟子，自幼就在寺中，与众不同是学习佛教礼仪和规矩超于同龄人，其人仪表端庄，眉宇森秀，高额深目，大耳方口，梵音清畅，释礼矩仪，人皆称为罗汉下凡。七岁到京城灵谷寺堂前拜度叟禅师为师，出家为僧，研经礼佛。长大后有一只眼睛患白内障，看不清东西，遂自号为"知幻"；也有解释是云游南方名寺后，

戒台寺东南塔院25座古塔示意图

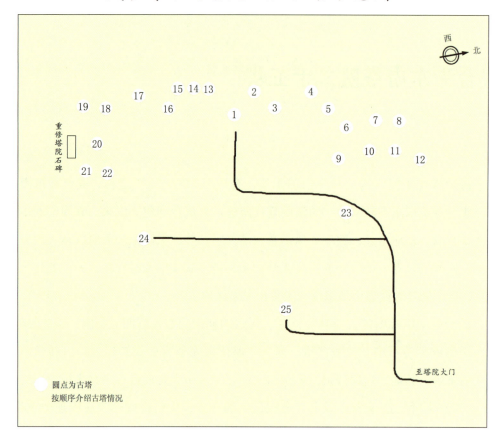

戒台寺东南塔院示意图

顿悟梵音精妙，眼前空华遍界，遂自号"知幻"。明宣宗年间，宫中掌握权力的大太监王振和阮简等人外出游玩到马鞍山，见到辽代建的寺院破烂不堪，殿堂倒塌，回京城禀告皇帝，请求修缮戒台寺得到恩准。重修工程由知幻大师主持，期间还修复了法均大师舍利塔和衣钵塔，工程从明宣德九年（1434年）至正统六年（1441年）经过八年告竣，建成一组宏大的新寺院，并铸造三尊高3米多的铜佛像，重修戒台及戒台殿。明英宗皇帝召见知幻大师进京到紫禁城，并在文华殿皇帝面前书写楷书，内廷讲经说法，演练瑜伽，授予"僧录司左讲经"之职。明景泰七年（1456

戒台寺东南塔院大门

年）六月十日，知幻大师饮食毕，沐浴更衣，双腿跌坐，升堂别众，曰："昔本不生，今亦不灭，云散长空，碧天皓月。"知幻大师端坐而逝，终年五十五岁。景泰帝遣官谕祭，公侯以下前往吊唁，荼毗（火化）得舍利若干。大师著有《定制戒本》和《戒牒》等文。

知幻大师圆寂后建墓塔，塔为八角九层密檐实心砖塔，塔坐西朝东。塔基座是两层八角须弥座，下部须弥座束腰部每面由宝瓶柱均分隔出砖雕花卉盆景装饰图，图案有牡丹花、西番莲、万年青、石榴、菊花、甜瓜等，雕刻手法细腻，具有很强的装饰效果，转角处各雕一个仰覆莲宝瓶短柱。上部须弥座的每面是均分四幅花卉装饰图案，转角处是仰覆莲宝瓶短柱，须弥座上为砖雕仿木斗拱承托一圈部分损毁的护栏。护栏上是三层仰莲花瓣，好似一朵巨大盛开的莲花，莲花中央是塔身。

戒台寺东南塔院

　　塔身一层比较高大，八面中的东、西、南、北四个方向是各雕一仿木双扇假门，门上雕如意云头和花纹图案，朝东的正门上有一方石刻塔铭"大明僧录司左讲经兼万寿禅寺开山第一代住持钦依筑坛传戒坛主知幻大和尚之灵塔"。另四面各雕一方形假窗，窗上雕刻着精细的锁子纹仿木窗棂。塔身上部有一圈垂云如意云头装饰图案。

　　第一层塔身之上是砖砌九层塔檐，每层塔檐的檐下仿木斗拱承托伸展的塔檐，檐面砖砌叠涩式。这些斗拱虽然是仿木砖雕的，但仿的十分逼真，惟妙惟肖。塔顶上的塔刹损毁严重，只剩下残破的三层莲花瓣的塔刹座。

　　2013 年 5 月，门头沟区政府倡导下，以政府主导带动社会捐助的形式，筹集资金抢救性修复塔院残塔，共修缮保留了古塔 25 座，并且铺装了道路和夜间照明。可惜 25 座古塔中，只有一座知幻大师塔知道塔主人名，其他 24 座塔都没有石碑铭刻。2014 年塔院修复工程竣工，塔院除了古塔，还有挺拔多姿的古松树林立，景致幽静，是戒台寺景观地之一，也是研究戒台寺历史及佛教文化的重要场所。

因古塔修缮前保护不利，塔上的塔铭石脱落或丢失，但有文字记载，可僧人姓名与古塔对不上号，可惜。

记载中的僧人姓名及塔：

1.明嘉靖年间亮公和尚塔。

2.明成化二十三年（1487 年）光辉大和尚塔。

3.明天启三年（1623 年）然公知心和尚塔。

知幻大师塔

25 号古塔维修前

4. 古音韶公宗师塔。

5. 东忠和尚塔。

6. 静座和尚塔。

7. 正传和尚塔。

8. 天然和尚塔。

9. 清代，度博□公和尚灵塔，覆钵式砖塔，方石台带踏步，石砌须弥座，束腰部雕花纹，塔身细长，十三重相轮，青石塔刹，塔高 3 米，汉白玉塔铭石刻"庄严圆寂戒台堂上中兴第一代上度下博□公和尚灵塔，乾隆五十九年（1794 年）岁次甲寅三月吉日建"。

10. 宗公禅师灵塔，覆钵式砖塔，汉白玉塔铭石刻"庄严圆寂戒台万寿堂上阶院上邵下印宗公禅师灵塔，嘉庆十年（1805 年）八月"。

11. 泰公老和尚灵塔，覆钵式砖石塔，塔铭"庄严圆寂戒台堂上中兴第二代上广下安泰公老和尚灵塔，嘉庆十二年（1807 年）"。

25 号古塔修复后

12. 照公老和尚灵塔，覆钵式砖石塔，塔铭"庄严圆寂戒台堂上中兴第三代上临下远照公老和尚灵塔，道光十五年（1835 年）己未六月吉日建"。

13. 禅公和尚塔，覆钵式砖塔，塔铭"庄严圆寂戒台万寿堂第四代传临济第四十世上治下天禅公和尚竞临宝塔，道光□年八月"。

14. □通公和尚灵塔，覆钵式砖塔，塔铭"庄严圆寂戒台万寿堂第四代传临济第四十二世第五代上修下□通公和尚灵塔，同治元年（1862 年）"。

15. 文海公和尚灵塔，覆钵式塔，砖石结构，十三层相轮，青石塔刹，通高 4 米，民国三十年（1941 年）四月立。塔方石基座，方须弥座，束腰部雕花纹，汉白玉塔铭"庄严圆寂戒台万寿堂上第四代传临正宗第四十四世上尤下文海公和尚灵塔"。①

注释

① 北京市门头沟区文化文物局编：《门头沟文物志》，北京燕山出版社 2001 年版，第 48 页。

潭柘寺金刚延寿塔

金刚延寿塔位于潭柘寺内第四进院的东路，圆通殿与地藏殿之间。金刚延寿塔为明代越靖王朱瞻墡出资于正统二年（1437年）所建，次年九月建成，是潭柘寺院内现存唯一的古塔。推断建塔的目的，一是为朱瞻墡的母亲祈福，祝母亲健康长寿；另一种可能是将母亲生前使用过的遗物以及生辰八字和佛经存放在塔内，供后人瞻仰。越靖王朱瞻墡意在借佛的力量，为母亲祈福和延寿。清《日下旧闻考》记载："明越靖王瞻墡所建延寿塔，今尚存，高五丈余。"[1]

金刚延寿塔为白色覆钵式砖石塔，坐北朝南，塔建在圆通殿与地藏殿之间，这样的情况很少见，有可能是先建塔，后建的佛殿。测塔高约15.8米，塔座长宽各6.4米，由塔基、须弥座、覆钵式塔身、相轮和塔刹等组成。塔基石刻圭脚装饰，塔座砖石砌平面"亞"字形须弥座，束腰部维修后无图案，东、西两侧各留砖雕小镂花通气孔，显示须弥座内有空心的空间，可能放置供奉之物的地方，这种须弥座的设计还是比较少见的。须弥座上三层粗大的砖圈，称三道金刚圈，承托覆钵式塔身。白色覆钵塔身朝南有一小眼光门，门内原有刻字因风化及维修涂色已看不清楚。往上十三层相轮，象征佛家所说的"十三天"。塔刹十分讲究，为铸铜鎏金，由华盖、流苏、挂铃、仰月、火焰球、宝珠等组成，象征日、月、星辰。塔两边是殿房的山墙，塔前左右各有一棵古松树，松树直干云状树冠，形成两树护一塔的潭柘寺一景，又名曰"双凤舞塔"，整座白塔被松枝笼罩着，有拜塔延寿之意。

注释

[1] 于敏中等：《日下旧闻考》，北京古籍出版社1983年版，第1749页。

潭柘寺金刚延寿塔

潭柘寺金刚延寿塔

金刚延寿塔金塔刹

潭柘寺塔林院七十七塔

  北京门头沟区潭柘寺塔林是北京地区现存规模最大、保存最完好的一处僧人塔林。古刹潭柘寺，经历了多个朝代，曾有难以数计的僧人在这里修行，并终老于此，因而在寺院附近留下了数量众多、形式多样的僧人墓塔，塔林成为潭柘寺住持、职事僧人的安息之地。

民国时期潭柘寺塔林

潭柘寺的塔林原有四处，由于年代久远，朝代更迭，当地人口增多而占用土地等原因，有三处的塔林墓地现都不存在了。第一处，潭柘寺最早的一处墓塔群在寺院西南莲花峰的山腰处，唐代的华严祖师、五代后唐的从实禅师以及潭柘寺的第七代住持恒实源谅律师都葬在这里。第二处，在平原村南侧，埋葬着辽代以前潭柘寺圆寂的僧人。第三处，在南辛房村与鲁家滩村的交界处，有数十亩，这片塔林占地很大。第四处，现在保存下来最好的塔林，位于潭柘寺以南，由上塔林院、下塔林院及院外塔组成。

现存潭柘寺塔林占地 13500 平方米，分为上塔林院和下塔林院及院外塔，共有 77 座古塔。上塔林院比下塔林院地势高，相距下塔林院 100 米左右，院周围石砌围墙，设两座院门，院内古树参天，有二十七座清代建造的塔，全部为覆钵式砖塔；下塔林院有四十四座塔，为金、元、明、清四个朝代建造的塔；院外有六座塔。塔林中塔型多样，有密檐砖塔、覆钵式塔、经幢塔等。其中最久远的塔是金大定年间（1161—1189 年）广慧通理禅师密檐塔，最晚为清朝末年塔。颇具特点的古塔有金代石雕经幢式的了公长老塔，有明正统年间从东印度来的僧人底哇答思大师塔，有明万历年间太监正光居士为皇太后祈福的延寿塔，有明宣德年间两次来中国的日本僧人无初禅师塔，有合葬众僧人骨灰的十方普同塔，有为动物老虎和龙修建的塔等。

潭柘寺上塔林院二十七塔

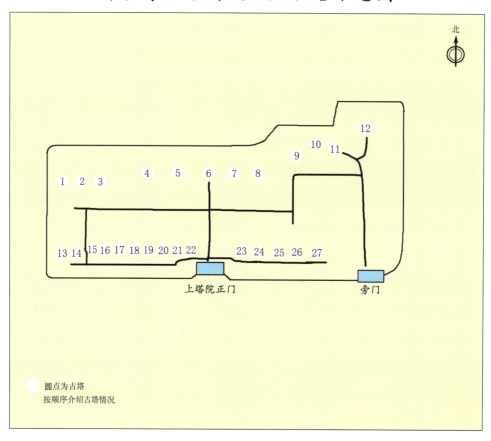

潭柘寺上塔院二十七塔图

1.1—3 号无名塔

古塔示意图编号 1—3 号塔为三座覆钵式砖塔，位于潭柘寺上塔林院的西北侧，三古塔并排一组，坐北朝南，在塔林院中矮砖墙分出单独一小院。三座古塔样式基本一样，测塔均高约 7.2 米，塔座平面"亞"字形须弥座，须弥座上七层金刚圈及石雕仰莲承托塔身，塔身青砖砌覆钵体，塔喉轮部是石须弥座，往上九层相轮，塔顶石刻垂帘珠纹华盖，顶端仰月和宝葫芦塔刹。三座古塔的塔身朝南都有石刻祥云边框塔铭，有两塔塔铭表面风化起皮已无字迹，只有 2 号塔的塔铭上部分字迹可读，曰："圆寂岫云寺塔院□□□□公灵塔"。

1—3 号无名塔

4. 章林公律师塔

　　章林公律师塔位于门头沟区潭柘寺上塔林院内，与中心主塔"震寰福公灵塔"并排，靠西侧，编号4号。为清代覆钵式砖塔，塔身石刻塔铭部分字迹不清，只有"□□□□□章林公律师"字样可读，章林公律师的生平不详。

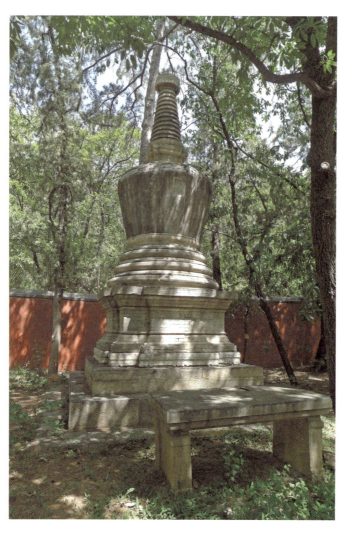

章林公律师塔

5. 海然月禅师塔

　　海然月禅师塔位于门头沟区潭柘寺上塔林院内，上塔林院古塔编号 5 号。海然月禅师塔建于清代，砖石结构，测塔高约 9 米。由于海然月禅师塔在岫云寺第一代住持震寰福公灵塔的西侧，推断海然月禅师应是岫云寺的第三代住持，建造晚于震寰福公灵塔，可惜汉白玉石塔铭字迹已看不清楚。

海然月禅师塔

6. 震寰福公灵塔

　　震寰福公灵塔位于潭柘寺上塔林院的中心位置，塔建于清康熙三十八年（1699年），编号6号。塔为砖石结构覆钵式实心塔，测塔高约13米，塔前有石供桌，此塔为上塔林院中的祖塔。震寰福公是清康熙年间岫云堂（俗称潭柘寺）重开山第一代住持，震寰福公灵塔的塔基为条石铺砌二层台座，塔座平面"亚"字形石须弥座，上下枋是仰覆莲花瓣，束腰部有丰富的花纹图案，转角处连珠金刚杵造型。须弥座上六层砖砌金刚圈（三圆边、三棱边）和石刻仰莲花盘，塔身砖砌覆钵式，外抹青灰，朝南汉白玉塔铭刻："钦命住持岫云堂上重开山第一代震寰福公和尚灵塔。"覆钵塔身上石须弥座和莲花承托盘，承托着打磨青砖码砌的十三层相轮，塔顶为石华盖，华盖刻垂帘串珠和羊角花图案，顶端仰月葫芦塔刹。上塔林院内其他26座灵塔的须弥座上均无雕刻图案，唯独震寰福公灵塔的须弥座石刻图案丰富，说明祖师塔的建造规格等级之高。

　　震寰和尚，俗姓孟，名照福，北京大兴县人。7岁在延禧寺出家，35岁时拜在广济寺万中律师门下，受具足戒。万中律师圆寂后，继任广济寺住持。康熙皇帝来广济寺进香时，震寰"对答适当"，因而很受康熙皇帝喜爱。康熙二十五年（1686年），奉旨任潭柘寺住持，康熙三十一年（1692年）朝廷拨款，由震寰主持对寺院进行大规模整修。并举办八次道场，弘扬佛法，潭柘寺也因其改禅宗为律宗。康熙三十八年（1699年）五月六日，震寰和尚圆寂。康熙皇帝亲赐金银、龙旗、宝杖等，为其发丧，并建造灵塔。①

注释

　　① 北京市门头沟区文化文物局：《门头沟文物志》，北京燕山出版社2001年版。

震寰福公灵塔

7. 止安超越律师塔

　　止安超越律师塔位于上塔林院震寰福公和尚灵塔的东侧，是清代岫云堂第二代住持止安超越律师灵塔，编号7号。塔为石料和青砖结构，覆钵塔主体都是用打磨后的青砖码砌，而在塔基与塔须弥座、须弥座与塔金刚圈、塔金刚圈与覆钵式塔身、塔身与十三相轮之间都采用石刻构件连接层与层，其他部位均是砖砌，这样可以确保塔建筑的牢固度，而且美观。塔顶石刻垂帘串珠华盖和葫芦塔刹的造型与其他塔一样，这说明上塔林院的覆钵塔是同一时期建造，施工的工匠们都采用同样工艺方法和施工步骤。

止安超越律师塔

8. 洞初林公和尚灵塔

洞初林公和尚灵塔位于上塔林院北部止安超越律师塔的东侧，是清代岫云寺第四代住持初林公和尚塔，编号 8 号。塔为白石和青砖结构覆钵塔，测塔高约 8.7 米，塔主体须弥座、金刚圈、覆钵塔身和十三相轮都是用打磨后的青砖码砌，而石料都用在了关键的地方，塔基沿边是条石铺砌，塔须弥座的上枋装了雕有回行纹是石料，塔三层金刚圈之上的顶圈是石雕仰莲花瓣。覆钵塔身砖砌表面抹青灰面，塔身朝南白石塔铭，塔铭周围刻简单的元宝花纹，内刻"岫云寺住持第四代传演毗尼上洞下初林公和尚灵塔"字样。覆钵塔身上是"亞"字形石须弥座，九层相轮，塔顶石刻华盖和葫芦塔刹。

洞初林公和尚灵塔松罩塔

洞初林公和尚灵塔旁一棵高大茂盛的古松树，主树干长到塔边便弯曲躲避，松树的树冠如绿荫罩斜伸向塔顶覆盖，树枝挂着星星点点的松果，枝杈笼罩在塔顶之上，如同撑开的一把巨伞遮护着洞初林公和尚塔，夏日遮阳，寒冬蔽雪，形成"松罩塔"奇特景观，为世间少有的天然植物护佛场景致，余想联翩。

9.9—11号无名塔

9—11号无名塔位于门头沟区潭柘寺上塔林院东北处，编号9、10、11号。三座古塔呈品字一组，坐北朝南，塔前摆石供桌，有矮墙围成一小院。11号塔在东侧，覆钵式砖塔，测塔高约7.6米，十一层塔相轮比其他塔的相轮直径要略细一些。塔身朝南白石塔铭，周围高浮雕花纹十分精美，中间字迹风化，部分关键字看不清楚，塔铭刻"圆寂岫云堂监院上□下□□□灵塔"。9、10号塔与11号塔外形基本一样，覆钵塔身朝南的汉白玉塔铭无字。

9—11号无名塔

12. 六合春公禅师灵塔

六合春公禅师灵塔位于门头沟区潭柘寺上塔林院内东北角，编号 12 号。六合春公禅师灵塔与上塔林院其他塔是同一时期建造，所以形制大小差不多，此塔多使用青砖码砌，少量用石料，在塔金刚圈的层圈上有所不同，做了三层厚砖砌圈和一层石刻仰莲圈，这可省些工和料，测塔高约 7.8 米。覆钵塔身朝南的石刻塔铭"潭柘山岫云寺□□阿阇黎上六下合春公禅师灵塔"字样。

六合春公禅师灵塔

13. 莲察律师灵塔

莲察律师灵塔位于门头沟区潭柘寺上塔林院内，进上塔院正门西侧十座塔的西端第一座，编号13号。塔为覆钵式砖塔，测塔高不足6米，四方须弥座，两层金刚圈。砖砌覆钵塔身朝南塔铭刻"圆寂羯□阿阇黎莲察律师灵塔"字样，覆钵塔身上小须弥座损坏，未修复，塔上部相轮有损，石刻塔华盖刻有垂帘珠纹，顶端塔刹缺失。此塔不算高大，说明塔主是潭柘寺一般职事僧人。

莲察律师灵塔

14. 14—15 号无名塔

14—15 号无名塔

16. 鉴如照公和尚灵塔

鉴如照公和尚灵塔位于门头沟区潭柘寺上塔林院内进门西侧，编号 16 号。塔为砖结构覆钵塔，塔仰覆莲须弥座低矮，砖砌金刚圈讲究，与众不同，覆钵塔身有些圆鼓状，往上有做工讲究的石刻仰莲圆须弥座，五层砖砌相轮，石刻垂帘串珠华

盖，仰月葫芦塔刹，特别之处是塔铭上有年款字，塔铭刻"鉴如照公和尚灵塔／康熙辛巳孟夏吉立"字样，"康熙辛巳"即清康熙四十年（1701年），塔铭石周围刻如意云纹，生平不详。进上塔林院正门西侧一排有十座塔，其样式大小基本一样，说明是同时期建造的，鉴如照公和尚灵塔在中间位置，表明上塔林院可能是清朝"康乾盛世"时期建成众多僧塔的部分。

鉴如照公和尚灵塔

17. 无名塔（中间一塔）

17 号无名塔（中间一塔）

18. 明如禅公塔

　　进潭柘寺上塔林院正门西侧一排十座砖砌覆钵式塔，从 13 号至 22 号共十座塔，其中七座因塔铭石字迹不清为无名塔。从西数第六座塔为"明如禅公塔"，编号 18 号。塔为清代砖砌覆钵式，塔铭石刻字迹清晰，石刻"传贤首宗第二十九代上明下如禅公塔"字样。塔采用青砖码砌，由塔基二层四方礅台，塔座平面"亞"字形须弥座，往上金刚圈承托覆钵体塔身，覆钵体塔身上是小六角须弥座，小须弥座接七层相轮及仰月葫芦塔刹，全塔只有塔铭和塔刹为石刻构件。上塔院里其他无名塔的结构与明如禅公塔基本相同，这可能也是一般寺里职事僧人墓塔的标准。

明如禅公塔

19.19—22 号无名塔

19—22 号无名塔

23. 印如忍公律师灵塔

印如忍公律师灵塔位于门头沟区潭柘寺上塔林院内进门东侧，编号 23 号。塔为砖石结构覆钵塔，塔铭刻"潭柘山岫云寺鉴院道上印下如忍公律师灵塔"字样，周围如意云纹花边。此塔建造年代比较晚，塔上石料雕凿部分有须弥座上下枋仰覆莲花层、仰莲金刚圈、塔铭石花边、迟咕部须弥座、垂帘串珠华盖和仰月葫芦塔刹等，雕造工艺规整，保存完好，在众古塔中突显肃穆。

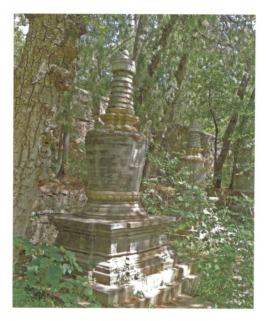

印如忍公律灵塔

印如忍公律塔铭石

24. 无名塔

24 号无名塔

25. 异珍璊公禅师灵塔

异珍璊公禅师灵塔位于门头沟区潭柘寺上塔林院内东侧，进正门东侧一排五座塔的中间一座，编号 25 号。塔为覆钵式砖塔，测塔高约 4.3 米。塔身朝南，塔铭为青砖雕刻，青砖塔铭"潭柘岫云寺监院异珍璊公禅师灵塔"，无年款，全塔保存完整，应是清朝后期的塔。

异珍璊公禅师灵塔

26. 无名塔

26 号无名塔

27. 济生润公禅师灵塔

济生润公禅师灵塔位于门头沟区潭柘寺上塔林院内，进上塔林院正门东侧，一排五座塔的东端第一塔，编号27号。塔为覆钵式砖塔，测塔高约4米，砖砌"亞"字形须弥座，三层金刚圈，覆钵塔身，塔身朝南石刻塔铭"潭柘岫云寺监院济生润公禅师灵塔"，塔相轮七层，顶部损毁，塔刹丢失。

济生润公禅师灵塔

潭柘寺下塔林院四十四塔

潭柘寺下塔林院44座塔及院外7塔示意图

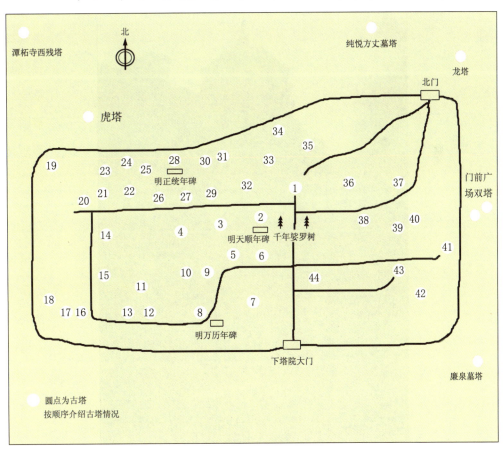

潭柘寺下塔林院图

1. 广慧通理禅师塔

广慧通理禅师塔位于潭柘寺下塔林院的中心位置，塔示意图编号 1 号。塔始建于金大定十五年（1175 年），为砖石结构八角七层密檐实心塔，坐北朝南，塔前左右各一棵高大茂盛的千年娑罗树陪伴，测塔高约 19.2 米。广慧通理禅师塔的塔座八角砖砌须弥座，束腰部有已风化看不清楚的花饰图案，其上为两层砖雕护栏和三层仰莲承托塔身。第一层塔身八面，东、南、西、北四个正方向为砖雕镂花假门，另

广慧通理禅师塔

四个面各是四方砖雕琐文窗，朝南塔门上有塔铭石刻"故广慧通理禅师之塔"字样，八个转角处用八根砖柱装饰。往上砖雕仿木斗拱，承托着向外延伸的仰瓦灰梗塔檐，七层塔檐向上略有收分。塔刹为一座小覆钵式塔，又称佛园。广慧通理禅师塔是潭柘寺下塔林院中的祖塔，是北京历史最悠久的古塔之一，最具有代表性的一座金代密檐砖塔。

广慧通理禅师，俗姓侯，名开性，是今北京怀柔区灵迹人。生于辽乾统四年（1104 年），九岁时在潭柘寺出家，拜戒振禅师为师，学习禅宗中临济宗佛学，后来云游辽东和齐鲁等地，遍访名山古刹，向各地高僧学习佛法。金大定初年回归潭柘寺任住持，在任的 11 年里，用朝廷的资助大规模整修扩建寺院，使潭柘寺的殿宇焕然一新。弘扬佛法的同时，著有《寺中规条》《语录》等篇。开性在金大定十五年（1175 年）圆寂，享年 72 岁，圆寂后被佛门尊为"广慧通理禅师"并建密檐塔。开性是金代禅学临济宗的领袖人物，其弟子有善照、了奇、圆通、广温、觉本、证言、相了禅师等人，后来弟子们也都成了临济宗的传法名僧。

2. 道源禅师塔

道源禅师塔位于门头沟区潭柘寺下塔林院中间部，编号 2 号。塔建于明天顺二年（1458 年），为砖砌六角五层密檐塔，测塔高约 13.5 米。塔座为二层须弥座，束腰部砖雕花卉图案，转角处砖雕金刚杵，须弥座上砖雕仿木斗拱，往上是二层砖雕护栏和三层仰莲花瓣。第一层塔身朝南正面有仿木对开假门，门上镶石额塔铭，铭文"钦依万寿戒坛传戒宗师嘉福堂上重开山第一代住持高僧道源大和尚塔"30 个字。其他五面为正方形砖雕假窗，各转角处砖雕圆转角柱，上部檐下倒垂如意云头。五层塔檐的檐下仿木斗拱，檐上砖砌叠涩塔檐，塔上部攒尖顶。塔刹是一座小宝塔，由莲花瓣、覆钵式塔身、五层相轮和三圆宝珠组成。

道源禅师生于明永乐元年（1403 年）八月，自号西竺，俗姓张。永乐年间出

道源禅师塔

道源禅师塔石碑

家，为潭柘寺僧人，初依隐山禅师为师，勤奋努力，于诸经典随诵随通，精通戒律，学有所成，在北京地区佛门颇有名气。正统十三年（1448 年），奉英宗皇帝之命，在寺内修建了一座戒坛，开坛传戒，明英宗钦命道源禅师为传戒大宗师，潭柘寺住持，成为潭柘寺广善戒坛的开山祖师。天顺元年（1457 年）复辟登基的皇帝朱祁镇让潭柘寺更名，赐名嘉福堂，命道源禅师为嘉福堂重开山第一代住持。次年，天顺二年（1458 年）正月二十一日圆寂于寺中，享年五十六岁。皇帝派遣礼部郎中李和到潭柘寺祭祀，在下塔林院建道源禅师塔，并竖立"谕祭"石碑。

"谕祭"石碑正面碑首"谕祭"二字，周围元宝祥云，碑文：

维天顺二年岁次戊寅闰二月己

未朔初二日庚申

皇帝遣礼部郎中李和

赐祭万寿戒坛说戒宗师道源

曰惟尔究通佛典务解外胶命主

戒坛克持法律曷不永年倏焉长

逝特兹遣祭尔其享之 [①]

"谕祭"石碑阴面是"西竺宗师碑铭",记述了道源禅师的生平。

道源禅师塔是明代密檐塔典型一例,整体保存完好。

3. 圆明海云大师塔

圆明海云大师塔位于潭柘寺下塔林院的中部,与道源禅师塔相邻,编号 3 号。塔建于元至元年间(1264—1294 年),为砖砌六角七层密檐塔,测塔高约 17.8 米。

圆明海云大师塔基座是双层须弥座,束腰部有精美的砖雕,下层须弥座每面三个壸门有砖雕狮子头(都是修复时补雕的),上层须弥座每面二个壸门内无图案。须弥座上两层雕花护栏和三层仰莲花瓣承托塔身。第一层塔身朝南砖雕仿木对开两扇假门,门上带门簪雕四叶金钱纹,精制细腻,半圆拱券门头雕两位飞天人物,赤裸上身披绸带。门上额镶嵌青石板塔铭,铭文"佛日圆明海云大宗师之灵塔"。塔其余五面皆砖雕四方假窗装饰,檐下一圈倒垂如意云头。塔檐七层,每层檐下是砖雕仿木斗拱,檐上仰瓦灰梗铺面,六条檐脊探伸。塔顶端是莲花座小覆钵体塔刹。

海云(1202—1257 年),名印简,山西岚谷宁远人(今山西岚县)。七岁出家,十一岁受具足戒。二十岁入燕京大庆寿寺,不久接中和章公之法,主持该寺,成为临济宗第十六代祖师。元宪宗七年(1257 年)圆寂,享年 57 岁。一生屡受蒙元统

注释

① 张云涛:《潭柘寺碑记》,中国文史出版社 2010 年版,第 265 页。

治者推崇，圆寂后在北京的庆寿寺、潭柘寺和白瀑寺三处建造灵塔，现今仅剩潭柘寺"圆明海云大师塔"。

圆明海云大师塔

圆明海云大师塔的砖雕门和塔铭

海云禅师塔（1912 年 4 月 30 日 [英] 威廉珀道姆拍摄）

4. 古涧泉禅师塔

　　古涧泉禅师塔，又称甘泉古磵（涧）泉禅师之灵塔，位于门头沟区潭柘寺下塔
林院，编号 4 号。古涧泉禅师塔为六角三层密檐式砖塔，建造年代不详，应是清代
塔，测塔高约 8.8 米。塔是烧制青色砖砌，外表涂了土黄色涂料，百十年的日晒雨
淋、风雪冰霜，使整座古塔呈现出斑驳的土黄与暗灰色。塔基座是后修补青砖砌五
级台座；塔座为两层须弥座，束腰部为砖雕祥云图案，上边砖雕万字、荷叶等图案
的护栏和三层仰莲花承托塔身，转角处砖雕金刚杵柱；一层塔身六面，朝南有砖雕
对开假门，门上石刻塔铭"前住甘泉古磵（涧）泉禅师之灵塔"，其他五面是砖雕
方形假窗，檐下浮雕倒垂如意云头装饰。三层密檐只有一层檐下是砖雕仿木斗拱，
塔檐为砖砌叠涩式，外沿边向内弯曲形，檐角高挑，做工精细。塔顶六方座双层莲
花承托圆宝珠塔刹。全塔的局部进行过添补维修。

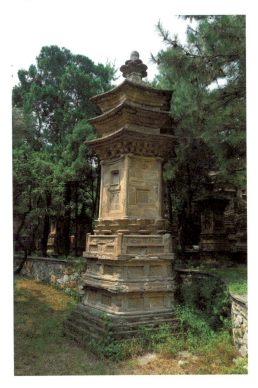

古涧泉禅师塔

5.5—6 号无名塔

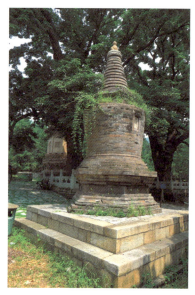

5 号无名塔

6 号无名塔

7. 无名盔式砖塔

7 号无名盔式砖塔

8. 居士徐公愿力塔

　　居士徐公愿力 [①] 塔位于潭柘寺下塔林院南部，进下塔林院大门的西侧，编号8号。塔林院内由居士建立塔比较少见，塔旁还有一方明代万历年间石碑及碑亭。居士徐公愿力塔建于明万历二十二年（1594年）一月，塔为砖石结构，塔座石雕刻八角仰覆莲须弥座，砖砌五层金刚圈，青砖砌覆钵塔身和十三层相轮，石刻华盖及圆宝珠塔刹，朝南汉白玉石刻塔铭，可惜字迹不清，测塔高约9.3米。

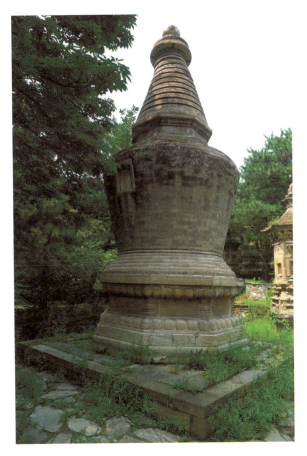

居士徐公愿力塔

注释

　　① 愿力，佛家语，指誓愿的力量。多指善愿功德之力。

塔旁一碑亭内立明万历年石碑，碑文刻"京西潭柘山嘉福寺正光居士徐公愿力塔碑记铭"，记述了徐公的生平，也称功德碑，是潭柘寺整体保存完好的明代石碑。

居士徐公，明代宦官。顺天霸州保定县（今河北省保定市）人，八岁净身被选入内宫当太监，曾在乾清宫皇帝御前当差，生活俭朴，信奉佛教，常怀慈悲之心。听说潭柘寺为著名古刹，"遂发是愿，且此地云水卷舒"，遂生慈善之心，经请示圣母（皇太后），捐资协修潭柘寺殿宇，出资修建方丈院八十余间殿堂，对潭柘寺做出了巨大贡献。"树德为人，福之公也；种福为己，德之符也。"按徐公的意愿建功德塔，并立碑记录了这段历史。

9. 如公一庵灵塔

如公一庵师灵塔位于潭柘寺下塔林院西南部，始建年代不详，编号9号。塔为六角单层砖塔，测塔高约5米。塔座六角须弥座，须弥座上两层损坏的护栏和三层破败的单砖做仰莲花瓣，塔身一层保存较好，但假门窗被砸，朝南是带砖雕框的塔铭："示寂本师龙泉首座如公一庵之灵塔。"有解释"如公一庵"是指尼僧，"首座"有说是潭柘寺称龙泉寺时期为尼僧建造的一座塔。塔身上是砖雕仿木斗拱，砖砌单层叠涩檐攒尖顶，顶端三层仰莲座承托宝珠塔刹。

如公一庵灵塔

10. 无名塔

10 号无名塔

11. 妙严大师塔

妙严大师塔，又称妙严公主塔，位于潭柘寺下塔院的西南角，编号 11 号，始建于元代。

妙严大师，生卒年不详，相传是元世祖忽必烈的女儿，名叫茶伦，"妙严"是茶伦自己出家为尼时，以南朝梁代的妙严公主为榜样，起的法号"妙严"，后人称"妙严公主"。忽必烈称帝威武一世，一生有 10 个儿子和 7 个女儿，女儿都无生平记载，有下嫁到婆家的记录，而妙严公主未出嫁，出家归入佛门。妙严公主从小习武，长大随父王征战，冲锋杀敌，英勇善战，马上女将。可能见到战场杀人太多，心生慈悲，又受到汉族宰相刘秉忠笃信佛教的影响，决定出家到潭柘寺，为其父和自己赎罪。妙严公主每日在观音殿内跪拜诵经，拜佛虔诚，"礼忏观音"，年深日久，竟把观音殿内的一块铺地方砖磨出了两个深深的脚窝。明代释真和尚写诗"妙严公主拜砖赞"，其中有："积日成月月成时，积时成岁岁成劫。如是积渐难尽言，

妙严大师塔前双塔

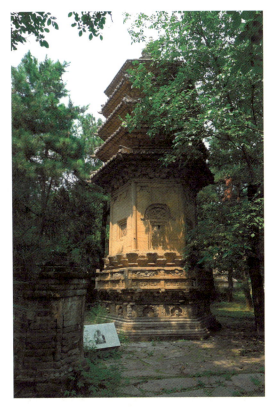

妙严大师塔

水滴石穿心力至。"表示了妙严在"礼忏观音"时的心情。妙严大师终老圆寂于潭柘寺中，建砖塔于下塔林院。直到现在妙严公主的"拜砖"依然供奉在潭柘寺的观音殿内，成为潭柘寺中极为珍贵的一件历史文物。2014 年 11 月 10 日上午蒙古国总统额勒贝格道尔偕夫人到潭柘寺，为妙严公主的"拜砖"送上鲜花，以表达对这位蒙古公主深深的敬意。

妙严大师塔为砖木结构六角五层密檐实心塔，建造精良，测塔高约 13 米。塔座一层砖雕须弥座，须弥座的束腰中有精美的砖雕花饰，每面设两个壶门，门内雕有狮首，两旁为砖雕盆栽莲花和西番莲等。须弥座上为砖雕两层护栏和三层仰莲瓣承托塔身，塔身一层六面，南、北方向各设砖雕仿木双扇假门，门扇上雕刻万字花棂和如意云头图案，其他四面各一方形万字花棂假窗。在拱券门楣下空间，南门刻

一盆盛开的牡丹花，北门刻一盆盛开的西番莲花，这两幅花卉图案雕刻得十分精美珍贵，其花瓣外翻，似正在怒放，枝叶舒展自如，飘逸潇洒，非常美观大方。朝南门上砖雕塔铭，刻"妙严大师之塔"字样。特别之处是一层檐下砖雕仿木斗拱外，有两排木制方椽子承托密檐，这种建造工艺在其他古塔中很常见，因时间长久木椽子风化腐朽，修复时大都换成砖或水泥制品，塔檐上均采用绿色琉璃瓦十分讲究。塔顶为两层砖雕仰莲座承托仰月和三宝珠的塔刹。

此塔在1949年前被盗过，塔身建筑向西北倾斜，因而用砖做了支撑。1984年修复时将塔身扶正。在塔前左右两侧，各有一座小型的砖砌单檐塔，编号12、13号，为妙严公主生前的两位侍女墓塔，陪伴妙严公主长眠此地。

12.12—13号妙严大师侍女塔

12号妙严大师侍女塔　　　　13号妙严大师侍女塔

14. 无名砖塔

14 号无名砖塔

15. 本然正公之塔

　　本然正公之塔位于潭柘寺下塔林院西部，编号 15 号。塔为六角单层砖塔，测塔高约 3.1 米，朝南砖刻塔铭曰"圆寂师元庵主本然正公之塔"。虽然塔主人比不上寺住持的地位，但建塔时最大限度采用了砖雕装饰，塔上有精制的砖雕花纹和倒垂如意云头，可惜自然风化，损坏严重。

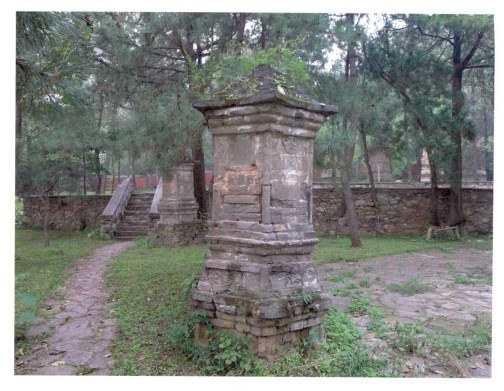

本然正公之塔

16. 无尽用公灵塔

无尽用公灵塔位于潭柘寺下塔林院西南部，编号 16 号。无尽用公灵塔始建于明成化五年（1469 年），塔为青砖砌六角单层塔，测塔高约 2.9 米。无尽用公灵塔建造比较简单，朝南镶砌一方砖刻塔铭，塔铭上的字迹不算工整，刻字"示寂首座无尽用公觉灵／成化五年（1469 年）二月日立"。塔主人"无尽用公"和尚可能是潭柘寺内一般职事僧人。

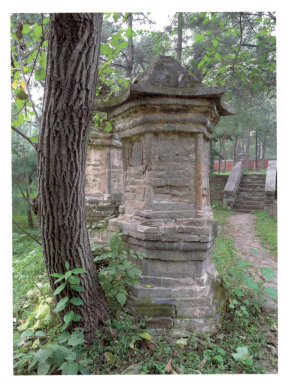

无尽用公灵塔

17. 无竭智公灵塔

无竭智公灵塔位于潭柘寺下塔林院西部，编号 17 号。塔为青砖砌六角单层檐，测塔高约 3 米。塔座六角砖砌须弥座，塔身六面，朝南镶砖雕塔铭，铭文"圆寂观音庵主无竭智公灵塔"。塔檐外沿凹曲弧线呈六角，砖砌攒尖塔顶，塔刹丢失。

无竭智公灵塔

18.18—19号无名塔

18号无名塔

19 号无名塔

20. 林公览灵塔

　　林公览灵塔位于潭柘寺下塔林院西部，编号 20 号。塔为六角单层檐砖塔，始建于明成化元年（1465 年）五月，测塔高约 5.5 米。塔坐北朝南，建造比较讲究，质量上呈，五百多年后保存仍然完好。朝南塔铭记"圆寂本师潭柘龙潭都寺林公览灵塔／成化元年（1465 年）五月二日／孝徒齐净同立"。

21. 恒公灵塔

恒公灵塔位于潭柘寺下塔林院北部，编号21号。塔为六角单层砖塔，始建于明天顺四年（1460年），建造精良，砖雕细腻，整体保存完好，测塔高约5米。塔座须弥座束腰部砖雕花卉图案，须弥座上层凹刻窗棂和如意花护栏，三层莲花瓣承托塔身，塔身一层六面，朝南设一砖雕对开假门，门上镶嵌立边框的砖雕塔铭，刻字"圆寂本师首座恒公灵塔／天顺四年□□□□三月春日立"。其他五面各是四方万字棂花假窗，上沿一圈倒垂如意云头，檐下仿木斗拱。单层砖砌叠涩塔檐，塔顶叠涩攒尖，六角座三层莲花承托宝珠塔刹。

林公览灵塔

恒公灵塔

22. 能公仁庵禅师灵塔

　　能公仁庵禅师灵塔位于潭柘寺下塔林院西北部，编号 22 号。塔为六角单层砖塔，测塔高约 4.8 米。

　　能公仁庵禅师灵塔，坐南朝北，塔座为砖砌六角须弥座，束腰部雕有花饰图案，须弥座上两层砖雕护栏和三层莲花瓣承托塔身。塔身六面，南、北设砖雕两扇假门，其他面四个方形假窗，朝南门上镶嵌砖雕塔铭，铭文"圆寂首座能公仁庵禅师灵塔"，下款年代文字不清，从周围同类塔看，此塔应是明代建造。塔身上部倒垂如意云头比一般的都宽大，往上砖雕仿木斗拱，砖砌叠涩檐，塔檐外沿凹弧形边。塔刹由砖砌攒尖六角须弥座，三层仰莲花承托宝珠组成。

能公仁庵禅师灵塔

23. 海真和尚塔

　　海真和尚塔位于潭柘寺下塔林院西北部，编号 23 号。塔为六角单层砖塔，测塔高约 6.6 米。

　　海真和尚塔的塔基座比周围塔的基座都高，塔座为两层砖砌六角须弥座，束腰部雕有精美的花饰图案；须弥座上两层砖雕花卉图案的护栏和三层仰莲花承托塔身。塔身六面是砖雕两个假门和四个方形假窗，朝南门上镶嵌石塔铭，塔铭字因刻得浮浅，形成塔砖雕保存完好，塔铭字却不清，只有几个字可读："圆寂本□□禧□□海真……"下款年代文字不清，从周围同类塔看，此塔应是明代。塔身上部倒垂如意云头和砖雕仿木斗拱，塔檐砖砌叠涩式，塔檐外沿凹弧形边。塔顶由砖砌攒尖六角须弥座，三层仰莲花和宝珠组成塔刹。

海真和尚塔

24. 终极无初禅师塔

终极无初禅师塔位于潭柘寺下塔林院西北部，编号 24 号，塔建于明宣德四年（1429 年）。

终极无初禅师，法名德始，字无初，号终极，是位日本东信州人，即现今的日本长野县。幼年性情端静，不爱与小朋友玩耍，见到僧人从门前经过便喜形于色。父母见此，知道他有向佛之心，就送他到寺庙，拜一公和尚为师，出家修行。几年后乘日本商船来中国，在杭州灵隐寺学习临济宗法，向慧禅师学习禅宗佛学，佛理大有长进，"深得单传之旨，后东归，国人景仰，尊为禅祖"。就是说终极无初禅师在中国学成后返回日本传法，被尊称为日本禅宗的初祖。几年后又到中国，明洪武十一年（1378 年）来到北京，住在双塔庆寿寺，与明代僧人姚广孝谈佛论法，遂往

终极无初禅师塔

终极无初禅师塔塔铭

四川峨眉山等地云游多年，其间任过多寺住持。明永乐十年（1412年）明成祖朱棣特命德始为潭柘寺住持，连续四届住持，德高望重，生活俭朴，青衣素食，暮鼓晨钟，一生无积蓄。明宣德四年（1429年）在潭柘寺中圆寂，遗体火化后舍利百余颗，晶莹圆洁，令众僧感到惊异，建造六角五层密檐塔，并将舍利供拜在塔内。

终极无初禅师塔为六角五层密檐实心砖塔，坐北朝南，测塔高约13.5米，塔座为上下两层砖雕须弥座，上层须弥座比下边须弥座略小一些，束腰部的图案差不多，都是吉祥如意云纹图案，转角处各雕一个仰覆莲花宝瓶柱。须弥座上是仿木斗拱，上有吉祥锦纹图案的护栏，三层巨大的仰莲花瓣，最上层莲花瓣与瓣之间刻花蕊纹，莲花座中央是五层塔身。第一层塔身为六面，南、北两面设砖雕仿木假门，门为双扇上部刻浮雕花棂，下部刻吉祥团花图案，门楣上有两个花头门簪。朝南的门上是镶嵌一方砖雕塔铭，铭文"前往当山第三十三代住持终极无初禅师之灵塔"16个工整的楷书字。转角处是半圆形转角装饰柱。除了南北是假门，其他四面各是一个砖雕方形假窗，窗中雕各式锦纹窗棂。塔身上部为五层塔檐，每层塔檐下边是砖雕仿木斗拱，檐与檐间每面设有两个龛门，但龛门中无佛像。塔檐用叠涩法青砖砌，塔檐外沿采用凹弧线形码砌，这样能使塔檐的檐角更显突出飞翘，塔身看上去不那么平直呆板，增添曲线美感，据说这是元代的建筑方法，到明代传承继续使用。塔刹建造比较讲究，密檐顶上砌收缩砖台，砖雕三层仰莲花座，中间承托着一颗火焰宝珠，宝珠上插一根金属铁针，穿起一组由五层相轮和三颗宝珠的塔刹。

六百多年过去了，现在还有日本友人来朝拜终极无初禅师塔，缅怀德始大师对日本佛教所做出的卓越贡献。

明代是潭柘寺的兴盛时期，这首先得益于明初智僧姚广孝。明建文帝削藩时，明成祖朱棣就是按照姚广孝的谋划，起兵"靖难"夺取的皇位。功成名就之后姚广孝辞官不做，先住西长安街庆寿寺，而后到京西潭柘寺隐居修行，每日里与自己的老友，潭柘寺日本僧人无初德始禅师探讨佛理。二人一见如故，相见恨晚，每日里研讨佛法，结为挚友。姚广孝对无初德始禅师高深的佛学造诣十分钦佩，姚广孝向明成祖朱棣推荐了德始禅师，朱棣任命德始为潭柘寺钦命住持。德始禅师拿出了自已多年的积蓄，对寺院进行了整修。在任住持期间，德始禅师为了整修寺院日夜操劳，废寝忘食。他还四次主持道场，弘扬临济宗佛法，繁盛了潭柘寺的香火。德始在中国居住了 56 年，是日本在华高僧留居中国时间较长的一位，为中日佛教文化交流、中日两国的友好往来做出了贡献。

25. 东洲胜公塔

东洲胜公塔位于潭柘寺下塔林院内西北部，编号 25 号。塔为六角三层密檐实心砖塔，测塔高约 10 米。塔铭刻大字四行"圆寂本师潭柘龙泉首座东洲胜公之塔"，下款小字"大明成化四年（1468 年）岁次戊子"。东洲胜公禅师的生平不详，东洲胜公塔比终极无初禅师塔晚建 39 年，属同时期建筑，其外观造型基本一致。

东洲胜公塔

26. 古亭隆公之塔

　　古亭隆公之塔位于潭柘寺下塔林院内西北部，编号 26 号。塔为六角单层砖塔，测塔高约 5.1 米。古亭隆公之塔与周围明代僧人单层塔造型基本一致，塔身朝南砖雕塔铭，铭文"圆寂首座古亭隆公之塔"，没有塔主人的生平和具体建塔时间。

古亭隆公之塔

27. 隐峰琼禅师灵塔

隐峰琼禅师灵塔位于潭柘寺下塔林院内西部，编号 27 号。隐峰琼禅师灵塔为明代青砖砌六角三层密檐塔，测塔高约 7.6 米。塔座两层须弥座，两层砖雕护栏装饰，往上没有仰莲花层，而是砖砌六角托盘状承托塔身。第一层塔身六面，朝南有砖雕假门，其他五面各一方形砖雕假窗。假门上砖雕塔铭"僧录司右讲经鸡鸣禅寺住持曹洞正传隐峰琼禅师灵塔"字样。往上三层砖砌叠涩塔檐，顶端三层仰莲花座承托圆宝珠塔刹。与隐峰琼禅师灵塔类似的明代砖塔在下塔林院有多座。

塔铭中"僧录司右讲经"是古代官府授命的僧官职。隐峰琼禅师生平不详，从塔铭字得知做过鸡鸣禅寺 [①] 的住持，是曹洞宗派的正传禅师，是皇帝赐授的"僧录司右讲经"，圆寂后在潭柘寺立灵塔。"曹洞正传"指佛教曹洞宗，曹洞宗是我国佛

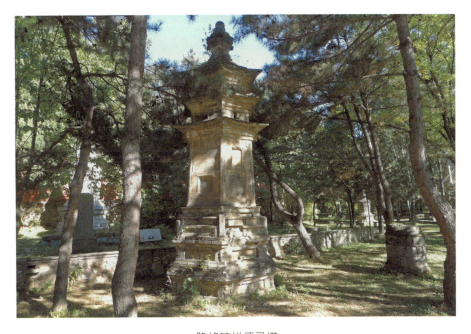

隐峰琼禅师灵塔

注释

① "鸡鸣禅寺"在中国有多处，河北省张家口市下花园区内有鸡鸣山古寺，江苏省南京市玄武区有著名的鸡鸣寺。

教禅宗南宗五家之一，始于唐代后期，创始人洞山良价（807—869 年）和曹山本寂（804—901 年）。曹洞宗在我国佛教中影响极大，在日本也有众多的信奉者。曹洞宗作为佛教的典型代表，积极关注世间动态，发扬其慈善精神，关注民主，普度众生，建立健全良好的精神基础，传承至今。

28. 底哇答思大师塔

底哇答思大师塔位于潭柘寺下塔林院内西北部，编号 28 号。底哇答思大师塔为全石结构覆钵式塔，具有独特的建筑艺术风格，测塔高约 6.2 米。塔基为花岗岩石四方台座，塔座六角仰覆莲须弥座，束腰部浅雕海棠池花纹。须弥座上三层金刚圈承托覆钵式塔身，塔身上又三层金刚圈和圆锥形塔颈。塔顶部石刻垂帘串珠华盖，黄色莲花承托仰月和葫芦塔刹。整座塔采用了花岗岩石雕凿叠砌而成，塔须弥座平直，仰覆莲花瓣规整大方，覆钵体塔身曲线简洁，塔上没有塔铭，而塔前竖立一方明正统三年（1438 年）的"故禅师底哇答思塔铭"石碑，记述着东印度僧人底哇答思大师的迹行，底哇答思大师塔是中外佛教交流史上的重要实物。

底哇答思大师是东印度人，8 岁出家。拜僧人板的达（也译作班迪达）为师，跟随师父云游。明洪武初年，24 岁时游历到中国，明太祖朱元璋在京（今南京）奉天门召见了底哇答思，在宫中说法，并"钦赐度牒，命随方演教"。后云游中国各地传法三十多年，"于是慈云法雨，所沾被者甚众"。明宣德三年（1428 年）来到北京，居住庆寿寺中，直到暮年。明宣德十年（1435 年）转到潭柘寺，大师认为这里就是他所理想的"西天佛国"，遂在寺院西侧建造了一座庵堂，作为自己的终老之所。底哇答思大师还出资修建寺院，并经常用自己的资财，救济附近的贫苦百姓，从而受到了寺僧和附近百姓的尊敬。明正统三年（1438 年）三月初一，底哇答思大师在潭柘寺圆寂，终年 90 岁，佛门尊其为"政禅师"。朝中太监梅公等人捐资建灵塔，并请当朝吏部郎中翰林院侍书程南云为碑撰文、篆额、书丹，建碑立墓塔前。

底哇答思大师来自东印度，到中国后修行高深，得到明太祖朱元璋的重视，成祖朱棣的钦命，并留在中国各地进行传经演教 66 年，为中国佛教文化的发展做出了自己的贡献。

底哇答思大师塔铭碑

底哇答思大师塔

29. 无名盔式砖塔

　　无名盔式砖塔位于潭柘寺下塔林院中部偏西，编号29号。这是一种建造比较容易的僧人墓塔，一些青砖竖立着码砌，节省不少材料，但建造时每块青砖还是经过精心打磨出圆弧面。原来这种盔式塔在塔林里很多，因为平砌单薄，体积略小，坚固程度差，大部分都损毁消失了。此墓塔的高度1.2米，塔顶部损坏后修补完不是原貌，下塔林院中存有三座无名盔式砖塔。

29 号无名盔式砖塔

30. 无名盔式砖塔

30 号无名盔式砖塔

31. 元信公中孚灵塔

元信公中孚灵塔位于潭柘寺下塔林院中部偏西北，编号 31 号。塔为六角单层砖塔，测塔高约 5 米。其塔的特点是塔下部须弥座、砖雕仿木斗拱、两层护栏装饰和三层莲花瓣的尺寸都比一般塔略高，而塔身和塔檐部分比例显矮小了。塔上砖雕门窗图案细腻。朝南砖塔铭刻字"示寂叔师龙泉座元信公中孚大和尚之灵塔"。这方砖塔铭制作，是在制出的砖坯上用木笔或竹笔手写上文字，再放进窑中烧制，砖烧成后文字也随砖固定成型，比在砖上雕刻塔铭字的制作方法要省一点工时，但字体笔画形态不如雕刻工艺细腻，比较随意。在元信公中孚灵塔上手写塔铭和砖雕花饰假门形成对比，看到实际工艺情况，砖雕花饰假门的工艺视觉效果非常强，显得塔铭制作太简单了。

元信公中孚灵塔

元信公中孚灵塔塔铭和砖雕门

32. 无名覆钵砖塔

32 号无名覆钵砖塔

33. 言公长老塔

言公长老塔，也称政言公长老塔，位于潭柘寺下塔林院广慧通理禅师塔的西北，编号 33 号。塔建于金大定二十八年（1188 年），为汉白玉石六角五层密檐幢塔，测塔高约 4.4 米。塔座六角须弥座，束腰部每面各一壶门，壶门内一兽头，须弥座上是一层仰莲花盘承托塔身。塔身六面柱状，朝南一面上部刻"故言公长老塔"字，下部浮雕木门图案，其他五个面是"中都潭柘山龙泉禅寺言禅师塔铭"，记录了言禅师的生平记述，年款"大定二十八年岁次戊申六月丙寅朔立"，撰文者是金世宗之孙，越王永功之子祖敬，题写塔铭时 18 岁。塔身上是石刻六角五层密

檐和圆宝珠塔刹。

言公长老，师名政言，许州长社人（今河南省许昌市），俗姓王，生于金天会五年（1127 年）。九岁出家，在资福禅寺净良法师身边十余年，21 岁开始讲经，同时传授大乘戒达十二年。一日告诉师父想云游学法，师父同意了。云游多地，到南京听讲唯识论，当时听讲经的僧人很多，在大师提问时政言对答如流，众人心服口服，得到赞赏，师请为首座。后得命云游河南嵩山讲经，又来到金中都城（今北京）西竹林寺拜广慧通理禅师，居住在潭柘寺三年。著有《禅说金刚歌》《金台录》《真心真说修行十法门》等，流传于世。晚年回到河南，逝于金大定二十五年（1185 年），享年 59 岁。火化以后，灵塔建于河南省临汝县香山寺慈照大师灵塔旁，又分其顶骨葬北京潭柘寺下塔林院，三年后的大定二十八年（1188 年）六月建石幢塔，并刻塔铭。

言公长老塔

34. 慧公禅师之塔

慧公禅师之塔位于潭柘寺下塔林院东部，编号34号。塔建于元至元二十九年（1292年），为石雕凿八角三层密檐幢塔，八面文字清晰可读，测塔高约3.5米。塔基为修补建八角三层水泥墩台，塔座是圆盆形石雕三层莲花瓣承托塔身，塔身八面满刻文字，分间隔四个大面，面宽0.16米；四个窄面，面宽0.15米。朝南正面是楷书阴刻"慧公禅师之塔"字和浅雕花门帷；其六个面是大万寿寺住持东川撰文"大都竹林禅寺第二十三代慧公禅师塔记"，记述慧公禅师的生平赞言；第八面是慧公好友"落发小师"崇赟、崇贤、崇庆三位的署名。塔上部为三层密檐，每一层都是整块石料打凿八角仿瓦垄铺面塔檐，塔顶仰天云纹座承托圆宝珠塔刹。

慧公禅师之塔

元代高僧慧公禅师，俗姓史，名道慧，宣德府（今河北省宣化）人。自幼聪慧，五岁出家，在龙华寺达公师处学佛法，倾心禅师，"从亲教业，唯识大论"，后主讲《成唯识论》，达到了洞察玄机奥妙。晚年居竹林寺，七十岁圆寂。元至元二十九年（1292 年）六月，慧公禅师的弟子"潭柘山第二十六代法侄德顺"为师父葬骨立塔于潭柘寺塔林。

35. 归云大禅师塔

归云大禅师塔位于潭柘寺下塔林院北部，编号 35 号。塔建于蒙古贵由汗二年（1247 年），为六角三层密檐幢塔，测塔高约 3.3 米。塔基由六方砂岩石制成，塔座是六角须弥座，束腰部六面，每面各刻一壶门，壶门内浮雕一只半身带两前肢的狮子。须弥座上是圆形三层仰莲花及花蕊的幢盘承托塔身。塔身六面柱状，每面宽 0.27 米，朝南为正面，上部篆书阴刻"归云大禅师塔"，下部刻石门帷，其他五面

归云大禅师塔

刻 "浑源州永安禅寺第一代归云大禅师塔铭"，记述归云大师的生平，上下还镌刻蔓草花边。塔身上部三层石塔檐，顶部一圈仰莲花瓣承托圆宝珠塔刹。此塔是 "丁未（即元代初蒙古贵由汗二年，1247 年）岁清明日法侄海云印简" 同众僧捐款筹建立石，归云大师是海云禅师的师叔。

归云大师，名志宣，字仲微，俗姓李，出生于金大定二十八年（1188 年），广宁人（今辽宁北镇市）。少年出家，得法于临济下尊宿玉泉庵老人。师父命归云至燕山竹林寺修法，得法后遍访七处名刹，大阐宗风。金末元初之时，归云大师重修山西浑源县永安禅寺，为第一代开山祖师。于蒙古贵由汗元年（1246 年）圆寂，享年 59 岁。火化后 "获舍利百数"，弟子们将舍利灵骨分四份建塔安葬，在其住持过的山西省浑源县永安禅寺、北京门头沟区潭柘寺、玉泉寺（初家寺）和河北省赵县柏林寺分别建塔以纪念归云大师功德。[①]

36. 了公长老塔

了公长老塔位于潭柘寺下塔林院东部，编号 36 号。塔始建于金泰和四年（1204 年）四月二十日，为六角五层密檐幢塔，测塔高约 4.5 米。了公长老塔的塔基用砂岩石拼砌六角入地，塔座六角须弥座，束腰部每面一壶门，壶门内一只伸有两前肢的狮子头。须弥座上圆形三层仰莲花及花蕊的承托盘，承托着六面柱状塔身，塔身每面宽 0.4 米，朝南正面上部刻大篆书体 "故了公长老塔" 字，此字是由龙山县县令吕景安题写，下部刻浮雕仿木门帷；两侧面各刻浮雕白描人物像，为一僧人一尼姑，人物像高 50 厘米，面容体态安详，袈裟纹饰讲究，惟妙惟肖，是研究金代僧尼服饰的形象实物资料；其他三面满刻文字，由于年久风化部分字迹不清楚，首题是龙泉寺（今潭柘寺）"第九代了公禅师塔铭"，正书竖刻 30 行，满行 46

注释

① 张云涛：《潭柘寺碑记》，中国文史出版社 2010 年版，第 244 页。

了公长老塔

个字，共 1200 多字。《北京辽金史迹图志》根据拓片录有塔铭文。[①] 塔上部五层石刻六角塔檐，塔顶仰莲承托圆宝珠塔刹。

了公禅师，师名相了，初名行录，俗姓宋，义州人（今辽宁义县），出生于金天会十二年（1134 年）。了公在家排行老三，出生时有奇瑞之像，自幼喜欢独自静思，举止端庄，行必直视，坐即跏趺。九岁出家，学习华严经、圆觉经等，十五岁代替师父登台说法。后至辽阳禅刹礼大导禅师，因缘不契，遂至咸平（辽宁铁岭市）见定公和尚，又往锦州大明寺，辽阳大惠安寺，在这期间几次有请邀任寺庙方丈都未从命，此间更名相了。在金代明昌年间潭柘寺无住持，岐国大长公主请相了和尚来住持，对寺院进行大规模整修，主持僧务达四年，朝野间声望很高。金泰和三年（1203 年）圆寂，享年 70 岁，出家 62 年，一生五山道场，盖心如大地，八凤回动。火化时"百千蝴蝶自火焰而出，祥云五色，现于半空"。[②] 火化后，门人善琼等人收灵骨，于金泰和四年（1204 年）四月二十日葬骨立塔。

注释

① 梅宁华等：《北京辽金史迹图志》下册，北京燕山出版社 2003 年版，第 115 页。

② 张云涛：《潭柘寺碑记》，中国文史出版社 2010 年版，第 230 页。

37. 宗公长老寿塔

宗公长老寿塔位于潭柘寺下塔林院东北，编号37号。塔建于元至元九年（1272年）七月，为花岗岩和汉白玉石组成，八角五层密檐幢塔，测塔高约3.8米。塔基花岗岩石八角形入地下，塔座花岗岩八角须弥座，须弥座的每面下枭刻团花，下枋刻莲花瓣，束腰部的每面上一团花图案，转角处刻浮雕兽头口衔花带和花结连接团花，十分讲究，上枋无图案，这样的须弥座较少见。须弥座上三层仰莲花及花蕊承托盘。塔身八面分大小面，大面四个各宽0.23米，小面四个各宽0.17米，上下一周刻蔓草花纹，朝南一面上部石刻篆书"宗公长老寿塔"字，下部刻石门帷，其他七面刻"潭柘山龙泉寺第二十二代大禅师宗公"

宗公长老寿塔

之经历。塔上部五层石塔檐，顶部是双层仰莲花承托圆宝珠塔刹。

宗公大禅师，陕西人，俗姓南，母陈氏，名觉宗，字道玄，号松溪，又称扶风雨氏子。幼年时期"幼不嬉戏，不荤茹，喜于静跏趺"，父母见状就送僧人那里，当时正是金末元初，天下大乱，南下的蒙古军队打到陕西，少年时被蒙古军抓到蒙古，后军中淳太傅公见其喜欢跏趺静坐，便允许出家为僧，辗转河北怀来、武川、矾山等地念经修身。元宪宗元年（1251年）在河北省涿鹿县矾山镇灵山古刹任住持，师升堂说法。元至元年间来到北京潭柘寺，至元三年（1266年）继任住持，主持修建大殿和宜房院十三间，用白金二百两，几年后圆寂，至元九年（1272年）"恒定等服师之德为造寿塔"，就是百十众徒为宗公建石幢塔。

38. 奇公长老塔

　　奇公长老塔位于潭柘寺下塔林院内东部，广慧通理大师塔的东侧，编号 38 号。塔建于金大定十九年（1179 年）四月，为白石六角七层密檐幢塔，测塔高约 4.7 米。塔座六角须弥座，束腰部每面各刻一壶门，壶门内一狮子头，须弥座上是六方双层仰莲花瓣及花蕊承托盘。中部塔身高 1.38 米，为六方石柱形，每面各宽 0.4 米，朝南正面塔铭大楷书刻"故奇公长老塔"字样和垂帘对开假门装饰；正面的两侧各有一幅浅雕线描人像，一僧人一尼姑，形象生动传神。其后二面刻有铭文记述奇公长老的迹行，铭文楷体竖刻 16 行，满行 34 个字，首题"中都竹林禅寺第七代奇和尚塔"，下款"大定十九年（1179 年）四月中休日建"，塔铭文保存完好，字迹清晰，为"朝列大夫前宝坻盐使姚亨会书大圣安寺西堂传法沙门广善铭撰文、书丹、篆额"。① 《北京辽金史迹图志》拓片录有全文。朝北的一面是素面无字。塔身上部六角七层石塔檐，每一层都是一块整石头雕刻而成；顶部为两层仰莲花瓣形承托塔刹，可惜圆宝珠塔刹丢失。整座塔造型简洁明快，雕刻精细，特别是两幅石刻人物画，是研究金代佛教情况、僧人服饰、绘画艺术的宝贵实物资料，具有很高的研究价值。

　　奇公，法名了奇，俗姓潘，白霫富庶（今内蒙古宁城西）人，生于辽天庆十年（1120 年）。13 岁在兴教寺（今辽宁省医巫闾山）落发出家，16 岁试经受剃度，拜北京圆宗寺慧柔大师为师，以华严宗为事业。后拜广慧通理大师学佛，外出云游，遍访高僧。金大定七年（1167 年）了奇和尚接潭柘寺住持四年，学徒云萃，来听经的人达到五千之众。大定十年（1170 年）二月七日圆寂，享年 51 岁。九年后昭隆和尚为奇公大师建石塔于潭柘寺下塔林院。

注释

　　① 梅宁华等：《北京辽金史迹图志》下册，北京燕山出版社 2003 年版，第 99 页。

奇公长老塔

39. 西堂万泉文公塔

　　西堂万泉文公塔位于潭柘寺下塔林院内东部，与瑞云霭公灵塔相邻，编号39号。塔为六角五层密檐式砖塔，测塔高约9.1米。塔座两层须弥座，下层须弥座束腰部每面两个壶门，每面内砖雕一带二前肢的兽头，间隔每面是花卉图案；上层须弥座略小每面一个壶门，图案也是兽头和花卉间隔出现，这里的"兽头"造型不太像狮子，所以称兽头。须弥座上两层砖雕万字护栏和三层仰莲承托塔身。六角塔身朝南正面砖雕对开假门，门上石刻塔铭，上款记"至元十四年（1277年）丁丑岁夏六月吉日"；正文"西堂万泉文公大禅师塔"；下款"传法主持嗣法小师崇严建"。塔的其他五面均是砖雕方棂假窗，转角处各一座三层转角塔。塔上部五层砖砌叠涩塔檐，塔顶两层仰莲花瓣和宝葫芦塔刹。

西堂万泉文公塔

40. 瑞云霭公灵塔

瑞云霭公灵塔位于潭柘寺下塔林院内东部，与西堂万泉文公塔相邻，编号40号。塔为五层六角密檐实心砖塔，测塔高约10.4米，塔形大体与西堂万泉文公塔一样，只是五层砖砌叠涩塔檐，檐外沿凹曲形檐角突出。塔身一层假门之上有砖条曲线组成的方匾框，框内石刻塔铭记：上款"岁次大德四年（1300年）暮秋建立"；中间正文"瑞云霭公长老灵塔"；下款部分字不清楚，"□枯□湖□主三□场"。说明此塔是元代大德年间建砖塔。整座塔保存基本完好，维修时填补的地方很少。

瑞云霭公灵塔

41. 柏山智公长老寿塔

　　柏山智公长老寿塔位于潭柘寺下塔林院东部，与大门广场相邻，编号41号。塔为六角五层密檐实心砖塔，测塔高约10.5米。塔座两层须弥座，须弥座束腰部每面两个壶门，壶门内砖雕牛、羊、兽以及花纹图案，须弥座上两层砖雕护栏和三层仰莲承托塔身。塔身一层六角朝南正面砖雕对开假门，门上石刻塔铭记"柏山智公长老寿塔"，塔铭石下半部分年款小字风化得已看不清楚。塔的其他五面是砖雕方棂假窗，转角处砖砌圆柱装饰。塔上部五层砖砌叠涩塔檐，檐外沿凹曲弧线，突显檐角突出美观。塔顶两层仰莲花瓣承托六角座和葫芦形塔刹。

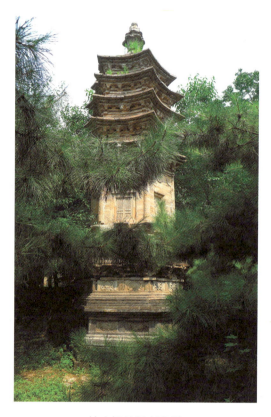

柏山智公长老寿塔

42. 通遍大禅师塔

通遍大禅师塔位于潭柘寺下塔林院东南部，与观公无相和尚塔相邻，编号 42 号。塔为明代初建，六角七层密檐实心砖塔，测塔高约 13.3 米。塔形高大，塔座六角两层须弥座直径比其他塔要大，下层须弥座束腰部每面是三个壶门，中间壶门是花卉图，两边壶门内是砖雕大象相向对头站立姿势，象背上有织花锦毯，中间是砖雕一盆花，而且各面的花形不一样。上层须弥座每面是两个壶门，砖雕花纹图案，转角处是宝瓶柱装饰。须弥座上两层精美砖雕护栏，下边护栏每面两组凹刻十字花，上边护栏每面两组浮雕飞天仕女，形成视觉起伏感觉，往上三层仰莲承托塔身。塔身一层六角形，朝南正面砖雕对开假门，门头一对方葵花门簪，门上石刻塔铭记"第三十一代佛心妙悟通遍大禅师竹泉寿公之塔"。塔的其他五面是砖雕方棂假窗，转角处砖砌圆柱。塔上部五层砖砌叠涩塔檐，塔檐的砖是专门制作檐砖，檐外沿凹曲形，塔檐层与层之间六个面，每个面有三个砖雕壶门，但壶门内平板无饰物。塔顶六角座、两层仰莲、覆钵塔身、五层相轮、宝珠塔刹。

通遍大禅师塔

43. 观公无相和尚塔

观公无相和尚塔位于潭柘寺下塔林院东部，编号 43 号。塔建于明代，为六角五层密檐实心砖塔，建造比例谐调，测塔高约 14.2 米，与通遍大禅师塔形制基本一致。砖雕塔铭"钦依广善戒坛大宗师兼龙泉堂上第三十四代住持观公无相和尚之灵塔"。因没有观公无相和尚的相关资料，从"第三十三代住持终极无初禅师"是明

宣德四年（1429年）在潭柘寺中圆寂时间推断，观公无相和尚应在明宣德年间接任住持，后如何寿终不知。整座观公无相和尚塔保存较完好。

观公无相和尚塔

44. 十方普同塔

十方普同塔，又称万人塔，位于潭柘寺下塔林院中部，在金代广慧通理禅师塔的东南侧，千年娑罗树的绿荫遮护下，编号44号，是潭柘寺下层职事僧人的合葬墓塔。塔建于明万历四十二年（1614年），十方普同塔为砖石结构覆钵塔，测塔高约 7 米。塔基为正方形两级台座，塔座八角须弥座和七层金刚圈承托覆钵体砖砌塔身，塔身上有石须弥座和九层相轮，塔顶为石刻华盖和仰莲花承托宝珠塔刹。砖砌塔身朝南镶嵌一白石塔铭，刻有"潭柘嘉福寺门弟／十方普同塔／大明万历四十二年三月二十六日立"字样。潭柘寺僧人众多，组织严密，等级森严，大和尚圆寂后一人一塔，而下层职事和尚圆寂后，则合葬在这座十方普同塔内。据说十方普同塔的塔身后边塔基北侧有一个长 0.9 米、高 0.3 米的活砖塔口，装有活动的砖，在塔底下是一个很大很深砖砌墓穴，寺内的下层职事和尚圆寂后，火化把骨灰装入布袋或一个小坛子里，将塔身上活动砖抽出，把骨灰投入进塔内的墓穴中，不留其姓名，再将活动砖插好。几百年来，塔内所埋葬的僧人骨灰难以数计，因而人们又称此塔为"万人塔"，是埋葬僧人最多的墓塔。像这样的"十方普同塔"在潭柘寺以及北京地区，乃至全国有很多很多座。

十方普同塔

潭柘寺塔院外六塔

1. 虎塔

虎塔位于潭柘寺下塔林院外西北山道的路边。塔为砖石结构，以青砖砌须弥座、覆钵体塔身和十三层相轮，而塔基、塔铭、华盖及塔刹为石料打凿的，测塔高约 7.5 米，塔铭石字迹不清。

据说此塔中埋葬的不是僧人，而是一只老虎，此虎原生活在潭柘寺外的虎踞峰，时常下山伤害牲畜，后在寺内"疯魔和尚"因亮法师的教化下，改恶从善，改食素斋，每日老虎伏在因亮法师身边，听其讲经。因亮法师清宣统元年（1909 年）圆寂后，此虎绝食，每天哭泣，五天之后殉主而亡。寺僧们感其至诚，按照寺内大和尚的待遇，为其修建造了一座墓塔，称虎塔。

民国时期有位旅行家田树藩游过此地，在《西山名胜记》中写："清同光间（指清朝同治、光绪年间），有僧因亮者，道行甚高，为人拔除不祥，治病消灾，极为灵验，皆呼为活佛。讲经时有虎来听经，饿死洞中。因亮于宣统元年圆寂。遂就其舍利塑像祀之，并就虎骨塑虎像于其旁，以便世人祈福。著者有诗云：神话离奇虎听经，佛心感应兽心灵。永留色相传千古，香火人间拜道星。"

2011 年维修虎塔时，将塔覆钵体上一棵小榆树清理掉，怕树根撑裂塔体造成坍塌。清理过程中发现塔肚内有一尊高 23 厘米鎏金铜佛像，一个铜制高 21 厘米，底直径 10 厘米铜皮圆锥体，内有许多清代中早期官式做法的香泥小塔模具。这批文物出土，为研究潭柘寺塔林提供了真实的史料。

虎塔

2. 龙塔

龙塔位于潭柘寺下塔林院外东北百米处。塔为砖石结构覆钵式塔，测塔高约8.3 米。

1935 年出版的《西山名胜记》记载："青龙龛，在福海珠轮大殿内之西端，内供大青二青龙王。所谓龙王者，即该庙（指潭柘寺）中常见之青蛇。言系龙之遗种，时来时去，庙会时和尚供之龛中，享受香火，一般善男信女，无不尊敬顶礼，视为活神仙。"据民间传说，很早以前，华严祖师建潭柘寺时，"舍宅"里的老龙留下了一对龙子，命其保护潭柘寺。这对龙子化作成两条青蛇住进了大雄宝殿，分别

叫大青和小青，平日避人视线在殿里殿外和柱梁间爬上滑下，"巡视"保护寺平安。一天，皇帝幸游来寺内进香拜佛，大青蛇现身想看热闹，变身一条大蛇前去讨封，不想大蛇的出现把皇帝惊吓一跳，皇帝呵斥："何物不敬，敢扰佛堂，供众之物，快走！"僧人们见此慌忙安抚，让皇帝继续拜佛。当天，寺僧们感觉粥味异常，当众僧从大锅盛粥将至锅底时，发现盘成圈圈的大青蛇骨，它是怎么钻进锅里的，一时谁也说不清楚。原来大青遵从皇帝的金口玉言，钻进了粥锅，真的成为"供众之物"。大青升仙后，小青也悄悄地离开潭柘寺进了大山。寺住持知道此事，念大青、小青护寺多年，为纪念此事，率僧徒建一座覆钵塔将大青蛇的遗骨安葬塔内，起俗名"大青塔"，就是今天的龙塔。从此潭柘寺前有龙塔与虎塔一东一西相立山坡之上，形成塔林院"左青龙，右白虎"的格局。

龙塔

龙塔（2014 年）

3. 纯悦方丈墓塔

据说此塔是纯悦方丈墓塔，纯悦方丈墓塔位于门头沟区潭柘寺上塔林院外东北的山坡上，距离上塔林院 50 米。塔为砖石覆钵塔，建造年代不详，坐北朝南，测塔高约 9 米，保存完好。塔上石料部分有：塔基座两级是条石铺面、塔须弥座上枋是刻花石板、首层一圈石刻莲花盘、塔身覆钵体朝南石塔铭、塔身上"亞"字形小须弥座和垂帘串珠纹石华盖。而塔的主体为青砖码砌，包括塔下部须弥座、金刚圈、覆钵体塔身、七层相轮等。塔的汉白玉塔铭石风化已看不清字迹，顶端塔刹石

丢失，全塔保留了清代墓塔的风格。

如此塔是潭柘寺第十九代住持纯悦禅师灵塔（1871—1945 年），塔在潭柘寺塔林中是建造较晚的一座塔，按时间推断应建于 20 世纪 40 年代。

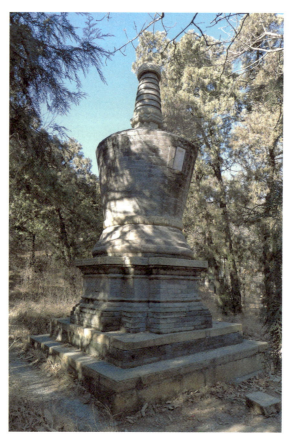

纯悦方丈墓塔

4. 潭柘寺西残塔

潭柘寺西残塔位于门头沟区潭柘寺院的西南大约 800 米山坡树林中。残塔为无名塔，坐北朝南，青砖砌覆钵塔，测残塔高约 4.2 米，朝南塔铭石被盗，覆钵塔身上相轮和塔刹坍塌，砖石构件散落四周，覆钵体塔身上只剩一米长的中心木，塔身也开裂。塔身下部六层砖砌金刚圈，其中五层是方棱边金刚圈，最上一层是圆弧边金刚圈，塔刹华盖石被丢弃在塔旁。塔须弥座方形由石板和碎石码砌，边长 2.5 米，高 1.1 米，遭到严重破坏。须弥座北侧有一长方木框洞口，洞口直通塔下地宫，从而推测可能此塔是葬众僧的普同塔。从塔形和洞口木框的陈旧程度看，塔应为清朝末年建造，位置在山林中隐蔽处，知晓的人很少。

潭柘寺西残塔

5. 门前广场二塔

门前广场二塔位于门头沟区潭柘寺下塔林院的东围墙外，原是停车场，后改建成仿古大门的门前广场。广场上有两座覆钵砖塔，一塔测高约 5 米，坐北朝南，六角须弥座，五层金刚圈，覆钵体塔身朝南有汉白玉塔铭，因风化字迹已经看不清

楚，往上九层相轮，石刻垂帘珠华盖和仰月葫芦塔刹。另一塔，砖砌覆钵塔，测高约3.4米，塔刹丢失，无塔铭石。推断这两座覆钵砖塔应为清代潭柘寺职事僧人的墓塔，原先周围不止这两座塔，还有许多塔，因塔破旧坍塌被铲平，由于开发利用土地的需要，改建成停车场，长时间塔旁小树荒草有一米多。2016年停车场整修改成门前广场，将两座古塔保留下来，将古塔基址部分也清理出来，建成下沉式展示区，周围设汉白玉护栏，两座古塔得到修复完整展现出来。

门前广场二塔

门头沟区　消失古塔四十三座

观音堂赵公塔

　　观音堂赵公塔位于门头沟区永定镇石门营村。石门营村成村于明代，村旁是采石场并有驻军，应是为修建北京城开采石料的。到了清代，村里有过多座庙观，清同治年间宫中大太监刘诚印出资建一座玄真观，为宫中太监养老之所。村旁有座砖石塔，建于清代，坐北朝南，塔高约2.2米，塔形八角攒尖顶，下部八角须弥座高0.75米，边长0.78米；塔身八角砖砌高约1.45米，边长0.58米，朝南有石刻券门，门额书"宝藏玄机"，塔铭刻"皇清羽化观音堂上清正法派第二十代永不老赵公宝塔"。此塔现已不存在。

崇化禅寺十塔

　　崇化禅寺位于门头沟区龙泉镇东部城子村以西的九龙山下。崇化禅寺始建年代不详，元至正四年（1344 年）重建，称清水禅寺，传为黄龙禅师说法道场。明宣德九年至正统二年（1434—1437 年）司设监太监吴亮重修，英宗朱祁镇赐名崇化禅寺，有皇帝御赐的御名、御字、御碑号称"三御"。古寺有两棵高大繁茂的银杏树，原泉水四季环绕寺院，寺前两座古桥。寺内原有十座佛塔和一座过水塔。

　　据记载：明成化八年（1472 年），因宪宗朱见深的赏赐内典在崇化寺设收藏之地，"即林东偏增后殿若干楹以贮之，又沿寺之围墙建塔十座，藏舍利真言，曰：舍利宝塔、吉祥多门塔、菩提塔、僧伽寂静和合塔、莲花集积塔、天降塔、受身寿塔、□□□塔，骈峙殿前，各异其制"。[①] 这八座塔加上经幢塔和过水塔，共十座塔，经历几百年的风化坍塌而消失，1999 年 9 月清理遗址时，发现一经幢塔身和五座塔基座遗址。经幢塔身六面，长 1.15 米，正面刻"崇化堂上第十二代禅师义轩尘公塔"，其余面是楷书记述义轩尘公的生平，今经幢塔消失。塔的遗址自西向东，其中三塔基均长方形，长 2.1 米，宽 1.62 米，高 0.2 米，砖石砌叠涩，青石上刻花草和瑞兽。第四塔基圆形，叠涩收分四层，高 0.25 米。第五塔偏东南侧，塔基条石砌长方形，长 4 米，宽 3 米，高 1.5 米，周围塔石、塔相轮、塔刹的石构件散落地面。

注释

　　① 北京市门头沟区文化文物局编：《门头沟文物志》，北京燕山出版社 2001 年版，第 68 页。

在寺东北围墙山谷水道处，有一座小城门式建筑，连接城门的石墙是寺院的围墙，城门台座上有一座石塔，因城门洞又是山沟水道，所以称"过水塔"或"过涧塔"。当地80多岁老人讲民国时期城门台上是五座石塔的金刚宝座塔，中间一座石塔高2米左右，四隅各一小石塔，都残破不成样子。山沟多年干旱，水道无水，过水塔年久失修，塔塌城门残。2017年过水塔城门座修复，现在仅剩遗址。

崇化禅寺过水塔城门座

静明寺二塔

　　静明寺位于门头沟区龙泉镇岳家坡村西南。静明寺历史悠久，1994 年清理静明寺遗址时，收集元代残碑一方，明代石碑五方，记录了静明寺的历史情况，寺东南有过塔林。20 世纪 50 年代政府为静明寺僧人安排工作，从此断了香火。原静明寺旁保留有两座塔，一塔，坐南朝北，砖石覆钵式塔，高约 2.4 米，条石基座，塔座砖砌须弥座，座高 1.5 米，边长 1.4 米，覆钵式塔身，十三层相轮，无塔刹。因无塔铭，不知塔主，塔前放置一石刻香炉。另一塔，砖砌四方单檐，塔高 2 米，砖砌须弥座，四方柱状塔身，叠涩单檐攒尖顶，无塔铭。20 世纪 60 年代中期将二残塔拆除，今已不存在。

月严寺二和尚塔

月严寺位于门头沟区永定镇王村南的山坡上。月严寺旁原有两座塔，一塔明代建，塔高约 7 米，砖砌覆钵式塔，坐北朝南，塔十三天相轮粗壮，塔刹毁坏，早年被盗，塔身危险。另一塔为砖石砌覆钵式塔，高约 2.25 米，坐北朝南，建造年代不详，条石砌须弥座，高 0.92 米，长宽 2.2 米，覆钵塔身直径 1.6 米，朝南眼光门内砖雕佛像。1958 年拆月严寺时，将二残塔拆除，今已不存在。

在拆塔基时发现塔地宫中装满了精致小泥塔。小塔高 7.5 厘米，底座直径 3.5 厘米，塔腰直经 6 厘米，模型翻制红陶泥土塔，但呈色不纯。塔座上有一圈梵文"如是我闻……"字体清晰，梵文上边浮雕有八座不同样式的小塔，象征着佛祖释迦牟尼的八个里程碑，又称"泥作小浮屠"。塔中放小泥塔是从印度传来的做法，是对佛的崇拜。出土的小泥佛塔，现收藏于门头沟区博物馆。

苛罗坨村二塔

苛罗坨村位于门头沟区永定镇西南。苛罗坨村历史悠久，地处京城去往戒台寺和潭柘寺的进山路口上，过去这里香客甚多。2013 年苛罗坨村被撤销，村民全部搬到小区楼房。

苛罗坨村东南原有两座塔，一塔，坐南朝北，砖石覆钵式塔，高约 5 米，青条石方基座，塔座砖砌六角须弥座，座高 1.1 米，边长 1.5 米，覆钵塔身无塔铭，石砌十三层相轮，石塔刹；另一塔，汉白玉八棱经幢塔，塔高约 2 米，直径 0.39 米，塔身上下雕一圈花纹，无文字记载，塔前一个石香炉。20 世纪 60 年代中期将二塔拆除，今已不存在。

西峰寺二塔

西峰寺位于戒台寺之北马鞍山阴坡山沟中，苛萝坨村西。西峰寺始建于唐代，初名慧聚寺。明正统三年（1438年），是宫廷宦官陶镕等置林地重建，为戒台寺的下院，但独立进行佛事活动。西峰寺地处去往戒台寺的香道旁，寺中有泉水，是僧人的茶毗之所，也是很多香客往来中途在此休息喝茶的地方。西峰寺有一座密檐式塔和一座石经幢塔。

清《光绪顺天府志》记载："西峰寺东北后有塔一，共六层，高三丈许，额曰鞍山故俊公和尚之塔。塔北有池，池左有地藏殿，又石幢一，题识云：大都鞍山慧聚禅师月泉新公长老塔铭，至元二十八年（1291年）建。"[1] 说明西峰寺旁当年有一座密檐式"俊公和尚之塔"和一座石幢式"月泉新公长老塔"[2]。2001年时，"俊公和尚塔"还有塔基座残石，地下有地宫，地宫出土一青石雕石棺，石棺呈梯形，下带座，座下四方足，周围刻云纹，顶部略带弧形，棺材盖头刻"山"字形，通长0.48米，宽0.34米，高0.44米。"月泉新公长老塔"在西峰寺旁泉水池南，当年泉水四季不涸，冬天不冻，甘洌可口。现在西峰寺遗址犹存，银杏古树枝繁叶茂，一座古塔已无踪迹，一座石幢塔移至戒台寺。

注释

① 周家楣等：《光绪顺天府志》（二），北京古籍出版社2001年版，第566页。

② "月泉新公长老"石幢塔在戒台寺的明王殿前伫立（另文介绍）。

阳坡寺二塔

　　阳坡寺位于门头沟区潭柘寺镇阳坡园村西北。阳坡园村地处低山区，村东立有一块细沙岩质大圆石头，石头高 3.5 米，直径 2 米，犹如一棵大蘑菇，人们称之元宝石，村名"园"字取元宝石之意。阳坡寺旁有两座塔，坐北朝南，东西平行排列，相距 4 米。东边一塔，砖石混砌覆钵式塔，高约 3 米，条石基座，砖砌八角须弥座，砖砌覆钵塔身，朝南塔铭刻"阳坡寺第二代住持张月堂和尚塔铭"。西边一塔略小，砖砌覆钵式塔，塔高 2.5 米，圆形塔座直径 2 米，无塔铭。20 世纪 60 年代中期将二残塔拆除，今已不存在。

大云山院舍利经版塔

　　大云山院位于门头沟区妙峰山半山腰，是建于唐代武则天时期的大云寺的下院。大云山院西侧有一座舍利经板塔，塔下藏舍利、经文石板等物，塔坐西朝东，塔身朝东一方石刻塔记，题为《大辽国大云山院塔记》，记载内容："于内有释迦佛舍利、定光佛舍利、无碍大师 ① 戒珠、大藏经故版。"塔记文的最后是建塔多位僧人名，下款刻"大康九年（1083 年）癸亥岁五月日丙子记"。遗憾的是在清光绪庚子年（1900 年）的一天，有一个贪婪的人企图寻找金银财宝，盗掘了塔的地宫，在地宫中只发现了舍利和经版等物，无金银财宝，窃贼恼羞成怒地将经版、舍利全部毁坏。② 随后塔也坍塌消失。

注释

① 无碍大师，辽代著名佛学大师僧人，本书大兴区有"无碍禅师塔"一文介绍。

② 吕铁钢、黄春和著：《法源寺》，华文出版社 2002 年版，第 45 页。

官山喇嘛塔

　　官山喇嘛塔位于门头沟区永定镇石厂村北官山之下，塔为砖石结构，方形莲花瓣塔基座，基座承托三层圆盘式须弥座，须弥座之上为覆钵式塔身，塔脖粗短，塔高约 5 米。2010 年 11 月开始，到 2012 年石厂村为修建中低磁悬浮轻轨铁路工程，整体拆迁撤村，官山喇嘛塔也因塔破旧而拆除。

尊胜塔

尊胜塔位于门头沟区妙峰山镇仰山寺山口之南一称"东岭"山顶，始建于元武宗时期（1308—1311 年）。

据元仁宗皇庆元年（1312 年）赵孟頫撰《仰山栖隐寺满禅师道行碑》记载："今上在春宫尝三幸其寺，命有司作尊胜塔于东岭及建明远观光二亭，以备临幸。"[1] 当时是元仁宗皇帝在驻"春宫"时，三次来仰山栖隐寺。兄弟约定，弟为太子，兄终弟及。命令建尊胜塔和两座观光亭。

原尊胜塔为覆钵砖石塔，高约十米，条石基座，须弥座上三层仰莲承托覆钵塔身，十三层相轮，石刻塔刹。地宫早年被盗掘，20 世纪 70 年代一场暴雨后，尊胜塔坍塌，部分砖石被人拿走，剩下荒草中砖头塔遗址。

注释

① 张文大：《妙峰山碑石》，团结出版社 2013 年版，第 73 页。

火村外四塔

　　火村位于门头沟区斋堂镇，永定河南岸河滩地，距东斋堂2公里。村庄三面环山，村南杏元沟原有明代寺庙，沟中坡地有三座古塔，呈品字形，坐西朝东，第一座塔，塔座为方形须弥座，边长1.04米，高0.8米，上一圈砖雕仰莲金刚圈，砖砌覆钵塔身高0.9米，相轮和塔刹丢失，朝东的塔铭石被盗。第二座塔，塔座为方形须弥座，边长1.04米，上一圈砖雕仰莲金刚圈，砖砌覆钵塔身高0.9米，相轮和塔刹丢失，朝东的塔砖雕塔铭石曰"圆寂本师玉峰……"，其他字风化看不清。第三座塔，青砖和石块砌宝瓶形状，高1.4米，直径0.56米，外抹灰皮。塔身朝东镶嵌砖雕塔铭，字有"慧广"，即慧广尼姑塔，年款刻"明正德七年（1512年）"。

　　还有一座瑞堂禅公灵塔位于火村西南山上，始建于明代。塔青砖码砌幢式塔，坐北朝南，塔高3.5米，塔座是砖砌六角须弥座，束腰部砖雕莲花纹饰，塔身六面棱柱状，直径2米，中间实心，朝南嵌砖雕塔铭，铭刻"圆寂瑞堂禅公灵塔"，塔上部砖砌叠涩短檐，攒尖顶，顶端如意莲花承托宝珠塔刹。①

　　现今，火村外复建了河顺宝塔和风水宝塔两座塔（另文介绍），村中的四座古塔都已无存。

注释

　　① 北京门头沟村落文化志编委会编：《北京门头沟村落文化志》，北京燕山出版社2008年版，第645页。

灵岳寺云庵禅师塔

　　灵岳寺位于门头沟区斋堂镇以北 5 公里，白铁山南麓的山中平台上，始建于唐贞观年间，辽代重修称"白铁山院"，金代改称"灵岳寺"，后来进行过多次重修，2005 年再次大规模修缮。灵岳寺保留二进院落，独立封闭的院落，大雄宝殿建筑带有唐代、元代木结构古建特点，还有古松树和古槐树。灵岳寺院旁原有塔林，20 世纪 60 年代以"破迷信"为由将塔林拆除。

　　地方志记载，灵岳寺云庵禅师塔砖石结构，六角五层密檐塔，建于元至元三年（1337 年），坐北朝南，砖砌六角须弥座，上有砖砌护栏，品字科单翘斗拱，一层塔身正面有塔铭石，往上五层砖瓦密檐。云庵禅师，俗姓张，法讳缘恩，郑州人。自幼性刚毅而聪慧，元至元二十九年（1292 年）举家从河南北上，抵燕而居，父母双亡后出家为僧。多年后任灵岳寺住持，在任期间修建后殿、厨房、僧舍、钟楼等。元至元三年（1337 年）四月圆寂，同年寺旁建塔。

　　云庵禅师塔旁有妙明幢塔，元代妙明幢塔有残石构件若干存留，移置整修后的灵岳寺内（另文介绍），而云庵禅师塔今无存。

秀峰庵玉觉灵塔

　　秀峰庵玉觉灵塔位于门头沟区清水镇塔河村林安子涧半山坡上，建于明成化十六年（1480 年）。塔为黄砖砌六角形，坐南朝北，通高 6.2 米，直径 2 米，下是砖砌须弥座，一层塔身朝南塔铭刻："秀峰庵开山第二代圆寂本师祖玉觉灵之塔，成化十六年八月建立。"其余面砖雕菱花形方窗，往上高单檐。1958 年记载塔还在，现已无存。 ①

注释

　　① 北京市门头沟区文化文物局编：《门头沟文物志》，北京燕山出版社 2001 年版，第 158 页。

弥勒寺永祯和尚灵塔

弥勒寺永祯和尚灵塔位于门头沟斋堂村。东为东斋堂，西为西斋堂，南为公路，北为大山。塔建于清嘉庆十二年（1807年），塔坐南朝北，塔高约6米。六角攒尖，三层密檐，砖砌须弥座，束腰处有雕花，直径2.3米，每面1.15米，高1.4米，塔身上檐下砖砌一斗二升斗拱，平身一攒，青石塔铭刻有"弥勒寺开山第一代和尚永祯之塔"，"清嘉庆十二年（1807年）三月吉日穀旦"字样。下有砖雕斜方格六抹双扇门，两侧有砖雕方窗。此塔现已不存。 ①

注释

① 北京市门头沟区文化文物局：《门头沟文物志》，北京燕山出版社2001年版，第159页。

柏山寺通悟大师灵塔

　　柏山寺位于门头沟区沿河城西 0.5 公里，沿河口村以北万柏山坡上。柏山寺为佛教寺宇，依山面沟，坐北朝南，始建年代不详，明成化八年（1472 年）重修，清代、民国时期和 2013 年都进行过修缮，现存三间正殿、古柏树一棵和东跨院数间残房遗址，原寺西侧有一座六角三层砖石塔，称通悟大师玄公灵塔，也称祖玄塔。塔坐北朝南，通高 4 米，砖砌六角须弥座，上刻万字花纹。塔身一层六面，朝南有两扇门，朝北有两扇窗，檐下斗拱，每边宽 1.08 米，塔前有篆字铭文"通悟大师玄公灵塔"，塔铭首题"德兴府矾山县圣泉柏山寺故通悟大师玄公塔铭"①。20 世纪 60 年代中期塔被拆毁，整修梯田，现存遗址。门头沟区文物管理所 2013 年 1 月认定柏山寺为区普查登记文物，并存有"通悟大师玄公塔铭"的档案记录。

　　通悟大师讳祖玄，俗姓杨，师号通悟，亦号龙溪老人，本地（门头沟）人。金大定二十五年（1185 年）十二月二十五日生，"生而敦实，御性聪明"，幼年出家拜花严大师为师，师赐号通悟。青壮时期云游四方，当时"正值兵荒马乱之际，天下大饥，人皆艰食"，通悟大师"复完殿宇，重新佛像，乃修书状，再三请师……"后来，接受皇帝紫衣，师号全无矜色。"至乙卯三月二十七日遗颂辞其大众而终。颂曰：七十有二载，虚度过一生。……"通悟圆寂，享年 72 岁。这里碑文有不解之处，"乙卯"年，即元宪宗蒙哥汗五年（1255 年），算下来通悟大师应是七十岁，非

注释

　　① 此塔铭石在门头沟区文物管理所收藏，并有档案记录。

沿河城柏山寺

七十二岁，可碑文有两处写通悟大师圆寂七十二岁。碑文最后有"丁巳年三月二十七日嗣法子宗主道理等建"，"丁巳"年即元宪宗蒙哥汗七年（1257年），这一年通悟大师是七十二岁。通悟大师是金末到元初的一位高僧，在兵革战乱和沧桑之变的年代里，笃佛筹款修寺庙，圆寂后佛徒和居士众人为其建砖石塔。

附：柏山寺通悟大师玄公塔铭

德兴府樊山县圣泉柏山寺故通悟大师玄公塔铭并叙。

师讳祖玄，通悟乃师号也，亦号龙溪老人。俗姓杨，祖居本土人也，生而敦实，赋性聪明，幼礼花严大师出家其于教也。不待寻行数里而通其于禅也，

不待拈鎚竖佛而悟，花严大师乃默而奇之，赐号曰：通悟。及其壮也，游历四方，见之者无不钦服，佥曰：师之学业一一有模范，师之书写字字有规式，至于夆措□唾皆异于人，在云燕之间鲜能乃者。

值兵革之际，天下大饥，人皆艰食，赖师恩育而得全活者众，及其甫定，蒙本府官众请师住持法云等寺。师乃复完殿宇，重新佛像，未及完备间，有乡中官韩公、曹公辈遞相谓曰：兵革之后使师德居于他所实为愧也，况乡中古刹皆已煨烬，乃彷徨而不忍见。今欲复完舍，通悟大师之德力无有能者，乃修书状，再三请师，师以乡间之故，难以他辞，乃居于此，至于重新诸圣之法像，再纠白莲之社众乃朱窝、结石、大明等寺，复得修完者，皆师之德力也，迄今人皆称之。

戊申春，蒙授紫衣，师号全无矜色，自是之后，祝赞之礼愈恭，焚诵之心益厚，使四方龙象闻之，靡不跷足引领企仰者也。

师大定二十五年十二月二十五日生，至乙卯［丁巳］年三月二十七日遗颂辞其大众而终。颂曰：

七十有二载，虚度过一生。

五蕴已皆谢，地水及火风。

万法无实体，诸缘尽是空。

归去便归去，明月与清风。

又曰：临行珍重，诸人开眼，净对虚空，及其殡也，天色晴明，彩云屡现，祥风遽生，使数尺灵幡崛然而起于空中，离地约百余丈，见之者无不骇然。次日，灰尽烟灭，得舍利许多，其圆明不让于隋珠。弟子理公辈曰：此僧家之常事，不可矜衒然，不能违时人之心。乃分为二分，一分奉归大明，一分奉归于此。一日，理公等，□本县僧官玮公求文于予，予恐昧师之成德，乃抚其实而为之铭。

铭曰：

伟矣玄公　赋性尊崇　禅无不悟　教无不通　兵革之后　有德有功

480

七十二岁　遗颂而终　及其殡也　祥霭幪幪　风幡一举　冉冉腾空

嗣子挺出　不坠宗风　无缝塔立　传之无穷

嗣法子：道明、道琪、道珣、道珂、道璘、道玞、道理、道现、道琬、道瑞、道璟、道瓐、道瑄、道珮、道满、道琜、道珪、道顯、道玘、道玲、道琏、道珀、道珩、道瑞、道珬。

嗣法比丘尼：道瑕、道善、道回。

嗣法孙、义聚、义初、义德、义深、义朗、义兴、义海、义秀、义增、义全、义璞、义园、义聪。

功德主提控韩贵、杨德（牷），提控申伯通，宣差刘公开、男刘满，宋福元、杨林李氏、王成母韩氏。

丁巳（1257）年三月二十七日嗣法子宗主道理等建。

进士王廷珪撰并书篆，建塔匠人张忠、张信。

金大定二十五年十二月二十五日生，丁巳即元，蒙哥汗七年圆寂，72岁。

沿河城塔湾白塔

　　沿河城村位于门头沟区斋堂镇东北部山沟中，距斋堂镇 15 公里。明万历六年（1578 年）建城堡，设万安东门、永胜西门和南北水门。沿河城堡外东北一公里的永定河河湾处，河岸边原立有一座"白塔"。据上年纪村民回忆，塔为全石头码砌而成，有两米多高，塔肚圆形，塔顶有一圆盘，应该是覆钵式塔。因有古塔这段河道叫"塔湾"，20 世纪 60 年代中期，以破"四旧"为由将白塔被人为拆毁。2018 年笔者在当地的老者带领下寻找塔遗址，只见塔遗址地周围种植的小松树和枣树已绿化成荫。

塔湾白塔遗址

梁家台观音庵石塔

梁家台分为梁家台上村和梁家台下村，位于门头沟区清水镇北部。梁家台上村的北山坡有座观音庵，梁家台观音庵建于清代，民间小庙，大殿三开间，供奉倒座观音像，殿后有座钟楼，庵旁一座石塔。石塔全石雕凿，塔高 1.4 米，塔座八角浮雕梵文，第一层为浮雕兽面衔绥带纹，第二层仰覆莲花承托盘，塔身四面方柱状，每面浮雕佛像，塔刹圆盘罗伞刻璎珞纹。今观音庵和石塔都已不存在。

艾峪镇塔

艾峪镇塔位于门头沟区清水镇艾峪村北山的山坡上。艾峪镇塔的"镇"字不是镇村的意思，而是镇邪驱魔的风水塔，由村民筹资建造。塔砖砌圆锥形，坐东朝西，塔高约 4 米，直径 1.7 米，塔壁上原有五块石刻，东面刻"伏魔大帝"，北面刻"倒座观音"，西面刻"光绪……"，其他面字迹不清。

关于艾峪镇塔的民间传说，早先，马家铺村的马财主请艾峪村人去他家念佛。念佛口渴了要喝水。可马家从不让喝水者靠近水缸，常常是由一位老太太，用大瓢舀了水，送给人们喝水。总是这样就引起了艾峪村人的疑惑。难道水缸里有什么秘密。一天，艾峪村去念佛的两个人又去喝水，他们决心要看看这缸里到底有什么秘密。他俩趁人不注意，就掀开了缸盖向里面看，里面竟是艾峪村北坡大松树的影子。二人回到艾峪村，就把这件怪事告诉村里的"乡约"，就是村里约定管事的人。"乡约"请风水先生来释解，先生说，马家水缸里的松树影子夺走了艾峪村的好风水。并说这可以破解，破法就是在大松树前修一座风水塔，让塔档住松树的影子，松树就不会再出现在马家水缸里了。于是，艾峪村人就集资修了这座有风水意义的艾峪镇塔。自艾峪镇塔建成后，马家的水缸里松树影子果然不见了，从此马家里总死人，一年里连男带女死了十几口人，马家在这里过不下去了，全家搬到房山秋林铺去了。艾峪村的日子开始兴旺起来。

20 世纪 60 年代中期，塔被当作"四旧"拆除，拆塔时塔基下发现很多铜钱，当时谁捡拾到铜钱就归谁了。今天艾峪镇塔已不存在。

张家庄三塔

张家庄村位于门头沟区西部清水镇，清水河西岸，崖古岩前。根据村中兴隆寺石碑得知，兴隆寺明正德四年（1509年）建成，也就是说明代这里已经有人居住。村中原有寺庙、庵庙各一座，保留一座古戏楼，村东大东台上原有三座僧人的砖石墓塔，1954年被人为拆毁。①

注释

① 北京门头沟村落文化志编委会编：《北京门头沟村落文化志》，北京燕山出版社2008年版，第75页。

塔河村四塔

塔河村位于门头沟区清水镇西南部，大南沟（港）河旁。"塔河"村名有两种解释：其一，村西山坡原有一座姑子塔，村前有河，得名塔河村；其二，原走山道进村必过大南沟河，因此叫"踏"河，"踏"与"塔"谐音，称塔河村。金代时此地就成村落，历史上有过四座塔，一座姑子塔，两座风水塔，一座秀才塔。

早年间，村西鞍子港水泉旁高坡有座"姑子塔"，始建年代，塔主姓名都不知。塔砖石结构，高 3 米以上，圆锥状，底部直径 1.2 米，外砌青砖内石块，外抹泥皮，朝东南方向嵌有块塔铭石，但字迹不清，塔顶部一圈泥质瓦檐，石刻塔刹。20 世纪 60 年代中期，当时生产队修水池浇地，拆姑子塔料建水池。

塔河村在两山夹一沟，山坡阳面一高台平地上，是个生息的好地方，百姓建住房用石垒墙，树木檩椽，房顶是苇草盖黄泥。清朝末年的一天，大火裹着山风把全村的房屋都烧毁了，全村人无比悲伤，部分人移民他乡，剩下的人决心重建村庄，请来风水先生看风水，选择村址，风水先生认为：村北大北港是龙背，大北港口的北坡帮和南坡帮是龙的两只龙爪，要想村庄平安，需在龙爪上建塔镇之。村民按风水先生的旨意在北坡帮山崖石上建一座"西龙塔"，塔石头垒砌，高 2 米多；南坡帮的位置建一座"东龙塔"，塔石头垒砌，高 2 米多，塔的形状不详，现今二塔已不存在，塔旧址在村民的宅院里。

塔河村里王姓是大户人家，能回忆起来在村里居住的王姓有九代人，村外王家坟的上山台，专为家族的秀才王聚武修建过一座塔，称"秀才塔"，只为光宗耀祖。今塔已不存在。

日山洪和尚灵塔

日山洪和尚灵塔位于门头沟区清水镇黄安坨村，百花山上老爷庙南面的山岩下。日山洪和尚灵塔建于清乾隆年间，坐西朝东，塔高约 3 米，砖砌方塔座，塔身砖砌椭圆形，东面有砖雕塔铭"开山第一代日山洪和尚灵塔，京都正白旗人"。塔身上方形小须弥座托十三天相轮，莲花塔刹。1958 年时，日山洪和尚灵塔基本完好。今天百花山草木茂盛，荆棘丛生，没有小道可去老爷庙和日山洪和尚灵塔遗址，据当地人讲塔已不存在。

北京古塔 下册

梁欣立 著

北京燕山出版社

演觉与梁欣立在弘慈广济寺

演觉法师

第十届中国佛教协会会长

北京弘慈广济寺方丈

特为本书题字

北京古塔

演覺

八
房
山
区

十
三
平
谷
区

BEI JING GU TA
北京古塔

北京古塔

八

房山区

房山区 　古塔一百四十座

铁瓦寺残塔

　　铁瓦寺位于房山区河北镇的镇政府院内，铁瓦寺建于明正德年间（1506—1521年）。寺庙坐北朝南，山门嵌有石额"铁瓦禅林"，院内铁瓦殿平面呈圆形，侧观圆仓状，殿顶分六个扇面攒尖式，铺铸铁瓦，每块铁瓦重约 4 公斤，共计铁瓦 458 块。一些铁瓦上铸有文字，如"五台山菩萨顶正德十年（1515 年）造""五台山菩萨顶铁瓦寺""天字号五台山万寿寺铁殿一所，信官姜信拾瓦一个，正德三年（1508年）吉日造"等。①

　　铁瓦寺院后百米的山坡上有一座覆钵式石塔，塔为山石料码砌而成，测残塔高约 2.2 米。塔朝南向，覆钵式塔身由小石片砌成覆钵体，外圈罩白灰膏，朝南上有一"眼光门"，可"眼光门"内塔铭石被凿掉，塔内原有一个直径 0.76 米的上下圆空洞，里面的东西已经被盗走，塔身上的相轮和塔刹被损毁。虽然这座墓塔不知其墓主人，但残石塔应与铁瓦寺有关系，而从铁瓦上文字得知铁瓦寺与五台山佛教有关联。

注释

　　① 刘亚军等：《图说房山文物》，北京燕山出版社 2005 年版，第 97 页。

铁瓦寺（2014 年）

铁瓦寺残塔

黑龙关龙王庙二塔

　　黑龙关龙王庙位于房山区河北镇佛子庄的大石河北岸，当地人又称龙神庙。龙王庙始建于元代。元至正年间（1341—1368年），北京地区发生连年大旱，朝廷与民众在黑龙关选址修建龙王庙，烧香祈雨，苍天果降甘露，旱情解除，龙王庙因此名声大震。到清代，数次重修龙王庙，正殿柱上楹联："御四海济沧生，功能配社；驾六龙享庶物，德可参天。"当地人说楹联是清乾隆皇帝题赐的，但缺少依据。近年，龙王庙里住有道人，掌管庙内事务。

　　龙王庙的西侧依河靠山坡上，青松翠柏下有两座残砖塔，两座塔东西并排相距20米，靠西的一座覆钵式残塔，偏东的一座八角两层砖塔。庙中道人讲：塔是先前道长羽化后的墓塔，应是清代建造的。一座覆钵式残塔在一突出的大岩石下，左右各一棵古柏树，塔为青砖码砌，无塔铭石，现存六角须弥座和覆钵塔身，上部十三天相轮和塔刹损毁，残塔高约1.5米。

龙王庙覆钵塔

道士至崐塔

另一座"道士至崐塔"，为八角两层密檐砖塔，塔高约4米，塔基座八角须弥座，往上第一层八面塔身，只有朝南的一面有砖雕半圆拱券龛门；塔身第二层八面，每面都有砖雕半圆拱龛门，塔上部砖雕仿木椽，塔顶原是八角扣瓦攒尖顶，塔身、塔檐部分被盗贼乱挖损坏，塔体残破，塔身倾斜，急待整修。房山区文物保护所收藏此塔破损的塔铭石，塔铭上有"奶地京都顺天府房山县佛头庄／生于康熙五十年（1711年）八月二十六日／黑龙关龙王庙出家道号至崐之墓／羽化于乾隆三十七年（1772年）五月二十日／岁次癸巳孟夏吉日立"字样。说明清朝康熙年间佛子庄称佛头庄，龙王庙由道士管理，龙王庙道士至崐，生于康熙五十年八月，羽化于乾隆三十七年五月，享年六十二岁。"癸巳"（1773年）就是转年的夏天弟子们集资建造了砖塔刻铭石。

乾隆年道士至崐塔铭石

广智禅寺石塔

　　广智禅寺位于房山区青龙湖镇晓幼营村西北的山坳中，该寺坐西朝东，始建于明代，清代进行过修缮，寺有两进殿宇，依山坡前低后高石阶梯连接。现存外四方形台，内石砌圆穹顶的观音宝殿，殿外有"敕赐广智禅寺碑记"残石碑。此寺与门头沟区鲁家滩村南山沟中的广智禅寺同名，在山沟里距离不远，也许两寺有关联。

　　观音宝殿后是一座广智禅寺石塔，又称和尚塔。塔为石砌覆钵式，明代建，塔通高约5.5米。塔基两层石台，塔座原须弥座在修复时改变了形状，做成斜坡四方变圆形，朝东有一方洞，这样造型的古塔座比较特别。塔座上一圈石刻莲花承托1.2米高的覆钵塔身，朝东正面开一佛龛，龛内原供奉有佛像。塔相轮被人为损毁。塔上部高1.9米，石华盖上边刻卷云纹，下边四周刻垂璎珞，顶端是弯月承托宝葫芦塔刹。2014年广智禅寺石塔又一次因被盗毁坏，石塔全部垮塌，仅剩部分塔座。

广智禅寺石塔（2015 年）

原广智禅寺石塔

良乡塔

　　良乡塔，又称昊天塔，昊天妙圣塔，[1] 多宝佛塔，位于房山区良乡城区东部的石岗上。据清《良乡县志》记载："多宝佛塔在燎石岗之东，相传建自隋时。五级玲珑。高十五丈，四面有门，阶级环上，唐尉迟敬德修。"[2] 良乡塔始建于隋代，唐朝时重修。隋代建的塔已不存在，辽代在旧塔址上建起现在的阁楼式砖塔。站在塔上北望都城，南眺涿鹿，举目几十里。

　　辽代重建的良乡塔为平面呈八角形，五层楼阁式空心砖塔，底层高而广，向上逐层收缩，收分合理美观。良乡塔的塔座为两层八角须弥座，下边须弥座束腰部，八面中每面用浮雕花卉和卷草分成四个方形壶门，壶门中各雕一只狮头半身像。上一层须弥座束腰部分成四个龛门，龛内有各种姿态的佛像，转角处雕有金刚力士像，或手托、或肩扛上层塔身，由于年代久远多已残破。塔座高达 5 米，原来进出塔内用木梯上下，现在塔南侧砖砌高台及台阶进出塔。塔身五层为平面八角阁楼式，塔心砖砌楼梯旋转而上直达塔顶，每层四个正方向皆设圆拱券门洞，其余四个面砖雕棂窗，内部原设佛龛供奉佛像。根据佛教的"五乘行法"说，即人天乘、声闻乘、缘觉乘、菩萨乘、佛乘。要尊行佛教的"五乘行法"，将佛、菩萨、高僧、罗汉、金刚神的塑像分别供奉在塔的每一层之中，显示佛法深宏，功德圆融。塔顶端以八角形莲花座和圆盆承托宝珠塔刹，典雅而别致。

注释

① 熊梦祥：《析津志辑佚》，北京古籍出版社 1983 年版，第 119 页。

②于敏中等：《日下旧闻考》，北京古籍出版社 1983 年版，第 2140 页。

良乡塔（1937 年）

辽代时，塔在此地是辽兵与宋军的疆界战场，高岗筑塔有瞭望哨的军事用途。清光绪二十七年（1901 年），八国联军到良乡对良乡塔有所毁坏。1937 年老照片显示塔前是寺庙围墙，住有护塔人。① 抗日战争胜利后，美国航空兵在北京上空飞行，在 1945 年 10 月 13 日拍摄了一组照片，其中有下午在空中俯视良乡塔的情景，塔周围有铁路、火车、农田、村庄。塔前原有一尊铁佛，高约 3 米，20 世纪 70 年代被毁。

现在良乡塔经过整修，开辟成昊天公园，因塔座高达 5 米多，塔南侧添建了入塔砖砌台阶建筑，塔旁北京市文物局设立了中英文的说明牌，全文内容："良乡塔又名昊天塔。始建于隋，重修于唐。通高 36 米，平面呈八角形，为五层楼阁式空心砖塔。须弥座形式，塔内砖砌楼梯盘旋而上直达塔顶。塔刹以八角形莲花座承托宝珠。此塔依岗借势，外形古朴苍劲，是北京地区现存唯一的辽代楼阁式砖塔，亦是古城良乡的象征。1979 年公布为北京市文物保护单位。"根据塔前说明牌，北京

注释

① 《旅行杂志》民国廿六年七月一日出版"游卧房山"。

市文物局定昊天塔的"通高36米"不准确，但很多地方都引用这个数字。1999年版《北京市房山区志》第553页："良乡多宝佛塔，塔为五级楼阁式空心砖塔，高36米，平面是八角形。"2004年出版的《北京的古塔》一书第48页，昊天塔"通高44.56米"等。

为探索良乡塔的高度，2011年3月6日下午，天气晴朗，在昊天公园石岗上，特请北京建筑大学专业人员使用R322XM型全站仪对昊天塔进行测量，全站仪测量高度原理是利用激光测量出上高点和下基点各自长度距离，利用三角函数自动计算出高度值，误差在千分之五以下。在塔的南侧依次选了四个测量点，下测量点定在砖塔须弥座最下层砖石与地平面的转折角处，上测量点定在砖砌宝珠塔刹第一层砖和第二层砖缝上（因第一层砖上沿不能反射激光测距工作），测量结果后要加第一

良乡塔 1945 年 10 月 13 日美航空兵拍摄

层砖的厚度5厘米，四个测量点的测量值是46.232＋0.050米、46.214＋0.050米、46.247＋0.050米、46.253＋0.050米，平均值是46.2865米。而不是说明牌上的"通高36米"，相差10米之多，误差太大了。2014年9月3日再次测量为45.8517米，此次测量活动在《法制晚报》进行了报道。北京市级文物保护单位的良乡塔，其高度应该有标准说明，建议有关部门重新测量，把良乡塔的高度确定下来，以示公众。

　　良乡塔是良乡城外高土岗的"佛塔＋哨塔"，始建于隋代，距今1400多年，现存辽代在旧塔基础上建楼阁式塔也有近千年的历史。良乡塔依岗借势，凌空出世，卓然高耸于良乡城东，成为古城良乡的象征。站在良乡塔的最上层眺望四周，感觉到心旷神怡、心胸开阔，周围是高楼林立，铁路上火车来去，公路上车水马龙，完全是一片繁荣景象。良乡塔，1979年8月被公布为北京市级文物保护单位。

良乡塔（2011年）

万佛堂花塔

　　万佛堂花塔位于房山区原房山煤矿的矿区院内，孔水洞旁有两座古塔，花塔是其中之一，另一座是龄公和尚舍利塔。

万佛堂花塔（1903 年）

万佛堂是京城著名古刹之一。这里地下是喀斯特地貌的地下溶洞，洞内泉水涌出洞外成小河流淌，唐代时僧人来此地，在洞口建佛殿，经过唐、辽、元、明各朝代进行修缮。明代将洞口的佛殿重新建造，建成通体砖石砌无梁殿形式，殿上歇山顶，券门嵌石额"大历古迹万佛龙泉宝殿"，落款"大明万历己丑（即：万历十七年1589年）春吉日重建"，券门两侧各辟一拱券窗洞，透雕网纹石窗。殿内墙壁上保留了镶嵌的"文殊、普贤万菩萨法会图"石刻，石刻由31块汉白玉高浮石雕组成，是唐代石刻艺术的佳作，非常珍贵，因此得名"万佛堂"。2001年公布为全国重点文物保护单位。

花塔是古塔建筑的一种形式，与密檐式古塔同时出现。花塔是受佛教华严宗影响，在《华严经》中有所谓的极乐世界——"莲华藏世界"，即一朵莲花在香水海生成大莲华极乐世界，其中又有无数个小莲华世界，花塔就是"莲华藏世界"的立体表现。塔建筑主要是上半部装饰了各种复杂的花饰，整体看上去像一个巨大的花束，所以称花塔。这种塔形式在宋、辽、金时期最流行，到元代以后逐渐消失了。中国现存著名的花塔仅十几处，北京就占两处，房山区万佛堂花塔和丰台区镇岗塔。

万佛堂花塔在万佛堂殿的西侧，山坡平台上，坐北朝南，为八角形砖塔，测塔高约22米。塔身充满了佛教雕刻内容，有佛龛、佛像、动物、人物故事、乐师舞伎、护法神等。塔上无文字，北京文物部门根据塔上浮雕图案造型分析，确定为一座辽代建的砖砌花塔。塔座两层须弥座，下边须弥座雕刻方形壶门，门中狮子头，上边须弥座方形壶门中雕刻演奏乐曲的天歌神，梵文名乾闼婆。壶门两侧雕刻舞伎的天乐神，梵文名紧那罗，他们是融洽和谐的夫妻。束腰部转角处立有姿态各异的金刚力士像，须弥座上仿木斗拱承托塔台。塔台周围设有上下两层护栏，下护栏板雕简单花纹图案，上护栏板浮雕"双龙戏珠"和"双狮耍球"的图案。护栏板上置一圈莲花盘，中央是一层楼阁式塔身。

第一层塔身的南面为拱券形塔门，门内空腹原供奉佛像或佛舍利，今已丢失；门楣浮雕花纹，门楣上是一尊坐在莲花座上的毗卢遮那佛像，佛像两旁上下各两尊

乾闼婆坐佛；门两旁上下各两尊立姿威风凛凛的金刚力士像。西、北、东三面是砖雕拱券假门，门两旁各站一位侍者。东北、东南、西北、西南四个方向是直棂假窗，其中东南和西南的假窗上边雕刻文殊菩萨骑狮和普贤菩萨骑象，后边跟着一位侍者。第一层塔身的上部自下而上是檐下砖雕仿木斗拱和檐椽，檐上仰瓦灰梗屋面短檐，最上边一圈砖雕斗拱和后补的素面矮护栏。

塔上部为花塔部分，塔身上布满了方形佛龛，佛龛下沿一只伸出头的狮子，佛龛排列均匀，上下错落，尺寸层层逐减，共设有佛龛104座。塔顶置须弥座式刹座，须弥座上边叠涩收分至顶尖。

2017年5月18日《法制晚报》报道"万佛堂辽古塔塔心藏盗洞"，有市民举

万佛堂花塔

报，万佛堂花塔的塔室内发现一米多深、直径约 0.7 米的盗洞，盗洞隐蔽不易被发现，也不知塔内宝物是否被盗，目前案件未破。经过媒体的报道，文物部门采取了防护措施，在花塔的周围竖立铁栅栏，保护这座"全国重点文物保护单位"的古塔。

万佛堂花塔是北京市现存最大的、建筑年代最久远的花式塔。其外观雄浑壮丽，造型优美，浮雕内容丰富，表现手法细腻。从塔身的丰富雕刻内容中，反映了佛教的历史文化对民众的影响，此花塔具有很大的欣赏价值和文物价值，是我国花塔中难得的珍品。

万佛堂龄公和尚舍利塔

万佛堂龄公和尚舍利塔位于房山区河北镇万佛堂孔水洞前，地势上比万佛堂花塔的水平位置要低六至七米。此地原是唐朝开元年间建的"大历禅寺"寺院，风水、泉水、僧人们的维系，使得寺内香火持续几百年。龄公和尚曾是寺里僧人，生平情况不详，圆寂后在寺院建高大的舍利塔，可见龄公和尚不一般。据《重建龙泉大历禅寺之碑》的记载："金元年间，有一位称为龙溪老人的僧人，在寺院的废墟上，重新建起了一座寺院。在他去世后，后人将他的舍利在寺前建塔埋葬。"龄公和尚舍利塔上具有金、元时期的塔建筑特征，文物部门鉴定为元代塔。

龄公和尚舍利塔为八角七层密檐式砖塔，坐西朝东，测塔高约 13 米。可能因泉水出洞的水道距离塔只有几米，天长日久，塔基一侧下沉，塔身明显倾斜，人称"北京斜塔"。为了防止塔进一步倾斜，将塔周围进行了加固，用青砖水泥做一环塔基台座。能看到塔座一层须弥座，往上砖雕仿木斗拱，两圈素板护栏，三层仰莲花瓣承托盘，中央承托是塔身。第一层塔身八个面，其中东、南、西、北为砖雕拱券假门，正东面为正门，门楣上镌刻有"龄公和尚舍利塔"七个楷书大字。另外四面是砖雕方形假窗，窗边精刻花纹。塔身上半部是七层塔檐，塔檐下的斗拱、角梁、椽子均是用砖雕制成，檐上仰瓦灰梗屋面。塔顶因年久失修，塔刹损毁，维修时只做了八条垂脊攒尖顶和避雷装置。20 世纪 90 年代，龄公和尚舍利塔和花塔进行了全面整体的维修。

龄公和尚舍利塔

万佛堂两座塔景

豆各庄塔

豆各庄塔位于房山区青龙湖镇的崇青水库的大坝下方,豆各庄村西。豆各庄历史上称窦各庄。

豆各庄塔"始建于唐代,辽金重修"。[1] 现存塔是明代所建具有辽代风格的砖塔,"属明代建筑"[2],塔旁有一砖砌水泥碑,碑上"窦各庄塔"。塔为砖石结构,坐西朝东,八角八层密檐塔(古塔中塔层双数的极少),莲花塔刹,测塔高约12.4米。塔基砖砌修补后完整,塔座砖砌八面须弥座,须弥座的束腰部分两层,下层八面每面四幅砖雕图案两层两幅,其内容是雕刻大象、雄狮等动物,还有轮、螺、伞、盖、花、瓶、鱼、长合称"八吉祥"。上层八面的每一面设两幅人物故事图,有如连环画的16幅图画,年久腐蚀,已经斑驳看不清了。其上设仿木斗拱檐雕刻花卉。塔座上为三层砖雕仰莲花瓣。第一层塔身八面,分四门四窗,东面为正辟拱券龛门,门内原供奉佛像,现已空空,内砖砌圆穹券顶,门上横木板,塔中心竖木显露出来;西、南、北设砖雕假门,其他四面设直棂假窗,上部砖雕仿木斗拱承托塔身。塔身八层叠涩塔檐,第一级塔檐下置斗拱,其他每层之间八个面,每一面有两个雕花框,框中卷云纹装饰。塔刹由7层砖雕莲花托,下小上大,造型奇特,塔顶端缺失构件。

豆各庄塔有五个地方比较有特点,与其他古塔有所区别:

注释

① 刘亚军等:《图说房山文物》,北京燕山出版社2005年版,第126页。

② 房山区地方志编纂委员会编:《北京市房山区志》,北京出版社1999年版,第559页。

一是塔座的须弥座束腰部特别高，含两层图案。

二是第一层塔身上所雕刻的图案，具有辽代的风格。塔基座与一层塔身的对角线尺寸，看上去不太谐调。

三是2—8层的塔檐下面雕刻有一圈仰莲花瓣，承托每层的塔檐，而且塔檐短，每层收分尺寸很小。

四是塔是用红色烧砖码砌，在外层刷灰涂料，年久风化，有灰涂料脱离，露出里边的红砖。

五是按照佛教建塔的规则，塔檐的层数应是奇数，不能用偶数。豆各庄塔是八层，其中原因不明。

豆各庄塔的造型在明代古塔中别具一格，是研究明代古塔发展的重要文物。1986年被公布为房山区重点文物保护单位。

豆各庄塔（2013年）

姚广孝塔

　　姚广孝塔位于房山区北部青龙湖镇常乐寺村东，全名"太子少师赠荣国靖公姚广孝之塔"，始建于明永乐十六年（1418 年）三月至六月间。

　　姚广孝（1335—1418 年），幼名天僖，字斯道，明长洲（今江苏苏州）人。少年出家，法名道衍。学习过佛、儒、道，研兵书，善诗文，崇拜元代僧臣刘秉忠，明相士"袁洪说广孝是异僧：目三角，行如病虎，性嗜杀，刘秉忠流也"。形容相貌阴冷奇特，内藏杀机，是刘秉忠一样的人。[①] 明洪武十五年（1382 年）八月，朱元璋的马皇后病逝，召集名僧超度做法事后，朱元璋将众僧人分配给各藩王，道衍分给了朱棣。道衍跟随燕王朱棣北上，辅佐朱棣展示了政治才华，参与了重大军事决策，使得朱棣夺取天下。朱棣登基当皇帝后，复其原姓，赐名广孝，辅政有功，并授太子少师，继续参政议事，成为明代的政治家，晚年生活寺庙中。姚广孝终身为僧人，永乐十六年（1418 年）三月因病在庆寿寺圆寂，享年 84 岁，卒后追封荣国公等名。赐卜地在常乐寺村东，迭石建基座，砖砌一座密檐塔，塔前立歌功颂德石碑，朱棣亲自撰写碑铭文。笃信佛教的人认为姚广孝"为僧不守清规，修道不耐清净，学儒不讲仁义……"不应参与"嗜杀政事"，只能是"半僧半官"，褒贬之人。

　　姚广孝塔为八角九层密檐砖塔，坐北朝南，测塔高约 29.8 米。塔基下石砌四方台，塔座有砖雕装饰的八角两层须弥座，下边须弥座束腰部每面分三部分图案重修

注释

　　① 北京市西城区什刹海研究会编：《京城名刹护国寺》，团结出版社 2017 年版，第 201 页。

姚广孝塔（2018 年）

御制荣国公神道碑

补过，装饰砖雕都是新的。上边须弥座束腰部每面两幅雕寿字和花卉图案。往上依次是砖雕仿木斗拱，砖雕护栏，三层砖雕仰莲花瓣承托塔身。第一层塔身八面，朝东、南、西、北四个正方向面是砖雕仿木拱券隔扇门，门楣刻西番莲花图案，朝南的拱券门上嵌一块石刻塔铭，上镌刻楷书"太子少师赠荣国靖公姚广孝之塔"字，其他四个面各一方形菱花假窗。塔身上部砖雕刻倒垂如意云头装饰和仿木斗拱，檐下有木椽两排，上排方形椽，下排圆形椽。塔身上八角九层塔檐，采用方砖砌叠涩檐，原记载檐角悬挂有铜铃，现已无悬铃。塔顶部由石片铺面八脊攒尖顶，檐角立吻兽，砖雕拼砌三层仰莲花托，顶端一根金属棒刹杆，穿列着铸造的圆球、环圈、八条下垂铁链子等物件，塔刹高有 4.43 米。

塔前南偏东百米立一方御制螭首石碑，高 4 米，宽 1.1 米，厚 0.33 米，碑首和碑身是整块石料雕凿。碑首正面仿汉碑龙形图案，正中刻篆书"御制荣国公神道碑"字，首题"御制赠推忠辅国协谋宣力文臣特进荣禄大夫柱国荣国公谥恭靖姚广孝神道碑铭"，碑文下款"永乐十六年八月十三日立"。根据历史资料得知，碑文是成祖朱棣亲自撰写，介绍姚广孝生平及功绩。石碑是姚广孝的养子继以清得到皇帝的恩准，采石、雕刻，在姚广孝葬后八年，明宣德元年（1426 年）五月刻成安立。

1931 年冬，姚广孝塔被盗贼挖掘，盗贼在塔旁挖一大坑，横掏隧道进入塔下墓门，墓室"内有广大石室，棺木停于室中，绕以铁锁，上紧梁间，棺前石桌上陈列花瓶铜器，棺下有井一具，水与地平，石室门内地下有一方孔，孔中亦为水泉，盗匪即由此掉下暗井淹死，尸浮水面，无人捞救"。村民发现后报警，第三区管辖警察局派警员 20 人查看，发现水中三具盗贼尸体。当时正值严冬，还搭暖棚住下勘查现场，县长、警察局长亲自查视后研究办理 [1] ……事无处理下文，但说明了塔地宫中设暗水池防盗机关。

姚广孝塔周围比较空旷，种植很多棵柿子树，砖塔保护完整。2013 年 3 月被公布为国务院第七批全国重点文物保护单位。

注释

① 《平西姚广孝墓几被盗》，《晨报》1931 年 12 月 14 日。

灵鹫禅寺四塔

灵鹫禅寺位于房山区北车营村北部谷积山南麓，寺院创建于元代。山谷中一小片平地，坐落着灵鹫禅寺，寺坐北朝南二进院落。山间小道连接着几十级石台阶，通向围墙中间的山门建筑，山门拱券门洞上石额"菩提场"字样。前院西侧一方石碑，碑额篆书"敕赐灵鹫禅寺"，碑上刻有明"正统五年（1440 年）四月八日"的碑文。大殿内的旧物就算是镶嵌在后门上方的"灵鹫禅寺"石匾，第二进院的大殿称"普光明殿"，三开间为石拱券无梁殿，门窗石框，拱券门雕刻精美浮雕图案，东西厢房各三间。院中有两棵松树，两方石碑，辽代碑为"大康四年（1078 年）四月十五日立"，元代碑为"大元至正七年（1347 年）四月八日立"。

寺院北面的山上 2 公里处，在三个山坡脊上分别耸立有古塔，都是坐北朝南。西侧一座八角九层密檐空心石塔，因原塔檐角悬挂铃铛，风吹时发出悦耳铃声，人称"铃铛塔"。"塔后一通石碑，明正统十三年（1448 年）八月立的碑上记载，该塔为'朝鲜僧适休和超然居士及名贤同修'，为一座功德塔。"[1] 古塔用山石打造码砌而成，20 世纪 60 年代中期因"破四旧"被人为拆毁，塔只剩下两层半的半截塔身。塔座石须弥座，一层塔身南北各一个门洞，一层有顶，设一个能钻一个人的小洞通二层。2014 年修复了塔上部七层密檐和塔刹，保持了塔中心是一根中心柱从一层到顶部，三层以上没有塔内部层间顶板结构，是周围石块码砌塔墙一直通顶。塔外观是八角笋状，每面设一个拱形窗洞，形成塔是空心玲珑结构。原塔檐脊下端悬挂有

注释

① 胡玉远等：《春明叙旧》，北京燕山出版社 1999 年版，第 436 页。

九层密檐铃铛塔（西）

铃铛，维修后檐垂脊下端按原样刻出装风铃的双眼洞，可没有装风铃。塔顶八角攒尖式，八条檐脊，顶端圆纺锤式塔刹，测塔高约 11.8 米。

中间一座六角七层密檐砖石塔，俗称"鞭塔"，建于辽代①，因塔形很像古代传说中托塔李天王使用的兵器"神鞭"，故而得名。塔坐北朝南，测塔高约 7.2 米。塔的一层高 2 米多，朝南面拱券门，门内原供奉佛像，拱券门上方有一块石刻牌，因风雨侵蚀字迹已看不清楚，只留下个别字能读，不成文章，塔其他五面为砖雕假窗装饰。近些年有些利欲熏心的人破坏古塔，在塔的下边乱挖"寻宝"，使得 500 多年前的古塔建筑摇摇欲坠，即将坍塌，2014 年古塔得到修复。

东侧是一座覆钵式石塔，称谷积庵覆钵舍利塔，建于明成化十五年（1479

注释

① 房山区地方志编纂委员会编：《北京市房山区志》，北京出版社 1999 年版，第 557 页。

七层密檐鞭塔（中）

年）。[1] 这是一座按照印度佛塔的方式建造的石塔，石塔建造得十分规矩，包括石砌二级塔基，平面"亞"字形须弥座，往上五层金刚圈，覆钵体塔身，四面有佛龛位。覆钵塔身上小"亞"字须弥座承托十三层相轮，石雕垂帘串珠的华盖及三圆葫芦形塔刹等，测塔高约 12 米，塔基座高 0.7 米。塔基座被人为破坏，挖掘的七零八落，塔身也有所破坏。塔的精彩之处在塔下有地宫，地宫一米见方，平面呈方形，宽 0.92 米，进深 0.95 米，空间高 1.18 米。宫壁内北面雕有释迦牟尼涅槃时的卧像，卧像后站立 18 罗汉像图；东、西两面内壁刻"宝塔记"，记录了塔建于明成化十五年八月和一段僧人护藏舍利的故事。一位叫真空的禅僧，天顺七年（1463 年）云游到沧州东关，善人王亭家收玻璃瓶一枚，内有佛舍利四颗，就施予真空和尚，后放入沧州塔内，塔显灵五色出现，从午至暮。"今有信官米聚造水晶瓶一个，造铜塔

注释

① 房山区地方志编纂委员会编：《北京市房山区志》，北京出版社 1999 年版，第 557 页。

覆钵舍利塔（东）

谷积山古塔座遗址

一座安，敕赐縠积庵。左手命建立石宝塔一座，高三丈二尺，舍利宝瓶安于塔内，永远供养。"[1] 可惜塔地宫内宝物被盗贼窃走，水晶瓶和铜塔早已无影。2014年覆钵塔得到修复，地宫也封闭。

东山坡古道旁有一座古塔基座未修复，周围散落部分塔石刻构件，从塔石构件看应该是座覆钵式石塔。

谷积山灵鹫禅寺的三座古塔，明代建八角九层密檐空心铃铛塔，辽代建六角七层密檐鞭塔，明代建谷积庵覆钵舍利塔，2014年三座古塔修复完成。原谷积山灵鹫禅寺周围不仅有三座古塔，而是古塔林立，分布在大山阳坡或山顶，由于一些古塔规模较小，被风雨侵蚀风化，加之人为破坏，很多古塔消失，山道旁多处可见到古塔石构件，太监张公墓的经幢式塔就被放倒，塔的塔座被盗等。总之，谷积山灵鹫禅寺的古塔，不管是现存、损毁或消失都具有重要文物、宗教、历史研究的价值。

注释

① 北京石刻艺术博物馆编:《新日下访碑录·房山卷》，北京燕山出版社2013年版，第261页。

弘恩寺塔院二塔

　　弘恩寺，又称宏恩寺，位于房山区望楚村西。弘恩寺始建于明万历三十五年（1607 年），神宗皇帝拨赐银两修建弘恩寺，赐地 300 顷，建造大雄宝殿、天王殿、伽蓝祖师殿等四进院落的大庙宇。万历四十五年（1617 年）规模宏大的弘恩寺竣工落成。当时弘恩寺坐南朝北，分东西两院，西院为四进院佛寺，是弘恩寺主体；东院为行宫，是皇帝过往驻跸之所。寺外古木成林，绵延二里许，夏日浓荫夹道，行人至此，烦暑为之顿消；寺院东有塔林。几百年的岁月沧桑，现存下来有西院四进

海众之塔

佛寺、东塔林两座古塔及 100 多棵古树。

　　弘恩寺二塔是众多古塔中仅存留下来两座，清雍正二年（1724 年）建造的经幢式石塔，塔造型基本一样，分三部分，塔座六角石刻须弥座，精刻仰覆莲花瓣及花卉图案。塔身六面平光，只有朝西侧一面镌刻文字，上部是石雕仿木斗拱和六脊攒尖顶塔帽，可惜塔刹丢失。靠南侧的塔称"海众之塔"，测塔高约 3.6 米，朝西一面镌刻文字是"大清雍正二年四月望日立／普天同会参学无为执劳运力海众之塔／乾隆三十年（1765 年）又二月吉日重建"。

　　靠北侧的塔称"雨序之塔"，测塔高约 3.5 米，与南侧塔造型一样，就是矮了一点，上下款年月日正相反。朝西一面镌刻文字是"乾隆三十年又二月望日重建／赞扬正法弘演毗尼辅理常住雨序之塔／大清雍正二年四月望日立"。

　　二塔上的题字虽然不同，但日期内容是一样的，在一方塔石上刻两个年月时间，相差四十年，这点不为人解。从现场石塔情况看，中间塔身的石质细腻与塔上塔帽、塔下须弥座的石质有所区别，有可能"重建"指塔身石是后补添或更替的。

弘恩寺东塔林院二塔（2014 年）

雨序之塔

两座古塔在某部队大院里，不容易见到，有关弘恩寺塔院的历史资料甚少，"海众"和"雨序"也不知是何人。二塔周围是百棵松柏树和一些散落石构件，其中有石刻香炉、香瓶，还有四五个塔顶的精美石刻圆华盖石，这充分说明此地原有多座古塔，可惜都被损毁了。

超化寺定光佛舍利塔

超化寺，又称庄公院，位于房山区周口店镇娄子水村西4公里的西峰坳间。超化寺始建于辽重熙（1032—1055年）时期，为佛教圣地。清康熙三十三年（1694年）道人王太定将寺修改为道教活动场所，[①] 称庄公院，院内古松树挺拔，殿前立五方不同时期的石碑。现存建筑是清康熙三十六年（1697年）由道人王太定主持重修的，正殿是上下两层，下层三个半圆形拱券门，殿内砖石结构三间拱券无梁殿，原供奉三清圣像，上层是砖、木和青瓦结构阁楼。2013年开始，用三年多时间全面修复古建筑，并恢复"超化寺"的寺名，佛教僧人进住寺院。寺外西北50米的山坡上，有一座砖石结构的八角三层密檐塔，塔名"定光佛舍利塔"。

塔身上门东侧镶嵌塔铭经多年风雨侵蚀，大部分字迹已无法识读，但仍有一些字能够看清晰。幸好《辽代石刻文编》录有辽清宁二年（1056年）"涿州超化寺诵法华经沙门法慈修建实录"，可知此塔为辽代"定光佛舍利塔"。塔铭文"逮重熙十祀，有瓦井村邑人王文正三十余众，特以兹院，施于□郡，超化招提，为上院之备也。……定光佛舍利塔一所，三檐八角。……清宁二年"。[②] 在辽代时，此地属涿州，娄子水村那时称瓦井村。早在辽代就有残损古寺院，辽重熙十年（1041年），瓦井村邑人王文正，率三十余村民将此院修缮，名超化寺，准备作为庙宇上院，请守能和尚等诵法华经。当时，建有慈氏堂正殿三间，西边盖僧堂三间，八角三檐密檐

注释

① 房山区地方志编纂委员会编：《北京市房山区志》，北京出版社1999年版，第559页。

② 向南等编：《辽代石刻文编》，河北教育出版社1995年版，第277页。

超化寺定光佛舍利塔

"定光佛舍利塔"一座，塔内收藏定光佛舍利。

　　定光佛舍利塔，建成于辽道宗清宁二年（1056年），塔坐北朝南，面对山沟背靠山，测塔高约6.3米。塔座须弥座外层砖被拆，一层塔身磨砖对缝，精工细做，八面中朝南为正面，砖砌半圆形拱券门，门高约1.5米，宽约0.8米，塔门内空腹，原供奉的佛像已无踪迹。门两侧各镶砌一块石板记事牌，东侧石牌大部分字迹弥漫，为"涿州超化寺诵法华经沙门法慈修建实录"，西侧石牌基本无字。东、西两面各一砖雕仿木假窗，朝北三面是全平面无装饰。塔身上部是砖雕仿木斗拱，与后来明清时期的仿木斗拱有区别，三层塔檐是檐下两层砖雕椽子和檐上砖砌叠涩檐，顶部砖雕仰莲承托宝珠塔刹，宝珠已丢失。砌筑塔所用砖为辽代典型的沟纹砖，小砖沟纹 7 道，方砖沟纹为 16 道，砖厚大约为 6 厘米。多年的地质变化，古塔的地基有所移动，塔身底部结构性开裂，塔身出现向西明显倾斜的状况，塔中间被盗贼拆毁掏空，一层八根砖角柱"艰难"支撑着整座塔。塔虽破旧，仍保持着辽代砖塔的风貌。

燕山公园经幢塔

　　燕山公园位于房山区燕山卫星城中心部位，建于 1979 年，是座城镇休闲公园。燕山公园中收集了 20 世纪 70 年代建设大型化工企业时，当地留存的古石碑、石塔、石构件、石刻等十多件，经幢塔是其中之一。燕山公园经幢塔全称"佛顶尊胜陀罗尼经幢"塔，是从燕山地区普光寺遗址迁移而来，仅剩六面经幢塔身部分，塔身高 0.68 米，加塔底座总高 0.9 米，六面中五个面刻"佛顶尊胜陀罗尼经咒"，还一面刻建经幢塔的事，由于很多文字风化不清楚，特别是说明年代文字不可读，无法得知建塔年代。塔上文字大意是：明因公，亳州刘官人二世子，出家，巡游，讲经演法，"大朝□□□月二十九日示疾，门人惠圆等□□师灵建塔于寺"。

燕山公园经幢塔

白水寺石塔

　　白水寺也称兴隆寺，位于房山区燕山东风化工有限公司旁西虎岭山上，寺始建年代不详，寺内石佛刻于金末元初，明代景泰、成化、嘉靖、万历年间重修过多次。《光绪顺天府志》记载："兴隆寺在县北十六里。本名白水寺，俗称大佛寺。明成化元年（1465年）重修，有僧道深撰碑。"[1] 现白水寺仅剩石砌重檐庑殿顶大殿，内是无梁石砌拱券顶，立石雕释迦牟尼、阿难和伽叶三佛像。1984年被公布为北京市文物保护单位。

　　白水寺石塔建于明万历十四年（1586年），位置在白水寺旁几百米外的山坡上，坐西朝东，其形制为四方柱状四檐石塔，全塔由一块花岗岩石料打造而成，四方柱状塔身，下部刻圆形卯榫装在山岗表露的岩石上，塔身四个面各面宽0.4米，表面无字迹。塔上部四层四角塔檐，石刻粗犷，层数为偶数层，而没有传统的奇数层数，古塔中比较少见。塔顶部圆桃形塔刹，测塔高约3.8米，保存基本完好。《图说房山文物》记："在寺后的山岗顶上树花岗石塔一座，万历十四年（1586年）竣工。"[2] 当地人把石塔称为"拴马桩"，认为古人在这里牧马时拴马的石柱子，可石塔四棱角上并没有拴牲畜系缰绳的磨损痕迹，古人建这座塔的目的不详。

注释

① 周家楣、缪荃孙等编：《光绪顺天府志》，北京古籍出版社1987年版，第822页。

② 刘亚军等：《图说房山文物》，北京燕山出版社2005年版，第96页。

白水寺石塔（2014 年）

双泉沟和尚塔

双泉沟和尚塔位于房山区燕山办事处以西称"双泉沟"的荒凉山沟内。双泉沟和尚塔始"建于金代"[①]，坐北朝南。塔为覆钵式石塔，测残塔高约 2.4 米，塔座四方须弥座大部分已被埋入土里，须弥座上为四层四方石塔阶，一层圆须弥座承托覆钵塔身，塔身由四块扇形石和圆帽盖石拼砌而成，中间空腹，北侧一块扇形石被拆毁，正南侧雕刻塔铭牌，可惜字迹不清，最特殊是塔铭牌下部浮雕朵朵飘动的甩尾云，这样的图案在古塔中很少见到。覆钵塔身以上的塔相轮与塔刹已损毁，残石全无踪迹。

关于建塔的年代，说是"建于金代"，理由之一是塔上浮雕"甩尾云"有金代的雕刻风格。但有不同说法，据门头沟区文物管理所的人员讲：说此塔是"金代塔"不像，因从整体塔形上看，"明代塔"的可能性较大，但没有看到任何历史记载。关于双泉沟和尚塔的建塔年代还待相关历史资料佐证。

注释

① 刘亚军等：《图说房山文物》，北京燕山出版社 2005 年版，第 125 页。

双泉沟和尚塔

黄山店极乐寺砖塔

　　黄山店位于房山区周口店镇的大山之中，黄山店村西北有"红螺三险"之称，三险包括：下险竹园寺、中险极乐寺、上险朝阳洞。极乐寺地处"中险"，距离黄山店村大约5公里的大山中。山崖之下的极乐寺已剩遗址，寺内有几方石碑还伫立着，古塔在寺旁山崖下树林中。塔为覆钵式砖塔，测残塔高约4.3米，塔经几百年风雨侵蚀，塔基盗拆，塔身破旧，塔铭被盗，塔相轮和塔刹损毁，整座塔摇摇欲坠即将坍塌。从古塔残留须弥座角上的砖雕花饰看，原塔上的砖雕装饰和砌砖手法都是比较讲究，推测覆钵塔是清代建造的和尚塔。

极乐寺砖塔

黄山店玉虚宫五塔

　　黄山店玉虚宫位于房山区周口店镇黄山店村的坡峰岭风景区内，现存部分清代光绪年间建筑及五座古塔。玉虚宫坐西朝东，依山而建，由石台阶、山门、影壁、前宫（玉皇殿）、后宫（三清殿）、配殿、塔院等组成。2013 至 2015 年重建玉虚宫建筑，2017 年修复三座古塔。

　　玉虚宫的历史从玉皇殿前三方石碑可以大概了解。最北侧清嘉庆年碑，正面"顺天府告示"，严禁损林、滋事，众道士守护"资以糊口"。背面"玉虚宫碑记"，"创建玉虚宫李君合仁者，业出商贾，籍属太原。……北约三十里曰虹罗岭，为幽虚羽胜之宫"。就是说创建玉虚宫是山西太原商人李合仁，最后年款"嘉庆岁次丙子"，即清嘉庆二十一年（1816 年）。北侧石碑是清光绪四年（1878 年）十一月二十三日立，碑文为契约告示，道人李明玉等人，将"玉虚宫山地两段"以"平银四百币"的价格卖给宫中太监刘诚印、高诚义、张诚安等人，"其银笔下文清并不短欠"立碑字。用其银两修扩建玉虚宫。南侧石碑是清光绪五年（1879 年）夏，紫禁城中的大太监李连英 [①]、刘诚印、高诚义、张诚安、范诚启等人率众徒为重修玉虚宫"护法开山"，有宫中老太监在此养老并参与管理宫院，这段时间玉虚宫的资金雄厚，不欠任何人银两。

注释

　　① 李连英为清朝末年大太监。社会上多把"连"字加草字头，错写成"李莲英"。玉虚宫的清光绪四年（1878 年）石碑刻"李连英"为太监名之首，而且当时李连英还活着，有权有势，可当一佐证。

修复前玉虚宫三塔

玉虚宫残塔铭

第四座残砖塔

第五座覆钵塔

　　玉虚宫后西山坡存有五座塔及一些塔遗址。山坡树林中三座塔南北方向一字排开，塔与塔间隔7米，这三座古塔为清宣统元年（1909年）前后所建，塔建筑形式差不多，塔身八角两层，毁坏严重，顶部塔刹有些差别。留存的三座塔中有一方塔铭残石（不知哪座塔上的），塔铭上有"霍山派／大清宣统元年／范大宗师上诚下启之塔／季春月立"[①]字样，说明塔应是道教范诚启大宗师墓塔。霍山派，清同治十年（1871年），紫禁城后宫二总管刘多生拜白云观方丈耕云道长张宗璇为师，后创立全真教龙门派的分支霍山派，作为太监信奉的道教宗派，在宫中有一定的影响。

　　三座塔的砖砌双层须弥座有2米多高，2017年前部分被盗拆毁，只剩内部充填

注释

　　① 塔铭石现存房山区文物保护所。

的碎砖心。第一层塔身精制磨砖对缝，八面的每面双边框装饰，朝东正面有发券龛门，塔檐下装饰一圈圆珠纹，砖雕仿木檐椽，砖砌叠涩檐，顶部八角砖砌攒尖顶。中间一塔的须弥座和第一层塔身被毁严重，塔二层和塔顶是八角仰莲须弥座砖雕装饰保留下来，测中间塔高约5.5米。北塔被拆毁严重，只可见塔第二层和塔顶八角小须弥座，承托宝珠塔刹，测北塔高约6米。南塔是三座塔中损毁较轻的，塔身基本可以见到原貌，顶部是八角承托盘，由于损毁露出了中间的中心木尖，宝珠塔刹已丢失，测南塔高约6米。2017年，三座塔全面进行维修，塔周边环境清理，9月完工。工程重砌须弥座，补齐缺损，南塔第一层塔檐脊头有龙首，塔顶多层八角连珠塔刹座，中间一塔顶新制作绿琉璃宝珠塔刹，南北二塔是砖砌塔刹。

第四座残砖塔在三塔西南几十米山坡树丛处，是一座六角残砖塔，测塔高约3.2米，直径约1.7米，塔外层砖被人为拆掉，裸露出塔的砖心，塔地宫也被盗挖开大洞，塔地宫2米见方，深1.6米，地宫内还有一个被遗弃的塔刹石。

第五座覆钵式砖塔，在塔林院西南山坡深处。覆钵砖塔的塔铭石和塔下地宫遭人为盗挖损毁，但塔整体较完整，周围草木丛生。

玉虚宫三塔（2017年9月修复）

天元寺经幢塔

　　天元寺位于房山区崇各庄乡大马村东，刺猬河西。天元寺是民间佛道儒三教共存的小庙，不知创建时间，民国十五年（1926 年）大修一次。天元寺坐北朝南，一进三合院加东跨院，正房"大雄宝殿"五楹，供奉三世佛，东西各三楹配殿，左为娘娘殿，右为关圣殿，还有钟鼓楼，大殿前东侧立一座八角经幢塔，塔由塔座、八面塔身、塔华盖组成，测塔高约 2.2 米，底直径 0.9 米。

　　经幢塔建造年代不详。经幢塔座的八个立面，间隔刻绘奔跑的狮子和花朵配叶图案，上部八角变圆形刻团花，这样图案的塔座与云居寺的几座辽代的经幢座图案十分相似。塔身八面分四宽四窄，宽面 0.21 米，窄面 0.12 米，刻"佛顶尊胜陀罗尼"经文，为"大兴善寺三藏沙门不空奉诏译"，经文大部分字迹清晰，可惜制作经幢的时间字迹不清。塔顶华盖，也称宝盖。八角华盖的每个角上刻一双角兽头，圆睁双眼，云纹喷鼻，獠牙闭嘴，脖挂垂布花装饰项圈，兽头之间由串珠链连接，顶端塔刹丢失。这座大约是辽金时期的经幢塔，在天元寺里备受呵护。

　　　附：

　　《重修天元寺碑记》

　　尝考：黄金布地，祇园开说法文场。白马驮经，洛邑建传灯之寺。盖我佛以慈悲度世，众生因感觉蒙麻非示，以宝相之庄严，奚动夫群流之信仰，此象教之所由起，而善业之所由兴也。慨自世风日降，诈伪为愈口怀夺，相寻纷争不息，纵横杀伐，知浩劫之将临。权力凭陵，置公理于不顾；惟利是视，以

天元寺经幢塔

刻为能；欲海横流，固有文天良几于澌灭净尽，天良澌灭，人类将何以生存？故仁人善士，凤具婆心者，亟亟振兴佛教会，讲明因果，阐发福罪，使人有所惩，而不敢为；有所劝，而训以化。由一乡一党拥而至大邑，通者借佛法之威灵，生宝珉之观感，庶几消除恶业，挽救狂澜，诚正本清源之无上法也。良邑所属大马村东首，旧有古刹，基础一区，为良地，不及二亩修。去岁，因事西行，经过是地，见其墙垣尽圮，碑碣无存，不知建于何代，废自何年。满目荒凉，鞠为禾黍，恻然伤之，遂勉竭棉力，发愿重为修，鸠工庀材，从新兴筑。计成正殿五楹，供奉释迦文佛、药师佛、阿弥陀佛三世尊。东西各三楹，左为

娘娘殿，右为关圣殿。缭以周垣，前起山门，仍其旧名，榜曰天元寺。肇工于民国十四年夏正二月，落成于十五年四月。从此丹楹刻桷，重瞻庙貌之辉煌；捍患御灾，仰□神灵之庇护。即于风俗亦不无裨补。是为记。

三宝弟子……京兆密云……

中华民国十有五年岁次丙寅夏历……建立。

圣莲山圣莲宝塔

圣莲山位于房山区史家营乡圣莲山风景区内,这里群山叠嶂,绿荫满山,最高峰海拔 930 米。圣莲山风景区山中有佛教寺庙,也有道教祠观,各自都表示自己历史久远,护法佑民。

圣莲宝塔(2016 年)

　　在慧普山接近山顶的东侧山崖旁，伫立着一座圣莲宝塔。圣莲宝塔始建于明嘉靖初年，当年的塔规模较小，几百年间经过多次维修，终因年久风化，山高维修困难还是坍塌了一半，2003 年 11 月在原址扩建圣莲宝塔。

　　圣莲宝塔是佛教塔，为六角五层楼阁式密檐塔，坐南朝北，测塔高约 26 米，塔下设有地宫。塔身中间空心，塔一层六面，朝北一入塔拱券门，门额石匾"圣莲宝塔"，其他五面做虚设假门。塔内无窗旋转楼梯直通五层，内壁写大悲咒经文。二至五层内壁上画满了佛教故事，反映佛祖从出生到成佛的艰辛历程，大部分为女性、母亲形象。每层六面各设上半圆拱下方形的透窗，采用铁艺花做装饰护栏。圣莲宝塔地处北靠山崖，三面悬崖，登上塔五层扶窗远眺，东、南、西三面视野宽阔，群山起伏，脚下峭壁古松庙宇，远山近沟壑，蜿蜒的道路，星星点点的村庄，美景尽收。

圣莲山杏林塔院十五塔

圣莲山位于房山区史家营乡群山之中，峰峦叠翠，山崖绝壁，古松庙宇。南天门一峰分两院，佛门、道家两重天，是北京少有的佛教、道教在一山并存的地方，其历史可以追溯到唐朝末年。"杏林塔院"坐落在莲花山接近山顶朝西北的山崖小坡地上，是安葬僧人、道士的一处塔院，北京地区仅此一处。

圣莲山杏林塔院15座古塔示意图

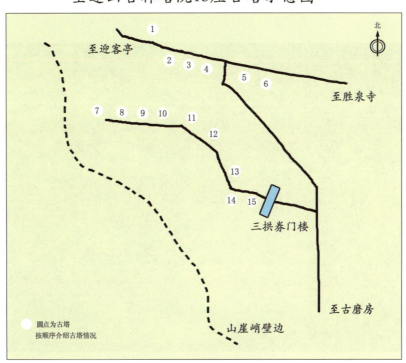

杏林塔院十五塔示意图

7—10 号塔

11 号覆钵砖石塔

杏林塔院有古塔若干，现今保留下来十五座古塔，从外观分析十四座是覆钵式砖石塔，应为佛教僧人或道士墓塔；一座青瓦卷棚顶建筑是道士墓塔。沿山道几棵杏树间是塔院三拱券大门楼，每年六七月份绿叶中颗颗大黄杏挂满枝头，塔院门的门额石刻"杏林塔院"，门左右对联："德道昭日月，杏苑藏灵骨。"门楼前说明牌："杏林塔院始建于唐末，僧人圆寂，道士羽佳，均葬于此。为彰其济员救人，植杏树铭念。"

在塔院里编号为 1—10 号塔及 13—15 号塔，原是覆钵砖石塔，最高不过 2.8 米，最矮的也有 1.2 米，塔座大约 1.5 米见方，都没有保留下来可读的塔铭石。因年久失修，后来维修时加裹了水泥外层，搞得不像古塔，应该说这样维修古迹是失败之例。

编号为 11 号覆钵砖石塔，测塔高约 2.8 米，是塔院中最高的塔，覆钵塔身和五层相轮都是石料打凿而成，塔刹丢失，塔座修补加了水泥外层。

编号为 12 号道士砖石塔，建于清光绪十六年（1890 年），测塔上半部分高 0.5

12 号道士塔

米，下半部分高 1.36 米，通高 1.86 米。在北京道士墓塔保留下来的很少，此塔造型明显与佛家的墓塔不同，这座清代道士砖石塔提供了一实例。塔顶用石料打凿成卷棚屋顶样式，四根砖雕立柱支撑塔身，下半截塔的造型维修时给简约掉了，水泥抹面，不知原来什么模样，真可惜！塔身朝西保留石刻塔铭，由于风化还能看出一些个别字迹，字不成句，石铭曰："祖化□□□公／□□大□上□下先生□记灵之位／光绪拾六年六月□修。"

　　杏林塔院地处高山之上悬崖之边，建筑材料运上山非常困难，所以塔建的规模都较小，质量偏差，存留时间自然就短。杏林塔院是北京地区四个古塔林院最小的一处，但对研究房山地区佛教、道教历史有一定价值。

云居寺十八座古塔

云居寺位于房山区大石窝镇水头村，距北京市区 70 公里。寺院始建于唐贞观五年（631 年），由僧人静琬创立，有千年佛教历史，因收藏珍贵的石刻佛教大藏经板，被誉为北京的"敦煌"。1961 年 3 月被公布为全国文物保护单位。原寺院有东塔院、南塔院和北塔院，在寺外周围还有塔林，除墓塔外还竖立许多塔铭石碑，实

云居寺18座古塔示意图

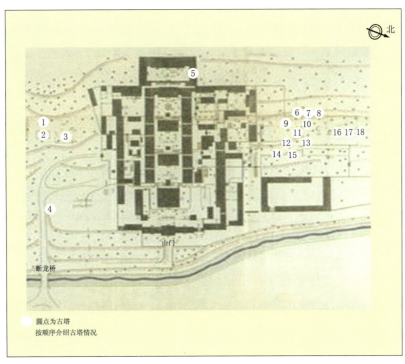

云居寺十八座古塔示意图

际古塔及塔铭石碑的数量难以统计。历史的动荡、社会的变革，塔院渐渐地因土地被占用而消失，仅剩少量的古塔留存到今天，云居寺内现有古塔十八座。

1. 开山琬公塔

开山琬公塔位于云居寺内南部，藏经地宫之南山坡上，古塔示意图中编号 1 号。原塔在云居寺附近的水头村香树庵后静琬塔院内，1976 年迁移到云居寺内的药师殿前，整修庙宇，1999 年建藏经地宫后移至现位置。

琬公，僧名静琬，出生日期、姓氏里居不详，隋代幽州智泉寺[①]的僧人，佛僧慧思大师的弟子。静琬来到"白带山"，就是今天北京房山区大石窝镇（产汉白玉石的地方），见此地有刻经文的汉白玉石料和适宜藏经的场所，为完成师父遗愿，遂发愿在此刻石经锢藏，以备法灭，刻石经之事得到朝野的支持与响应，皇后施绢千匹，各方捐资捐物，以助静琬。从隋大业年间开始雕刻石经，至静琬圆寂的唐贞观十三年（639 年），这二十多年来从未间断过，成为云居寺石刻经的鼻祖。静琬所刻石经藏在山洞里，而静琬灵骨被供奉于此，直到辽大安九年（1093 年），有位通理大师来到云居寺，继续刻石经，出于对静琬法师的敬慕，建造了开山琬公塔，用以安葬静琬法师的灵骨。

琬公塔为八角三层密檐经幢塔，汉白玉石，坐西朝东，塔高约 6 米。塔座两层须弥座，下层是四方形须弥座，上下枋雕双排莲花瓣。上层是八角须弥座，下枋上是圆形团簇花，束腰部素面无图案，上枋为三叠台形承托塔身。第一层塔身由八根棱角石柱支撑，柱与柱之间嵌石板，形成八棱柱状，朝东正面镌刻"开山琬公之塔"，塔身上石雕简单仿木斗拱，塔檐仿仰瓦灰梗铺面八条檐脊，第二、三层塔檐一样，两檐间雕祥云纹图案，檐下叠涩，檐上雕有瓦垄、圆瓦头、檐脊等，形象精

注释

① 幽州智泉寺，在唐代幽州城的东南角，今法源寺附近。

巧。塔顶部比较复杂，下边八角素方托盘，接八角仰莲承托半圆球形覆钵塔身，上托七层相轮，顶端为仰莲承托葫芦宝刹。

琬公塔属于经幢石塔类型，经幢石塔隋唐时期传到北京地区，盛行于辽金时期，以汉白玉或石材雕凿而成。可云居寺开山祖师琬公是唐朝僧人，怎么葬于辽金时期的经幢式石塔？整理挖掘中，在塔地宫内发现《琬公大师塔铭》石碑，塔铭楷书字 16 行，满行 26 个字，共计 366 个字，碑文虽然简约，但交代尚明确，记载了建琬公塔的始末。唐贞观五年（631 年）高僧静琬始建云居寺，并完成《大涅槃经》石刻，开创石刻经文之事。贞观十三年（639 年）静琬圆寂，"以其法宝未就，故师灵骨未瘗焉"。[①] 就是静琬圆寂后，刻经事业未完成，灵骨并未掩埋，而被供奉起来。过了三百多年，辽大安九年（1093 年），高僧通理大师在云居寺继续前辈刻石经事业，刻经之暇，遂建经幢石塔安葬静琬大师灵骨。

琬公塔院老照片

注释

① 北京市地方志编纂委员会编：《云居寺志》，北京出版社 2017 年版，第 128 页。

开山琬公塔

开山琬公塔

2. 压经塔

压经塔，正名为"续秘藏石经塔"，俗称压经塔，位于云居寺南部，藏经地宫之上，编号 2 号。云居寺说明牌讲：压经塔建于辽天庆八年（1118 年）。塔为八角七层经幢式，全石雕刻拼砌而成，测塔高约 5 米。塔身首题"大辽涿州涿鹿山云居寺续秘藏石经塔记"，记载了建塔具体时间是"辽天庆八年戊戌朔五月戊午十七日戊戌甲寅时"①，碑文记录了通理大师改大片石经版为小片双面刻，而且统一了刻写体例。并将石经藏瘗于寺西北隅地穴，建石塔一座，刻文标记。

压经塔下部八角须弥座有精雕细刻的图案，须弥座下枋每面刻有不同姿态的狮子一对，双狮起舞，姿态活泼；束腰部每面刻一位演奏乐人，手持乐器，翩翩起舞，姿态各异；上枋每面刻飞天人物和迦陵频伽②雕像，飘飘怡然。须弥座往上圆形莲花盘，承托着八棱柱状塔身，莲花圆承托盘外沿刻三层仰莲花瓣，上层莲花瓣之间有莲蕊芯，这是辽代经幢塔的特点之一。第一层塔身八面镌刻着《大辽涿州涿鹿山云居寺续秘藏石经塔记》，阐述了隋末唐初静琬大师刻石经的目的，后续几代僧人刻经，到了辽代圣宗、兴宗、道宗诸帝王赐钱支持刻经的史实，介绍了通理大师将大版改小版，单面刻改双面刻，变山洞藏经为地穴藏经的三项改革措施，记述得很详细。塔身上七层石刻塔檐，只有第一层塔檐仿照砖、瓦、木结构雕刻，檐上瓦垄、勾头、滴水、垂脊和檐下的椽子、角梁、斗拱等构件，仿照得惟妙惟肖，十分逼真。二层至七层塔檐八角素面，每一层是一块石料雕凿而成，叠放成密檐。塔顶上置有石刻两层八角卷云纹塔刹托，宝珠塔刹无存。整座压经塔是辽代石雕艺术中的精品，《大辽涿州涿鹿山云居寺续秘藏石经塔记》是北京最具有史料价值的经幢石刻。

注释

① 北京石刻艺术博物馆编：《新日下访碑录·房山卷》，北京燕山出版社 2013 年版，第 71—76 页。

② 迦陵频伽，佛教词，一种佛教传说中的动物，人物的上半身，凤鸟的下半身，有双翅。

　　清初《天府广记》一书中这样记载："石经洞在石经山东，隋大业间法师静琬者处此，募缘磐石为板，刻经一藏以传于后。唐贞观初，仅成大涅槃一部，而法师卒。后子孙相继，历辽金始完。贮于洞者七，穴者二，洞以石门闭之，穴以浮图镇之，累代皆有碑碣。"①说明石经山上藏经洞有塔镇之，云居寺的藏经地穴之上，压经塔是护石刻经的镇物。

　　压经塔下是藏经地宫，收藏的"经"是辽金时期的石经版"佛教大藏经"。1957年夏，中国佛教协会和北京大学考古系在南塔遗址挖掘出地穴通道，发现了收藏辽金时期所刻石经版的地穴，地穴分南北两部分，石经版分六层二十一列码放，共计10082块。1999年专为石经版建了400平方米的地下窖藏式建筑，采取恒温、恒湿方式，按原码放形式回藏进行保存，压经塔伫立在藏经地宫之上。2000年由华夏出版社出版影印书《房山石经》，将云居寺辽金石经版"佛教大藏经"再现纸上，传播于世。

压经塔

注释

　　① 孙承泽：《天府广记》，北京古籍出版社2001年版，第516页。

3. 释迦佛舍利塔（南塔）

　　释迦佛舍利塔位于房山区云居寺内，因地处寺院的南边，与北塔相对峙，所以也称南塔，编号 3 号。原南塔旁立辽代石碑，现石碑存首都博物馆，碑首题"大辽燕京涿州范阳县白带山云居寺舍利塔记"，记载了南塔始建于辽天庆七年（1117 年）四月十五日，是沙门绍坦和尚发心修建，内藏 300 粒舍利子，为八角十三层密檐砖塔（注：1918 年老照片释迦佛舍利塔为十一层密檐），塔高约 20 米。释迦佛舍利塔内有过静琬法师秘藏的释迦佛舍利，塔心石刻《石经寺释迦佛舍利塔记》记载"此塔前相去一步在地宫有石经碑四千五百条"，为发现辽、金石经提供了重要线索。原塔上有砖雕刻图案，木椽斗拱，檐角悬挂风铃等，非常经典。

南塔（1918 年关野贞拍摄）　　　　　　复建南塔（2014 年）

抗日战争时期，战火纷乱，1938年3月8日，华北抗日同盟军驻防云居寺，同年9月侵华日军两次派飞机轰炸云居寺，寺中大殿、房屋被炸毁，僧人和村民有伤亡。1939年2月2日，侵华日军派12架飞机轮番轰炸云居寺，地面进行"扫荡"烧杀。云居寺建筑被毁，僧人四散。也就是这个时期释迦佛舍利塔被损毁，可没有直接炸塌南塔的记载，只剩残塔基遗址。

20世纪80年代后，云居寺建筑不断整修完善。2007年北京市古代建筑研究所提出"云居寺南塔修复方案"，后得到国家文物局的批复。2009年开展募捐筹款，2014年根据民国时期老照片及有关资料复建了释迦佛舍利塔，并在塔旁立碑石《云居寺释迦佛舍利塔记》载录了重建功德。

4. 北郑院陀罗尼经幢塔

北郑院陀罗尼经幢塔位于房山区云居寺东门内，编号4号，是1977年6月从房山城区西南20公里北郑村出土，后移至云居寺院内。经幢塔始建于辽应历五年（955年）四月八日，为全汉白玉石料打凿经幢塔，由基座、经幢身、宝盖二层、盖顶四部分组成，测塔高约3.6米。经幢身八面分大小面满刻文字，大面宽0.18米，小面宽0.1米，保存完好。

陀罗尼经幢塔的基座四方形，上面雕一圈八个覆莲花瓣。经幢塔身八面都镌刻汉字，正面题刻有外罩线勾连纹花边框，由于塔上文字的字形不规范确认困难，只有部分字迹清晰可读。《北京辽金史迹图志》和《辽代石刻文编》均记录了塔上文字，塔题记"北郑院邑人起建陀罗尼幢记"，主要内容是"幢身八面均刻楷书汉字：佛顶尊陀罗尼经、陀罗尼真言并序、咒语以及北郑院邑人起建陀罗尼幢记等。"[1] 塔上部八角宝盖，刻条条垂幔纹，第二层塔身也是大小八个面，八个面均无字。塔顶

注释

① 向南等：《辽代石刻文编》，河北教育出版社1995年版，第11页。

部是由八角塔檐、如意卷云纹托、莲花抱宝珠塔刹等组成。此陀罗尼经幢塔是了解房山地区辽代历史的重要文物。

北郑院陀罗尼经幢塔

5. 天开舍利塔

　　天开舍利塔位于房山区云居寺第五进院大悲殿的北房室内，编号5号。天开舍利塔建于辽代，原是房山天开塔地宫中的塔，所以又称塔中塔，塔上石函藏有佛舍利。1990年6月从天开塔地宫出土，后移至云居寺收藏，其佛舍利也展示供人们瞻仰。

天开舍利塔由塔基、须弥座、石函、方形仰莲托、单层方塔檐、四方形云纹座、莲花托、残宝珠刹等组成。测塔高约 1.75 米。据工作人员讲,在塔的方形仰莲托和单层方塔檐之间原有四根圆形石立柱,柱高 20 多厘米支撑出一个空间,为防止塔不稳定损坏,而把四根圆柱另收藏起来,使塔的高度矮了一节。天开舍利塔属石函塔,但塔基座部分是泥土烧制成砖形,雕磨后拼砌而成,塔上九层都为石料雕凿而成,可采用的石材有所不同,石色质感有差异。八角须弥座束腰部和四方石函表面刻有文字。

天开舍利塔

6. 唐代梦堂塔

　　唐代梦堂塔位于云居寺北塔院内北塔的西侧，编号 6 号。梦堂塔是一座汉白玉石板雕刻组合而成的单檐方形亭阁式塔，无具体建造时间。梦堂塔原安置在云居寺附近的水头村南边梦堂庵中，后来庵院废弃，当地百姓利用塔身当鸡窝养鸡。1976年云居寺管理处发现后，将石塔从水头村村民蔡德武家移到云居寺的北塔院内放置，有效地保护了这座唐代梦堂塔。

唐代梦堂塔

　　唐代梦堂塔只有一层石塔檐，塔高 1.8 米，有两层台阶基座，在基座上用四块石板拼立成四方形塔身，塔身的正面开方龛门，门上额浮雕尖状拱券门楣，这种门楣有外国建筑风格。塔内壁雕刻一组佛像，中间莲花宝座上是西天极乐世界的教主阿弥陀佛，阿弥陀佛的左边是站立着观世音菩萨，右边是站立着大势至菩萨，他们

共同组成一组雕像，称为"西方三圣"。塔顶部为石雕仿木檐瓦垄庑殿顶，塔顶坡度很小，中间正脊自两头分垂下四条檐脊，顶上的瓦垄、勾头、滴水，塔檐下的仿木椽头等，均雕刻得惟妙惟肖，十分逼真。此塔造型与石经山南台石塔相似。

唐代梦堂塔内三佛像

7. 辽代经幢塔

辽代经幢塔，也称经幢，位于房山区云居寺北塔的西侧，编号7号。经幢塔为全汉白玉石料打凿，经幢顶部缺损，经幢塔旁说明牌写残塔高1.94米。经幢塔身八面，其中四面刻有站立佛像，佛像比例均称，佛像以下每面都刻有佛经，字迹有些不清楚。经幢塔座上的雕刻十分经典，分上中下三层，上层雕两层圆伞形花，花瓣上带花心，花间补花蕊装饰；中间层八面，每面出一框，框内刻一人物歌伎，手持一件乐器演奏歌舞，形态各不一样；下层是八角形和圆托形相结合的底座，表面刻满花纹。可惜经幢塔顶部缺失。此经幢塔对研究辽代民族服饰、各种乐器、舞蹈姿势等有一定的价值。

辽代经幢塔

8. 辽代佛像经幢塔

辽代佛像经幢塔位于房山区云居寺北塔院内，地处西北角，编号8号。辽代佛像经幢塔为白石雕凿，八角二层经幢塔，经幢塔顶部构件丢失，下须弥座可能是后配的，只有中间两段经幢塔身和连接部八角塔檐是一体的。第一层八面的每面剔地

出尖顶龛，间隔分大龛和小龛，大龛四面各嵌有一尊莲花座上坐佛像，小龛四个内各一尊站立佛像。第二层八个面，每面一剔地出尖顶龛，龛高矮一样，也是间隔四坐佛像和四立佛像。佛身披对襟大衣，脸部表情庄严，手势各不一样，身背后桃形光环装饰，是典型辽金时期佛经幢塔石刻，可惜不完整。

辽代佛像经幢塔

9. 开元十五年唐塔

开元十五年唐塔位于房山区云居寺北塔院内，北塔的西南角，编号 9 号，始建于唐开元十五年（727 年）二月。清《日下旧闻考》对这座唐塔有记述："寺门右石浮屠铭，太原王大悦撰并书，立于开元十五年二月。"①

石塔为笋状四方六层密檐，坐北朝南，测塔高约 3.4 米。下部一层由汉白玉石板砌成方形龛状塔身，方形龛门朝南，门楣浮雕尖拱券装饰。门旁各一尊浮雕金刚力士分列左右，金刚力士肌肉突出，威武刚健，其头部被砸毁。龛内壁正面浮雕三佛像，反映出盛唐风格人物姿态和服饰。塔上部石刻六层密檐，每层为正反叠涩式，向上层层收分笋状，第六层上下层间修补时用青砖替代了石料层，应该有还第七层。塔顶上置四方如意卷云纹座，承托宝葫芦塔刹。塔身东壁上石刻，首题《大唐云居石浮图铭并序太原王大悦撰》大意是建塔人就是塔门右边的一位（金刚力士化身）是"郑氏字玄泰，今范阳人也"。为信仰"法所务善，示仪生念。物莫坚石，留形则多"。愿"上帝万寿，先人百福"。认为"木皆烬灭，土亦尘散，惟石之永，瞻其有恒。紧法之坚，念兹无替"。因此建石塔"永永不灭，视以知正"。② 讲出了古人建塔的信念，用石料建塔能永久的意义。

塔上还有民国八年（1919 年）五月天津罗浚沼等三人同游云居寺时的刻字。

1999 年对开元十五年唐塔进行了加固维修。

注释

① 于敏中等：《日下旧闻考》，北京古籍出版社 1983 年版，第 2113 页。

② 北京石刻艺术博物馆编：《新日下访碑录·房山卷》，北京燕山出版社 2013 年版，第 32 页。

开元十五年唐塔

开元十五年唐塔内佛像

10. 景云二年唐塔

景云二年唐塔位于房山区云居寺北塔院内，北塔的西北角，编号 10 号，建于唐景云二年（711 年）四月八日。此塔因建造历史最早，可称北京第一古塔。

唐塔为笋状四方六层密檐石塔，测塔高约 3.4 米，有说原为七层，现状是六层。下部一层由四块汉白玉石板拼砌方形龛状塔身，一层龛门朝北，龛内刻有浮雕一佛像和二胁侍像，佛呈坐姿像，趺坐于莲花座之上，身旁左右各站一胁侍者，佛像形体丰腴，线条柔美，刀法极精，为典型唐代造像。塔上部为四方六层叠涩塔檐，塔顶四方塔刹托部分损毁，宝葫芦塔刹已不存在。

塔外壁东侧刻《石浮图铭并序》大多字迹由于风化严重已看不清。根据早年的拓片，铭文开头："此浮屠者，唐中兴七年 [①] 岁次辛亥夏四月八日，宣义郎、守幽州都督府法曹参军、上轻车都尉贝州王（王敦），上为圣唐皇帝，下为法界苍生，次逮七叶先亡，俯暨见存眷属之所建也。"意思是王（王敦）这个人上为了皇帝，下为法界众百姓，及先亡者，自己出资为超度家祖先亡灵而建造石塔。文落款："景云二年岁次辛亥夏四月八日建，上骑都尉宁思道书。上柱国丁处约、镌文贾泰山。"[②] 景云二年（711 年）唐塔是北京地区有文字记载的年代最久远的古石塔。

注释

① 唐中兴七年，唐朝没有"中兴"年号。"岁次辛亥夏四月八日"与碑文落款"辛亥"年同，应是唐睿宗李旦，景云二年（711 年）。

② 北京石刻艺术博物馆编：《新日下访碑录·房山卷》，北京燕山出版社 2013 年版，第 18 页。

景云二年唐塔

11. 云居寺北塔

　　云居寺原有南北两座高大的塔，南塔一度被毁，2014 年复建；而北塔始终耸立在云居寺大悲殿北边的北塔院内，编号 11 号。

　　北塔，又称舍利塔、罗汉塔，俗称红塔，具体建造时间不详，众说纷纭。据《大辽涿州云居寺供塔灯邑记》记载，辽乾统十年（1110 年），北塔是寺里僧人文密化缘三万余钱，筹款建造塔，此讲法有争议。《云居寺志》记载："原建造年代在

560

云居寺北塔   北塔佛偈语砖

辽以前。辽代重建，明代、清代均进行重修。"① 现在塔的形状是历史演变整修成的样子。

　　北塔高 30.4 米，底部是八角二层须弥座，须弥座下部镶嵌着一周有塔形和文字的砖，是建塔时专门制作的，称佛教偈语砖，刻有功德经偈语："诸法因缘生，我说是因缘，因缘尽故灭，我作如是说。"十分珍贵。因年久偈语砖被腐蚀靡碎，需要替换，在 1989 年维修北塔时，从北塔东南 6 米处挖出了 200 余块偈语砖，是古人专为以后维修更换的偈语砖，经过维修、更换、添补偈语砖后，就剩一块偈语

注释

　　① 北京市地名志编纂委员会编：《云居寺志》，北京出版社 2017 年版，第 54 页。

砖，古人的"备用砖"真可谓"神机妙算"，及时到位。须弥座一层束腰部，每面三个龛门，龛中狮首形砖雕。第二层束腰部砖雕内容丰富，每面三龛门，有的龛中雕佛像，两旁雕供养人像；有的龛中是砖雕演奏乐师像，两旁歌舞翩翩的仙女，雕刻了很多人物，载歌载舞，其中有伎乐天的反弹三弦，最是敦煌特色，须弥座转角处是或立或坐的罗汉像，可惜大部分砖雕风化看不清楚了。

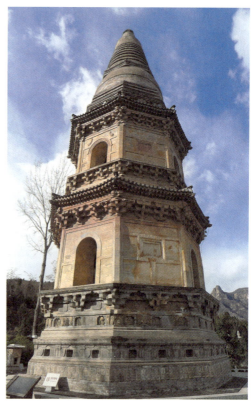

云居寺北塔北面　　　　　　　　　　　　云居寺北塔东南面

塔身第一、二层是八角两层阁楼式，东、南、西、北四面各开一拱券门，内空腹，砖包中心柱，绕中心柱原设木楼梯可通上下。塔朝东为正，第二层半圆拱券门的门楣雕花饰，两旁各一飞天女，其余四个面各为一个竖棂假窗。第一层和第二层都是砖雕仿木斗拱，仰瓦灰梗塔檐。其上有八角三层墩台承托覆钵体塔身，覆钵体像一半圆鼓形，犹如截断的半球体，中间一圈分界线分上下两种质感不同的效果。覆钵体塔身往上是八角二层墩台，承托九层相轮，再接钟状塔顶。塔刹是一座八角须弥座的小覆钵塔，《白带山志》记载："盖辽时重建之塔五级，其上三级不知何年倾颓，而塔顶螺旋状者，则明初建耳。"[1]

北塔的形式完全是汉式楼阁建筑和印度覆钵式佛塔相结合的产物。民间说北塔上部像扣一口钟，中间如平放一面鼓，下部又似一栋楼，因此俗称"钟鼓楼"式的塔。

北塔建造的高大雄伟，后人为彰显塔之威严，将四座唐代古塔移至北塔平台的东南、东北、西南、西北四角之上。清《日下旧闻考》记载：北塔"墀中列唐人建石浮屠四，皆勒碑其上：其一开元十年助教梁高望书，其一开元十五年太原王大悦书，其建于景云二年者则宁思道所书，太极元年建者则王利贞书也"。[2] 到后来整修云居寺时，又把几座经幢塔和石碑移至北塔周围，形成现在云居寺北塔院景观。

云居寺北塔 1963 年装上避雷针，1972 年进行加固维修，1989 年 6 月进行全面大修。

12. 太极元年唐塔

太极元年唐塔位于房山区云居寺北塔院内，北塔的东南角，编号 12 号，塔始建于唐太极元年（712 年）四月八日。

太极元年唐塔为四方六层叠涩密檐式，朝向东南，塔高约 4 米。此塔原为七层，第六层上改动过，损坏原因不明，1999 年维修一次。塔身一层四块石板拼立，朝东南正面开一方龛门，门楣上石刻浮雕尖拱券装饰，门两侧各立一位浮雕金刚力

注释

① 北京市地名志编纂委员会编：《云居寺志》，北京出版社 2017 年版，第 54 页。

② 于敏中等：《日下旧闻考》，北京古籍出版社 1983 年版，第 2108 页。

士像，上身赤裸，肌肉突出，振臂挥拳，表情愤怒，他们忠实地守护着佛龛大门。在龛内的正面，浮雕一尊佛像和两尊胁侍像。塔身之上四方六层叠涩塔檐，每一层间由一块方石连接，塔身第六层上补砌了两层青砖，塔顶上四方形雕锦带刹座，上承托葫芦塔刹。

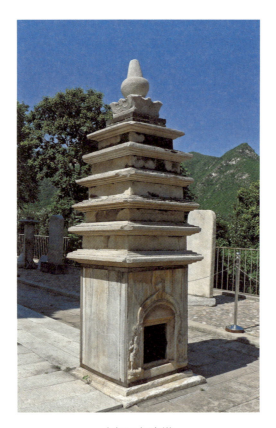

太极元年唐塔

塔身一层外壁西侧有唐太极元年（712 年）和州历阳承王利贞撰文《大唐易州石亭府左果毅都尉蓟县田义起石浮图颂》石刻，字迹已经不清。碑文："奉为七代先亡，见存太夫人，合家大小，敬造石浮图七级……"[1] 大意是田义起知道静琬大师、慧思大师等刻经之功，信奉佛教，忠孝之人，尊崇法门，奉为七代祖先及太夫

注释

[1] 北京市地名志编纂委员会编：《云居寺志》，北京出版社 2017 年版，第 111 页。

人，合家敬造七级石塔。

唐代石塔上还有清末民国初时被人在塔壁上面刻下的两段文字。一是光绪八年（1882年）五月，大清宗室盛昱带人游玩时刻字。另一是民国二十一年（1932年）七月，行武人，宪兵司令警察总监陆军中将陈兴亚游览云居寺时，撰书命人题刻。陈兴亚的日记中讲：在云居寺内写完字，寺僧找来石匠，人忠厚诚实，说只需十五六个工，仅要十元钱，并一同上山塔旁量石尺寸，陈兴亚表示字刻好后，再奖励石匠和僧人……就这样唐代石塔上刻上民国时期的字。

13. 开元十年唐塔

开元十年唐塔位于房山区云居寺北塔院内，北塔的东北角，编号13号，始建于唐开元十年（722年）四月八日。

开元十年唐塔为四面六层笋状石塔，塔高约3.6米。塔东侧外壁刻有易州前遂城县书助教梁高望书《大唐易州新安府折冲李公石浮图之铭》。塔铭记载了塔是在家修行的佛教信徒易州新安府折冲都尉李文安，为亡妻河东郡薛君氏建造的石塔。塔铭文用楷体字，经历1200多年后字形依然保存完好，在云居寺几座石塔中此铭文保存最好的一处。塔下部一层由四块汉白玉板拼砌方形龛状塔身，龛门朝东南，浮雕尖拱券装饰，两尊金刚力士浮雕分列左右，金刚力士肌肉突出，威武刚健，龛内正面浮雕一佛像二胁侍像，纯为盛唐风格。东西内壁浮雕两组供养人像，其中有高鼻梁深目、丰髭重须的胡人形象，格外引人注目，反映了当时幽州地区的政治格局和民族关系，也是汉族与地方少数民族密切交融的表现。塔六层四方叠涩塔檐，檐郭线刻刀法圆熟流畅，造型庄严稳重。檐与檐之层间用线描雕刻出象、鹿等动物形象，动物呈奔驰状，造型生动，极富于动感。塔顶部四方如意卷云纹座，承托葫芦塔刹。

开元十年唐塔

　　清《日下旧闻考》记载："梁高望易州新安府折冲李公石浮屠之铭……清信士易州新安府折冲都尉李文安，游心正觉，妙达苦空。知劳生之有涯，设津梁于彼岸。乃于范阳县西云居寺为亡妻河东郡君薛氏敬造石浮图一所。……飞空七级，状多宝之移来；腾虚四迥，疑众仙之涌出。兼以山含万象，地蕴灵奇。"[1] 史书记载唐塔是"七级"，而实际塔只有六层石塔檐，有可能移来此地时丢失了一层塔檐。在北塔周围的四座唐塔都是六层塔檐，原塔是"七层"还是"六层"还需探讨。另外，辽乾统十年（1110 年）沙门行鲜所撰《大辽涿州云居寺供灯邑记》，建塔"上

注释

① 于敏中等：《日下旧闻考》，北京古籍出版社 1983 年版，第 2112 页。

下六檐，高低二百余尺"①，明确提出塔"六层"的依据，但这"依据"比"李公石浮屠之铭"可信度要低。

14. 广公禅师塔

广公禅师塔位于云居寺北塔院，北塔的东侧，编号 14 号。广公禅师塔建造于金泰和二年（1202 年），该塔是广公禅师的弟子惠谈等人为先师竖立，最初立于某寺院外山坡的地方，后移置至云居寺此地若干年。

广公禅师塔为汉白玉石雕凿八面直棱幢身，粗细变化大，分上中下三层，以圆形仰莲花承托盘分层，测塔高约 2.6 米。下层低矮直径很大，又分三段：下段底座，八角石雕花塔座；中段八角塔身，八个面每面浮雕一位人物像，人物是四位站立姿势，四位伏案坐姿势；上段是直径超过一米的八角承托盘，周围雕三层仰莲花瓣及花蕊。中层塔身八角柱状，八个面的每一面剔地出尖顶龛，龛内雕刻一尊佛像，四尊立佛，四尊坐佛，共八尊佛像，佛脚下的坐台或莲花座各不同，上是仰莲花盘承托上层塔身。上层塔身八角柱状，八个面施刻文字，正面额题楷书"广公禅师塔记"6 个字，额下竖刻"若人欲了知，三世一切佛，应观法界性，一切惟心造"4 行 20 字佛偈语。其他七面刻了记录广公禅师生平和遗德的文字，正书竖刻记文 23 行，满行 20 字，共计 419 个字，其文行格疏朗，书法俊通，多字弥漫不清。塔身上是小直径的仰莲花承托盘，往上部分塔构件缺失。1948 年溥儒编辑《白带山志》载有碑文内容。

广公禅师，大兴府武清县苏氏之子，幼童时少语寡言，长大落发为僧，金"明昌元年（1190 年）比试受具足戒"。被推举为云居寺讲禅师，于泰和元年（1201

① 北京石刻艺术博物馆:《新日下访碑录·房山卷》，北京燕山出版社 2013 年版，第 31 页。

年）十月二十二日圆寂。^①

广公禅师塔

15. 尊胜陀罗尼经幢塔

　　尊胜陀罗尼经幢塔位于房山区云居寺内北塔院，北塔的东侧，编号15号。尊胜陀罗尼经幢塔为八角经幢塔，由基座、经幢身、华盖三部分组成，经幢高约2米。经幢基座下八角形，竖面刻有石狮和花卉，上表面圆盘状石刻浮雕团花图案精美，经幢塔身通过卯榫立在基座上。八角经幢体是四个大面和四个小面，正面题刻

注释

① 梅宁华等：《北京辽金史迹图志》下册，北京燕山出版社 2003 年版，第 113 页。

"尊胜陀罗尼经"，其他七面是《尊胜陀罗尼经》的经文，部分文字磨损，2003 年捶拓的拓本收藏在北京辽金城垣博物馆。华盖是八角经幢盖和云纹承托座，顶端塔刹丢失。据考此"尊胜陀罗尼经幢塔"是辽代的经幢，到清乾隆年间就已经有文字磨损，其最初放置的地方也不是这里，后移至此地多年。

尊胜陀罗尼经幢塔

16. 清代三公塔

清代三公塔是一组三座砖砌覆钵式塔，位于云居寺内北塔的北边，原为云居寺的北塔院。三座塔一字排开，坐西北朝东南，自南而北依次是：南面塔编号 16 号，塔高 8.8 米，云光禅师，云居寺传临济正宗三十五世云光泰叔祖和尚塔；中间塔编号 17 号，塔高 9.3 米，圆通禅师，云居寺传临济正宗三十四世圆通广公和尚灵塔；北面塔编号 18 号，塔高 9 米，了尘禅师，临济正宗三十五世云居堂上了尘福公和尚灵塔。清朝雍正、乾隆年间建三座塔，应为一师二徒三位和尚的墓塔，俗称"三公塔"。

从文献记载和民国老照片得知，原"三公塔"周围还有多座墓塔和塔铭石碑，塔前石供桌上摆放石刻五供，形成北塔院。"三公塔"的塔座都是石须弥座，束腰部雕刻精美的花纹，到 20 世纪 70 年代毁坏严重，修补时资金短缺，圆通和云光二塔的须弥座就草草用石块砌平抹灰成现在的样子，只有了尘禅师塔保持有石刻须弥座。西南面云光禅师塔，有说是"临济正宗三十三世滇波和尚灵塔"，查《白带山志》卷四第二十四页记载："西域云居寺重开第一代上滇下波古翁老人行略碑，存正书。乾隆四十三年（1778 年）岁次戊戌夏六月初八日吉旦立。……碑阴六代住持题名，在东塔院。"说明滇波和尚灵塔应在东塔院，而不在北塔院，云居寺现存档案记录"三公塔"的西南面一塔为云光禅师塔。

云光禅师，云居寺传临济正宗三十五世云光泰叔祖和尚塔，三塔中靠西南一座。未找到云光禅师塔铭石碑及相关资料。

圆通禅师，云居寺传临济正宗三十四世圆通广公和尚灵塔，三塔中间一塔，塔铭字迹模糊，可认出"圆通广公和尚"六个字，塔上砖雕精美丰富。云居寺北塔院东墙外有《大清西域寺圆通广禅师塔铭》碑一方，石碑高 3 米多，立于清雍正十年（1732 年）。《白带山志》卷九也有圆通禅师塔铭的记载，文字略有出入。

清代三公塔

　　圆通禅师，师讳明广，号圆通，俗姓高。生于明崇祯十五年（1642 年），顺天府雄县西北乡人，父姓高，母孟氏。长大后告诉母亲"儿念在家业重，出家修行"。入寺院与义师溟波老和尚，朝夕叩击，多所开悟。康熙十二年（1673 年）开始云游四方，"遂上五台，渡黄河，访少林，登首山，逾岳麓，礼香岩，纡回数千里，经历诸祖廷"。三年后回到云居寺。溟波圆寂后，圆通接任寺住持，师嘱曰："若个大寺，汝其生持，坚心守定，慎勿他适。"圆通继任寺住持长达三十八年。雍正七年（1729 年）七月七日圆寂，"世寿八十有八，僧腊六十有二，传临济正宗，当三十四世"。[1] 圆通禅师当时名气很大，任住持时对云居寺的振兴贡献巨大。民间传说，圆通禅师接待过来访的康熙皇帝，用法力和智慧与帝王周旋，保护云居寺，后引出断龙桥的民间故事。

注释

　　① 北京市地方志编纂委员会编：《北京志·云居寺志》，北京燕山出版社 2017 年版，第 151—152 页。

20 世纪 80 年代三公塔，高塔为云居寺北塔

三公塔

了尘禅师，临济正宗三十五世云居堂上了尘福公和尚灵塔，三塔中靠东北一座。云居寺北塔院东墙外一方清乾隆十一年（1746 年）九月立石碑，碑文首题《西域大云居寺了尘福禅师塔铭》"多罗宁郡王文并书"。了尘禅师，师讳实福，字了尘，河间府河间县人。父陈姓，母夏氏。"父母许令薙发于双塔村之兴隆寺，礼本宗师，默契禅宗。"[1] 康熙四十五年（1706 年）春，开始赴西峪出游，后在云居寺礼佛，跟随圆通大师二十余年，雍正七年（1729 年）圆通大师圆寂，了尘继任云居寺住持。住持期间移建大悲坛，建藏经殿，修缮殿刹等。乾隆十年（1745 年）三月，忽感微疾，召集众僧定力念佛，众皆念佛，师念佛而逝。享年世寿七十岁，僧腊三十六年，为云居寺重开山第三代，临济宗第三十五世。了尘禅师生前与皇亲王爷们有关系，多罗宁郡王弘皎为其撰写碑文就是例证，清乾隆十一年（1746 年）九月立石碑。

清代三公塔前原本各有一个雕刻的石供桌，云光禅师塔前的供桌缺失，还剩两石供桌，石供桌上刻有龙、狮、虎、豹、鹿等动物，生动活泼，以及山石、藤花、卷草等精美图案。石桌上的石五供全部丢失。

民间传说，清朝时圆通、云光、了尘三和尚进入佛门后，被指派下山拉运砖瓦以建造寺庙院。运送砖瓦回云居寺途中突遇大雨，雨水汇聚成河挡住归路。这时圆通和尚不慌不忙，双手合一，口念真经，河里瞬间浮出苇席编织的浮桥，三人携砖瓦顺利渡河，建好庙宇。后来为纪念三人建庙的功绩，建了三座形制基本同样的覆钵塔，称"三公塔"。

注释

① 北京市地方志编纂委员会编：《北京志·云居寺志》，北京燕山出版社 2017 年版，第155 页。

金仙公主塔

金仙公主塔位于房山区云居寺以北石经山东台上，是石经山五台石塔之一，始建于唐开元九年（721 年）。金山公主塔现为四方七层叠涩密檐石塔，原塔为九层叠涩密檐攒尖刹，测残塔高约 4.5 米。

清《天府广记》记载："小西天即石经山也，在房山西南四十里。……盘屈数十折至山顶，有五石台。台之上皆有白石小浮图，其南二者乃唐金仙公主所建，刻字如新，余无题识不可考。"[①]此说法有误。金仙公主塔是唐代的塔，第一层塔身上刻有多个年份的字迹，按时间顺序最初建是纪念塔，塔西侧镌刻唐开元九年（721年）《云居石经山顶石浮图铭并叙》；塔北侧上部镌刻唐开元二十八年（740 年）《唐金仙公主请译经施田记》，因其意义重大，遂塔称"金仙公主塔"，呼至今日；塔北侧下部镌刻唐元和四年（809 年）吉逾等人游云居寺《题云居上寺诗并序》及六首诗；塔朝南正面左上角有辽太平六年（1026 年）题刻；塔上文字超千，文字之多，内容之丰富，是其他唐塔不能比拟的，现在塔上文字已不可读，只有保存的拓片述说历史。

金仙公主塔是唐开元九年（721 年），僧人刘玄望与弟弟、妹妹等，为已亡的父母所建的，目的是愿其父母及早地升入西天极乐世界。塔西侧镌刻《云居石经山顶石浮图铭并叙》，铭文竖刻 23 行，共 608 字，字迹已经弥漫不清。

二十年后，云居寺中的僧人则借用了这座塔，在塔北侧镌刻上《唐金仙公主请

注释

① 孙承泽：《天府广记》，北京古籍出版社 2001 年版，第 506 页。

译经施田记》，竖刻 21 行，共 220 个字。记述了唐开元二十八年（740 年），由吏部官员王守泰国记录，唐玄宗第八妹金仙长公主于开元十八年（730 年）奏请，玄宗皇帝赐云居寺新旧译经四千余卷以及环山林麓、麦田、果园等，委托玄法禅师管理的史实。云居寺僧人为表示对金仙公主的感激之情，为此将这段历史刻字塔上，为后人提供了翔实的历史资料，此塔遂称"金仙公主塔"。

石经山金仙公主塔

金仙公主，姓李，唐睿宗李旦第九女，玄宗李隆基之八妹，生于唐永昌元年（689 年），始封西城县主，景云年初晋封公主。神龙二年（706 年），十七岁入道教，号无上，景云二年（711 年）二十二岁时受法，以方士史崇元为师。唐开元二十年（732 年）卒于洛阳的开元观，享年四十三岁。[①]金仙公主既为道士，又为佛教寺院译经施田，体现了金仙公主以此促佛、道二教和睦相处的良苦用心。将唐朝宫

注释

　　① 北京石刻艺术博物馆编：《新日下访碑录·房山卷》，北京燕山出版社 2013 年版，第 26 页。

金仙公主塔（1920 年）

廷佛经抄本送到云居寺，为后来石经山的刻经事业做出了重要贡献。

塔北侧《唐金仙公主请译经施田记》下部镌刻唐元和四年（809 年）诗文，内容是：吉逾《题云居上寺诗并序》，吉逾、轩辕伟、吉驹騄、吉播、王潜、王益六人各一首诗，现在字迹不清。

塔朝南正面左上角有辽太平六年（1026 年）题刻，内容是永兴宫都部署权知军州事韩绍勋与县郡夫人及女儿一同前往石经山巡礼烧香，见佛像残缺不全，故补接齐全，善行之事刻于塔石上。

金仙公主塔坐北朝南，一层塔身由四块汉白玉竖砌成方形龛状，朝南龛门原有两扇石门，可惜丢失，龛门上门楣刻浮雕火焰形尖拱。门洞两侧各浮雕金刚力士一尊，身高 0.47 米。门右侧金刚力士身披铠甲，肌肉丰满，飘带灵动环绕，身后带火焰形背光，左手张开呈叉腰状，右手握拳曲臂向上，头部向左偏，面部损坏，赤脚踏云团之上。门左侧金刚力士身披铠甲，背后周围飘带飘动，威风凛凛，体态健壮，右臂直垂向下，五指张开，左手握拳曲臂向上。龛内正面刻浮雕佛像及胁侍像。

金仙公主塔的民国时期老照片塔檐九层和塔刹还完整，塔基下山石有空洞。1989 年、2005 年两次加固维修，塔的第一层为防止坍塌，用三角铁条加固各做了保护边框，塔外壁刻字已经风化不可读，塔上部九层叠涩塔檐，第八层、第九层的两层塔檐和塔刹已丢失未补。金仙公主塔从塔型到文字记载、雕刻图案，堪称是云居寺及周边古塔中珍贵的古塔之一。

石经山南台唐塔

　　石经山南台唐塔位于云居寺北面石经山的南台山顶。唐代时，石经山上设有五个台，每个台上建造一座石塔，由于年代久远，现在仅剩两座唐代石塔，东台的金仙公主塔和南台唐塔，其他三座已经消失。南台唐塔是一座单层四方形的亭阁石塔，测塔高约 1.7 米。塔身正面开一龛门，门上额采用浮雕门楣，门两旁雕有站立姿势的金刚力士护法神。这两尊护法神身着武士服装，左边这尊双手持一兵器，双脚站在一个趴着人的身上；右边一尊左手横叉腰上，右臂高举，双脚站在一个仰面人的身上。这两尊护法神力士的姿态、衣着纹样都具有典型唐代风格，神态上力士是昂首挺胸，威风凛凛，似乎力士正在屏息运气，出击降敌，脚下踩着"敌人"，表现出一种战胜敌人的气概。《云居寺志》记：南台唐塔"佛龛上面刻有'唐乾宁五年（898 年）'题记"。[①] 但字迹被加固的角铁遮挡看不清楚。

　　这座南台唐塔的塔顶是单檐庑殿式，殿顶一条横脊，横脊的两头各有垂脊伸向檐角，石雕瓦垄、勾头和滴水仿传统瓦房造型，檐下的椽子和角梁是仿照木料结构雕成，整体造型是唐代建筑特点，简朴庄重。2005 年对石塔进行了加固维修。

　　北京古塔中单檐方形亭阁式塔并不多，唐代亭阁式石塔北京地区仅有云居寺唐代梦堂塔和石经山南台唐塔的两座，是研究古塔文物和唐代雕刻艺术的难得实物。

注释

　　① 北京市地方志编纂委员会编：《北京志·云居寺志》，北京出版社 2017 年版，第 51 页。

石经山南台唐塔（2013 年）

石经山施茶亭唐塔

　　石经山施茶亭唐塔位于石经山的半山腰施茶亭院门前。施茶亭立有明天启三年（1623年）石碑记载建施茶亭的原由："有本境石门村善人高万库等，虑及于此，由是纠合各乡众善五十余人，会积钱粮，每岁在于施茶亭内，施茶结缘，奉候往来进香善众，一则吃茶解渴，二则少歇暂存。"①

　　2005年在修复石经山施茶亭小院的工程时，将院后山坡上唐代石塔的残件收集整理，添补缺损，竖立起四方五层石塔。五层塔檐石和石塔刹是原唐石塔旧物，为恢复古塔旧貌，残损的石构件经过添加新石料修补拼砌而成，石经山施茶亭唐塔修复完成，保持了唐代石塔的基本特征，测塔高约2.4米。

注释

　　① 北京市地方志编纂委员会编：《北京志·云居寺志》，北京出版社2017年版，第144页。

石经山施茶亭唐塔

云居寺外虎塔

云居寺外虎塔，也称风水塔或吉祥塔，位于云居寺院外西北 500 米处一座山顶上。塔为青砖砌六角五层叠涩密檐塔，测塔高约 9.3 米。维修后塔基有一定的变化，不像过去的塔基造型。第一层塔身粗壮，磨砖对缝砖砌，突显平整，朝南开一门洞，塔内空腹，洞口上额原有石刻塔铭丢失，门两侧各一砖雕竖棂条假窗，另三面墙面无装饰。塔一层之上是六角五层砖砌叠涩塔檐，其一层的塔檐比其他四层的塔檐要宽大，形成一层中间空心，往上是实心塔的结构，塔顶部损坏已无宝珠塔刹。据云居寺的工作人员讲，经对虎塔的造型和砖料研究，与云居寺内塔砖的对比，认为此塔是辽代建造，从塔的地理位置看应是镇寺的风水塔。

相传，昔日云居寺八百僧人以梆声响为号有秩序地打粥吃饭，后来每逢梆响便有一位白须老者前来吃饭，连续数日。见状，老住持命人开饭时不再敲梆子，而改为人通知到人，自此白须老者再未出现。几日后，僧人在寺西北的小山上发现了一只饿死的白额老虎，头朝向云居寺，推说山上老虎是来听经的，不愿下山惊户伤人，遂饿死。出家人应以慈悲为怀，老住持心以为悔，于是便与众僧人建造了这座虎塔，以作纪念。

云居寺外虎塔（2013 年）

云居寺外万人塔

　　云居寺外万人塔位于房山区云居寺外西南约一公里，解放军防化兵部队院里，塔始建于辽代。万人塔为砖砌纺锤式，用于存放佛寺中普通和尚的骨灰墓塔，塔旁说明牌介绍塔高 13.65 米。

　　万人塔的塔座砖砌八角形须弥座，塔座表面损毁已经看不到原束腰部的图案，须弥座承托着鼓状的覆钵体塔身，向上逐渐收分。塔身上部砖砌十三层相轮，这相轮与众不同，相轮下部与覆钵体同粗，上口也不细，相轮上方为钟形塔帽，整体塔像是一个"纺锤"形，塔心中空，北侧有一长方洞口用于放置灵骨或骨灰，塔身上还有若干小方口直通内部，是否用于通风还不确定。塔顶部是一座小覆钵塔形，由八角须弥座、覆钵体塔身、仰莲承托盘，宝珠塔刹等组成，可没有塔相轮部分。此塔造型与云居寺北塔的上半部分覆钵体有相似之处，不同之处仅为塔刹造型有别。此塔年代久远、造型独特、保存完整，塔内部有宽敞空间，基座、塔身和相轮处都留有小方洞口，靠圆周塔壁支撑塔存世了几百年。这种造型的万人塔在北京仅此一座，对研究北京地区的古塔以及中国古塔都具有重要价值。

　　2005 年 11 月 2 日，云居寺文物管理处与中国人民解放军某部签订《万人塔保护协议书》，使万人塔得到更好的保护。

云居寺外万人塔（2014 年）

水头村尼姑塔

　　水头村位于房山区云居寺西北不远。原尼姑庵和尼姑塔在水头村西边山坎上，20世纪60年代尼姑庵已毁，但尼姑塔还保留在村旁树下，塔为全石料打凿石塔，塔身无刻字迹，测塔高约3米，保存完好。据云居寺工作人员讲尼姑塔始建于清代。塔座为八角须弥座，分上下两层雕凿拼砌，刻仰覆莲花，束腰部是上下两石的连接处。塔身圆筒铸钟状，下有一圈钟脚纹，中部二层"回"字纹，上迟咕部（喉轮）收缩刻一圈圆珠。塔顶部圆罗罩须弥座形，雕刻带花心的仰覆莲花，束腰部满刻一圈圆珠。塔顶端是如意祥云承托葫芦形塔刹。

　　自20世纪80年代，农村土地改造，尼姑塔被移到云居寺山门外的空地上。2008年以后云居寺门前搞绿化，将尼姑塔拆成六节存放在负责施工的院里。据说尼姑塔安置的位置一直未定，理由是尼姑的塔不能放置在云居寺内，尼姑塔构件多年一直存放在负责施工的院里。2016年经过研究尼姑塔重新竖立起来，放置在云居寺外墙东南角。

　　注：20世纪60年代云居寺尼姑塔的老照片由云居寺张爱民友情提供。

20 世纪 60 年代尼姑塔

水头村尼姑塔（2016 年）

周吉祥塔

　　周吉祥塔，又称周云端大师墓塔，位于房山区韩村河镇孤山口村北，始建于明弘治十二年（1499 年）。周吉祥一僧留有两座塔，一座在海淀区大觉寺以南，明弘治五年（1492 年）建纪念亡灵塔；另一座是七年后建的房山孤山口墓塔。

　　周吉祥法号"云端"，明代顺天府昌平文宁里（今海淀区柳林村）人，生于明正统六年（1441 年）二月二十三日丑时。因住所距离古刹大觉寺不远，童年时期经常去寺内玩，受到佛教的熏陶，决心出家落发为僧。在为僧修行中，常到京城行游，偶然机会，见到在皇宫里的姐姐，才知道姐姐已是皇贵妃，后来宪宗朱见深继位皇帝，姐姐尊称周太后。在皇帝的恩典和周太后的关照下，为弟周吉祥扩建寺庙，取名大慈仁寺（今广安门内报国寺），皇帝特授周吉祥僧录司左善世（明代掌管僧人的机构及官职），兼大慈仁寺第一代住持。周吉祥对周太后送来的大量财物和官职，并不在意，一心修行，"戒行之高，操履之纯"，直至 52 岁因病圆寂于大慈仁寺。用皇帝皇太后赏赐的钱购买了房山孤山口的土地，在孤山口建砖塔。

　　周吉祥大师塔坐北朝南，为八角七层密檐砖塔，测塔高约 22.5 米。塔基台原由汉白玉石砌构，修复时改用砖石码砌。塔座是两层须弥座，下边须弥座已经残破不堪，上边须弥座束腰间砖雕精美，八个面的每一个面由砖雕小花卉隔成两幅图案，其内容有西番莲、牡丹花、莲花、仙桃等砖雕图案，构图别致，雕刻精细。转角处刻宝瓶立柱做装饰。两层须弥座处被盗贼挖开了高 3 米的大洞，当地人讲，是抗日战争时期土匪干的，现在已经用砖封堵起来。

周吉祥塔

　　塔须弥座上是三层莲花瓣承托塔身。第一层塔身八面的东、西、南、北四个正方向有砖雕拱券假门，假门拱楣刻精美的牡丹花和莲花装饰，双扇仿木门上雕球形纹饰。在正南的拱券门上额镶嵌一块石刻塔铭，上刻有"僧录司左善世钦命掌印兼敕建大慈仁并大觉寺开山第一代住持周吉祥大师塔"，以说明塔主是两座寺院的住持身份。塔身其他四面是砖雕方形假窗，转角处是圆形转角柱，檐下雕一圈倒垂如意云头图案。塔身上为七层塔檐，各层塔檐均采用正反叠涩做法，塔檐外沿向内凹曲弧形，各层檐角悬挂有方形铜铃，由于年久，挂铃已无存。塔的顶部用砖砌成八角攒尖顶，将塔刹托得高一些，使之更醒目。塔刹分两部分，下边八角须弥座，上边双层莲花瓣承托宝珠塔刹。

　　整座塔除了一层塔身是假门假窗尺寸略小一些外，各个部位比例和谐，造型朴实大方，给人高大庄严之感觉。塔东有一方石碑，题《仲故左善世云端大师吉祥塔铭》，碑下款时间"大明弘治岁在己未（即弘治十二年 1500 年）季春月吉日"，碑文详细记录了周吉祥的生平，是研究明代宗教和历史的重要碑刻史料。

　　周吉祥塔，1981 年 7 月 12 日为房山区重点文物保护单位。1995 年 10 月 20 日被公布为北京市第五批重点文物保护单位。

天开寺天开塔

天开塔位于房山区韩村河镇天开村东南的天开寺内。

根据寺前说明牌介绍：天开寺始建于东汉建武二十六年（50年），中印度圣僧华严慧晟祖师来到此地，创建天开寺，后经历北魏、晋、隋、唐、宋、辽、金等年代，距今已有1900多年历史。天开寺历代高僧辈出，建立僧团，传播佛法，教化众生，度众无数，发展到辽代最为鼎盛。2005年开始陆续重修天开寺、天开塔、兴隆寺、观音寺等寺庙建筑群。

据塔下石函上刻的文字记载，天开塔始建于唐代贞观十三年（639年），良乡护世寺僧人法询和法艺两位大师创建天开塔，经过24年，至龙朔三年（663年），九层密檐塔建成，塔内供奉释迦牟尼佛舍利数十粒。辽乾统九年（1109年）塔坍塌，辽乾统十年（1110年）七月七日，重建塔为八角九层楼阁式砖塔。[1]800年后，民国时期上层塔身坍塌，仅剩一层半残塔。2013年修复天开塔建筑，塔是按辽代塔建筑形式建造的，为砖木结构八角三层中空心楼阁式，塔通高约15米。塔基台八角青砖砌，塔设两层须弥座，下层无图案素墙面，上层束腰部八面的每一面由砖浮雕花柱分出两幅，每幅中间是佛龛，龛内一尊坐佛像，佛龛两侧雕有飞天女，转角处站立金刚力士像。塔身一、二、三层的东、南、西、北各开一拱券门洞，另四个方向各置砖雕直棂假窗，塔心内有中心柱，沿中心柱设有回廊门洞通四方，各层间由

注释

① 北京市文物研究所编：《北京文物与考古》第四辑，北京燕山出版社1994年版，第210页。

爬梯相连。爬梯向上可达三层，向下通地宫，地宫直径 3 米左右，高约 3 米，内壁有彩绘，地宫设小门和暗隧道通几十米外的观音洞。塔檐下砖雕仿木斗拱，檐上仰瓦灰梗铺檐面。塔顶部两层仰莲花承托宝珠塔刹。

维修前的天开塔

　　1990 年 6 月，清理天开塔时出土了 20 多件有关佛教及生活用品的文物，发现了关于天开塔较详细的史料记载。其中有一张保存完好的辽代木桌，迄今是我国保存最早的木桌。一座石函舍利塔，石函内藏一尊水晶瓶，瓶中存贮舍利。为更好地保护石函舍利塔，将石塔转移的云居寺收藏（另文介绍）。此外文物还出土了小木佛、铜香熏炉一对、白釉碗、白釉赭花高足碗、银钵、铜镜、铜盆、铜净水瓶、莲瓣饰件等珍贵文物。

　　天开塔是重要的辽代塔，它是房山区古塔中仅存两座楼阁式古塔之一，房山区重点文物保护单位。

天开塔（2017 年）

严行大德灵塔

严行大德灵塔位于房山区长沟镇西甘池村以西山岗上。塔始建于金贞元元年（1153 年），坐北朝南，塔为汉白玉六角七层幢塔，测塔高约 5.9 米。石塔下部六角须弥座，束腰部线刻宝相花捧梵文经咒，每面两个字，共计 12 字，兰茶体，双钩刻。须弥座上三层莲花瓣承托塔身。塔身整块石雕凿六面体，朝南的一面石刻"严行大德灵塔"字样，字下部刻缠枝花纹和金钱图案等；其他五面刻严行大师的生平功德，碑上首题"大金故慧聚寺严行大德闲公塔铭并序"，最后有金代"贞元元年五月二十四日"的年款字样。塔身上部七层塔檐，塔檐的每层是整块石料雕刻六角仿砖瓦木檐结构。塔顶部两层如意祥云托和一层仰莲花承托宝珠塔刹。

塔上"大金故慧聚寺严行大德闲公塔铭并序"很多字已经不清晰，大概得知，严行和尚，俗姓张，名伟，字保之，白霄人。幼年丧父，十岁就得到大师"受经业，日数百千言"，十七岁"返亲舍，更读儒书"，参加科考中进士，进入枢密院任职六年，几经辗转，"念老母，恩不可报也"。天会六年（1128 年）正月弃官出家回归佛门，来到马鞍山慧聚寺（今门头沟区戒台寺）落发受戒，成为金代一位高僧。晚年到甘池村修行，海陵王贞元元年（1153 年）焚香诵经至圆寂，享年 68 岁，当年 5 月建塔葬灵骨。

1986 年对严行大德灵塔进行了整修，并在塔的四周砌了砖石台。塔旁立 1981 年公布"房山县重点文物保护单位"石碑。

严行大德灵塔

应公长老寿塔

应公长老寿塔位于房山区韩村河镇天开村西北，干涸的天开水库蓄水区大坝内侧。应公长老寿塔建于元大德五年（1301年）二月，坐北朝南，测塔高约12米，为六角五层密檐砖塔。此地原是六聘山天开寺的塔院，如今仅剩一塔。

应公和尚生前是天开寺住持，天开寺始建于东汉，盛于辽，废于金季兵燹。元至元年间全面恢复，扩大了旧有规模，明末以后，天开寺开始衰落，现寺庙建筑全面修复。应公和尚，俗姓赵，名谱应。元至元年间重修天开寺，应公和尚成为重开天开寺的首任住持，第一代高僧。圆寂后，在寺旁建应公长老寿塔，葬应公长老遗骨。

应公长老寿塔的塔基台青砖砌六角形，塔座两层须弥座，下层须弥座损坏严重，修复时只做简单补砌，省去了砖雕图案；上层须弥座保留了部分原砖雕的构件，但很多并不是元代的遗物，须弥座上砌三层砖雕仰莲花。第一层塔身朝南正面设拱形门，门洞内无佛像，门楣上端塔铭丢失，补砌三块青砖，原门楣嵌石额是"应公长老寿塔"。塔门两侧东南、西南嵌各一方塔铭文，由于风化严重，表面的文字大部分都模糊不清，只有零星字可读。后面三面设一拱券假门和二方形假窗，一层塔身檐下有倒垂如意云纹头装饰。往上是五层塔檐，各层檐下均饰砖雕仿木斗拱，檐上砖砌叠涩檐。塔顶部修补维护时用青灰做出一个扁圆顶，装有避雷装置，原来的塔刹应不是现在的样子。

1995年10月20日"应公长老寿塔"被公布为北京市第五批重点文物保护单位。

应公长老寿塔

于庄塔

　　于庄塔又称天地玄黄塔，位于房山区窦店镇于庄村的金塔公园内。于庄塔始建于金代 [1]，坐北朝南，坐落在高土台之上，此地原有寺庙。1988 年在土台周围建成一座小公园称"金塔公园"，修缮了古塔建筑，并建一座大殿、两座凉亭和一座木牌楼，平日公园锁门不开放。

　　于庄塔为六角三层密檐砖塔，测塔高约 8.8 米，周长 4.8 米，塔体略显瘦长，分割比例不均，下长上短。塔基用青砖修补，多少改变了原样，周围加汉白玉望柱围栏。塔座两层须弥座，束腰部有做工精细砖雕花叶图案，须弥座上是仿木砖雕斗拱和花围栏装饰，上接三层仰莲花承托塔身，莲花也称崖花。第一层塔身偏小六面，其间隔三面是仿木假门，另三面方形假窗，朝南正面砖雕双扇仿木门，门楣上原有石刻塔铭，丢失后被抹灰面，塔身上沿是一圈倒垂如意云头装饰。一层塔身往上三层塔檐，塔檐下是仿木斗拱，檐上是砖砌叠涩檐，檐外沿边凹弧线翘角，塔顶部的宝珠塔刹丢失。塔周围公园绿化，添加了白石护栏，保护古塔。

注释

　　[1] 房山区地方志编纂委员会编：《北京市房山区志》，北京出版社 1999 年版，第 559 页。

于庄塔（2013 年）

高庄玉皇塔

　　高庄玉皇塔位于房山区南尚乐镇高庄村西北，坐落在北山岗顶一块土黄色巨石上，坐北朝南，塔为八角七层密檐砖塔，始建年代不详。

　　《北京市房山区志》记载："塔内曾供汉白玉雕玉皇大帝，故得名。南向，须弥座，装饰有砖雕人物故事，动物图像。塔身正面开设券门。塔檐各角梁均悬铜铃，塔顶为八角攒尖式，尽头有垂兽套兽。"[1]

　　2012年8月25日测量塔高约12.5米，塔下巨石高5米。塔座八角须弥座，塔身一层中间空腹，朝南设一个半圆拱券门，门内空间如纺锤形，向下有一米多深的洞，内洞壁砖砌攒尖拱顶黄土抹墙。一层塔身上是七层塔檐，原各檐角梁均悬有铜铃，维修时取消了檐角悬挂的铜铃，但保留了塔顶八条垂脊的檐兽。塔顶八角攒尖式，檐脊自顶端向下八个方向延伸，尽头有镇兽。塔顶铁宝珠上立一根铁柱，直插蓝天，可起到避雷的作用。现在玉皇塔的拱券门被破坏，不知谁在塔内放置了一尊关公像和一尊观音菩萨像，极不相配。

　　高庄玉皇塔仡立在平地山石之上，古朴典雅，工艺精湛，是房山区古塔中的特殊一列。1995年10月20日被公布为北京市第五批重点文物保护单位。

注释

　　[1] 房山区地方志编纂委员会编：《北京市房山区志》，北京出版社1999年版，第555页。

高庄玉皇塔（2012 年）

塔照村照塔

　　照塔位于房山区南尚乐镇塔照村北金栗山的山顶上，属于路标塔。照塔为八角七层密檐砖石塔，建于辽代，坐北朝南，南临拒马河，北接黄龙山，挺拔秀丽，蔚为壮观。站在塔旁可以远望宽阔的拒马河，山下塔照村与照塔名称字正相反，可能是人们认为塔照村庄位于金栗山下拒马河旁，山上的塔"罩着"整个村子有祥瑞之福地的寓意。山上的塔是当年拒马河船运工和道路上赶路人很远就能观察到地标建筑，看到塔就知道到了什么地方。"照"又有看的意思，当地人认为照塔是风水塔。

　　据《北京市房山区志》记载："七级密檐塔位于塔照村。为辽代八角形七级密檐砖塔。南向，须弥座，高约 15 米，柱状塔身正面设券门，塔身之上为仿木砖刻额枋檐椽和砖制斗拱，上边是七级叠檐，塔尖为攒尖宝刹。1995 年 10 月 20 日公布为北京市第五批重点文物保护单位。"①

　　2012 年 8 月 25 日，实地测塔高约 14.3 米。其中照塔须弥座高 3 米，每面宽 2.2 米，修复时部分采用青砖补砌。须弥座上一圈砖砌叠涩承托盘，第一层塔身高 2.2 米，每面宽 1.15 米，塔身八面间隔设四个半圆拱券假门和四个直棂假窗，朝南拱券门，门顶刻有兽头，门框两边左雕"金翅鸟"，右雕"天王像"，门内雕刻佛像一尊。塔檐下部砖雕仿木一斗三升斗拱，二至七层砖砌叠涩塔檐。最上攒尖顶塔刹损坏，杂草丛生。照塔建于辽代，具体年份不详，到今天已有近千年历史，塔仡立在山顶，周围空旷，年复一年的迎接着夏秋雨水冲刷，冬季凛冽寒风洗礼，如今照

注释

　　① 房山区地方志编纂委员会编：《北京市房山区志》，北京出版社 1999 年版，第 555 页。

塔的塔檐上突出的单层砖部分还保留原样，不能不说塔建筑的质量上乘。

照塔

照塔周边景

下寺砖石塔

　　下寺砖石塔，正名应称上寺石塔，因现在上寺和下寺庙宇都不存在，现只有下寺村庄。塔始建于唐代[①]，位于房山区张坊镇下寺村西北约2公里，山谷的一组巨大岩石顶上，周围三面环山，塔面对山沟。站在沟中仰望石塔，显得塔特别突出，格外醒目。走崖间羊肠小道到塔跟前，道旁石壁上刻有"上天桥""仙仁水""如来愁"等字。直到下寺砖石塔边，一大块犹如浮摆的巨大岩石，大岩石中间一道裂缝，砖石塔伫立岩石之上。站在突起的岩石顶，周围是悬崖，远望山沟村庄，使人顿悟有一种进入仙境的感觉。

　　下寺砖石塔为四方七层密檐塔，坐北朝南，塔身四方笋状，汉白玉石凿砌，测塔高约3.4米。塔基用石块砌垒，高0.8米，1.2米见方。第一层塔身高一米，由四整块汉白玉石板拼成，朝南开一龛门，原有两扇可活动石门，现已丢失。门楣浮雕拱券多层弧线，上面弧边出尖，尖顶有兽头装饰，这样的设计不像中国传统门楣。门外两侧浮雕身着甲胄的金刚力士，上身赤裸，双臂肌肉突出，上下舞动，背后有舞动的绸带，神态威武，造型生动。龛门内正面浮雕一佛二菩萨，背后均有光环，释迦牟尼端坐其中，面目安详，神情逼真，佛像衣着雕刻细腻，褶皱清晰流畅，这组浮雕高0.4米，宽0.44米。塔身上承七层塔檐，下五层塔檐，每层为整块石雕刻成叠涩檐样式，檐角凿有安装风铃的孔洞，而风铃已不见踪影。最上两层塔檐为青砖砌，笔者认为是后补建的，因唐代塔应全部是石材建造。檐与檐之间也是整块

注释

　　① 房山区地方志编纂委员会编：《北京市房山区志》，北京出版社1999年版，第557页。

石，四周石刻线条和缠枝花。塔刹是石刻八角托和扁圆球，砖砌塔檐部分和塔刹有可能是后来某时间补建的。此塔为唐代佛寺之塔，寺院建筑已毁，下寺砖石塔现为房山区重点文物保护单位。

下寺砖石塔（2013 年）

镇塔铜钱

　　2016 年下寺砖石塔被盗，塔身一层北壁刻有释迦牟尼像被盗贼偷走。2016 年
9 月 23 日《法制晚报》报道"千年唐塔佛龛门被盗摔毁"，因下寺砖石塔地处大山
上，具体被盗时间不明，大约在 2016 年 6 月至 9 月之间。盗贼用千斤顶和木桩将
塔一层刻有唐代浮雕的石板拆下，在运往山下时摔成三块，丢弃在山中，后被文物
部门找回。记者在被盗的下寺砖石塔调查时，塔近旁发现一枚"开元通宝"钱币，
分析是塔基下镇物，盗贼在拆塔石板时从基座上滑落出来。2016 年 11 月房山区文
物部门将下寺砖石塔修整，并加装了防护栏和重点文物标示牌。

镇江营和尚塔

镇江营村位于房山区大石窝镇拒马河西岸，石砌和尚塔坐落在镇江营村口拒马河边，隔岸可望金栗山顶上的照塔。

镇江营和尚塔建于明代，[①]坐北朝南，为汉白玉石建造覆钵式佛塔，原塔高13米。石塔基石砌四方形，塔座方形须弥座，束腰部上下雕刻仰覆莲花瓣装饰。中间塔身覆钵体，朝南开一拱券门，原门内供奉有佛像，往上是一圈仰覆莲花承托座和八个面刻坐佛像的塔颈，上接十一层相轮，塔刹丢失。2007年11月拍摄的照片和尚塔上部还完整。2012年8月发现八个面刻有坐佛像的塔颈和十一层相轮都丢失，可惜，测残塔高约6.6米，塔高折一半。

站在大槐树林荫下的镇江营和尚塔旁，可以远望宽阔的拒马河和金栗山上照塔景致。塔前石碑刻"房山县重点文物保护单位／和尚塔／房山县人民政府一九八一年十月一日公布"字样。

注释

① 房山区地方志编纂委员会编：《北京市房山区志》，北京出版社1999年版，第557页。

镇江营和尚塔（2007 年 11 月）

镇江营和尚塔（2012 年 8 月）

瑞云寺塔

　　瑞云寺位于房山区史家营乡曹家房村旁。"瑞云寺在清水社村，即唐李克用、李存勖建亭百花山之所。有碑记（瑞）云寺始汉明时，历唐、宋、辽、金、元至我明，重翻（修）三十八次。"[①]到清朝又几经重修，民国时期曾一度改道观。原瑞云寺二进殿宇，大殿配殿齐全，山门为单间无梁殿，寺后一处塔院。2014年大规模扩建瑞云寺，寺庙扩大成三进院加东跨院，塔院复建一座六角七层楼阁式塔。

　　瑞云寺塔是在旧塔院残塔基座上扩建而成，原古塔较小，年久坍塌，塔上砖石被移做他用，留有一方的金天兴二年（1233年）"故大行禅师通圆懿公功德碑并序"石碑，高2.72米，碑文2600余个字，实属罕见。

　　根据碑文，通圆大师，俗姓刘，父刘珪，德兴府（今河北涿鹿）人。自幼岐嶷，不喜五荤。七岁时，在宣德州（今河北宣化）天宫寺拜道崇为师，法名行懿。于金大定己亥（1179年）三十时具足戒。曾在河朔（今黄河以北）游历二十余年，后随师至京都，居住万寿寺、瑞云寺等处。师父圆寂，隐修在瑞云寺。至宁元年（1213年）六十四岁时，金卫绍王（完颜永济）赐紫衣；贞祐三年（1215年）金宣宗（完颜珣）复赐紫衣及"通圆大师"号。[②]通圆大师晚年居瑞云寺，七十八岁圆寂，三日后火化，遗骨建塔葬之。此塔后倒塌，只有零散石塔构件保留在瑞云寺塔

注释

　　① 沈榜：《宛署杂记》，北京古籍出版社1982年版，第229页。

　　② 北京石刻艺术博物馆：《新日下访碑录·房山卷》，北京燕山出版社2013年版，第223页。

院中，功德石碑却保留下来。

　　2014 年复建的瑞云寺塔，塔为钢筋水泥结构，高约 30 米。塔地下一层地宫，地宫有 20 多平方米，净空高有 8、9 米，显得宽敞。塔地面六角七层攒尖顶，一层外檐探出 3 米多形成环廊，一层塔内分布六根支柱，朝南是对开红漆塔门，其他五面各是上半圆拱下方形的玻璃窗，玻璃外侧一尊石刻浮雕佛像、菩萨像或观音像，结跏趺坐在莲花座上，佛像的手势姿态各不一样，全塔共计 35 尊佛像。楼梯在一层门左侧按顺时针沿塔内壁旋转而上，二层至七层的每一层楼梯口旁设一门，形成每层的门在不同的位置，其他五面是玻璃窗加石刻浮雕佛像。塔檐扣瓦铺面，檐脊端悬挂风铃。塔顶部六角攒尖式，塔刹金属铸造拼接由仰覆莲花须弥座、莲花碗、新式层层相轮、花球和天针等组成，外挂六条垂铁链，还有避雷导电的作用。

瑞云寺塔（2016 年）

忏悔正慧大师灵塔

忏悔正慧大师灵塔，又称佛顶尊胜密檐灵塔，俗称张坊村石塔，位于房山区张坊镇张坊村小学校操场北墙土台上。忏悔正慧大师灵塔为八角五层密檐经幢塔，建于辽天庆六年（1116 年），坐北朝南，测塔高约 6 米，为燕京永泰寺忏悔正慧大师而建的灵塔。

忏悔正慧大师灵塔，全石雕凿拼砌而成，分上中下三层，下层八角须弥座，束腰部每面浮雕一只满面狰狞、怒视前方的"镇墓兽"兽头，上下枋雕花纹，外上下立面雕花纹框，须弥座上是仰莲承托盘。中层是八面体经幢塔身，高 1.3 米，刻经文和铭文，朝南一面楷书刻"奉为先师大师特建佛顶尊胜密言灵塔"16 字，下为浮雕仿木双扇假门，铭文上下两端阴刻云朵，左右两边刻有《佛顶尊胜陀罗尼经》，其他五面刻铭文首题"大辽国燕京永泰寺崇禄大夫检校太尉传菩萨戒忏悔正慧大师遗行灵塔记"，铭文有"天庆六年（1116 年）四月二十七日丙时，具礼掩建是塔……"[1] 这塔主是正慧大师，文字记载了建塔的年代，但大部分字迹都被风化，弥漫不清了。塔上部五层塔檐，每一层都用单独一块整石雕凿出八角仿仰瓦灰梗面檐，檐上雕刻筒瓦，每檐角起翘刻兽头。顶部有两层仰莲花盘和一层元宝花纹托，顶端葫芦形塔刹。

正慧大师，俗姓齐，河北省永清县人。幼年时脱俗尘而出家，以燕京天王寺（今天宁寺）三藏为师，又拜永泰寺司徒疏主大师为师。一生广济穷人，为人们尊

注释

① 梅宁华等：《北京辽金史迹图志》下册，北京燕山出版社 2003 年版，第 85 页。

敬。75 岁时请命放度，到张坊镇中的长方村居住，辽天庆元年（1117 年）正月二十六日正慧大师室内见到七道霞光，"请圣众同共来迎，是夜更，乃顺世无常，缘终示化"。[①] 火化后得灵骨舍利，分为七份各建一塔供奉，张坊村的忏悔正慧大师灵塔是其中之一，辽天庆六年（1116 年）四月十七日建塔成。

忏悔正慧大师灵塔原在一座土岗上，周围村民多年挖岗取土，使塔孤立欲坠，后经文物部门拨款加固塔基座，还加木桩支撑石塔才勉强安全。1981 年 10 月被公布为房山区文物保护单位。2015 年全面修复塔及周边，并建白石护栏。

忏悔正慧大师灵塔

注释

① 北京石刻艺术博物馆编：《新日下访碑录·房山卷》，北京燕山出版社 2013 年版，第 193 页。

天生院石塔

天生院位于房山区张坊镇千河口村以北庙陀峰山顶。从二渡与三渡之间拒马河北岸，沿千河口北沟的山沟小道往北行数公里，庙陀峰山顶，层峦叠嶂，朝南的山沟谷岩层形成向内凹的天然岩穴，岩下有充沛的泉水，这就是明代天生院的遗址，如今已被当成羊圈。

天生院石塔

　　深山中旧庙遗址旁，山坡伫立着一座覆钵式石塔，塔旁有一方"大明嘉靖拾柒年（1538年）岁次戊戌季春月"残石碑，碑文"重修天生院记"，由于自然风化，部分文字已看不清楚。从石塔的形制看，是明代覆钵石塔，残塔高约3米。塔基下部地宫被盗，据说地宫原有一口瓮缸，缸内盘坐一圆寂的老和尚，可惜缸被砸，塔周围留有缸的残片。塔座六角石须弥座，无图案。塔身覆钵体石凿拼砌，高1.36米，塔身底部直径1.06米，顶部直径1.3米。塔身上六角小须弥座，塔相轮和塔刹坍塌，石构件散落塔周围，其中能找到的塔相轮分层圆盘状石四块，分别是：直径82厘米，厚7厘米；直径74厘米，厚10厘米；直径68厘米，厚11厘米；直径61厘米，厚11厘米。这座天生院石塔建于险峻的山峰峰顶，与周围山体浑然天成，壮美至极，很少有人光临。

燃身明禅师塔

燃身明禅师塔位于房山区上方山国家森林公园兜率寺大雄宝殿内。塔为幢塔，仅剩六面直楞柱状塔身，建于金大定二十年（1180年），高约0.59米，六面满刻字，正面上部竖刻榜书"燃身明禅师塔"六个字，下部阴刻火焰与门窗图案。其他五面刻塔铭文，塔上下两端刻有云纹，铭文竖刻楷书20行，满行14个字，文字基本可读，共计260余个字，首题"燃身明禅师塔铭并序"，下款"大定二十年十一月二十八日建"[1]，寺院一僧人明禅师在冬天堆柴自焚，并加烧玉石以"无秽恶、信戒、定慧、非凡……"直到降雪"烟尽火灭"，众人收拾余骨建塔埋葬，没有记载明禅师点火自焚的原因。《北京辽金史迹图志》录有塔铭全文。

燃身明禅师塔铭

注释

[1] 梅宁华等：《北京辽金史迹图志》下册，北京燕山出版社2003年版，第100页。

上方山国家森林公园塔院六十一塔

上方山国家森林公园位于北京市房山区韩村河镇西部，距北京市区约 60 公里。上方山为燕山支脉，有大房山之称，也称六聘山，最高峰海拔 860 米。自东魏孝静帝天平二年（535 年）就有僧人在这里开山建寺，管护森林。隋唐时期已经初具规

上方山国家森林公园塔林61座古塔示意图

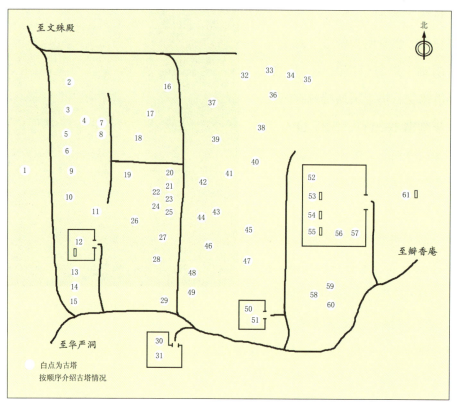

上方山塔林示意图

模，辽金时期留下辉煌的印迹，明代进入全盛时期，香火旺盛时达 500 僧众，清代以后逐渐走向衰落。1400 多年的佛教文化积淀使上方山成为一座历史文化的宝库。

进公园东大门入山沟，沿途绝壁山道，上 262 级"云梯"台阶，两侧有攀扶铁索，因其险峻陡直，有直上云霄之势。山中主心寺院为兜率寺，为七十二禅院之首，始建于隋末唐初，明嘉靖年间重修。在兜率寺西南的山崖之下，有一片松柏苍翠、树木成荫的台地，就是历代僧人神栖之所——塔院。众寺中大多僧人没有留下姓名，留有名的大和尚，多也无生平字迹，塔院现存古塔六十一座，主要是明朝和清朝的僧人墓塔，大部分残损，部分塔铭遗失，关于僧人的历史记载甚少。塔院中还有许多小型无名塔随着大自然的洗礼，渐渐地淹没在树林中。2015 年上方山国家森林公园管理处对塔林进行了全面修缮，确保了一些古塔不倒塌成遗址。

1. 浩如泉公塔

浩如泉公塔位于房山区上方山国家森林公园塔院的西侧山崖下坡上，而且是一塔在群塔之上，地势水平高于其他塔 3—8 米多，古塔示意图中编号 1 号。浩如泉公塔为清代建汉白玉覆钵式塔，雕凿讲究，造型精美，测塔高约 4.2 米。塔坐西朝东，"亞"字形须弥座，上枋立面精雕一圈团花图案，角有蕉叶状装饰，须弥座上五层金刚圈，石砌覆钵塔身，朝东有浮雕云纹框塔铭，塔铭镌刻"大清乾隆二十四年（1759 年）五月／圆寂伏魔堂上第一代住持上浩下如泉公和尚觉灵塔／孝徒□鼎宗住□立"。塔身的上部一小"亞"字形须弥座，两层莲花承托残相轮，塔相轮部分被人为破坏已无踪迹，后来草草把残塔华盖和塔刹石放到塔的上边，可雕刻有垂帘布纹的华盖石给放置反了，上沿连珠"跑"下边了。总之，这座汉白玉石塔比较完整，造型美观，局部损坏多处，无修补，保持原状。

浩如泉公塔

2. 如公瑞峰和尚塔

　　如公瑞峰和尚塔位于房山区上方山国家森林公园塔院西北角，编号 2 号。如公瑞峰和尚塔为六角二层柱状砖石结构，坐西朝东，测塔高约 2.7 米。塔基用条石铺砌，一层由六块方石板竖拼砌而成，中间可能是空心，二层六个角各由一根石柱支撑，柱与柱之间是青砖码砌塔墙，朝东有塔铭石，镌刻"专／天台贤首宗第二十七代如公瑞峰和尚塔铭／大清顺治二年（1645 年）岁次乙酉仲春吉日立"字样。塔顶石板铺六角攒尖式，顶部四方二层仰莲花承托圆锥形塔刹。关于如公瑞峰和尚的情况未找到相关资料。

如公瑞峰和尚塔

如公瑞峰和尚塔铭

3. 3—6 号无名塔

3—6 号无名塔

7. 玉阜塔和茔域塔

　　玉阜塔和茔域塔位于房山区上方山森林公园塔林中间靠北部，编号 7、8 号。两座青砖砌六角单层塔形制一样，并排而立，相距 0.5 米，坐西朝东，是同时期建造的砖塔。两座塔建造时间相差一年多，使用的青砖尺寸略有差别，茔域塔的砖要厚重一些，可能建塔时青砖不是采用一座砖窑的砖，这说明当时制作烧砖的砖窑，脱砖坯没有统一标准尺寸，各干各的，各窑都有自己的"砖标准尺寸"，所以两塔形一样砖的尺寸却不一样。

　　靠北编号 7 号，玉阜塔，朝东石塔铭镌刻"大清康熙十五年（1676 年）十二月十二日／玉阜／圆寂师祖普公讳如江觉灵基"字样。

靠南编号 8 号，茔域塔，朝东塔铭镌刻"大清康熙十七年（1678 年）九月十五日／茔域／圆寂本师王公讳性亮觉灵基"字样。

玉阜塔和茔域塔

9. 无名塔

无名塔位于房山区上方山国家森林公园塔院内，编号 9 号。塔为六角单层砖塔，测塔高约 7 米。塔座六角须弥座，原须弥座的束腰部有砖雕壶门，已经风化破损只留下一些图案痕迹。第一层塔身六角空腹，塔墙磨砖对缝，六个角各竖立一根砌砖柱，朝东一面是拱券门，门顶拱券砖雕大叶图，门内空无；朝西是砖雕拱券假门；其他四个面各有一砖雕竖棂假窗。塔身上沿是砖雕仿木斗拱、仿木圆椽支撑砖瓦铺面的塔檐。塔顶有六角小须弥座，两层仰莲花承托宝珠塔刹。此塔塔铭石丢失，不知其塔主。

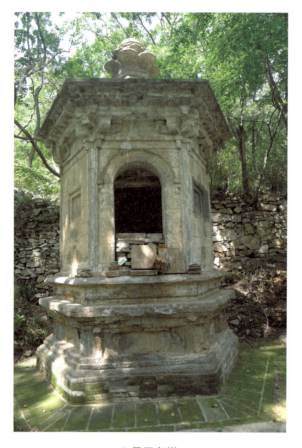

9 号无名塔

10. 无名覆钵塔

　　无名覆钵塔位于房山区上方山国家森林公园塔院的西部，编号 10 号。这座覆钵式塔由于塔铭石风化无字，无法得知塔主名。塔的特点是其位置高程仅次于 1 号浩如泉公塔，在塔林中是第一高的覆钵式塔，测塔高约 9.2 米。塔的地基变动使塔身产生倾斜，好在中心偏移不多，还能坚持伫立着。塔座一层砖砌须弥座，五层金刚圈，覆钵塔身，六角小须弥座，十三层相轮，塔顶的石刻华盖图案精细，浮雕垂帘串珠，排列成一周，上下变化组合，犹如风吹的串珠游荡飘逸，顶端塔刹丢失。

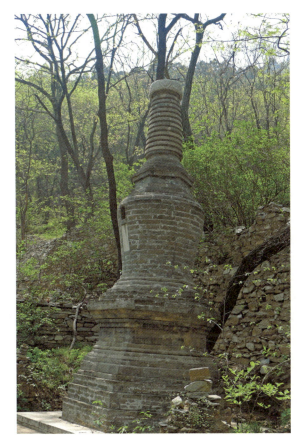

10 号无名覆钵塔

11. 无名塔

无名塔位于房山区上方山国家森林公园塔院内，在 10 号塔以东，编号 11 号。10 号塔前 11 号砖砌覆钵塔，塔身无塔铭石，风烛残存，塔高一米二，简单维修过，塔相轮无，塔刹部分维修时草草添补上去，成为残塔。

11 号无名塔

12. 忏悔上人塔

忏悔上人塔位于房山区上方山国家森林公园兜率寺西南塔院中，编号 12 号。塔建于辽大安五年（1089 年），测塔高约 10.5 米，是上方山塔林中最古老、最高大的一座古塔。忏悔上人塔为六角二层砖塔，坐西朝东，须弥座的束腰部浮雕动物形象，大部分损坏，其中的一头狮子图案保存基本完好，形态逼真，动感极强，与云居寺续秘藏石经塔上的石狮风格相似，反映了辽代的雕刻艺术水平和对动物形态的认知。第一层六角塔身的东、西两面各设一小拱券门，门与塔墙面比例并不谐调，其他四面置竖楞小假窗。塔上二层叠涩檐，塔顶攒尖式，顶端六角柱状座，三层仰莲花承托宝珠塔刹。塔旁有一方明代"重修上方兜率寺塔记"石碑，记录了明嘉靖年间修兜率寺塔林的事，年款是"大明嘉靖癸巳（即嘉靖十二年 1533 年）仲夏吉日立"。

塔身上原碑石，首题"六聘山天开寺住持忏悔上人坟塔记"，记载了六聘山天开寺住持忏悔上人的生平及在天开寺的佛教生涯："由兜率寺西南行，过十方院。其旁僧塔甚众，中一塔特高，嵌有碑，题曰六聘山天开寺住持忏悔上人坟塔记，金朝议大夫乾文阁大学士知制诰赐紫金鱼袋王虚中撰，布衣贾溉书。'文称'师讳守常，族曹姓，易州新安府人。礼六聘山铁头陀为师，住持本山三十年，所度白黑四众二十余万，以咸雍六年（1070 年）迁化。塔建于大安己巳（即辽大安五年 1089 年）姑洗月。"[1] 忏悔上人塔是研究天开寺与上方山佛教发展的重要历史文物。

忏悔上人塔

注释

① 于敏中等：《日下旧闻考》，北京古籍出版社 1983 年版，第 2097 页。

明代重修塔记碑

13.13—15 号无名塔

13—15 号无名塔

16. 海公和尚灵塔

　　海公和尚灵塔位于房山区上房山国家森林公园塔院北部,编号16号。塔为覆钵式砖塔,坐西朝东,塔座八角一层须弥座,六层砖砌金刚圈,塔身覆钵体,朝东有砖塔铭,塔相轮已损毁,2014年修复时相轮被省略掉了,将石八角塔檐罩和收集来的残宝珠塔刹直接装在覆钵塔身上部,塔没塔样。朝东的砖塔铭上刻"海公和尚灵塔",下款年号字关键部分已经风化,仅剩"月吉日立",海公和尚的生平不详。

海公和尚灵塔

17. 恩公和尚灵塔

　　恩公和尚灵塔位于房山区上方山国家森林公园塔院西北部,编号17号。塔为明代正德年间石塔,是采用碎石块码砌而成,经历了500多年的风雨严寒不倒,堪称质量上乘,塔坐西朝东,测塔高约3.8米。塔的四方须弥座、桶状塔身和柱状相

轮都是用石块加白灰泥浆码砌，只有塔顶的莲花托和塔刹是整块石精细雕凿。朝东塔铭镌刻，上款文字已风化，看不清字迹，剩上款"正德□□正□文大□□"；正文是"圆寂本师恩公和尚灵塔"；下款是"正德十一年（1516年）□四月八日建造"字样。2014年修复恩公和尚灵塔时，用青灰膏外抹塔表面修成现在的模样。

恩公和尚灵塔

18. 无名塔

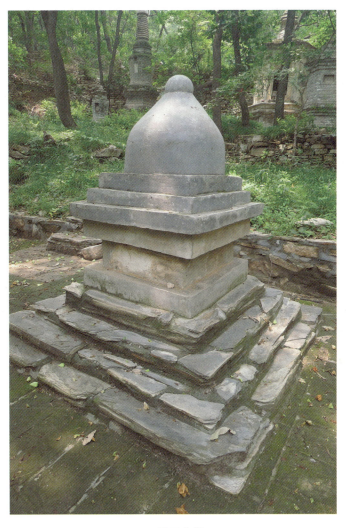

18 号无名塔

19. 无名塔

19 号无名塔

20. 康熙年间六塔

　　康熙年间六塔位于房山区上方山森林公园塔林的中心位置，编号 20—25 号。这六座古塔都是缸罐形，为清"康熙十八年（1679 年）仲秋"建造，而且六位和尚都是秋天圆寂，并由多位带"洪"字的僧徒安葬，具体情况不详。塔砖砌结构，维修时外抹青灰，测量最低 20 号塔高 0.9 米，最高 25 号塔高 1.35 米，整个塔院里算是比较低矮的古塔，其中四座塔有汉白玉塔铭石，两座无塔铭石。

　　21 号塔，塔铭"遗孙洪理／圆寂兜率堂第十二代讳月公禅师灵塔／康熙十八年仲秋□□二日吉日立"。

22号塔，塔铭"遗徒洪福洪巧／圆寂兜率堂住持第十四代本师冲寰科公禅师灵塔／康熙十八年仲秋望□吉日立"。

23号塔，塔铭"□□□上／圆寂□□□王公禅师灵塔／康熙十八年仲秋巳九□吉日立"。

25号塔，塔铭"遗徒洪理／圆寂兜率堂上第十四代本师□□公禅师灵塔／康熙十八年仲秋吉旦日立"。

康熙年间六塔

26. 无名塔

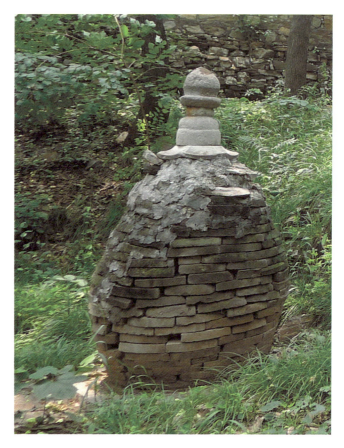

26 号无名塔

27. 明弘治年同隐之塔

　　明弘治年同隐之塔位于房山区上方山国家森林公园塔院中，编号 27 号。塔为六角二层石柱状塔，塔基条石砌四方基台，塔一层由六块石板拼砌，塔二层六角各立一棱角石柱，柱与柱之间用砖石砌墙。朝东正面嵌有石板塔铭，塔铭四周浮雕"连藤蝙蝠"花边，整体保存完好，塔铭上款"妙德英杰常觉性，真如智慧本元明。

洪宗福法降慈济，嗣祖全新道戴兴"；中间正文"上方山兜率堂上本枝前立后化同隐之塔"；下款"大明弘治五年（1492年）岁次戊子季春吉旦第十四代明官建立石匠景子月"。塔身下层、塔层间隔和塔顶都平铺六角石板做间隔。塔顶上构件用三种石料打凿后拼接一起，下边是仰莲花托盘；中间是六角石座每面刻一个字，内容是"南无阿弥陀佛"佛圣号；顶端葫芦形塔刹。

明弘治年间同隐之塔

28. 雪凭泉公塔

　　雪凭泉公塔位于房山区上方山国家森林公园塔院中，编号为 28 号。塔为明代覆钵砖塔，坐西朝东，测塔高约 5.2 米。2014 年修复，塔刹部分未添补。朝南覆钵塔身上有石刻塔铭，塔铭上额横两块花饰砖雕，雕工精巧，塔铭镌刻"圆寂本师雪凭泉公和尚灵塔／正德六年（1511 年）春造"。塔座六角须弥座束腰部，每面有已风化砖雕人物和花束图案，人物姿态各异，花枝造型巧妙。转角处砖雕"穿插式宝瓶柱"造型富有特色，柱中间圆肚穿插造型，上是仰莲花瓣，下是覆莲花瓣，在其他古塔中从未见过这样的转角柱造型。

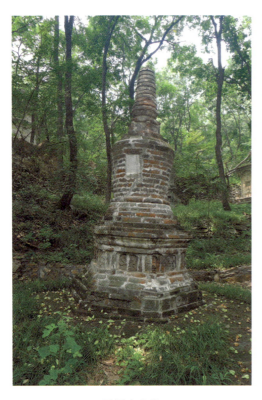

雪凭泉公塔　　　　　　　　　　　　　　转角宝瓶柱

29. 怡公和尚灵塔

　　怡公和尚灵塔位于上方山国家森林公园塔院中偏南，编号 29 号。塔为砖石砌覆钵式实心塔，外抹青灰覆盖塔全表面，测塔高约 5.3 米，覆钵体直径 1.45 米。朝东石塔铭镌刻"遗教孝徒真阐庄严□□／圆寂本师怡公和尚灵塔／正德九年（1514年）三月吉日"字样。

怡公和尚灵塔塔铭

怡公和尚灵塔

30. 无名塔

30 号无名塔

31. 慈光住公和尚塔

慈光住公和尚塔位于上方山国家森林公园塔院最南端，与30号塔在一个单独小院内，编号31号。塔为清代六角二层柱状石塔，坐西朝东，各角石立柱，各面立石板，横面平铺石板隔层，塔顶仰莲花塔刹座有残，顶端塔刹丢失，测塔高约4.8米。朝东塔铭"大清乾隆四十八年（1783年）修建／药师殿住持慈光住公和尚之塔／四月二十五吉日造功成"字样。

慈光住公和尚塔

32.32—36 号无名塔

32—36 号无名塔

37. 觉岸、天朗、闻慧合葬塔

　　觉岸、天朗、闻慧合葬塔位于房山区上方山国家森林公园塔院中，编号 37 号。塔为清代覆钵式砖塔，测塔高约 2.9 米。塔座八角须弥座，覆钵塔身如圆鼓状，也像一圆坛罐，塔上部不知是否有几层相轮，现在全无，塔顶石八角座承托宝瓶塔刹，2016 年 4 月发现宝瓶塔刹被盗失。朝东石塔铭竖刻三行字，中间"圆寂大悲堂上第三代觉岸禅师塔"，右边"圆寂大悲堂上第四代天朗禅师塔"，左边"圆寂大宅佛堂第五代住持闻慧塔"，下款"雍正二年（1724 年）四月吉旦后嗣源利立"。根据塔铭得知此塔是三位禅师合葬塔，三位禅师的生平不知，他们之间的关系不知，为什么三位禅师合葬在一起，是否是同年圆寂？还是由于经济原因只建一座塔合葬？还待考证。

觉岸、天朗、闻慧合葬塔

石刻塔铭

38. 清乾隆年十方普同塔

　　清乾隆年十方普同塔位于房山区上方山国家森林公园塔院内靠北，编号 38 号。此塔是众和尚合葬的墓塔，为清代石板和青砖码砌成六角二层柱状塔，测塔高约 6 米。塔一层四方石板与碎石砌，塔二层六角，每个角立一根石柱作为支撑，柱间塔墙青砖码砌外抹白灰。塔层间几层六角石板平铺，塔刹由下至上是：八角柱状座、八角石檐、圆柱托、莲花承托宝珠。朝东石刻塔铭，镌刻"大清乾隆二十年（1755年）三月初一日／十方普同塔／赦孤会建立药师殿佛住监造"字样。

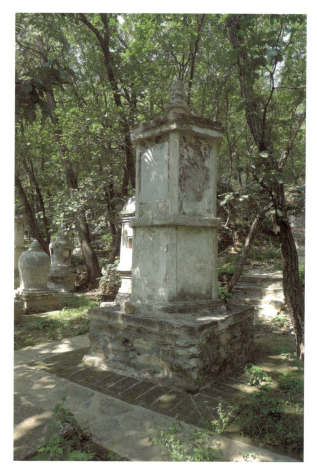

清乾隆年十方普同塔

39.39—41号无名塔

    39—41号无名塔位于房山区上方山国家森林公园塔院中心部，编号39号、40号、41号。三座塔呈三角形分布，进行了修缮。39号在北侧，塔为六角立柱式砖塔，塔一层六角须弥座，塔身六角立柱状，朝东有一龛洞，塔铭丢失，往上砖砌叠涩宽塔檐，塔顶方台石葫芦塔刹。40号塔为青砖砌覆钵塔，塔座八角须弥座，三圈金刚圈，覆钵形塔身，朝东有眼光门，塔铭石上文字风化看不清楚，往上五层相轮，石塔刹有损。41号塔较矮，高1.2米，砖砌四方须弥座，塔身圆缸状外抹青灰，塔刹简单砖砌圆座置石圆球。

39—41号无名塔

42. 耶金公和尚塔

耶金公和尚塔位于房山区上方山国家森林公园塔院中部，编号42号。这座塔测高约一米，是座小残塔，而且塔上部砖石有后堆放的痕迹，塔铭是块残青砖刻字，放置在塔旁，有可能不是此塔的塔铭砖。塔铭砖刻"圆寂师耶金公和尚灵／万历岁次二□盾建立"字样，说明这是块明代的塔铭砖。

耶金公和尚塔

43. 无名塔

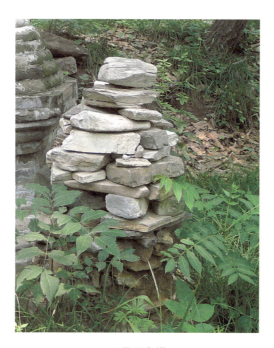

43 号无名塔

44. 明万历僧人覆钵塔

　　明万历僧人覆钵塔位于房山区上方山国家森林公园塔院的中间位置，编号44号，旁边一小塔是43号无名塔，碎石头堆砌而成，高1米。44号塔为青砖砌覆钵塔，测塔高约3.2米，覆钵体直径1.5米。塔座八角须弥座，须弥座上六层金刚圈，覆钵塔身朝东有石刻塔铭，但丢失，朝北镶嵌一块汉白玉石刻塔板，砖砌相轮部分损毁，还剩六层相轮，塔顶扣石塔刹。塔上北侧嵌一块白石板刻有十八行字，每行最多二十二个字，大约有近四百个字，是上方山塔院中塔上有文字数最多的一方，因部分字被风化，塔主人的姓名不知，但他的生平大体可以了解。此僧人：生于明正德元年（1506年），因有"佛心"出家上山为僧，几十年念经，晚年筹资造佛像，用了五年时间，在隆庆二年（1568年）修铸了一尊菩萨像，供奉在大殿中。到上方山寺庙潜心修行十七年"功德已满"，于"万历七年（1579年）正月坐化归西"，享年七十三岁，徒弟念故师之恩修建灵塔，安葬灵骨。

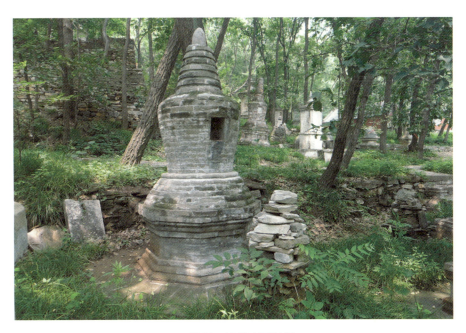

44号明万历僧人覆钵塔

明万历僧人覆钵塔北侧

塔铭

45. 无名塔

45 号无名塔

46. 清顺治年十方普同塔

　　清顺治年十方普同塔位于房山区上方山国家森林公园塔院内，编号 46 号。塔为六角二层柱状砖石塔，用于放置寺庙中众职事僧人的遗骨，测塔高约 6.1 米。塔基采用石板与砖砌铺六角三层，一层塔身是六块石板拼砌而成，二层塔身六角各立一石柱支撑，柱与柱之间砌砖塔墙抹白灰面，塔中心是空腹，朝西有一长方孔是放

骨灰用，朝东石板塔铭，塔顶柱状座仰莲承托宝珠塔刹。塔铭石周围刻连枝蝙蝠图
案，上方留一花瓣形气窗，中间镌刻"大清顺治十四年（1657年）孟冬吉日／十方
普同塔／菩萨戒弟子性天建立"字样。说明是大清顺治十四年一位性天僧人为众僧
人建造这座"十方普同塔"。在上方山塔院里有两座形制相同的"十方普同塔"，那
座是乾隆年建，当时可能山中众多的寺院里职事僧人比较多，才建两座葬众僧的
"十方普同塔"。

清顺治年十方普同塔

47. 无名塔

47 号无名塔

48. 无名塔

48 号无名塔

49. 无名塔

49 号无名塔

50. 宝仟塔

宝仟塔位于房山区上方山国家森林公园塔院中南侧,编号 50 号,塔前有 51 号小塔。塔为清代建六角单层砖塔,坐西朝东,塔下六角须弥座,塔身六面,朝东正面镶嵌塔铭石,塔上砖砌攒尖顶,宝珠塔刹。这种砖塔在清代非常普遍,因其建造费用比较低,建造简单,是当年数量较多的塔形,可这类塔的坚固程度不强,保留下来的并不多。宝仟塔的塔铭,两个大字"宝仟",小字"康熙岁次甲寅(即康熙十四年 1675 年)仲秋圆寂非禅师立"。

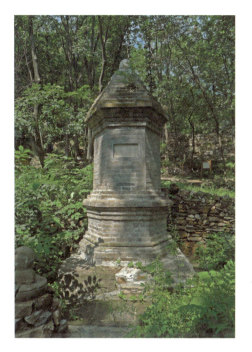

宝阡塔

51. 无名塔

51 号无名塔

52.52—55 号四石塔

四石塔位于房山区上方山国家森林公园塔院偏东位置，编号 52、53、54、55 号。四座石塔都是清朝时建造的，从清顺治九年（1652 年）到同治十一年（1872 年）跨越 220 年，但塔形状及石碑的形式都基本一样，南北向一字排，坐西朝东，周围石砌围墙东开院门，并且有守墓人的住房遗址，院内靠南还有两座小砖塔（56 号、57 号塔）及三方石碑，形成塔林院中的院中院。

52 号"慈寿塔"，塔为六角二层柱状石塔。塔基石板铺四方台，塔一层塔身用六块石板拼砌而成，二层塔身六角各立一根石柱支撑，柱与柱之间砖砌墙白灰抹面，朝东镶砌塔铭石，塔铭石周围刻连枝蝙蝠图案，中间刻"慈寿塔"三个大字，大字下有小字"庚寅八月十九日戌时建生"。塔顶圆柱座和二层刻花纹圆伞状塔刹。

53 号无名塔，塔形与"慈寿塔"一样，可惜塔铭石丢失，塔前立一方"古清大士塔讳铭"石碑。因石碑上字迹漫漶，没能查到塔主姓名，但碑刻年款清楚"顺治九年（1652 年）壬辰岁三月中浣日嗣弟子"。

54 号"随缘幻迹"塔，塔为六方二层柱状石塔，测塔高 3.1 米，塔全部由石板拼砌而成，朝东的塔铭石镌刻"随缘幻迹"四个字。塔前立一石碑，上曰"□□八十四□辛未相七月二十八日辰时建生"；正中刻大字"古雄洲[1]明山陶公文碑"；下曰"同治十一年（1872 年）九月初七"。石碑背面是 21 位人名，大部分陶姓家人。根据此石碑推断这座石塔，塔主人应是雄洲姓陶的僧人，家族人念陶公恩惠，在清同治年间建塔。

55 号"云融之塔"，塔为六角二层柱状石塔，测塔高约 3.35 米。塔基石板铺四方台，塔基台层六角三层石板铺底面，塔身一层六块石板拼砌而成。塔二层六角各立一根石柱支撑，柱与柱之间砖砌塔墙抹白灰面，朝东镶砌塔铭石，塔铭石周围刻连枝蝙蝠图案，中间刻"云融之塔"四个大字。塔顶仰莲承托盘、一圈圆珠短柱和

注释

① 古雄洲指今河北雄县，明清时称雄州，隶属保定府。

宝珠塔刹。根据塔前竖立的石碑得知塔主，称"遍通禅师塔"。碑首刻"皇清"二字及祥云。遍通和尚在顺治十七年（1660年）冬患疾圆寂，享年六十七岁。"顺治十八年"刻碑建塔。

52—55 号四塔

慈寿塔

53 号无名塔

随缘幻迹塔

云融之塔

56. 无名塔

56 号无名塔

57. 心安禅师塔

　　心安禅师塔位于房山区上方山国家森林公园塔院东部的院中院里，编号 57 号，塔西侧有 56 号砖砌圆盔式无名塔。心安禅师塔为清代乾隆年间建造的青砖砌覆钵式塔，因塔相轮缺失，测残塔高约 1.8 米，直径 1.05 米。塔坐南朝北，在上房山塔院中是唯一朝北的塔。塔砖砌四方塔基和八角须弥座，二层金刚圈，覆钵式塔身，塔身朝北的石刻塔铭部分字已风化，能看清楚的字有 "本山龙主心安禅师□□设按每年 / 起租清钱一十六千六百文永远 / 文山供众无上 / 观音殿经□□散合山证 / 乾隆二十四年（1759 年）秋月吉日立塔"。塔铭石上有账单文字很少见到，这也显示

了僧人故世后为延续寺庙生存而不忘寺庙里的租金之事，为研究上方山寺庙的情况提供了翔实的证据。

心安禅师塔

58.58—60 号无名塔

58—60 号无名塔

61. 同源隐迹塔

同源隐迹塔位于房山区上方山国家森林公园塔院最东侧，塔前一方石碑，旁边三株笔直的百年古树陪衬，编号 61 号。塔为清康熙年建六角二层柱状石塔，测塔高约 3.5 米，塔基台条石码砌四方铺底，六角石板铺二级塔台座，一层塔身由六块石板拼砌而成，二层塔身六角各立一根石柱支撑，柱与柱之间塔墙用石片砌，朝东镶砌塔铭石，塔铭连枝蝙蝠的花边，中间镌刻"同源隐迹"四个大字，字上方留一马蹄形通气孔。塔顶圆柱承托宝珠塔刹。

塔前石碑的碑首刻浮雕祥云和法器，中间"慧花遗荫"四个字，碑身上刻 15 行字，每行满字是 24 个，大约 300 字左右。因很多字看不清楚，大意是此塔为"慈惠和尚塔"，慈惠禅师修行面佛诵经，法力无穷，"佛矣，公常齐心面□佛，清□一声，朝有□鸦异鹊数什百飞集廊厦间"。还能解释梵文佛语，"感召异类"……建石碑时间也是建塔时间"康熙十一年（1672 年）□在壬子□春吉旦立"。碑文说慈惠和尚生前会鸟语，能招百鸟来身边廊下，懂梵文佛语，诵经声音洪亮，吐字清楚等，是位不一般的和尚。

同源隐迹塔

永寿禅寺定光佛陁罗尼幢

定光佛陁罗尼幢原在房山区周口店村西北的半山上永寿禅寺内，今寺院和经幢塔都已无存。定光佛陁罗尼幢建于辽天庆七年（1117年）四月，为石刻八角形，有文字的部分高约0.5米，每面宽约0.09米，镌刻汉梵两种文字，从右起依次是：《智炬如来破地狱真言》和《不空罥索毗卢佛灌顶真言经》汉梵两种文字；《生天真言》只有梵文字。定光佛陁罗尼幢的拓片存于世间。①

注释

① 杨亦武：《房山碑刻通志》卷四，社会科学文献出版社2018年版，第116页。

木岩寺贤公大师塔

　　木岩寺原在房山区周口镇店木岩寺村，木岩寺现成遗址，贤公大师塔已无存。木岩寺始建于明代，贤公和尚在此修行三十余年，圆寂后徒为师立塔纪念。几百年后寺毁塔无，1984 年 4 月在一农户的猪圈里发现塔上塔铭石，刻有"贤公大师塔记"，2015 年移至周口店村。

　　根据塔铭石记载，木岩寺贤公大师，号都文，燕京宛平（今北京丰台区）人。明景泰六年（1455 年）到木岩寺，投礼上严公为师，接受禅教。朝夕心勤，开垦田土，种植树木。日课《金刚经》，夜念《法华经》，沐浴拈香，衣跏趺坐，三十余年，直至圆寂归西。世寿八十有五。寺徒孙真喜，于明正德十四年（1519 年）九月重阳时立塔。[1]

注释

　　① 杨亦武：《房山碑刻通志》卷四，社会科学文献出版社 2018 年版，第 205 页。

瓦井村九塔

　　瓦井村位于房山区周口店镇 318 号国家公路旁。瓦井村原有宝严寺、通真观、白衣庵、关帝庙、内官太监刘宾墓等古建筑，在宝严寺和白衣庵旁有七座僧人墓塔和两座石幢。实地考察，庵寺和古塔现已无存，只有史书和历史拓片的记载。

　　历史塔铭拓片有二：

　　其一，"宝严寺塔记"，镌刻时间辽统和十四年（996 年）三月十八日。塔铭文刻在唐代石塔的塔门石上，石刻长 1.04 米，宽 0.68 米。因部分字迹不清，塔主人姓名不详，记录了僧人在宝严寺修行过程，有建塔的三位僧人、五位官人、六位"受五戒"人的姓名。

　　其二，"故荣禄大夫司马徒佛性圆觉大禅师松豁和公塔铭"，拓片长 1.36 米，宽 0.82 米，镌刻时间"元泰定二年（1325 年）三月吉日"，塔铭文有千字以上，记载了松豁大师的生平事迹。题首《故昭文馆大学士荣禄大夫司徒佛性圆觉大禅师领东山宗事松豁和公长老大和尚碑并序》。

　　松豁，俗姓刘，名显和，号松豁，涿郡范阳（今北京房山）人。元中统元年（1260 年）出生，9 岁出家，礼房山瓦井村宝严寺住持顺公为祝发师。18 岁到滦州（今河北省唐山市滦县）开觉寺，"与受具戒，兼修素业，历十寒暑，归大都（今北京）"。就是修行十年后，回到北京。元至元三十年（1293 年），34 岁的松豁回到阔别多年的宝严寺，任住持两年。元贞元年（1295 年）赴河北省乐亭县南千金崇法寺，任住持六年，广传佛法，重修寺方丈室七间，"其绩益著"。元大德六年（1302年）又回北京，在京西香山永安寺"清誉远播，九峰走疏……"元至大二年（1309

年）武宗皇帝幸游永安寺，赞赏松谿，并赏金赐银，还给了财物。寺院得以修缮，续产置业。几十年里松谿还对宝严寺、云峰寺等"旧者新之，缺者完之，危者扶之。……延祐丙辰（即元延祐三年，1316年），上以师德粹行淳，加昭文馆大学士荣禄大夫司徒领东山宗佛性圆觉大禅师，授银章白麻"。元泰定元年（1324年）七月十九日松谿圆寂于永安寺不二轩，终年64岁。"荼毗之际，圆光骇目，会葬者千人，靡不耸瞻。收五色舍利罗，分葬香山（香山永安山）、道者、千金（乐亭千金寺）、宝严（房山宝严寺），各建浮图（舍利塔），惟表盛德。"①

清《日下旧闻考》记载："甘池村东北十五里村曰瓦井。过村有小庵，中有元时石幢，字多磨泐。去庵百步，有僧塔七，其一大书荣禄大夫守司徒侍中宗主某大师灵塔字，其余六塔皆有铭，荆棘绕之，字小不能读也。塔旁有石幢二，又有石钟一，钟上亦有铭，乃至元中物。"②说明清朝时瓦井村有佛塔和幢塔共九座，今全无存。

注释

① 杨亦武：《房山碑刻通志》卷四，社会科学文献出版社2018年版，第174页。

② 于敏中等：《日下旧闻考》，北京古籍出版社1983年版，第2101页。

云居寺周边消失的塔院二十三塔

自隋唐建云居寺以来，以云居寺和石经山为核心周围有过多座寺庙及塔院，中岭寺、香树庵、东域寺、西域寺、施茶亭等寺院，千百年来随着寺庙香火的延续形成了中岭寺塔院、东域寺塔院、静琬塔院，云居寺的东塔院、南塔院、西塔院和北塔院等僧人墓葬群，虽然这些塔院及大部分墓塔都已消失，现存的石碑及知晓的文字记载了辽、金、元、明、清到民国时期云居寺 18 位住持、监院和尚建塔的一些情况。

中岭寺塔院位于石经山下下庄村。塔院中多墓塔和经幢塔，所葬僧人是辽金时期云居寺的高僧，清朝时就已废弃。20 世纪 50 年代塔院成田地。到了 70 年代，当地民众在塔院遗址上建房屋，并多次在地下挖掘出塔石构件和经幢石构件。

东域寺塔院位于石经山东侧，云居寺东 2.5 公里处。东域寺，原称东云居寺，建于隋唐时期，明永乐年间重修。塔院有多座金、元时期的经幢塔，如：金明昌二年（1191 年）《尊胜来罪诸陀罗尼幢》；金明昌六年（1195 年）《独树里苏傅氏经幢》；金明昌七年（1196 年）《陀罗尼幢记》、刻有《心经》的温公塔；元至元三年（1266 年）刻有《□亮公宗主塔记》的亮公经幢塔；元延祐七年（1320 年）《住持宗主庆公塔幢》；还有元代《沙门志润为亡师造陀罗尼经幢》《为亡师造陀罗尼经幢》《为先亡师造三种真言》《沙门季清造陀罗尼经幢》；未刻经文的懃公塔；等等。到 20 世纪 50 年代塔院的塔基本无存，仅留一座高大的塔，现在东域寺塔院无任何古建筑，遗址成为民居和田地。

静琬塔院，又称琬公塔院，位于水头村香树庵北。香树庵建于唐代，是云居寺

琬公塔院（1925 年邓之诚拍摄）

的别所，静琬塔院属香树庵。原塔院松树成林，墓塔林立，民国时期（1925 年）老照片上有琬公塔和恩公和尚塔两座，还有一方明万历年间石碑。1976 年琬公塔被移至云居寺院内保存（另文介绍）。覆钵式恩公和尚塔的塔铭刻"恩公无相和尚之塔"，无年月字迹，多年后琬公塔院及塔都消失。静琬塔院现为水头村的土地。

东塔院位于云居寺前杖引河东岸，塔院松林围绕，内有主要清代早期云居寺住持和高僧墓塔。主要有溟波、万安、恒朗、广泰、体耀、雅纯、慈霞、保泰等墓塔和石碑，东塔院遗址现保留下来部分松树。

溟波（1616—1692 年），讳超古，字溟波，俗姓郭，河北武清北仓村人。溟波在家行五，7 岁被舍到天仙庙落发，18 岁做应院，25 岁更衣学禅，到北京悯忠寺受具足戒。37 岁随投天津如来庵大博禅师，三年后，得到大博禅师的认可，参禅

开悟。清顺治十三年（1656年），40岁溟波入主云居寺，并开始禅宗南宗五家之一——临济宗，成为传临济正宗第三十三世，云居寺重开山第一代住持。清康熙十一年（1672年），溟波对云居寺建筑及周边庙宇经洞进行翻新、修补、重建等工程，并立经文碑、造神像，工程浩大，在北京及华北地区影响甚广，一些王公大臣、皇亲显贵也交往资助。康熙三十一年（1692年）云居寺工程尚未完工，溟波圆寂于云居寺。葬东塔院，云居寺毗卢殿前立清康熙三十七年（1698年）范阳郡白带山云居寺溟波和尚碑记碑；东塔院立有西域云居寺重开山第一代上溟下波古翁老人行记碑，均记其生平。

万安（1689—1768年），讳际瑜，山东济南商河人，俗姓朱。清乾隆十一年（1746年）任云居寺住持，曾主持修改寺北不远的水头村山泉和龙祠，引水入寺和灌溉农田。清乾隆三十三年（1768年）圆寂，为云居寺重开山第四代，葬东塔院，立有西域云居寺第四世万安瑜公和尚塔铭，记其生平。

恒朗（1724—1782年），讳了正，徐州府萧县人，俗姓杜。清乾隆三十三年（1768年）任云居寺住持，上殿念经礼佛外，喜翰墨，善画工诗，性情温文尔雅。乾隆四十七年（1782年）三月圆寂，为云居寺重开山第五代，葬东塔院，清嘉庆七年（1802年）立西域云居寺临济正宗第三十七世上恒下朗正公和尚碑，记其生平。云居寺大悲殿前立有乾隆八年（1743年）云居寺大悲殿记碑，碑阴刻有恒朗和尚的临摹明代董其昌"宝藏"勒石及诗文刻。

广泰（1807—1859年），讳空利，顺天府文安人，俗姓马。清道光十二年（1832年）任云居寺住持，清咸丰九年（1859年）八月圆寂，为云居寺重开山第九代，葬东塔院，立有利公禅师碑，记其生平。

体耀（？—1859年），讳显慧，山东恩县人，俗姓李。清咸丰九年（1859年）十月十三日圆寂，为云居寺重开山第十代，葬东塔院，立有慧公禅师碑，记其生平。

雅纯（？—1865年），讳密增，山东兖州府宁阳人，俗姓郭。14岁落发为僧，19岁入云居寺，清咸丰九年（1859年）任云居寺住持，清同治四年（1865年）正月十八日圆寂，为云居寺重开山第十一代，葬东塔院，立有增公和尚行略碑，记其生平。

慈霞（1845—1893 年），讳印照，山东济南府德州人，俗姓王。清同治十年（1871 年）任云居寺住持，清光绪十九年（1893 年）三月初九日圆寂，为云居寺重开山第十二代，葬东塔院，立有传临济正宗第四十四世云居堂上第十二代慈霞照公老和尚塔碑。

保泰（1847—1914 年），讳大澄，山东泰安府东河县黄家屯人，俗姓李。清光绪十六年（1890 年）任云居寺住持，民国三年（1914 年）正月十六日圆寂，为云居寺重开山第十三代，葬东塔院，立有云居堂上第十三代保泰澄公老和尚塔铭碑，记其生平。

西塔院位于云居寺西南一公里处，现某部队大院内。西塔院多葬西域寺僧人，主要是辽代建万人塔和明代西域寺都监照宽禅师塔，还有一些不知名的僧人塔。早年西塔院就已废弃，塔建筑坍塌或拆除，现仅剩高 13 米的万人塔（另文介绍）一座。

照宽（1756—1819 年），讳宗，北直宛陵人。清乾隆二十一年（1756 年）六月生，受戒悯忠寺，参云居寺乘公，后授云居寺下院慈明寺监院。在其主持下，佛殿精蓝，焕然一新，经理寺事，秋毫不贪。清嘉庆二十四年（1819 年）八月圆寂，西塔院立塔刻塔铭葬之，传临济正宗第三十九世。1948 年溥儒编辑《白带山志》收录有《西域寺都监照宽禅师塔铭》，记其生平。

南塔院位于周张公路与云居寺旅游公路交会十字路口东侧。南塔院在 20 世纪 50 年代就废弃，当时还剩清代云居寺住持大乘、福渊、明文等人的僧塔和僧石碑。由于修路和绿化改造工程，将大乘、福渊两方石碑移到云居寺大门口路南绿地旁，墓塔已消失。

大乘，生辰年月不详，讳达焕，河北广平人，俗姓赵。6 岁许愿舍身，9 岁剃度入寺，清代云居寺住持，为云居寺重开山第六代，圆寂后葬云居寺南塔院。云居寺南大门外存有清嘉庆十九年（1814 年）大乘焕公功德碑，记其生平。

民国初年三公塔及周围塔

　　福渊（1789—1825年），讳悟辉，山东兖州府汶上县人，俗姓刘。出家为僧，多年后曾为云居寺监院，开导新学，规范后昆。清嘉庆十五年（1810年）任云居寺住持，连任15年，苦行卓立，弘法为众。清道光五年（1825年）八月二十八日圆寂，葬于云居寺南塔院，立有传临济正宗涿鹿山西域大云居寺第七代临济第三十九世福渊辉公和尚塔铭，记其生平。

　　明文（1792—1832年），讳真达，直隶河间府景州人，俗姓王。清道光五年（1825年）任云居寺住持，道光十二年（1832年）圆寂，为云居寺重开山临济正宗第八代，葬南塔院，立有传临济正宗第四十世涿鹿山西域大云居寺住持第八代明文达公和尚塔铭，记其生平。

　　北塔院位于云居寺北塔北边墙以北，是距离云居寺最近的塔院，从民国时期的老照片看，当时有覆钵式塔和经幢塔多座。1947年土地改革，废除塔院，部分改成农田，部分给农民当房基地，还有部分划入云居寺的院内，北塔院保留了清代圆通、了尘、云光三位住持的三公塔（另文介绍）。

五台五塔，石经山上小山头设五台，每台建一座石塔，中台石塔是唐"天宝十二年王晋等在石经山造菩萨像并在中台建塔，纪念先人"。[1] 在塔壁西侧刻有《王晋等造佛菩萨像并李时用德政记》碑文，现塔已无存，碑文有记载。东台是唐开元九年（721年），佛家弟子刘玄望一家在山顶建九层叠涩密檐石塔，后云居寺僧人将金仙公主捐赠云居寺经文和地产事刻于塔壁上，塔称"金仙公主塔"，现存八层石塔（另文介绍）。南台现存"石经山南台石塔"，塔为一层庑殿顶石塔（另文介绍）。西台和北台的石塔都已无存，遗址难寻，石经山上现在仅存两座唐代石塔，三座石塔消失。

注释

① 北京市地名志编纂委员会编：《北京志·云居寺志》，北京出版社2017年版，第7页。

② 本文云居寺住持僧人的情况摘自《北京志·云居寺志》第58—59页、第262—268页。

常乐寺自来塔

　　常乐寺位于房山区清龙湖镇常乐寺村中。常乐寺历史悠久，二进院落，由山门殿、天王殿、大殿及厢房，后院水井亭等组成，周围鹅卵石砌围墙，寺外有外围墙，设东、西城门。寺中原有一座塔，始建于辽寿昌年间（1095—1101 年），明成化年间修寺时，将塔称之为"自来塔"。寺中现存两方石碑记载自来塔，一方明成化十七年（1481 年）春季立碑，碑首题"表扬自来塔记"；另一方是无碑首"古迹自来塔常乐寺重修记"碑。自来塔什么时间被拆毁不知，现在有碑无塔。

　　"表扬自来塔记"碑在常乐寺大殿前西侧，碑下部石龟趺，碑首和碑身一体，碑首仿汉碑刻龙形，中间篆字"表扬自来塔记"，碑身上首题"表扬自来塔记"及五百多字。碑文记："都城宣武关外七十里许，有古刹，寺曰常乐。岁久荒废，遗址仅存。本山古有自来塔一座。隅有石龛，勒寿昌年号。内安奉观音，凡有所求，无祷不应。"塔"自是阿育王造浮图十有一级，以藏舍利，俾后世人咸知"。[1] 就是说自来塔有十一层，阿育王造，内藏佛舍利，塔上有一石龛供奉观音菩萨，刻"寿昌"年号。"寿昌"年号指辽寿昌年（1095—1101 年）。石碑上有一赞颂自来塔的诗：

　　　　宝塔飞来不记年，无碑可考幸亲瞻；

　　　　群狮吼月身藏裹，众象迎风首露前。

注释

　　① 北京石刻艺术博物馆编：《新日下访碑录·房山卷》，北京燕山出版社 2013 年版，第270 页。

既有天龙常拥护，岂无地虎久周旋？

大鹏更喜明曦照，永镇西山万古传。

另一方"古迹自来塔常乐寺重修记碑"，修复常乐寺殿堂后，碑尚在，被遗弃躺卧在地上。碑文记载了立佛为国教，佛教"阿育王八万四千宝塔"，明成化七年（1471年）中贵官刘山为首，僧人、居士和百姓百十人捐资修常乐寺大雄宝殿、三大士殿、天王殿、左右二殿和僧房堂等内容。

表扬自来塔记碑

古迹自来塔常乐寺重修记碑

北正村辽塔

北正（郑）村位于房山区长沟镇。北正村的村一区 142 号是建于隋唐时期的崇福寺，崇福寺的西侧原有一座辽塔，塔为砖石结构八角十三层密檐实心塔，塔基座下有地宫，基座直径 6.2 米，塔高 21.3 米。辽塔由于年久失修，于 1977 年 6 月 3 日突然朝南倒塌，经清理地宫时获得了一批珍贵文物，在辽塔中部发现了更早期的陶幢和陶塔。古塔不但没有重建，反被拆除建村民住房。

关于塔建造时间，原塔上没有塔铭石刻，《北京市房山区志》记载："基座内有'地宫'。'地宫'南侧中间，置长方形大理石函一个。函右侧面铭文'重熙二十年（1451 年）岁次辛卯三月壬子朔二十五日丙子午时葬记'，其他三面雕绘彩色花卉。在塔身及'地宫'石函内还出土了下列器物：石幢一件，置于地宫盖板上。幢身八面都刻楷书汉字经文，落款纪年为辽应历五年（955 年）。石幢以上塔身中出土陶塔五件；陶幢居中，四面各立一个陶塔。"[①] 这表明辽代建造密檐塔时，将陶幢和陶塔作为镇物放入地宫，如今辽密檐塔被拆，出土的陶幢和陶塔移迁北京法源寺内收藏。

塔内共出土陶幢和陶塔五件，陶幢居中，四面各立一陶塔。陶幢通高 1.8 米，为圆柱形。基座由周身塑水波纹的覆盆和塑弦纹的钵体器组成。幢身阴刻经咒四种：佛顶尊胜陀罗尼神咒、高王观音经一卷、续命经一卷、烧香真言。题记为："长兴三年五月十五日造，尊胜陀罗尼幢，奉为皇帝万岁□□法界一切有情同占此

注释

① 房山区地方志编纂委员会编：《北京市房山区志》，北京出版社 1999 年版，第 563 页。

福，功得三宝弟子刘儒。"长兴三年为五代十国后唐明宗年号，即公元 932 年，陶幢的制造要比倒塌的辽塔早 100 多年。陶塔为三门一窗仿木结构楼阁式，共四层空心，由基座、塔身、塔檐和葫芦塔刹组成，外表挂陶釉，通高 2.18 米。陶幢和陶塔是珍贵的佛教艺术品，现存法源寺（另文介绍）。

近十年，北正村将崇福寺的部分院子分给村民建住房，只有少部分寺建筑复建，主要是天王殿、殿北东、西配殿及厢房，北墙加开一大门，古塔遗址并未保留，分给村民建住房。清朝末年，原山门上楹联："月入佛堂禅心静，日对山门塔影圆。"表明了寺庙与塔的关系。

北正村辽塔老照片

九

通州区

通州区　古塔二座

燃灯佛舍利塔

　　燃灯佛舍利塔，全称"通州佑胜教燃灯古佛舍利宝塔"，简称燃灯塔，位于通州城区西部佑胜教寺西院，是京杭大运河北端的标志物，也是通州区标志性古建筑。1979 年 8 月 21 日被北京市公布为第二批市级文物保护单位。

　　关于"燃灯佛舍利塔"建塔时间，各种古籍书刊有多种讲法，最终以北京市文物部门认定为准。

　　《通州志》记载：清刘锡信著《潞县治考》："今州城北十三级燃灯佛塔，穹隆高峻，颇为巨观，建自周宇文氏。"[①]就是说燃灯佛舍利塔始建于南北朝时期，早期的塔不是现在的样式。

　　明《长安客话》记载："通州佑胜教寺在州治西北，学宫之右，逼近城垣。有燃灯古佛舍利宝塔，创自唐贞观七年（633 年）。塔顶有铁矢一，世传为金时杨彦升射中于上，迄今犹存。每值天朗气清，塔影垂映于白河，河去州五里许。"[②]

　　清《天府广记》记载："唐佑圣（胜）教寺在通州城内西北隅，内浮图十三层，高三百八十尺（注：《光绪顺天府志》记：高二百八十尺），下作莲花台座，高百二十丈，周围百四尺，虚其中以祀神。考断碑创于贞观七年，历五代宋辽金元，凡八

注释

　　① 北京市通州区地方志编纂委员会编：《北京市通州区志》，北京出版社 2018 年版，第 862 页。

　　② 蒋一葵：《长安客话》，北京古籍出版社 1980 年版，第 131 页。

通州燃灯塔（1860 年费利斯·比托拍摄）

世始成。"[1] 这段记载大意是，佑圣（胜）寺内有十三层塔，断碑考证塔是唐贞观七年（633 年）建造，经历了唐、五代、宋、辽、金、元、明、清八个朝代。

清康熙十八年（1679 年）京东遇八级大地震，震中在河北三河县，当时是地响如雷，黑水冒出禾田毁，骑驴者坠入地裂缝无踪，人无食粮，死伤万人，燃灯佛舍利塔这天也同时倾覆。经过几年捐款筹措，康熙三十七年（1698 年）将燃灯佛舍利塔重新修复起来。

关于建塔时间的另外说法，现状的塔规模样式是清康熙年间修建的。北京文物

注释

① 孙承泽：《天府广记》，北京古籍出版社 2001 年版，第 580 页。

部门鉴定认为此塔是辽代建，明代修。[①]

燃灯佛舍利塔地处通州城区西部佑胜教寺的西跨院，坐北朝南，为八角十三层密檐砖木结构的实心塔，塔通高 56 米，塔基围 38.4 米，直径 12.6 米，由塔基座、塔身和塔刹三部分组成。

塔基条石砌入地下，塔座是砖砌八角须弥座，须弥座上下枋雕有莲花瓣，束腰部雕了许多浮雕图案，有双人舞蹈图、双龙戏珠图、双狮耍绣球图等，造型逼真，姿态活泼，生动有趣。须弥座上三层大仰莲花瓣承托塔身。第一层塔身为空腹，原外表砖雕很多，曾有佛像 408 尊，修复后简洁多了。八面塔身中四面为拱券门，门楣上砖雕拱券装饰，门是木框木门，门上装有门钉，朝南向的拱券门是正门，打开木门塔内供奉燃灯佛像（今已无存），其他三拱券门是假门，但真假门窗都涂有红漆。另四面是木竖条棂窗，转角处是半圆砖柱装饰。第一层塔身上檐是仿木砖雕斗拱，往上是八角十二层塔身，第十三层朝南有砖雕刻"万古流芳"四个字。原先塔檐下是柏木椽头，每根椽木头都挂小方形铜铃 2144 枚，檐角大椽木挂大铜铃 104 枚，大小共有 2248 枚铜铃，微风吹来宛如悦耳的音乐，要是遇到狂风雷雨，那叮当铃声有一种震撼人心的感觉。1985 年开始大修燃灯塔，檐下柏木椽改砖雕形式，椽头铃也没有了，只保留檐角悬挂铜铃。每层檐角的老角梁下，各镶嵌一尊神像，其中有砖雕的，也有泥塑烧制的；站立姿势，有慈眉善目、身形富态，身穿袈裟、双手合十的；有身披铠甲、手持宝剑的；还有张牙舞爪、凶神恶煞的等等。檐角梁头装有砖雕的龙头，檐脊上立有小神兽。2017 年再次全面大修塔体，去掉现代修缮痕迹，最大限度保持历史信息，清点塔上神像 424 尊，风铃 2248 枚。

塔顶部由砖砌八角座、砖雕五层仰莲花瓣、铜铸塔刹组成。金属的塔刹以中心一柱为主，环柱加复杂的金属圈笼，顶端一串四颗铜制宝珠，中心柱用八条铁链子从塔顶连接到八条垂脊上，很好地起到了固定作用。塔顶上砖缝里生长着一棵榆树，推算有三百年树龄。1987 年 3 月维修塔时将榆树移栽，发现榆树没有主根，全

注释

① 北京市文物局编：《文物工作实用手册》，华龄出版社 2005 年版，第 467 页。

是毛细虚根支撑榆树的生长，榆树被移到西海子公园的道边地面上，称塔榆。

关于燃灯塔古人留下许多首赞美诗句，其中一首清代修塔时嵌在塔十三层的砖雕上："巍巍宝塔镇潞陵，层层高耸接青云。明明光影河中观，朗朗铎声空中鸣。时赖周唐人建立，大清复整又重新。永保封疆千载古，万姓沾恩享太平。"清康熙年《畿辅通志》记："天气清霁，塔影飞五里外，现白河水面，蠕蠕摇摇然，而处近无影。"还有清朝诗人王维珍乘船过通州，为燃灯塔题写经典诗句《古塔凌云》："云光水色潞河秋，满径槐花感旧游。无恙蒲帆新雨后，一枝塔影认通州。"

燃灯佛舍利塔（2017 年）

1985 年开始，通州政府对燃灯佛舍利塔进行了全面大修。陆续将塔周围的工厂、居民搬迁，整理、修缮、扩建了"三庙一塔"建筑群，三庙是佑胜教寺、文庙、紫清宫，加一座燃灯佛舍利塔。2022 年"三庙一塔"整修完成，并对外开放，燃灯塔更是焕然一新。

2017 年 6 月北京一场拍卖会上，英国费利斯·比托在清朝咸丰十年，即 1860 年 9 月 23 日拍摄的"通州燃灯古佛舍利宝塔"一张老摄影照片被拍卖，以七万元人民币成交，这幅原版照片是北京最早的影像记载。

延庆院照公寿塔

延庆院照公寿塔现存于通州区博物馆，此物为金代残经幢塔。1982年文物普查中在一户农家院内发现，1984年收藏于通州区文物管理所。

经幢塔一般由下部的基座和须弥座、中部的六面或八面柱状形塔身和上部的塔盖或塔刹组成。延庆院照公寿塔仅剩八面柱状塔身，高0.8米，上端刻云气纹，下端饰海水纹，每面雕刻正书19行，满行21字，现存420余字，主要记录了照公和尚的生平，首题"潞荫县清善村延庆寺照公寿塔铭并序"，下款有"时大定十八年（1178年）月日建"的字样。照公俗姓侯，讳成义，香河县西北乡紫荆曲人，18岁在潞荫县清善村延庆寺拜职慧大师为师，僧名圆照。"在县请做管内监寺（僧官一职）"，就是照公当过官府的管理寺院的官员，此寿塔是照公生前自己为自己建造的，这是金代佛教徒建墓幢的一种风气。北京燕山出版社出版的《北京辽金史迹图志》第98页录有塔铭文。

据《通州志》记载，柱状经幢塔身为"前青山村延庆院照公寿塔铭经幢"。[①]前青山村（原称清善村）在通州牛堡屯村以东的自然村，延庆院已无踪迹。

注释

① 北京市通州区地方志编纂委员会编：《北京市通州区志》，北京出版社2018年版，第720页。

延庆院照公寿塔

通州区　消失古塔三座

漷县禅林宝塔

　　通州区漷县有着千年的历史。在漷县村西北原有一座元代至元八年（1271 年）建的佑国寺，又称千佛寺。当年这里有辽阔水面的延芳淀，元世祖忽必烈常狩猎到此，曾驻佑国寺。佑国寺旁建有一座砖砌密檐塔，称禅林宝塔，也称千佛寺多宝佛塔，始建年代应早于明代。现在寺院和古塔已损毁，遗址也难查寻。

　　关于禅林宝塔记载不多，《千年古镇漷县》一书讲："塔上有七种珍宝装饰，《法华经》《无量寿经》《阿弥陀佛经》《般若经》所指七宝不同，按《般若经》的七宝说法是金、银、琉璃、砗磲、玛瑙、琥珀、珊瑚。"[①] 还收集到四首有关"禅林宝塔"的诗文，以此来证实禅林宝塔的存在。明代董力《禅林宝塔》诗："峻嶒塔顶出云端，舍利光摇贝殿寒。"清朝王维珍《禅林宝塔》诗："塔高明夕阳，砖书年月造。不信平原碑，佛生爱多宝。"李庆良《禅林宝塔》诗："何年迎佛骨？到此净禅心。华表孤峰矗，珠幢法苑森。"翁梦苏《游佑国寺》诗："塔影移禅室，波光漾小桥。"

注释

　　① 通州区漷县镇人民政府编：《千年古镇漷县》，团结出版社 2012 年版，第 80 页。

宝光寺砖塔

宝光寺位于通州区西南次渠村，明代正统年间的寺庙。宝光寺坐南朝北，两进院落，进山门一座钟楼，内挂铸铜大钟一口，大殿后立一座砖砌覆钵式塔，建塔的时间不详。当地人把塔形看成"尖朝上纳鞋底子的锥子"，周边流传着一句民间谚语："通州的塔，次渠的锥，马驹桥的王八驮石碑。""通州的塔"指通州燃灯佛舍利塔；"次渠的锥"指就是宝光寺砖塔；"马驹桥的王八驮石碑"指马驹桥的清乾隆年间御制重修马驹桥碑。宝光寺砖塔一直无人文津，破旧不堪，1967 年唐山大地震被震坍塌，现在塔已无踪迹。[①]

注释

① 通州区文学学刊：《运河》2016 年第 4 期，第 91 页。

麦庄法舍利塔

麦庄村位于通州区台湖镇，京津高速公路旁，村庄历史悠久。早年间村有一座麦庄法舍利塔，塔大约是辽代砖石覆钵式，始建年代不详，现塔已无存，存有塔上佛偈语砖多方，收藏于首都博物馆。[①]

偈语砖是镶嵌在佛塔基座上有功德经偈语的烧砖，表示对佛的尊重。麦庄法舍利塔佛偈语砖为红陶土烧制，砖上图案字迹清晰，砖上刻有莲花座上覆钵塔图案，塔旁"法舍利塔"字，塔下部刻有功德经偈语："诸法因缘生，我说是因缘；因缘尽故灭，我作如是说。"砖有两种尺寸：一种长 0.37 米，宽 0.182 米；另一种长 0.36 米，宽 0.18 米。这些偈语砖保存完好，房山区云居寺内的辽代北塔上也有同样图案和文字的偈语砖，推断麦庄法舍利塔应为辽代的塔。

注释

① 首都博物馆编：《畿辅通会》，北京燕山出版社 2018 年版，第 41 页。

麦庄法舍利塔偈语砖

顺义区

顺义区文物管理所八座幢塔

北京顺义，春秋战国地属燕国，西汉时称狐奴县，属渔阳郡。唐朝称顺州。天宝元年（742年）改为顺义郡，顺义之名由此出现。明洪武元年（1368年）十二月，降顺州为顺义县。清雍正六年（1728年）直属京师顺天府。民国三年（1914年）属直隶顺天府。民国十七年（1928年）改属河北省。1958年3月从河北省划归北京市，1998年3月撤顺义县，设北京市顺义区。顺义区文物管理所2001年1月成立，位于顺义城区拥军路2号，所里收藏保管顺义区域内的八座经幢塔，摆放成"L"形。

1. 开元寺经幢塔

开元寺又名龙兴寺，始建于唐代，因寺在旧县城的东门内，当地百姓俗称东大寺，是顺义最大寺庙之一。开元寺大殿前原有一对经幢塔，现寺庙和经幢塔都已无存。仅剩经幢塔的塔身一段，高0.82米；塔身八面间隔分四大四小，大面宽0.48米，每面剔地出尖顶龛，龛内雕刻一尊坐佛像，佛面部被毁，佛像身披对襟大衣，高髻发结，均结跏趺坐莲花宝座之上，四佛坐姿一样，但手印各不相同，雕刻造型简洁生动。四小面各宽0.15米，剔地出尖顶龛，龛内立佛一尊，佛面部被毁，衣着垂整，双手合十，整体看佛像精美，有辽金时期佛造像幢塔的特征。

开元寺经幢塔

2. 佛顶尊胜陀罗尼经幢塔

塔为辽代塔，何地收集来已经无法查找，仅剩塔身一段，无塔座和华盖，经幢塔高 1.24 米，直径 0.41 米，塔顶有一圆洞，洞口刻花瓣纹，塔身八面间隔大面宽 0.18 米，小面宽 0.16 米，相差很小，满刻佛顶尊胜陀罗尼经文，文字中除汉字外，穿插有另一种文字（不是梵文）。在石刻文字中有辽道宗"咸雍元年（1065 年）夏六月"的字样。

佛顶尊胜陀罗尼经幢塔

3. 经幢塔

　　经幢塔原何地不详，塔仅剩塔身一段，直径 0.4 米，高 1.58 米，八面间隔大面宽 0.18 米，小面宽 0.14 米，花岗石风化严重，大部分文字漫漶不清，少量经文可读。

经幢塔

4. 经幢塔

经幢塔原何地不详，塔仅剩塔身一段，直径 0.38 米，高 1.5 米，八面间隔大面宽 0.17 米，小面宽 0.14 米，花岗石塔身上下各刻花边一圈，文字风化严重，大部分文字漫漶不清，少量经文可读。其中有："圣千手千眼观自在菩萨摩诃谨……"

经幢塔

5. 回光信公灵塔

回光信公灵塔建于元至正八年（1348年），八角直棱幢塔，仅存塔身部分，塔身高 1.22 米，直径 0.34 米，八面间隔大面宽 0.18 米，小面宽 0.11 米，顶部有凸榫头。顺义区地处平原，百姓世代农耕辛劳，但一遇战乱变局总是平原地区的古迹受损严重，保留下来的古迹甚少，回光信公灵塔有幸保留下来塔身部分，好在文字多有清晰可读。塔八面的正面上部阴刻"特赐宣授洞奥兴福开山祖师讲主回光信公灵塔"；中部刻浅花纹门形；下部刻一香炉形图案。其他七面是"大广济寺开山祖师回光之灵塔铭",记录了回光信公禅师的一生。

　　回光信公,顺州(今顺义区)温阳郡奉伯人,生于元代初 1220 年,"门温之子",母杨氏,幼小时"容白考丽",长得好看,可"不与童戏,语出超群",父母很是宠爱。长大一些,出家到"通州净安寺开山住持传法祖师万松和尚为师"。在寺里扫地、打水、侍待师父,每日"朝暮习诵经文,弱冠三教尽穷通,授具群书皆备览遍"。修行多年,讲经传法,成为大广济寺(注:《顺义县志》记大广济寺在旧县城北十里许)开山住持。元世祖忽必烈特赐"法号曰宣授洞奥兴福大师,道号回光"。并赐给"金字戒本,锦襕法衣"。元至元二十三年(1286 年)因疾病圆寂,享年 67 岁。火化得舍利鲜艳发光,徒孙分六处建塔安葬,过了 62 年,元至正八年(1348 年)由大广济寺住持法孙瑞严、王纲立幢塔于寺前。今大广济寺无踪迹,残幢塔移存顺义区文物管理所内收藏。

回光信公灵塔

6. 清代地界塔

　　塔八面经幢形，直径 0.35 米，高 1.68 米，八面间隔大面宽 0.17 米，小面宽 0.14 米。地界塔原放置地方不详，文字内容是将多块土地划分的界限、土地所有人、有关人姓名刻在石塔上，应该立于田间地头，告众说明。其中第一面字："道光丁酉年（即道光十七年 1837 年）七月穀旦施主等因古来碑匾（匾）字迹残蚀尽谨将庙中旧有之香火房地勤志于后 / 庙后房基一块东西宽叁丈伍尺南北长与庙之前院堉内有土房四间 / 地一段…… / 地一段拾亩坐落□上庄东北……地一段伍亩坐落沟东庄西北 / 地一段肆亩坐落庙正北东至冯姓地西至草栏沟南至河北至冯姓地……"另有一面字"善友人等伏为 / 御马监□北马房信官左监丞 / 张胜重建"，说明有宫中太监参与土地买卖。

清代地界塔

7. "飞马云头"幢塔

"飞马云头"幢塔建造时间和原放置地点不详,由整块汉白玉雕凿而成,六棱锥幢,高 2.08 米,顶端直径 0.27 米,幢底直径 0.35 米,六面间隔三大面各宽约 0.18 米,原刻文字风化,仅剩"邑人高英、韩□、康□、张毅□……郝氏、刘氏、周氏、杨氏、吕雪、王□、孙栏、张□□、马成、马五、马辰、姚端、韩成"等部分人名。三小面各宽约 0.1 米,从上到下满刻连草纹,幢顶刻一圈宝云纹,底部最精彩,小面分刻两幅海浪旋涡和一幅海浪祥云,海浪旋涡中心下凹,海水波纹均匀流畅富有特色,三个大面分刻一匹海浪上奔跑的马,马背上两道火焰飞翅,另外面三匹马各有不同,伸头马,回头马,翘臀马各姿势,图案充满了活力和动感。

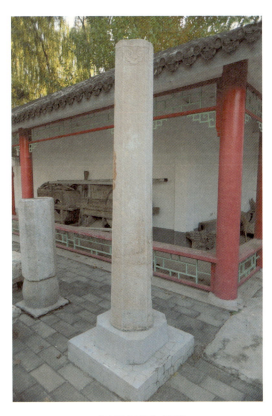

"飞马云头"幢塔

幢塔底部"飞马"雕刻

8. 无字幢塔

无字幢塔花岗石八角，塔直径 0.37 米，高 0.88 米，八面间隔大面宽 0.18 米，小面宽 0.13 米，塔身上文字风化无字可读。

无字幢塔

顺义区文物管理所八座幢塔（2019 年）

顺义区　消失古塔七座

"玉幢金马"塔

　　顺义旧城垣始建于唐朝末年，明朝万历年大修包筑砖城墙，城内十字大街中心有一座明代石塔，称"玉幢金马"塔。民国二十二年（1933年）《顺义县城图》[1]标注顺义旧县城十字大街中心有一座石塔。清康熙五十八年（1719年）顺义知县黄成章主编《顺义县志》记载："明崇祯十六年重修石幢，有碑记。……石幢居十字中心如时人立石敢当，以化其中，非得风水真窍者，不能知古人创建意，且今为暑顶峰，名为南极寿星又为水局养位，更为县治有益矣。人毋漠视此幢另凡顺时针右绕佛塔者，皆种下解脱的种子，具有不可思议的功德。"

　　民国时期《顺义县·志名胜》记："玉幢金马在治城街心，一柱插天，八角环绕，石坚而色莹，望之亭亭如玉，四围撑以盘龙，刻以狮象，莲花佛座上覆荷叶宝盖，旁缀金铃，风动铃然有声。"[2]

　　"玉幢金马"塔造型新颖别致，北京地区仅此一座，建造年代不详，原石碑刻"明崇祯十六年重修"，按民间"辽建塔，明修关，清造园"的说法，此塔应为辽金时期建造。塔座是八角三层须弥座，塔身二层八柱状经幢和外围八立柱，塔顶荷叶葫芦塔刹组成。八角三层须弥座一层比一层小呈台阶状，上下枋刻仰覆莲花瓣，束

注释

　　① 顺义县地名志编纂委员会编：《北京市顺义县地名志》，北京出版社1993年版，第483页。

　　② 顺义县地名志编纂委员会编：《北京市顺义县地名志》，北京出版社1993年版，第477页。

“玉幢金马”塔老照片

顺义新石幢塔

腰部有石刻动物和花纹。塔身分上下层，下层塔身中心八角石幢形，每面刻若干小佛龛坐佛像，外侧一圈八根石柱围绕，东、西、南、北四个方向石柱有盘旋向上盘龙，其他四石柱为素八角八面。上层比下层略小，中心石幢刻经文，外侧八根八角石柱。塔上下层之间是双层八角石刻花纹承托盘。塔顶石刻八角攒尖顶，八角座承托葫芦形塔刹，葫芦腰一圈荷叶纹，石塔建造复杂独特。

顺义旧县城"玉幢金马"塔于1958年扩修马路时被拆除。几十年后，1991年在原古塔的位置偏西南新建一座仿造石塔，塔尺寸增大，样式、结构也有所变化，成为城区街心一景。

南关 "宝塔凌风"

　　顺义县历史悠久，顺义春秋属燕，汉代属狐奴、安乐二县地，唐代置顺州，明代降州为县，称顺义县。顺义旧县城东邻潮白河，城池建于唐开元四年（716 年），历经各朝代修葺，清朝时城池周围四里，设四座带瓮城的城门，两座水门。南门称"阜财"，城门外南关原有大云寺，寺旁一座高大的塔，称"宝塔凌风"，县城八景之一。从塔基出土塔铭得知，塔始建于辽统和二十五年（1007 年），经历了几百年，清康熙年间称"向阳塔"，留有联曰："近人官衙依北斗，向阳文笔耸南关。"[1] 到清朝末年塔年久失修坍塌，剩残塔须弥座，根据民国时期被拍摄下来的照片，可得知塔的一些基本信息。

　　残塔老照片可以看出塔为六角密檐实心砖塔，从老照片上依偎在塔旁的人物分析，塔的直径在十米左右，塔座二层是六角砖砌须弥座，上部有仿木斗拱，砖雕护栏装饰，塔座高超过五米，如果塔是七层密檐，估计塔高度超过 20 米。20 世纪 50 年代末，因城镇建设残塔须弥座被拆除。

注释

　　① 顺义县地名志编纂委员会编：《北京市顺义县地名志》，北京出版社 1993 年版，第 478 页。

南关塔残座

开元寺一木塔二石经幢塔

　　开元寺位于原顺义县城东门内，又名龙兴寺，俗称东大寺，始建于唐开元二十六年（738年），顺义开元寺是我国著名佛教寺院之一。唐大历五年（770年）寺中曾有试太子洗马郑宣力撰写的开元寺碑。大殿内原有建于明末的金漆木雕千佛塔，璀璨夺目，塔须弥座六面，每面浮雕唐僧取经故事，人物栩栩如生，转角处刻有六尊力士像。大殿前有一对石经幢塔上镌刻《准提咒》和《尊生儿》。明清时，此寺是"凡朝贺，同城官员俱赴阙行礼"之所，是官府举行礼仪之所。民国十七年（1928年）在此寺设第三小学。1958年，开元寺山门、月台、大殿、后殿仍存。20世纪60年代拆除，开元寺及木塔都无存，其中一石经幢塔的一段保留下来，收藏于顺义区文物管理所内。

灵迹院三塔

　　顺义北牛栏山古时是平原中的一座小土山，牛栏山东边是潮白河，山依河水草丰沛，自然是农牧的好地方。唐代时这里就有座灵迹院，俗称头陀寺，寺院旁有百姓修建的石塔三座，寺脊塔身倒影于河中，景致美哉。到今日牛栏山削平了，古寺石塔已无踪迹。清《光绪顺天府志》记载："灵迹院在牛栏山后。俗称头陀寺，寺后即灵迹山，东顶时现佛光及塔影。至唐天宝三年，乡人因即其处建石塔三座。后金牛蹄迹，灵异尤多，院名灵迹，盖以此也。"①

注释

　　① 周家楣、缪荃孙等编：《光绪顺天府志》，北京古籍出版社 1987 年版，第 814 页。

大兴区

大兴区　古塔四座

无碍禅师塔

无碍禅师塔位于大兴区榆垡镇履磕村内，始建于元至元九年（1272 年）。元至元年间世祖忽必烈占领北京后，废金中都城，建造面积更大的元大都城，同时迁来大批外地人为居民，一些移民在永定河泛滥的故道上定居下来，履磕村就是其中之一，渐渐村中人口增多，并建造了灵言寺和无碍禅师塔。无碍禅师塔为砖砌六角五层密檐塔。

据《大兴县志》记载："榆垡镇履磕村内，原有古刹灵言寺，寺早废，寺西南角处遗留元至元九年所建无碍禅师墓塔一座。塔南向，六面实心，全部以砖仿木构建，密檐五层，残高约 10 米。塔座须弥束腰，上置莲花瓣，座周浮雕佛像；塔身正面刻菱格门窗，上部嵌塔铭，每层各面檐下出斗拱三攒，顶为莲花瓣，上置葫芦形塔尖。"[1] 几百年后，村庄渐渐扩大，灵言寺被废弃，无碍禅师塔成为村中的建筑，保留至今。

无碍禅师，名诠明，生卒年不详。辽代大悯忠寺（后改称法源寺）最著名的高僧之一，当时燕京乃整个辽国第一流的佛学大师，主要活动在辽代穆宗、圣宗时期，辽圣宗皇帝赐"无碍大师"号。"诠明是一位唯识学家，撰写了多部经钞；他还是一位僧官，为燕京管内左街僧录（僧官职）；他主持编定了辽大藏经——《契丹藏》；他信仰兜率净土；在辽统和八年（990 年）为悯忠寺兴建了一座释迦太子

注释

① 大兴县志编纂委员会编：《大兴县志》，北京出版社 2002 年版，第 538 页。

民国时期无碍禅师塔

殿"。^① 无碍禅师圆寂的时间不详，应该在辽代，过了若干年后，元代初在大兴履硋村建无碍禅师塔的原因不明。

　　无碍禅师塔在村中地势较高一土岗之上，经历过数次永定河泛滥都未损坏塔建筑。1976年唐山大地震波及北京，无碍禅师塔受到部分损伤，塔铭石也丢失。2002年重修无碍禅师塔，施工队将土台加固，砌成高3米多的四方台，塔基部分砌入土台，这样塔相对就矮了一节。全面添补修复塔时，第一层塔身的砖雕假门窗装饰，风化破旧，维修时被取消，砖雕佛像也无恢复，塔上补齐损坏的四层塔檐，塔上石雕塔刹为原物复位，测塔高约14.7米。1985年3月"无碍禅师塔"定为大兴县文物保护单位，并立石碑。2003年被公布为北京市文物保护单位。

无碍禅师塔

注释

① 吕铁钢、黄春和：《法源寺》，华文出版社2002年版，第39页。

704

礼贤村三座经幢塔

礼贤村位于大兴区礼贤镇。2002 年版《大兴县志》记礼贤村有两座辽代经幢塔。[①] 实地村中考察见有三座经幢塔,两座在原清真寺院内,一座在村委会院内,均已残破,未得到有效的保护,被遗弃中。

礼贤村原有一座古寺称峰寿寺,传说燕昭王招贤纳士在此地一土台上设立"黄金台"。辽代时在土台上建宝集寺,后称峰寿寺,经幢塔安置在寺里。到 20 世纪 50 年代后期峰寿寺废弃,在寺遗址上建村民住宅,石经幢移到别处。两座八角经幢塔放在原清真寺院里,横躺卧地,泥土尘盖,旁边还有圆形莲花基座石,但没见到塔顶部的石构件,两经幢塔分别是:辽代大安六年(1090 年)八面经幢塔和辽代乾统八年(1108 年)八面经幢塔。

辽代大安六年(1090 年)八面经幢塔,汉白玉石,高 1.6 米,两面刻题记,六面刻经文。经幢塔身上部分字迹不清,2003 年捶拓的拓本收藏在北京辽金城垣博物馆。题记内容是宝集寺一不知名僧人的事,"大康七年(1081 年)五月二十五日,不禄於宝兴银治,享年五十三,大安六年四月内葬于燕京析津县崇礼乡"。经文首题"千手千眼观自在菩萨摩诃□□□□满无碍大悲心陀罗尼曰"。[②]

辽代乾统八年(1108 年)八面经幢塔为八面直棱柱状,汉白玉石,高 1.5 米。经幢塔身一面空白,七面满刻经文,经文是汉字与梵文相间,文字腐蚀严重,多半

注释

① 大兴县志编纂委员会编:《大兴县志》,北京出版社 2002 年版,第 543 页。

② 梅宁华等编:《北京辽金史迹图志》下册,北京燕山出版社 2003 年版,第 61 页。

字迹看不清楚，2003 年捶拓的拓本收藏在北京辽金城垣博物馆。可辨认的文字有："维乾统八年（1108 年）岁次戊□□月□□一十四日庚子中时建。"①

　　还有一座经幢塔放在礼贤村村委会院内，塔座和塔刹都已丢失，仅剩中部八面柱状塔身，塔身高 0.97 米。八面塔身分四个大面和四个小面，刻有汉字和梵文，其中一面是"塔记"铭文；两面梵文经咒；五面是汉字"陀罗尼经"。"塔记"铭文大约刻 85 个字，因很多字迹不清楚，推敲大概意思是，笃信佛的人家给一位 16 岁去世的家人立经幢塔，刻经文祈求佛保佑世人。最后有"天庆九年"的字样，说明了经幢塔建造于辽天庆九年（1119 年），距今近九百年。

　　这三座经幢塔都刻有可读的文字，对研究地方历史文化有着特殊的价值，应该给予保护。

辽大安六年经幢塔

注释

　　① 梅宁华等编：《北京辽金史迹图志》下册，北京燕山出版社 2003 年版，第 64 页。

礼贤村天庆九年经幢塔

大兴区 消失古塔三座

安定村双塔

安定村位于大兴区安定镇中心。村中原有双塔寺，寺内有双塔和一棵银杏树。据《大兴县志》记载："双塔寺遗址位于安定镇辖域内，有黄土台基，面积约1500平方米。双塔寺早废，20世纪70年代初，该处尚存有明景泰五年（1454年）重修碑，碑文中记载，'相传汉光武帝时有双砖塔，而至于今以为焉'，由此可知明景泰年间双塔寺尚在。该寺庙建于何时，毁于何年均不详，今遗址仅存古银杏树一株，树龄500余年，为大兴县古树之最。"[1] 如今寺庙古塔已无踪迹，2009年时那棵大银杏树的部分枝杈已枯竭。

注释

① 大兴县志编纂委员会编:《大兴县志》，北京出版社2002年版，第538页。

开元寺经幢塔

　　"开元寺"北京市有多座，顺义区原旧县城有开元寺，房山区有开元寺，密云区有开元寺，这座开元寺位于大兴区留民营村开元街上。大兴区长子营镇留民营村主要街道称"开元街"，但未查到开元寺具体位置记载。开元寺，建于唐开元二十六年（738年），主要法事是水陆法会，超度在水、陆战争中战亡将士的亡灵到极乐

开元寺经幢塔老照片

世界，使生者安宁。元代称开元寺为开元万寿禅寺，明代起改称为开元镇国禅寺至今。开元寺经历代维修改建，寺建筑带有宋、元、明、清的建筑风格和艺术特色。民国时期日渐衰败。寺内留有一座二层八面石经幢塔，石经幢塔在寺大殿东北一侧，东厢房前。经幢塔八角莲花座，八角幢身和石刻宝盖，第二层八面浮雕幢身和雕花宝盖，顶端柱状塔刹，高约5米。老照片记录了开元寺的经幢塔。

2016年12月去留民营村开元街实地寻访，留民营村经过彻底改造，村中楼房成片，村东南原寺庙遗址处建一座村中休闲文化园，园内搭建了几间老屋，建水池亭廊，未见石经幢塔和寺遗址，"开元寺"当地村民已不知其事。

昌平区

昌平区　古塔三十七座

云峰禅师道行幢塔

　　云峰禅师道行幢塔现存于昌平区博物馆。云峰禅师道行幢塔立于"元至元二十□年四月望日"，汉白玉材质八棱直角经幢体，高 1.4 米，八面的每面宽 0.2 米。幢文楷书，首题"大元国大都路昌平县昭圣禅寺故先师云峰檀公禅师道行石幢之纪"。

　　云峰禅师，俗姓武，东原军州人，母王氏，一天夜母梦见白光入室，遂生下幼儿，从小不吃荤，不爱游戏，喜诵经书。12 岁被父母送到中都报恩禅寺，拜万松长老为师。受戒后去过丛林挂锡沛县，青州，居住过中都大万寿禅寺，多年后来到昌平县龙泉禅寺十几年，其间填沟取石，建三山门及殿宇。建昭圣禅寺，成为开山住持。云峰禅师"衣百纳，长坐不卧……见其形容凛然体硕，眉目秀，气和如春禅观之……"元至元二十二年（1285 年）十二月十二日在昭圣禅寺因疾圆寂，享年 78 岁，火化日有万人到场，"五色烟焰凝空翳日盖师之道"[1]，得舍利的弟子们葬骨立塔。

注释

　　[1] 北京辽金城垣博物馆编：《北京元代史迹图志》，北京燕京出版社 2009 年版，第 171 页。

云峰禅师道行幢塔

昌平公园石刻园六座经幢塔

　　昌平公园位于昌平城区鼓楼南街 28 号，在繁华的闹市中心，古时是昌平县城遗址的一部分，1990 年政府出资 800 万元建成休闲园林公园。昌平区文物部门将全区境内各镇、村征集来辽金、明清至民国时期的石碑、石刻动物、石经幢塔等石刻文物集中摆放在公园内，称"文物石刻园"，2003 年 7 月被公布为昌平区文物保护单位。园内有六座仅剩塔身的经幢式石刻，其中一座和安和尚塔，一座旧县经幢塔，两座兴寿村辽代经幢塔，两座无名经幢塔。

　　和安和尚塔放置于石刻园中部一排石刻的中间，在残石俑与王润田墓志铭之间。原和安和尚塔置于昌平小东口镇贺村的北极庵，后移至石刻园。和安和尚塔是六座幢塔中文字保存较完整的一座，塔汉白玉石，八面经幢式，高大约一米，仅剩经幢塔身，正面刻"传临济正宗磬山南涧下第三十四世上和下安仁翁和尚"，其他七面字迹部分风化不清，内容为和安和尚生平和经文。北极庵和安老和尚，俗姓李，讳明仁，系山西永宁州人。成人后因家事，决意出家，入本地柳溪寺，几年后"依师受戒"。清康熙五十二年转到□国寺，寺中应山老和尚见和安能干，命做寺监事多年。……来到北京，"隐居于昌平州贺家村北极庵"，那时和安已经是五十岁的老和尚，多年后圆寂在北极庵，火化葬舍利，"清乾隆二十六年（1761 年）岁次辛巳五月"建经幢塔。

　　旧县经幢，首题"佛顶尊胜陀罗尼幢记"，原置于旧县村。旧县村位于昌平城区以西，京藏高速公路西侧 2 公里处，明景泰二年（1451 年）前为昌平县治所，当时称白浮图城，后县衙门移至永安城，此地遂称"旧县"。旧县经幢始建年代不

旧县经幢塔

石刻园五座经幢塔

和安和尚塔

详，石刻八面，高大约 1.3 米，满刻经文，部分文字风化不清，原塔身多层，现仅剩一段经幢塔身。"旧县经幢"说明牌："经幢是唐至金元时期的一种石质宗教建筑形式，类似于塔，而小于塔，有一级或多级构成，这种建筑形式到明代以后基本消失。"按其说法，经幢应是明代之前的物件。

兴寿村两座辽代经幢塔，位于石刻园中部一组四座经幢中的两座，为一对。兴寿村"辽代已成村，称兴寿里，因旧有兴寿寺得名。……村内现存辽代石经幢二座"。^① 经幢塔是因村庄改造，后移至到昌平公园石刻园中，二经幢仅剩经幢塔身，八面石刻梵文经咒，高大约 1.6 米。经幢的存在印证了"兴寿"作为地名有着悠久的历史。

两座无名经幢塔，位于石刻园中部一组四座经幢中的另两座，一高一低，高的大约 1.7 米，低的 0.7 米，都是八面，石刻经文字迹基本风化不清，原置地点和建造年代不详。

注释

① 昌平县地名志编辑委员会编：《北京市昌平县地名志》，北京出版社 1997 年版，第469 页。

南庄金代石塔

　　南庄金代石塔位于昌平区长陵镇南庄村西的小山顶。塔为全石料打凿，是八面经幢式塔，经文物部门鉴定塔为金代承安四年（1199年）三月初八日立，测石塔高约2.2米，保存较完好。塔基座雕刻堪称经典，基座分上中下三部分，下部圆八角形地盘，上雕高浮雕团花纹，有绸带飘舞。中部最精彩，圆鼓形四面各向外伸一个似龙形的兽头，配细细海水波浪纹，雕刻精美端庄，颇为别致，是北京古塔中造型特殊一例。上部圆形仰莲花台，大小和谐的莲花瓣向上承托塔身。塔身八面柱状，每面刻有文字，字迹风化已看不清楚。从北京辽金城垣博物馆收藏的拓片中，查到可读文字为"时大金承安四□□□□己未三月戊辰八日庚子□石"。[1] 塔顶八角屋檐式华盖，石刻仿瓦木房檐，华盖上每个角的下方刻有一小四方凹槽，推测原塔顶有与木料衔接的部分，石木组成一个"帐篷样式"，现已无法考证。近年来，自然风化严重，幢塔上的雕刻纹越来越浅，需得到更好的保护。

　　当地百姓世代呵护着这座古塔，但有不法分子相中了这古塔，夜里准备盗走古塔，因盗窃时发出响声太大，被村民及时发现，盗塔贼没能得逞。为预防盗贼，当地百姓在古塔周围建铁栅栏给予保护。现为昌平区文物保护单位。

注释

① 梅宁华等：《北京辽金史迹图志》下册，北京燕山出版社2003年版，第77页。

南庄金代石塔老照片

南庄金代石塔（2013 年）

石云寺残砖塔

　　石云寺位于昌平区凤凰岭以北的白虎涧，此地号称"北京后花园"，山中石云寺遗址以西有座残覆钵式砖塔。青龙山与白虎山之间有条叫白虎涧的山沟，沟中有过二道河庙、宝云寺、石云寺、车云寺等多座寺庙，今天都是瓦砾残石的遗址，近年正复建新宝云寺。石云寺遗址是一座四合院，有大殿、厢房、配殿及跨院，寺旁一口"千年龙井"和几株古树。石云寺院落西边百米原有古塔多座，如今仅剩一座立着的残砖塔，一座倒塌的砖塔遗址。塔应是清代建，为青砖砌覆钵式，塔上半部已损毁，测残塔高约 2.2 米。塔铭及塔基被盗毁，塔上部损毁成半截残塔。

　　石云寺在山中所处的地位，张文大著《妙峰山碑石》讲："妙峰山有五云托上方之谚，当是石云寺、宝云寺、法云寺、德云寺、大云寺，在上方寺四周。"①

注释

　　① 张文大：《妙峰山碑石》，团结出版社 2013 年版，第 92 页。

石云寺残砖塔

太平庄半截塔

　　半截塔位于昌平区天通苑以西，东小口镇太平庄北街半截塔村内。2003 年 7 月被公布为北京市昌平区文物保护单位。

　　塔前文物石碑刻"该塔建于辽代，由于塌倒，仅存塔身下半部两段，其砖塔形状与银山塔林中的塔大体相同。北京昌平文物管理所"。

　　半截塔原为八角密檐实心砖塔，现残缺为两段，其中一段是塔基座，塔基座可见青砌砖 23 层；另一段是塔身部分，残塔身部分可见青砌砖 15 层，塔的每边长1.27 米，皆由沟纹砖砌筑。由于塔残破无法得知原貌，无法测量塔的高度。半截塔是昌平区平原地区仅存的辽代砖塔基座。

半截塔（2012 年）

和平寺二塔

　　和平寺位于昌平区南口镇花塔村，距昌平城区 14 公里。在和平寺西侧遗址上，早年间曾是一片塔林，内有六座不同朝代的砖塔尤显壮观。其中一座塔的造型与众不同，高约十几层，塔身上半部有彩绘佛像，塔檐形同莲花瓣，故被称之为花塔，因而村庄得名花塔村。今天花塔及塔林已不存在。

　　和平寺始建于唐代中叶，经数百年多次扩建重修，到清朝中期已达鼎盛。原山门为九檩十三椽单檐歇山顶式，上雕唐太宗御书"敕赐和平寺"匾额。山门内西侧屹立着一棵一千三百多岁的国槐，其枝繁叶茂，树围约三米。和平寺，1995 年被公布为北京市文物保护单位。

　　曾经恢宏壮观的塔林，由于战乱、年久失修而不断坍圮。在 20 世纪 60 年代中期又遭劫难，仅存部分残塔遗址。如今在残塔基础上复建"觉真塔"与"慧公塔"两座覆钵式石塔，觉真和尚与慧公和尚生平情况不详。

和平寺二塔

延寿寺二塔

　　延寿寺位于昌平区东北部，距长陵镇北庄村 3 公里。延寿寺院内所立 2009 年"古刹延寿寺重修记"记载：寺庙始建于元末明初，比明十三陵建造的还早。延寿寺地处山深处，过去常年有僧人住寺，清代后期一度成为定王府的家庙，光绪、宣统年间转归北庄村高姓人家，1950 年之后寺庙充公。此地有五百年的"凤松"，见山容水态，望地气曲脉。2005 年政府出资和募集资金整修延寿寺 3 年，寺院重建辉煌。"佛经谓：一佛出世，万佛护持；十方来，十方去，十方共成，十方事也。"

　　在寺院西侧山坡有两座石塔。二塔并排朝南向，相距 5 米左右。测西石塔高约 4.6 米，塔圆须弥座，四层金刚圈，覆钵塔身，朝南的塔铭石被盗，覆钵体最大处直径 1.4 米，六层塔相轮，华盖刻有花纹，顶部六方座承托葫芦塔刹。测东石塔高约 5 米，下层塔座六角仰覆莲花须弥座，敦厚的四层金刚圈，覆钵体最大处直径 1.5 米，中部喉轮是六角须弥座，往上七层相轮，圆华盖中腰一圈连珠，顶端葫芦塔刹。关于二塔的情况，"古刹延寿寺重修记"讲："近南庄村西山仍立金幢一座承安四年建寺之后覆钵塔二详其规制观其风蚀实系元代大德灵塔惜今塔铭尽失。"这段文字说是北庄村附近有南庄村，山坡立有一座金代多棱刻字石幢，据文字记载金代"承安四年"（1199 年）建寺院，二佛灵塔是"元代大德灵塔"，为麻道沟僧人墓塔。元大德年间是公元 1297 年至 1307 年，这应该就是建造二塔的时间段，可惜塔铭丢失而不知塔主人姓名及生平。延寿寺及二塔现为昌平区文物保护单位。

延寿寺二塔

延寿寺二塔（2012 年 11 月 22 日拍摄）

木厂村四石塔

　　木厂村位于昌平区兴寿镇，是大杨山脚下一村庄。大杨山是群山之中的一座山峰，1999年开发成北京郊区一处森林公园，山中有明代中期建的石佛寺，原寺庙里供奉石刻一佛二菩萨，与周围寺院形成佛教圣地，寺旁建有石塔群。公园介绍：石佛寺"日军侵华时期遭到焚毁，1995年春，石佛寺被重新修缮，现为清式建筑"。

　　山坳树林中保留石佛寺的四座覆钵式石塔，塔是采用当地的花岗岩打凿而成，可惜塔上塔铭都丢失，不知塔主人名。其中三座石塔在一起，地处树林中呈不等边三角形分布，三座石塔各有不同程度的损坏。前面一石塔六角仰覆莲须弥座，须弥座上六角蕉叶层，一圈金刚圈，一层仰莲花瓣，覆钵塔身朝南有一个半圆顶龛，龛内空无，覆钵塔身以上部分已损毁，测塔残高约1.7米。中间一石塔较完整，塔座六角须弥座，须弥座上六角蕉叶层和两层金刚圈，覆钵体塔身，朝南塔龛内空无，塔身上圆须弥座和只剩两层的塔相轮，圆盘华盖刻有花纹，宝珠塔刹损毁，测塔高约2.8米。靠西边一石塔六角须弥座，四层金刚圈，覆钵塔身朝南有长方形龛，塔身上是圆须弥座和剩下的五层相轮，石华盖和塔刹丢失，测塔高约3.7米。

　　三座古塔的东北相距百米外，还有一座石塔称"神塔"，在山沟小道旁，面向一片小开阔地，石塔基座下是个神秘的山洞口，探望幽深。塔六角须弥座，须弥座上六角蕉叶层，两层金刚圈；覆钵体塔身比一般塔覆钵体直径要小，外刻竖条纹；喉轮部是粗圆柱状刻有竖条纹，塔相轮部分只有一层刻绳纹图案，与一般多层相轮不太一样；塔顶是刻浅花纹的华盖及扁圆宝珠的塔刹，测塔高约3.1米。根据《北京弘慈广济寺志》记载，圆寂在广济寺的清一禅师建塔葬骨于京北大阳山，有说就是这座神塔。

木厂村三石塔（2015 年）

木厂村神塔

大德寺砖塔

　　大德寺砖塔位于北京昌平区流村镇老峪沟村大东沟内距沟口 3 公里处。古庙大德寺，建筑年代无考，村民讲是明代所建，寺为一座三合院，院中央一座砖塔和两个小水池，20 世纪 90 年代初村里集资在遗址上重修庙宇及砖塔。塔为红砖精心码砌，测塔高约 6.3 米，塔座四方须弥座，须弥座上四方台，每面一个拱券龛，龛内各供奉请来的一尊坐佛，塔身扣钟式有两道箍圈，往上四方须弥座承托圆锥状塔尖。

　　民间传说，四百多年前，一日天降暴雨，瞬间洪水奔腾，大水托起村里的古庙整座建筑直流而下。沟岸两旁的住户看到古庙建筑不塌不散像轿子一样在水面上漂浮，惊奇不已。古庙被洪水冲到大东沟沟口时，整个庙宇坍塌无形。洪水过后，当地百姓认为，此地幽仙神灵，佛爷不想走了。有人出头组织集资出力，在沟口坍塌之处重新建一座庙宇，又在庙前栽了三棵槐树，因是众人之力建的庙，汇聚功德，得名大德寺。如今大德寺槐树仍挺拔苍劲，庙宇经多次维修，寺院是一个较大的三合院，进山门院中一座砖塔，寺山门与砖塔之间有两个小水池，寺院北大殿供奉三世佛，东西设配殿。

大德寺砖塔（2016 年）

银山塔林十八塔

  "银山塔林"，又称"银山铁壁"，位于昌平区东北部，十三陵区湖门村北。这里山形险峻，山崖黑色花岗岩如同黑铁，山路陡峭，主峰中峰顶，海拔726.8米，每逢隆冬之季，银山中瑞雪纷飞，山岩银装素裹，冰雪层积，故称为"银山铁壁"。

  早在唐朝时，银山已建有华严寺等寺院，唐宪宗元和年间，名僧邓隐峰曾在此山修行。辽金时代，这里就是京畿佛刹名山之一。据《长安客话》记载："山在天寿山艮隅，唐神僧邓隐峰藏修之地。金天会三年（1125年），始建法华寺，领七十二庵。本朝正统十二年（1447年）重修赐额大延圣寺。山之极高峻处名中峰顶。"[①]

  到了明代，银山中寺院越建越多，规模也越来越大。根据明成化十二年（1476年）九月立石碑记载："银山之下兴寿村，有寺九圣，建自辽寿昌间，满公禅师所创也。宣德辛亥春，司设监太监吴亮先建巨刹于山上。正统戊辰，英殿驾幸北山，赐额法华禅寺。"[②]周围下领七十二庵，几乎是处处有寺庙，庙旁建佛塔。清代陆续地维修过寺庙，到清末开始衰败。留存至今山谷中仅剩法华寺遗址，寺及周围古塔林立，存有古塔十八座，其中法华寺遗址上有古塔八座，其他十座古塔分布在山谷中或山坡上。1988年1月13日，被公布为全国重点文物保护单位。1993年8月古塔修缮及寺庙遗址保护工程竣工，对"银山塔林"风景区进行了整修和绿化。

注释

  ① 蒋一葵：《长安客话》，北京古籍出版社1980年版，第120页。

  ② 于敏中等：《日下旧闻考》，北京古籍出版社1983年版，第2161页。

银山塔林 18 塔示意图

北

中峰顶
726.8米

▲ 白银峰
665.1米

钟亭

说法台

白银洞

7
6 5 8
4 3 2
1
法华寺遗址

17

古佛岩

16

11

12

13

9 10

14

15

停车场

管理处

圆点为古塔
按顺序介绍古塔情况

售票处

银山塔林十八塔示意图

银山塔林法华寺遗址八塔（2013 年）

1. 懿行大师塔

懿行大师塔位于法华寺遗址上，五座金代建密檐塔的前排，古塔示意图中编号 1 号。懿行大师塔上的砖雕图案，是五座金代建密檐塔中砖雕最精美的一座。懿行大禅师，金代佛教界大师，身世不详，圆寂时年 71 岁，灵骨葬于塔中。

懿行大师塔为八角十三层密檐砖塔，测塔高约 23.6 米。须弥座束腰部壶门中有狮头半身像，转角处高浮雕莲花短柱，柱中间雕一尊双目圆睁，怒发冲冠的兽头。须弥座上砖雕仿木斗拱，两层护栏板雕有各种花卉和卷草纹图案，其雕刻精细，形态逼真，充分反映出当时砖雕刻的高超技艺。第一层塔身八面为砖雕四门四窗，各有不同图案，转角为圆柱状。在塔身正面是拱券假门，门楣上白石塔铭，用篆书刻塔铭"故懿行大师塔"六个字，拱券沿边满是浮雕，中间雕刻一尊趺坐多宝佛像，两旁是手捧供品的飞天像。一层塔身上十三层密檐，层层仰瓦灰梗檐，八条檐脊，檐角立一位双手合十、背展双翅的仙人，仙人后跟随一只神兽，原檐角下悬挂有百十个铃铛已无踪影。塔刹保存完整，二层仰莲花承托砖雕的火焰纹圆球和石刻的仰月宝珠，塔刹造型独特。

《隆庆昌平州记》记载银山十咏诗之一"题懿行塔"曰："于其亲也孝，于其师也恭。临机答问难，诸方怖机锋。七十一光阴，白驹之过隙。秋风振塔铃，说尽真消息。"① 从诗中得知懿行大师生前对人谦恭，处事机敏，圆寂时七十一岁。

懿行大师塔

注释

① 刘燕山：《银山塔林》，北京出版社 1998 年版，第 49 页。

2. 晦堂佑国佛觉大禅师塔

晦堂佑国佛觉大禅师塔位于法华寺遗址上，五座古塔的东北方位，与其他密檐塔的造型基本一样，说明塔是同一时期建造的，编号 2 号。晦堂佑国佛觉大禅师的身世不详。

塔为八角十三层密檐砖塔，测塔高约 21.5 米，塔座两层须弥座，下边须弥座为条石码砌，上边须弥座为青砖砌，原束腰部壶门有砖雕，修补后无图案，须弥座上砖雕护栏和三层砖雕仰莲瓣。第一层塔身八面砖雕四门四窗，转角处各雕一座五层小密檐幢塔，朝南向拱券门的门楣上，刻有篆字塔铭"晦堂佑国佛觉大禅师塔"十个字。塔身主体十三层密檐，短檐外伸，覆仰瓦灰梗面，檐脊端立一双手合十的小仙人，身后一只张着大嘴的兽头，每一层的每条檐脊有仙人和兽头一组，共 8 组，十三层共有 104 组，208 个仙人和兽头，神奇独特。塔顶攒尖式，顶端砖雕两层仰莲承托一个圆宝珠塔刹。

晦堂佑国佛觉大禅师塔

3. 佛觉大禅师塔

佛觉大禅师塔全称"故佑国佛觉大禅师塔",位于法华禅寺天王殿和法堂遗址中间,五座古塔的中心,为群塔之首,银山塔林中所有的塔都围绕着佛觉大禅师塔,编号3号。

据昌平县志记载,过去山谷中绿荫泉涌,幽静宜人。唐朝中叶,名僧邓隐峰曾在山上建寺修行。辽寿昌年间(1095—1101年),满公禅师来山中创建宝岩寺。金天会年间(1123—1135年),佛觉禅师也来山中讲经说法,弘扬佛事。佛觉,佛名海慧,早年曾在五台山修行,云门宗名僧,信奉临济宗。金天会三年(1125年)创建大延圣寺(后称法华寺),佛觉在常庆寺圆寂后,在大延圣寺建八角十三层密檐塔,是塔林中最早的佛塔。之后的若干年,陆续建造了众多佛塔,所以此地称"银山塔林"。

佛觉禅师塔由塔座、塔身和塔刹三部分组成,为八角十三层密檐实心塔,测塔高约20.6米。塔的下层部分塔座,由上下两层须弥座组成,下边一层是花岗石打凿的须弥座,由上枋、束腰、下枋组成,全素无图案。上边一层是砖雕须弥座,叠涩砖砌下枋,束腰部每面由雕花柱分出两间,每间一壶门,维修后有些门周围保留雕花卉图案,但有些壶门内空无。束腰部上施以砖雕双抄四铺作斗拱,上接砖雕护栏和三层砖雕仰莲花座,花瓣硕大,装饰效果极强。

第一层塔身八面为四门四窗,转角处砖雕五层密檐的塔形柱。东、南、西、北四个方向的每面是砖雕拱券假门,门内雕刻两扇四抹隔扇门,券门上部是飞天、龙凤和花卉图案;其中朝南券门的券面砖与隔扇门之间镶嵌白石塔铭,刻"故佑国佛觉大禅师塔"九个字。其余的四面均雕棂花格方形窗。塔身上部檐下是一圈砖雕倒垂如意云头和仿木斗拱。砖雕斗拱之上是十三层密檐,檐上铺仰瓦灰梗,檐脊施以菩萨、垂兽等构件,顶部采用攒尖式塔顶。

塔刹,是全塔顶部构件。刹座作两层忍冬花叶形,其上安置砖雕带八道火焰纹装饰的圆球。据记载,圆球上边本来还有石雕的仰月宝珠,但已失落不存在。

古人为佛觉大禅师塔作诗，"银山十咏"之一，"题佛觉塔"曰："示生临济材，示灭常庆寺。非灭亦非生，谁明佛觉意。分彼黄金骨，葬此白银峰。宝塔耸霄汉，僧来访灵踪。"①

佛觉大禅师塔

4. 圆通大禅师善公灵塔

圆通大禅师善公灵塔位于法华禅寺遗址内，为中心五塔之一，在佛觉大禅师塔的西南，与虚静禅师实公灵塔并排伫立，编号 4 号。其塔是一座六角七层密檐实心砖塔，测塔高约 14.3 米，造型与佛觉禅师塔基本相同。在第一层塔身的六面设砖雕

注释

① 刘燕山：《银山塔林》，北京出版社 1998 年版，第 48 页。

三拱券门和三方形窗，正面门楣上有塔铭，镌刻"圆通大禅师善公灵塔"九个字，在铭文两旁能看到雕刻花纹图案。塔身七层密檐，檐下砖雕仿木斗拱，檐上仰瓦灰梗面，檐垂脊前端立一位仙人，原檐脊头下挂风铃全无存。塔顶部分保留得比较完整，两层仰莲花承托一枚火焰圆球，在火焰圆球上安放有宝珠，组成葫芦形塔刹。

圆通大禅师，金代中期僧人，俗姓郑，燕京良乡县南石村人。其人"生而神俊，性异常童"，从小就想出家礼佛。出家后，拜燕京开悟寺金刚大师为师，"年未满而受戒品"，后在京西紫金寺礼佛修行。晚年到此地，圆寂后建塔。

圆通大禅师善公灵塔

5. 虚静禅师实公灵塔

　　虚静禅师实公灵塔也称虚静禅师塔，位于法华禅寺遗址内，在佛觉大禅师塔的西北，与圆通大禅师善公灵塔并排伫立，是中心五座古塔之一，编号 5 号。

　　虚静禅师实公灵塔建于金大安元年（1209 年），其塔是一座六角七层密檐实心塔，测塔高约 14.8 米。塔座分二层六角须弥座，下层为石材料须弥座；上层为青砖码砌须弥座，束腰部六面的每个面采用砖雕装饰，分为两个长方壶门，门内砖雕莲花、西番莲和宝相花等，花卉图案构图别致精巧，花朵和枝叶之间穿插布局合理，掩映成趣，转角处采用瓶式短柱装饰。须弥座上有砖雕仿木斗拱，往上是砖雕两层护栏，栏板间雕花卉图案。护栏上三层大仰莲花瓣承托六角塔身。

　　第一层塔身六面，分别设砖雕两个拱券假门和四个方形假窗。朝南正面假门的门楣上拱券浮雕枝叶团花边框，门上有一方具有历史价值的镌刻篆字塔铭，塔铭中间大字"故虚静禅师实公灵塔"，左边铭文"公主寂照英悟大师独营此塔"，右边铭文是建塔年月"大安元年九月二十三日功毕"。在我国历代纪元表上，辽代和金代各有一个"大安"年号，区分是哪一个朝代？查寻到刻于金大定六年（1166 年）重建大延圣寺记碑，碑文有："重建大延圣寺记。都城之北，相去百里许，曰：铁壁银山，景趣殊绝。其麓旧有寺曰大延圣，创建自昔。相传大安、大定。寺有五百善众，傍有七十二庵，时有创自佑国佛觉大禅师、晦堂佑国大禅师、故懿行大禅师、圆通大禅师、和敬虚静大师，相继阐教演法于其地。"根据这段有"和敬虚静大师"碑文推断，塔铭文中"大安元年"应是辽大安元年（1085 年），不是金大安元年（1209 年）。在银山塔林的古塔中，只有虚静禅师实公灵塔刻有准确建塔时间，难能可贵。塔身北面有一拱券仿木假门，门楣上雕刻花纹图案，其他四面各雕刻一方形仿木假窗，门窗上部有一圈砖雕倒垂如意云头和仿木斗拱。

　　据说原第一层塔檐下的椽子原来都是木制的，每根椽头下面悬挂铁环圈衔铜铃，可惜今已无存。现在每层檐下是砖雕仿木椽头，塔檐脊端上均立一尊双手合十的神仙像，在神仙像的背后，则是一只张着大嘴的垂脊辟邪兽。

塔顶从中央分六条垂脊，覆绿琉璃瓦顶，中央两层砖雕仰莲花瓣塔刹座，顶端原是圆球形塔刹，现部分塔刹损毁。1992年维修塔时，在塔顶发现一座铜制喇嘛塔，高0.18米，铜塔由四方须弥座、覆钵体塔身、八层相轮、一层华盖、仰月和宝珠塔刹组成，制作精制，维修后没有回归塔上，转为收藏品。

虚静禅师实公灵塔

6. 元代两座覆钵砖石塔

覆钵砖石塔，又称覆钵喇嘛塔，建筑造型是从印度的窣堵波演变而成，管理部

门推断为元代石塔，编号6号和7号。两座古塔造型相同，大小一样，安置地点对称，在法华禅寺内第三进院大殿前遗址上，前有大殿遗址柱础石。

两座古塔无塔铭，不知其主。塔下花岗岩砌四方基台，塔座四方石须弥座，束腰部平素无图案，四角圆瓶护角，座的下枋三层和上枋二层共五层，四角各一个向上的蕉叶状角富有特色。须弥座上石刻四层金刚圈，塔身砖砌覆钵体，但覆钵体上并没有龛门（眼光门），往上是石刻四方小须弥座和十三层相轮，塔顶圆饼形华盖，上雕刻两方连续的花纹，塔刹构件缺失，两座覆钵喇嘛塔比例均称，造型美观。

元代覆钵式砖石塔

8. 密檐砖塔

密檐砖塔位于"银山塔林"中法华禅寺遗址的东侧山坡上，编号8号。塔身残缺，上部只保留四层半的密檐塔身，测塔残高约8.1米。砖塔平面呈六边形，塔基部分重新修补过，第一层塔身正面为精致砖雕拱券门，塔铭石丢失，不知塔主何人，其他五面为砖雕方形万字花假窗，转角处砖雕五层密檐塔装饰，上部雕朵朵倒垂如意云头。其上层砖砌叠涩塔檐，檐外沿平面轮廓均呈凹弧线形，檐角突翘。各层檐的下面均施以砖雕仿木斗拱，其中，第一层檐下的斗拱为双抄四铺作式，往上二、三、四层均为单抄三铺作式，各层檐面则以素面砖叠涩砌出，不覆瓦件。这种样式的密檐砖塔，著名古建筑专家罗哲文先生考证为元代建筑特征，到明代凹弧线形塔檐的墓塔还在建造。潭柘寺下塔林院就有十几座塔檐凹弧线形，分别有一层檐、三层檐或多层檐的古塔。

密檐砖塔

9. 覆钵石塔

覆钵石塔，也称喇嘛塔，位于银山塔林风景区停车场北的东山坡上，编号9号。这座塔全石料打凿拼砌而成，坐东朝西，佛家塔中很少见这朝向的塔，无塔铭，测塔高约6.2米。塔座六角须弥座，须弥座上六个蕉叶状角，中间下大上小

的五层金刚圈。覆钵塔身朝西侧有一个券门，名为"眼光门"，原立塔铭或供奉佛像，现已是空无。塔身上是六角须弥座和一圈仰莲花瓣承托十三层相轮，所谓"相轮"，即一圈一圈石刻环形装饰。按佛教经典术语的解释，相轮是"塔上之九轮"，"相者，表相。表相高出，谓之相"。相轮主要表示塔的高大，从而起到敬佛礼佛的作用。塔顶部有大于相轮的圆盘形华盖，外立面雕刻垂帘珠花纹，可惜宝珠塔刹丢失。这座塔的须弥座矮平，金刚圈厚重，覆钵体塔身略小，全塔比例不算均称，全石结构的覆钵塔多见于明代。

9号覆钵石塔

10. 覆钵石塔

覆钵石塔，位于银山塔林风景区停车场以北的石道旁，与9号塔相邻，编号10号。这座石塔坐东朝西，无塔铭，测残塔高约2.7米，塔座六角须弥座，座上一圈六个蕉叶状角，接下大上小的四层金刚圈，第四层刻一圈莲花纹。覆钵塔身，朝西侧有一个券门"眼光门",原供奉佛像或塔铭石,现已是空无。塔身上相轮残缺,仅剩两层相轮,塔刹全无。

10 号覆钵石塔

11. 覆钵石塔

覆钵石塔,位于银山塔林风景区停车场以北的道路旁,与 10 号塔相邻,编号11 号。这座石塔坐东朝西,无塔铭,测残塔高约 3.8 米,应与周围石塔是同一时期建造的同样式塔。塔座六角须弥座,上下枋刻仰覆莲花瓣,束腰部刻花纹,座上一圈六个蕉叶状角,往上是五层金刚圈,第五层刻一圈莲花纹。覆钵塔身比例偏高,朝西侧有一个拱券空门。塔身上六角须弥座修补过,座上一圈六个蕉叶状角,仰莲盘承托残缺十三层相轮。实际观察塔石料的颜色有明显的不同之处,有偏红浅赫色石和偏青灰浅赫色石二种,前者石应是原古塔石,后者则是修补用石,须弥座、金刚圈、塔相轮都有偏青灰浅赫色石,估计是在后修补塔石时选用的石材,从花纹风化的程度看,修补石塔的时间超过了几十年。

11 号覆钵石塔

12. 元代僧人墓塔

　　元代僧人墓塔位于"银山塔林"的法华寺遗址以南的山坡上，因其塔上塔铭被损坏，多方考证无果，定名为"元代僧人墓塔"，编号 12 号。

　　元代僧人墓塔为青砖码砌而成，塔的造型比较特别，是密檐塔和覆钵体相结合的砖塔，样式美观，测塔高约 9.6 米。塔主体为六角形，由塔须弥座，一层六角塔身，三层叠涩塔檐，上部圆形覆钵体塔身，十三层相轮残缺，缺少塔刹部分。元代僧人墓塔耸立在山坡上，周围荒草丛生，塔的基座部分被埋地下看不到，塔的须弥座比一般砖塔须弥座高，砖雕图案丰富，但大部分砖雕都风化损坏，每面两个壶门，内有一尊坐佛像，每个转角处各雕刻一位身体强壮的力士像，形象威武。须弥座上枋采用砖雕仿木斗拱，向上两层砖雕护栏，三层仰莲花瓣承托中央塔身。

　　第一层塔身六角，南面与北面各浮雕一拱券门，其他四面是方形假窗，转角处雕一座五层柱状密檐塔。可惜朝南的拱券门上塔铭损毁，不知塔的主人姓名。往上是三层叠涩式砖砌塔檐，每层塔檐下是倒垂如意云头装饰。第三层塔檐上二圈仰莲花瓣，在莲花中央坐落是覆钵式塔身，表面雕刻倒垂如意云头及盘花锦带。覆钵体塔身上六面须弥座和两层仰莲花瓣，承托九层相轮，此塔相轮比一般塔的相轮圈要薄一些，塔顶的塔刹已经损毁无存。这座元代僧人塔是北京古塔中一种典型塔形，与房山云居寺的北塔和门头沟仰山栖隐寺妙行大师灵塔在造型上有其共同的特点。

元代僧人墓塔

13. 覆钵石塔

　　覆钵石塔位于昌平区"银山塔林"风景区法华寺遗址以南的山麓间，编号13号。石塔只剩半截塔身，无塔铭，不知塔主姓名，测残塔高约1.4米，塔基台四方花岗岩石砌，六角须弥座已经残破。须弥座往上是下大上小的四层金刚圈，覆钵塔身仅剩下半截。

13 号覆钵石塔

14. 覆钵石塔

覆钵石塔位于昌平区"银山塔林"风景区法华寺遗址以南的山麓间，编号 14 号。塔与 13 号石塔距离不远，无塔铭，不知塔主，测残塔高约 1.9 米，花岗岩石塔四方基台保存完整。塔座为六角须弥座，须弥座下有一层石刻花纹圭脚，座上一圈六个蕉叶状角，接四层金刚圈。覆钵塔身采用三层花岗岩码砌成，朝南方向一拱券门洞。覆钵塔身以上部分的相轮和塔刹已经全无，也算是个半截塔，因地处偏僻基本没有维修的痕迹，古塔韵味十足。

14 号覆钵石塔

15. 覆钵石塔

覆钵石塔位于"银山塔林"风景区停车场以南的山坡上，周围是板栗树林，在18座古塔中海拔位置最低，编号15号。这座石塔坐北朝南，测塔高约6.8米，塔座六角须弥座，上坊刻仰莲花瓣，束腰部花纹图案，转角处刻圆柱装饰，座上一圈六个蕉叶状角，接下大上小的五层金刚圈，第五层刻一圈莲花纹。覆钵塔身，朝南侧有一个拱券门，也称"眼光门"，现已是空洞。塔身上小六角须弥座，座上一圈六个蕉叶状角和一圈仰莲花盘，盘承托十一层相轮，塔顶的塔刹缺失。

15 号覆钵石塔

16. 覆钵石塔

覆钵石塔位于"银山塔林"风景区法华寺遗址西南的半山腰上，编号 16 号。覆钵石塔为整体保存比较好的一座古塔，周围是树林，塔坐西朝东，测塔高约 6.8 米，塔座六角须弥座，上枋下枋刻仰覆莲花瓣，束腰部花纹图案，转角处刻圆宝瓶装饰，座上一圈六个蕉叶状角，塔前供奉一圆形佛像。须弥座上为五层金刚圈，第五层刻一圈莲花纹。覆钵塔身，朝东侧有一个拱券门，现已是空洞。塔身上小六角须弥座，座上一圈六个蕉叶状角，向上一圈仰莲花盘承托十三层相轮，塔顶石刻垂帘串珠华盖，宝珠塔刹缺失。经过对古塔的周围环境的清理，塔处在一片小场地之中，石砌半开放式矮墙，后边绿树陪衬，幽静清闲。

16 号覆钵石塔

17. 覆钵砖石塔

　　覆钵砖石塔位于"银山塔林"风景区法华寺遗址以西的山坡上，编号 17 号。塔在白银峰山坡的一块突起大岩石旁，在十八座古塔中海拔位置居第二。石塔坐西朝东，测残塔高约 2.4 米，塔座石砌四方形三级，第三级刻有花纹图案。往上是青砖砌下大上小的四层金刚圈，覆钵塔身也是青砖砌，朝东侧有一个"眼光门"，现已是空门。塔身上相轮和塔刹全无，成半截塔。周围树木林荫，塔前有一小块山中平台，北靠巨大岩石，那岩石向东突起，站上去可瞭望山下法华寺遗址全景致，法华寺遗址及塔林一览无余。塔建在大岩石下，背风朝阳，可能是塔主人生前诵经修行的地方。

17 号覆钵砖石塔

18. 转腰塔

转腰塔，原名镇妖塔，此塔坐落在法华寺以西白银峰山一个称"说法台"的岩顶上，位于"银山塔林"古塔中位置最高处，是古塔排序最后的一座石塔，编号 18号。测残塔高约 1.3 米，四方石塔基，六角圭脚座刻有云纹，六角须弥座束腰部刻花纹，四层金刚圈，往上仅剩下半截覆钵体塔身，无相轮和塔刹。建这座覆钵式塔为纪念高僧邓隐峰在山上"说法台"讲经说法，以求镇妖孽、压邪恶、镇住一方的邪气，捍卫银山的正气。

据《帝京景物略》中讲："唐邓隐峰禅师，修于此山，道成此山，故多隐峰迹。峰下石岩，隐峰晏坐处。岩上石如台也，隐峰说法台。"[1] 唐代僧人邓隐峰到银山寺庙中修炼，禅悟高深，武功不凡，但此人的性格独特，不循法律，我行我素，圆寂

注释

[1] 刘侗、于奕正：《帝京景物略》，北京古籍出版社 1982 年版，第 123 页。

了也与众不同。邓隐峰圆寂后，众僧人为他料理后世，发现他去世时的姿式都与众不同。消息传开，其他僧人问去料理后事的僧人，邓隐峰圆寂时的姿势是："坐去，卧去，还是立着去呀？"回答曰："师乃倒立而化。"就是说邓隐峰禅师是倒立着去世的，而且姿势挺直，衣服顺平，神情泰然，"兄生不寻法律，死更惑人，推之而仆"。就是被人推了一下才倒下，众僧赞叹邓隐峰禅师的功夫。

"转腰塔"是百姓俗称，民间相传在塔旁按顺时针转上三圈，逆时针转三圈，可以祛除腰病，转塔时要口念："左三遭，右三遭，又治腿，又治腰。"

转腰塔

平谷区

平谷区　古塔三座

东高村文峰塔

　　东高村文峰塔位于平谷城区以南，东高村镇东高村东 500 米的山上，站在塔旁可以远望平谷城区景致。文峰塔始建年代不详，清道光二十四年（1844 年）二月重修。塔前石碑刻"平谷县文物保护单位／文峰塔（清代）／平谷县人民政府立一九八三年六月"字样。

　　东高村文峰塔为青砖砌六面三层柱状实心塔，测塔高约 8.5 米，四周设保护古塔的铁栅栏。塔基高 0.6 米二级方台，塔身为实心，一层南北有装饰拱券门；二层南北各镶嵌一块石牌，石牌上刻有文字；三层六面素面；塔顶部六角攒尖顶，砖砌圆宝瓶塔刹。文峰塔为京东地区造型典雅古朴的镇山塔。

　　塔第二层南北各镶嵌的石牌，北面石牌因长期风雨侵蚀字迹已看不清楚，据《平谷寺庙志略》第 73 页记载石牌有："如有任意开凿者，准□村中人赴县报官。"这是"告示"村民塔的周围不许开凿山石取料，对塔及周围环境起到一定的保护作用。南面石牌是 1844 年刻《平谷县东高村重修塔记》。

　　《平谷县东高村重修塔记》全文内容：

　　　　平谷县东高村重修塔记

　　　　邑城南有泉山焉与城相对稽

　　　　县志其趾旧建浮屠堪车家以

　　　　为文峰　国初以来已久倾圮

　　　　壬寅冬邑　君侯三原曾公莅

　　　　任下车后初修书院艾风改观

东高村文峰塔（2015 年）

文峰塔石刻

遍览合邑形势谓是塔不可不
有也因文之东高村各绅士移
本村秋实捐钱为修费用命国
学生纪禄董其事于甲辰之二
月告成遥而望之秀峰耸峙归
然壮观诚有如堪舆家之所六
者人文之央不于此而兆其端
哉然此皆吾　君侯之赐也
故特镌石以志之
邑岁贡生陈景伊撰文
邑庠生张迁佐敬书
大清道光廿四年甲辰二月穀旦立。

井儿峪村云照塔

井儿峪村，又称井峪村，位于平谷区王辛庄镇内。井儿峪村的地貌非常佳秀，按风水学是块宝地，东、西、北三面是山，南面是平坡地，环山中间一座郁郁葱葱的小山，如同群山环抱一个"金元宝"。村中旧有道教的二郎庙、龙王庙，佛教的龙泉寺、降香寺，小山顶矗立云照塔，小山南是村庄，小山东侧有条山沟溪水，溪流绕山穿村而过，听说过去这里有泉水流淌，简直就是大自然创造的神地。

云照塔坐落在三面山环抱的小山顶端，背山俯瞰平原，塔为白色六面五层实心砖塔，测塔高约15.7米，形如柱笋状，是井儿峪村的地标建筑。1961年拍摄云照塔，古塔是六面三层，短檐，攒尖顶。复建的云照塔一层水泥本色，二至五层涂白色，塔三层南面嵌铭石"云照塔"，每层叠涩短檐，顶端白葫芦形。在塔二层和顶端白葫芦上各有一个供奉佛像的拱券龛，可惜佛像已不见踪影。根据塔前石碑得知：云照塔始建于明清时期，清雍正元年（1723年）重修。1967年被人为损毁，留有遗址。1992年2月应民意，村民自愿捐款五千五百元，村中上至90多岁的老者，下到5岁稚童纷纷参加修复云照塔工程，大家自觉献工助力，人们排成队将砖料一一传到山顶，工程历时18天，修复云照白塔主体工程竣工。同年4月，平谷县文物管理所立石碑纪念。

1992年3月，平谷县文物管理所对云照塔塔基清理出的文物进行整理，清理出骨灰一包，宋代钱币17枚。根据出土的钱币推测，塔始建于辽金时期，清雍正元年（1723年）重修。1992年又一次重建。

云照塔（1961 年）

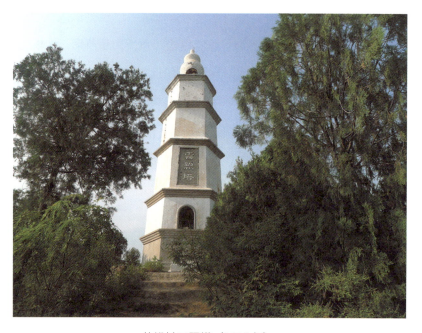

井峪村云照塔（2014 年）

无垢净光陀罗尼经幢

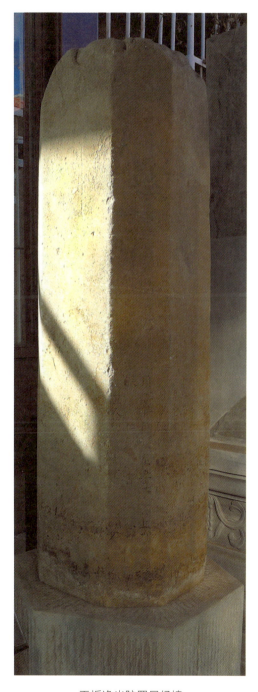

无垢净光陀罗尼经幢位于平谷区金
海湖上宅文化陈列馆的院中。无垢净光
陀罗尼经幢为八面石刻幢塔，下部底座
和上顶华盖都无踪迹，经幢塔身高 1.18
米，八面分大小面，大面 0.2 米，小面
0.13 米，满刻"无垢净光陀罗尼经文及
序记"，由于年久斑驳，大部分字已看
不清楚。原是平谷区某寺庙之物，后移
至上宅文化陈列馆碑林走廊内。

无垢净光陀罗尼经幢

平谷区　消失古塔十一座

平谷罗汉院八大灵塔

　　罗汉院八大灵塔位于老平谷县城的西部，1934 年《平谷县城图》标注塔在西门内塔儿胡同内。八大灵塔坐北朝南，八角二层密檐式。塔上层空心，塔内供奉着弥勒佛泥塑坐像，人称大肚弥勒佛塔，佛像高约 2 米，佛背后有一洞，里边有红布包着的东西，即是塑佛像时装藏之物，后不知去向。塔下层为砖石砌塔座，南向设有32 步台阶，胡同内视野有限，从而突显塔形之高大。

　　关于罗汉院八大灵塔有两方石碑记载。一方石碑是在 1984 年 8 月塔儿胡同施工中发现，石碑高 0.7 米，宽 0.42 米，厚 0.12 米，青石质，方首抹角，碑阳额书"大王镇罗汉院建八大灵塔记"，正文阴刻楷书，字口清晰，保存完好。碑首题"无垢净光大陁罗尼经"，正文 17 行，满行 26 字，楷书。年款辽"重熙十一年（1042年）岁次壬午七月壬寅朔十七日戊午甲时建记"，现为平谷区上宅文化陈列馆收藏。历史上西汉时建平谷县，唐朝时"废平谷为大王镇，属渔阳县"管辖，辽代仍称大王镇，后恢复"平谷县"名多年，2002 年 4 月经国务院批准平谷县改为平谷区。

　　另一方石碑，碑高 1.36 米，宽 0.72 米，厚 0.13 米。青石质，方首抹角首题"罗汉院八大灵塔记"，建于辽重熙十三年（1044 年），塔上刻有一千多文字，由官员张轮翼撰文。虽然塔已不见，但文字记录了下罗汉院八大灵塔的情况。《辽代石刻文编》有"罗汉院八大灵塔记"的全文，文中有："心地观经云，释迦在祇园演法之初，此八大宝塔，一切相貌，现金色光明中。…… 法清与天水赵文遂于开泰大师处，请到遗留佛舍利数十尊，用七宝石函，葬塔基下。…… 礼此塔者，无冤不解，有恨皆销。聋者善听而归，瞽者善际视而去。具食爱者，顿生厌离。被无明者，速

762

得解脱。……重熙十三年岁次甲申四月壬辰朔八日丙时建。"[①] 按此记载人们礼拜了罗汉院八大灵塔后，"灵气"可以有特殊的疗效，"为人疏解怨恨，聋人能听声，盲者顿复明，胃口也打开等等，神也"。石碑现由平谷上宅文化陈列馆收藏。

清康熙十八年七月（注《北京灾害史》第512页：即1679年9月2日9时至11时）发生百年一遇大地震，震中在河北大厂潘各庄，震级为8级，影响三河县、平谷县和通县，波及北京城导致损失惨重。罗汉院八大灵塔在地震中坍塌，后筹资重建罗汉院八大灵塔，"因捐资艰窘，未能修复原状，为可惜耳"。说明重修的八角

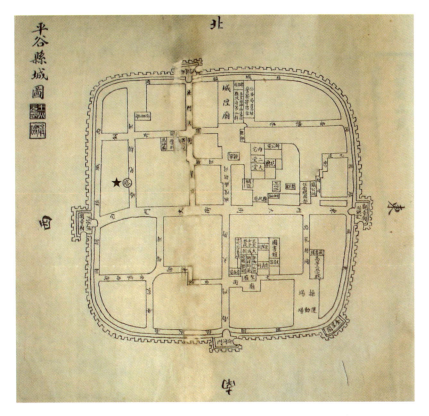

1934年平谷县城图（图上标★处即八大灵塔所在位置）

注释

① 向南编著：《辽代石刻文编》，河北教育出版社，第233页。

二层罗汉院八大灵塔并非原塔形状。

因罗汉院八大灵塔破旧，1961年旧城区改造时塔被拆除，在塔座下地宫发现七宝石函部分，函盖和函座缺失，石函长0.62米，宽0.42米，高0.23米，汉白玉石质，四面刻人物景致图案，有足踏莲花手持法器、持经卷的僧人；衣着飘逸的侍女；祥云之上的寺庙建筑等。当时还出土文物有珠宝、瓷器等近百件，可惜这批文物保存不当多遗失，今仅存二方石碑和残石函。

大王镇罗汉院建八大灵塔碑拓片

毛官营观音庵残幢塔

平谷区马昌营镇毛官营村中心原有一座观音庵，又称兴隆庵，现今为毛官村村委会，院内留存着两棵几百年枝繁叶茂的柏树。观音殿前原有一方石碑和一座石幢塔，石碑是清乾隆六十年（1795 年）立，碑首题《观音庵重修记》，碑文载："畿东三邑（今河北三河县）境内，村名毛官营。营有观音庵。庵之建也，始于明嘉靖年间。建立迄我皇清定鼎以来，于康熙年间重修一次。夫有毛官营即有兴隆庵，庵与营而并建。"[①] 毛官营村分东毛官营和西毛官营两部分，早年是姓毛人家生存之地，村旁有毛家坟，不知何原因毛姓人家就消失了，现村里没有姓毛的住户。

观音庵虽然始建于明嘉靖年间，原大殿东侧立有辽金时期的一座八面石幢塔，因坍塌后重新组装起来，幢塔的上下排序有点乱，并且部分石构件丢失，幢塔保留下来石构件有底座、二层雕刻人物的塔身、一层塔间石和一层塔檐石。翻阅民国时期《三河县新志·石刻文物卷》记载："毛官营兴隆庵石塔，汉白玉雕成，传言由毛官坟挖出。"[②] 记述较简单，推想毛家居住此地时大约是辽金时期，家人为故者立幢塔，后毛家无人在村中居住，塔坍塌于坟地若干年被人挖出，移到观音庵内多年……

观音庵石幢塔主要塔身部分缺失，没有留下可考文字，可惜。塔底座残损，雕刻图案风化模糊。下边第一层八面幢塔高 0.33 米，每面宽 0.26 米，每面雕刻一龛

注释

① 柴福善编著：《平谷寺庙志略》，民族出版社 2014 年 3 月版，第 333 页。

② 同上 第 332 页。

状，龛内一位舞伎人像，每龛的舞伎衣着飘逸，或弹、或吹、或舞，莲花台上坐、跪、立姿态不同。上边第二层八面幢塔高 0.3 米，每面宽 0.26 米，分别凸雕刻着牵马、驯兽、表演杂技等图案，图案风化程度比下层图案要严重一些。其中一幅图案是一位衣着华丽的妇人，仰面跪地双手合十祭拜，面前是带盖布的台子，上边蹲坐一只似猫或虎的动物，寓意难以琢磨。石幢塔间隔层八面，由直立面和坡面组成，每个棱角部分都不同程度损毁。幢塔顶部是圆形塔檐石，石刻仿瓦垄呈环状散发式，缺少主要的刻字塔身部分和塔刹部分。

实地踏访，得知残幢塔石构件 2012 年丢失，村民认为是被"倒卖"了。

毛官营观音庵遗址（2020 年）

观音庵幢塔第二层人物 观音庵幢塔第二层人物

观音庵幢塔第二层人物

云岩寺二古塔

　　云岩寺，又称云岩禅寺，在平谷区刘家店镇孔城峪村磕头沟半山崖上。云岩寺始建于辽乾统年间，明景泰年间御马太监阮让捐资重建，景帝朱祁钰赐名"云岩禅寺"，并命高僧德洽来寺住持。明成化三年（1467 年）进行大修缮。明代末寺荒废。清康熙年间，僧人来宽到此地，渐次修整殿堂及院落，恢复云岩寺之建筑。1942 年底，云岩寺毁于战火。

　　云岩寺地处北京城及京东地区人们去丫髻山进香的道路途中，丫髻山一度受到皇帝、太监、官员的青睐，百姓的追捧，香火旺盛。《平谷寺庙志略》介绍：云岩寺旁有一座古塔，当地人称和尚塔，高二丈多，大约是 6—7 米，以砖砌筑，三层实心，底座汉白玉石砌，塔形楼阁式。按平谷地区现存的古塔形分析，文峰塔和云

云岩寺塔刹石圆盘

照塔都是六角柱笋状砖石砌实心塔，所以按地区建造风俗，云岩寺的塔也应是六角柱笋状型塔。"和尚塔"毁于20世纪50年代初，塔毁后有人发现一个小水杯大小的绿釉瓷罐，罐底有几个字，可惜拾罐的人不识字。塔的二层有80厘米见方的石板，镌刻塔铭，据老人回忆刻的是记述释迦牟尼事迹。现在塔遗址还能见到散落的沟纹砖，有说塔是辽代云岩寺住持高僧义琛的墓塔，待等进一步对塔遗址清理、研究再定夺。

和尚塔西南200多米的山坡上，原有一座覆钵式白塔，高一丈多，当地人称为"镇山塔"。北京地区石料建造的覆钵式塔多出现在明代，到清代覆钵式塔多用条石码砌底座，塔上部用青砖码砌，加石料装饰塔刹。镇山塔为砖石塔，塔在早年间被盗过，扒出了塔下地宫的小宫门，地宫内东西被扫空。抗日战争时期，日本侵略者经常"扫荡"到村里抓人，百姓就跑到山上躲避，有人钻进塔下地宫里藏身，这地宫一次藏过六七人，可见地宫面积不小。20世纪60年代塔毁，剩下塔遗址，周边散落大量的残砖和塔石构件碎块，还有一个塔刹石圆盘。石圆盘为石塔的塔刹部分，盘周围雕刻祥云图案。

云岩寺塔石构件

兴隆庵砖石塔

　　兴隆庵位于平谷镇北台头村的村中心，建于明代，2002年定为平谷区文物保护单位。北台头村将兴隆庵的三开间大殿和东西三开间的配房翻建一新，清理出殿前宽阔的大院，并种植树木，院中留存古石碑三方。其一，石碑是后移到兴隆庵内保护，为清康熙六年（1667年）十一月立，是清朝官员的墓碑。其二，石碑为"捐施田财碑"，清嘉庆十二年（1807年）所立。其三，石碑为"庙中留□□生学田碑记"，民国二十一年（1932年）立。

　　兴隆庵前道路南侧原有一座僧人的砖石塔，塔通高7米，底座部分高2米为条石所垒砌，塔身砖砌覆钵式，朝南砖刻塔铭有清"道光十六年（1890年）"字样。塔因地处平谷县城附近，毁于20世纪40年代的抗日战争时期，有说是日本侵略者强迫百姓拆塔砖运到县城建炮楼。

兴隆庵（2021 年）

太后村砖石塔

太后村在平谷城区北部王辛庄镇内，大山脚下。楼子山东麓龙泉沟的泉水流经村庄，村中有龙王庙、五道庙和大兴隆禅寺，当地人说：当年尼姑吃泉水，而大兴隆禅寺僧人吃井水。大兴隆禅寺历史悠久，建于辽金时期，元至元二十七年（1290年）第五代主持行泰带领下修葺寺院，两年后得到国太夫人李氏布施的二千两白金，并得到皇帝的宣谕"军兵及州县官员等人禁约骚扰平谷大兴隆寺等寺院"。至今保存两方元代石碑，一方是《大兴隆寺创建经藏记》石碑，元大德元年（1297年）立石；另一方是《大兴隆禅寺圣旨碑》石碑，碑文为八思巴文，元大德三年（1299年）立石，在北京地区算是少有保存完好的元代八思巴文石碑。

在大兴隆禅寺东南原有一座砖石塔，应是寺中僧人的墓塔，塔高大约4米，塔座汉白玉条石所砌，塔身砖砌覆钵式，塔身上三层相轮，顶端塔刹较大，朝东方向开一佛龛，龛内供奉一尊高0.3米的铜观音菩萨像。20世纪60年代中期，有人砸拆佛塔，铜观音菩萨像也不知去向，塔下发现地宫，地宫长约1米，宽约0.5米，拆挖混乱中见有尸骨。今大兴隆寺的部分建筑重建，主要是存放二石方碑的殿建筑，石塔已无痕迹。

大兴隆寺残塔石构件

太后村大兴隆寺

水音寺砖塔

　　平谷区金海湖镇晏庄村原有五道庙和水音寺各一座庙宇，据村里老人讲，水音寺是佛寺，什么时候修建的说不清楚了，只有一进院落，山门的门较宽大，能进出大车。寺内大殿三间，东西厢房各三间，中间植松柏树，就是不刮风那树也呜呜地响，很神奇。水音寺旁是寺院的十几亩地，称烟花地，每年农历正月二十八在地里放烟花爆竹，一放就是半夜。寺后一座砖塔，青砖垒砌四方柱笋状实心塔，高达十几米，塔未留下任何文字记载。20世纪40年代抗日战争时期，日本侵略者在寺附近的郭家屯建炮楼，需要砖石就强迫百姓拆了古塔，用塔砖建炮楼。据说当时拆古塔时，塔的四角，每一角窜出一条小花蛇，四条小蛇不约而同向东南方向爬去……百姓见此不知其解，引起多种猜疑。

西柏店常兴寺经幢

　　西柏店位于平谷区大兴庄镇内。西柏庄村有一座辽清宁三年（1057年）建造的常兴寺，寺内原立经幢一座，刻年款"辽清宁三年立"字样，说明常兴寺辽代中晚期道宗时就存在，明清两朝代重修过，民国时期军阀吴佩孚来此，赞其古寺及周围景致优美，并题"蓬莱胜境"匾，悬挂于大殿之中。周围16个村庄的百姓集资重修常兴寺，并于每年农历三月十五举办庙会。1968年常兴寺被拆毁，改建成村生产

常兴寺院中间松树（2021年）

常兴寺经幢

队的队部，保留下来有院里的两棵松树、一棵柏树、两方石碑和一座经幢塔。2007年时经幢塔仅剩一段经幢塔身，为八面直棱，高1米，上端直径0.29米，下端直径0.3米，略有收分。经幢塔身三面为题记，记述常兴寺的寺资产情况，另五面镌刻经文，并刻有"辽清宁三年立"字样。全平谷区辽金时期的石碑和经幢仅有四座，常兴寺的经幢是辽金石刻其中之一。

现今常兴寺遗址大空院，古建筑全无，院中间剩有两棵松树，经幢已被毁，残石散落。

北山沐浴庵砖石塔

　　北山指平谷区镇罗营镇关上村西北的一座山，地处群山环抱的山沟朝阳山坡上，明代此地设长城关口而得名"关上"。关上村西北的北山上有座佛教寺庙沐浴庵，由于沐浴庵香火的延续，在庵周围居住的百姓越来越多，后成了东寺峪村。过去有一段时间平谷北部地区归密云县管辖，平谷区的区域是 20 世纪 50 年代国家划定的。据民国二十七年（1938 年）《密云县志》记载，沐浴庵在关上村北山，为明

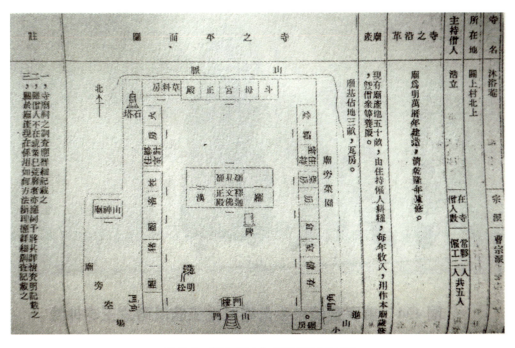

1938 年《密云县志》记沐浴庵平面图

代万历年间建造，清乾隆年间重修。当时庵院山门、便门、佛大殿、斗母宫正殿、东西厢房、西塔院齐全。住寺僧五人，住持僧浩立，庵有土地 50 亩，雇人耕种收获为寺的收入，用于庵院的岁修和养廉。传说，寺上边有 2 处泉眼，僧人用石槽引水到寺旁建沐浴池沐浴，并接引水入寺饮用。一天不知怎的，一条蛇顺石槽的水流进庵院，不慎滑落煮饭的大锅里，发现时蛇已被煮死，僧人们认为杀生了，从此就不再用泉水了……

根据《密云县志》的沐浴庵平面图所示，一座"石塔"坐落在寺院西北角。"庙西跨院为塔院，建有一座砖塔，八角五层，高 20 米，空心，没门。每一面有一券拱形的假窗，顶是尖的。在二层南面有一凹进的平面，好像有字迹，应该是塔铭。1966 年，塔和山门一起拆掉了。塔下面有地宫，略呈长方形，里面有一个大坛子，有盖，高约 1 米。坛子里是骨灰，没有别的东西。由此看来，这应该是一座楼阁式塔，而且是高僧的舍利塔，极有可能是沐浴庵第一代高僧的舍利塔。"[1]

沐浴庵历史上受到过雨后泥石流的破坏，寺内最后一位僧人是当地人，叫李明宽，法名浩立，这与志书记载是一致的，浩立逝于 20 世纪 60 年代末。沐浴庵及砖塔毁于 20 世纪 50 年代末，先拆改建成小学校，现今是东寺峪村村委会。

注释

[1] 柴福善编著：《平谷寺庙志略》，民族出版社 2014 年 3 月版，第 487 页。

黑豆峪出土经幢

黑豆峪村位于平谷区黄松峪乡南部，明代成村，因多种植黑豆，故得名黑豆峪，村旁有"京东大溶洞"景区。历史上村中有过真武庙、五道庙和佛教菩萨庙。1984年村里施工时出土一段石经幢，不知是那座寺庙的，经幢八面直棱，高约 0.7 米，汉白玉石质，三面是题记，其余五面是佛教经文，年款刻有"金泰和八年（1208 年）四月"。经幢上文字多漫漶，部分字迹可读，题记有"□福禅院僧，□年二十五□□出家，岁修习□闲，经卷无不通解。泰和八年（1208 年）四月，建石塔一座。僧道义徒弟兴严妈寺□□"。大意是金代章宗完颜璟执政时，年号泰和，一位二十五岁的青年出家，来到□福禅寺归入佛门，经过刻苦研修精通了经文，圆寂后其徒弟特意为僧人建经幢塔，以示纪念。

据《平谷寺庙志略》介绍，经幢现保存有拓片，在走访黑豆峪村的调查过程中，村民讲金泰和时期的经幢，被移动到重修的飞龙谷百帝山庄上面的太清宫前，实地勘查，无经幢。

黑豆峪出土金代经幢拓片局部

朝阳寺塔石构件

　　朝阳寺在平谷区金海湖镇向阳村东南，沟西坡台地上，寺旁旧有三座塔，地名叫"塔坟"。过去的村里老人见过三塔已经残破，只剩下条石码砌的塔座和圆形塔身部分，塔尖没有了。在地里挖出过有龙纹样的黑瓷缸，村人搬到家里，结果家里老人长疮不愈，认为是缸惹的"祸"，就把黑瓷缸给砸了扔到村外。黑瓷缸大概是僧人圆寂后的墓缸，埋在塔下，塔坍塌了被发现。

　　若干年后，"塔坟"变坡地，山坡地上三塔都已消失，留有一个塔顶华盖石构件，圆伞形，直径 0.57 米，厚 0.17 米，底部有一圆眼，外圈刻垂帘串珠纹图案。村里李景富老人将石华盖背到家中，翻过来底朝天，把中间凿成凹形，用作猪吃食的槽子，使用至今。虽然塔华盖石构件放在猪圈做猪槽子多年，被今人所利用，但一件古物因此保存了下来。

被村民李景富拿家当猪槽子的朝阳寺石塔华盖
（选自柴福善编著《平谷寺庙志略》）

十四

怀柔区

怀柔区　古塔十二座

红螺寺红螺双塔

红螺寺位于怀柔区城以北7公里的红螺山南麓。明《长安客话》记载："怀柔县北二十里有山，高二百余仞。山巅有潭。相传潭中有二螺，大如斗，其色殷红，时吐光焰，照映林木，山绿得名。"[①] 山麓有创建于东晋时期的大明寺，明正统年间改称"护国资福禅寺"，因当地民间流传红螺仙的故事，俗称红螺寺。

护国资福禅寺以西山坡上有一对红螺塔，也有称螺蛳塔，落在青砖砌长方基座上。虽然塔名带"红"字，塔却由汉白玉雕凿而成，双塔形状一样均为白色，测塔高约1.9米。红螺塔座圆珠莲花盘，石雕覆钵式塔身，朝东的正面一龛门，称眼光门，内刻"红螺塔"三个字，塔身上是十五层相轮，但无塔刹，塔上素洁无纹饰。

民间传说故事：大山有甘甜的泉水流出，名红螺泉，泉水流淌到山中，水洼里有两个大螺蛳，形大如斗，傍晚迎着夕阳螺蛳吐出光焰，周围山色为之映红，众人和僧人都感震惊，尊红螺为神仙。有百姓说红螺是玉皇大帝的女儿，下凡化作两个红螺，溪边而居，暗中保护寺院和周围百姓等。一天不知何缘两红螺死了，寺僧们为怀念两个红螺修建双塔葬红螺，从此红螺山得名，寺院也称红螺寺，清《日下旧闻考》记载："红螺山大明寺碑……碑又云，两红螺死，为双浮图，瘗之寺中，今寺一池曰红螺池，三面皆果园，花时游览颇胜。"[②] 红螺双塔建造年代不详，到清朝末年还伫立在山坡上，后坍塌，今见到的红螺双塔为复建的纪念塔。

注释

① 蒋一葵：《长安客话》，北京古籍出版社1980年版，第126页。

② 于敏中等：《日下旧闻考》，北京古籍出版社1983年版，第2246页。

红螺双塔

红螺寺塔院五塔

红螺寺位于怀柔区红螺山南麓，始建于东晋咸康四年（338 年），由高僧佛图澄所创建，原名"大明寺"，明正统年间改称"护国资福寺"，俗称"红螺寺"。寺院得到过历代皇室的多次拨款重修，清康熙三十二年（1693 年），康熙皇帝巡游曾来红螺寺焚香拜佛，从此寺院远近闻名。

红螺寺西侧除了两座红螺塔外，还有塔院，塔院中保存着五座清代古塔。塔院设一堂两门后台阶，"一堂"指普同堂，堂下一座地下墓穴地宫，为安葬历代住持高僧的骨骸，有通往地下墓穴的台阶，墓穴地宫保存完好；"两门"指南围墙的小门楼和东墙通往寺院的旁门，用于进出塔院；"后台阶"指出塔院通山上的石台阶。塔院中地下普同堂内安放着际醒祖师塔，地面有四座经幢塔。红螺寺的这些塔很长时间不知下落，直到 1991 年盛夏，开始清理寺西塔院遗址，挖掘清理出来四座经幢塔，并安放在塔院的原址上，同时还发现了际醒祖师塔和舍利子。

1. 际醒祖师舍利塔

际醒祖师舍利塔藏于寺西塔院地下普同堂内。1991 年盛夏，发掘清理塔院时，在普同堂地宫发现际醒祖舍利塔。舍利塔为石刻，由圆形须弥座、圆桶状塔身（内藏石函）、七层石相轮、伞状石华盖、宝珠塔刹组成。塔铭刻"传临济正宗三十六世上彻下悟醒公老和尚塔"。塔内有一小石函，函内存有际醒祖师舍利子。特别之处，塔华盖上是深色花岗岩的七层相轮连宝珠塔刹，这与一般古塔不同，而且上下石质明显不一样，有可能建造添补的时间不同。

际醒祖师（1741—1810年），河北丰润人，俗姓马，字彻悟、纳堂，号际醒，又号梦东，是净土宗第十二代祖师。嘉庆十五年（1810年）十二月十七日际醒祖师面西而坐，手结弥陀印，安然圆寂。在寺中供奉七日，面目如生，慈和丰满，白发变黑，光润异常。二七时入龛，三七时荼毗，获舍利百余粒。弟子尊师遗命将舍利子装石匣，立塔于普同堂内。

墓穴地宫老照片反映了墓穴内部存放舍利塔和众僧人骨灰坛的状况。此舍利塔的发现，对研究中国净土宗的第十二代祖师有关情况，具有重要价值。

际醒祖师舍利塔

2. 十方普同塔

十方普同塔位于地下普同堂墓穴地宫的顶上，塔为全石料打凿六角经幢塔，测石塔高约 3.3 米，保存完好。塔身六面，朝南一面石刻花边，中间刻"十方普同窣堵波"字；其他五面刻《般若波罗蜜多心经》；下款"嘉庆岁次丁卯（即嘉庆十二年 1807 年）皇九讷堂醒敬题"。一般解释"十方普同塔"是寺院里的僧人圆寂后同葬的墓塔。这座十方普同塔为经幢式，伫立在地面，而塔下是墓穴地宫建筑，名曰"普同堂"。普同堂前设卷棚顶敞间和明台阶通地下墓穴地宫门，堂内三面墙是多层方格，每格中放一位僧人的骨灰坛，中间地面放置际醒祖师舍利塔，普同堂不对外开放。

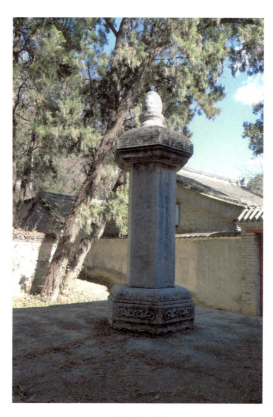

十方普同塔

3. 松泉石公塔

松泉石公塔位于地下普同堂墓穴地宫的顶上，十方普同塔西侧。塔为全石料打凿六角经幢塔，测石塔高约 2.8 米，整体保存完好。塔身六面，朝南一面刻花朵与枝叶的花边，中间刻"圆寂资福堂上第二代传临济正宗三十七世松泉石公和尚灵骨塔"字，其他五面刻"佛顶尊胜大陀罗尼"经文，下款"道光三年（1823 年）五月十三日立"。松泉石公和尚的生平情况不详。

松泉石公塔

4. 天朗睿公塔

天朗睿公塔位于塔院西北，塔为全石料打凿六角经幢塔，有单独砖石砌塔基台，测塔高约 3 米，整体保存完好。塔下部石须弥座仅剩一半，残缺的部分用砖添补，石须弥座和石塔帽刻有花纹图案，朝南一面卷草的花边，中间刻"圆寂资福堂上第二代第三次住持传临济正宗三十七世上天下朗睿公和尚灵骨之塔"字，其他五面刻花边框但无文字。天朗睿公和尚的生平情况不详。

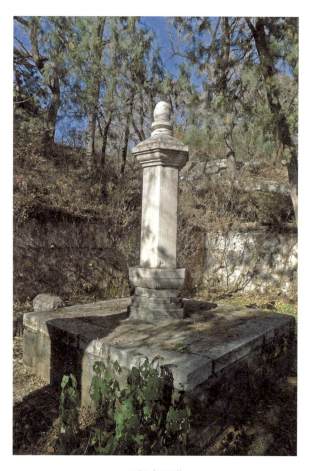

天朗睿公塔

5. 崐泉兴公塔

　　崐泉兴公塔位于塔院西部，四塔之西南。崐泉兴公塔为全石料打凿六角经幢塔，测石塔高约 3 米，整体保存完好。塔基砖石砌四方平台，塔座是残缺的须弥座，下边缺损部分后补砖砌，中上部石刻六角须弥座，上雕刻枝叶佛手花、覆莲花瓣、缠枝花等图案。塔身六面，朝南的一面两侧刻寿字花边，中间刻"圆寂资福堂上第四代／通门堂上第一代／传临济正宗三十九世上崐下泉兴公和尚灵骨塔"字，其他五面刻"佛顶尊胜大陀罗尼"经文，下款"大清光绪叁拾肆年（1908 年）三月吉日敬立"。塔顶六角塔帽形，表面刻"万字不到头"、花枝等图案。圆宝珠塔刹为后修补水泥制品。

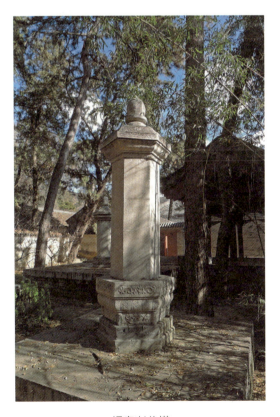

崐泉兴公塔

西塔院景（2013 年）

红螺寺盛茂和尚塔

红螺寺东侧山腰处松林成片，林中伫立着"盛茂和尚塔"，又称"林公和尚塔"。塔为六角石经幢塔，下部是石精刻仰覆莲花须弥座，塔身六面都刻有文字，因石质带暗花纹及天然风化，多字迹模糊看不清楚。根据塔上文字得知，此塔是清光绪四年（1878年）春三月二十一日立。塔身朝南一面刻宽边花纹框，中间刻"庄严圆寂资福堂上第三代传临济正宗第三十八世上盛下茂林公老和尚灵骨塔"，其他五面也有宽边花纹框，中间刻"佛顶尊胜大陀罗尼咒"，塔上部六面石刻塔帽，细刻浮雕花纹精美，顶端圆珠塔刹。此塔反映出清朝末年石刻创作的特点，纹饰过于密集，繁缛有余。

盛茂和尚是清同治年间红螺寺中一僧人，盛茂和尚生前每天晚上念佛后，都要到山坡松林中打坐一个时辰，不管刮风下雨，还是大雪飘飘，从来都不间断。清光绪四年的春天，大地回暖叶绿萌芽，盛茂和尚晚斋后念佛诵经，天色黑下来，盛茂和尚照常去松林中打坐。第二天清晨，众僧发现盛茂和尚一夜未归，忙到松林里寻找，只见盛茂和尚面朝西，手做弥陀印如罗汉，头发放出红光，端坐在松林之中，众僧近前呼唤，才知盛茂和尚早已圆寂。众僧称盛茂和尚为罗汉化身，故在圆寂的地方立塔而葬。

盛茂和尚塔

凤翔寺二经幢塔

凤翔寺位于怀柔区杨宋镇仙台村内。凤翔寺始建于唐代，原名"仙圣台院"，金代改称"凤翔寺"，寺名使用至今。寺院坐北朝南，二进院落，山门、前殿、大殿、东西厢房，院中植千年古柏、百年古槐，有两座辽代经幢塔、明万历年大铁钟和清嘉庆年石碑。两座经幢塔放置在西厢房北房山墙下，两座经幢塔身东西方向一字平放，没有塔基座和塔顶构件。

东侧经幢塔，建于辽太平二年（1022年），原立于正殿前，全名"佛顶尊胜陀罗尼幢"。塔身长1.47米，塔八面分大小面，满刻经文，大面宽0.21米，小面宽0.14米，汉字正书32行，每行7—37字不等，共存字776个。2003年捶拓经文，收藏于北京辽金城垣博物馆。塔正面首题："佛顶尊胜陀罗尼日仙圣台院／唐开元三朝灌顶国师和尚谥大辩正大广智大兴善寺三藏沙门木空奉诏译……"年款刻辽代"太平二年（1022年）岁次壬戌三月庚午三日壬巽时建"，经文清晰可读。

西侧通辩大师灵塔，塔身长1.35米，塔八面分大小面，大面宽0.21米，小面宽0.13米，幢塔顶有凸榫头，由于石质的原因，表面文字风化严重。仔细辨认塔正面文字有"本师和尚通辩大师灵塔门人千后（人名略）／戊申年三月初一日"。"戊申"年为金大定二十八年（1188年）。2003年捶拓的拓片被收藏在北京辽金城垣博物馆。

凤翔寺二经幢塔（2020 年）

火门洞石塔

　　火门洞石塔位于怀柔区黄花城水库以东的南山崖上，明代长城墙附近，距离东门楼村 2 公里。石塔坐落在山沟石崖之上，那石崖犹如一艘巨轮的"船首"挺立在植被茂盛绿丛中，崖上不足 5 平方米一块平地，竖立着花岗石打凿的石塔。石塔为二级四方塔基，六角须弥座，覆钵体塔身，朝西设龛门，龛门内空空，塔身上三层圆箍形相轮，往上的相轮和圆宝珠塔刹丢失，整座上石塔打凿粗犷简洁，测塔高约 2.8 米。

　　根据《怀柔县志》描述，火门洞石塔，从该塔的形制看是元明时期僧人佛塔。塔的北侧，有一能容两个人的山洞，洞内是圆筒形，洞口朝西。此洞为看护石塔的人居住地。由于居住人烧火做饭，将门洞熏黑，故当地人称"火门洞"，称此塔为"火门洞石塔"。[1]《北京市不可移动文物目录》认定此塔为"元代"。

　　当地百姓世代相传的故事：石塔是元代的，当年有位高僧来到山洞里修炼，后圆寂在山洞里，野兽把僧人的肉吃了，就剩一堆尸骨，人们发现后将尸骨整理，并在山洞旁的山崖上建石塔安葬了僧人。僧人的姓名？是何处人？无人知晓。

　　笔者认为塔是明代建，因明代多建石覆钵塔。元代怀柔属大都路，此地是深山区，人烟稀少。明代属顺天府，明洪武元年（1368 年）建怀柔县治。到明嘉靖年间沿山沟开土路修筑长城，设头道关口、二道关口及黄花城水关，那时有成千上百的

注释

　　① 怀柔县地方志编纂委员会：《怀柔县志》，北京出版社 2000 年版，第 723 页。

驻军、役工和百姓到此地修筑城墙，驻防守边关，后来渐渐发展成村落。此地没有寺庙，如果此塔是僧人塔，估计僧人应是明代到这里讲经传法的，在此圆寂，修城墙笃信佛教的石匠们就地取材，抽空建石塔，所以石塔建造得比较粗犷。

火门洞塔（2013 年）

圣泉山观音寺灵骨塔

　　圣泉山观音寺位于怀柔区北宅镇口头村北，怀黄路往北 2.5 公里的圣泉山里。观音寺建于明代，2004 年整修，观音寺西北 80 米有一座清代僧人灵骨塔。

　　清代灵骨塔建于清同治二年（1863 年），是僧徒为四位长辈禅师修建的合葬灵骨塔。塔前摆放圆形石供台，塔为花岗岩石六角经幢塔，由六角须弥座、六面柱状塔身、六角塔帽和圆柱形塔刹组成，侧塔高约 3.2 米，整体保存完好。塔座为六角仰覆莲须弥座，束腰部每面刻双花头。六面塔身朝南正面刻"庄严圆寂观音堂上第一代上宝下随体公老和尚灵骨窣堵波 / 第二代上悟下明诚公大师灵骨 / 第二代上慧下明诚公大师灵骨"、右侧一面刻"第三代上广下修静义灵骨"字，朝北一面刻"大清同治二年七月二十四日徒孙广信、广修谨立"字样。塔顶部六角锦盒形华盖，也称官帽形，外立面上刻浮雕连枝阔叶花朵，顶端圆仰覆莲须弥座承托圆柱状塔刹。

　　2006 年圣泉山开发成"圣泉山旅游风景区"，也是怀柔地区宗教活动场所。据《怀柔县志》记载：观音寺"寺内有古井一眼水质优良，井的位置略有倾斜。寺外明清两代和尚灵骨塔"。[1] 没有讲灵骨塔的数量，只知仅剩一座清代和尚灵骨塔。

注释

　　① 怀柔县地方志编纂委员会：《怀柔县志》，北京出版社 2000 年版，第 715 页。

观音寺灵骨塔（2016 年）

怀柔区 消失古塔三座

定慧禅寺二塔

明代古刹"定慧禅寺",原位置在怀柔城区以北9公里景山之阳,下辛庄村处,今雁栖湖会议景区西侧山沟中。定慧禅寺建于明正统七年(1442年),为太监夏时主持修建,明英宗皇帝赐名。定慧寺前后大殿、藏经殿、斋堂、禅堂、钟鼓楼等,并建有两座塔。两座塔建在寺庙前,一曰"万寿塔",一曰"齐天塔"。当年双塔十分高大,曾为明代怀柔八景之一,被称之"定慧双塔"。据清《日下旧闻考》记载:"定慧寺,亦在山麓,建有万寿、齐天二塔,距县(怀柔县城)一十八里。"[1]《光绪顺天府志》又记:"县北景山有定慧寺,明正统七年太监夏□建,已废。万寿、齐天二塔尚存,有正统八年尚书胡濙撰碑。"[2]

明代文人冯文卿所题《定慧双塔》诗:"并耸浮屠不易成,齐天高远与云平。日移倒影双双见,风送清声两两鸣。玉柱光辉栖凤鸒,金瓶炫耀化龙腾。珠宫贝阙京都近,净业禅开慧眼明。"从诗中的描写就能知道定慧双塔地处寺庙前的湖塘旁,环境幽静,气势非凡。因明代建的定慧寺年久失修,到民国时期已经废弃,两座古塔清末尚在,后相继坍塌,到2010年拆除塔遗址,周围环境改造成为绿化地。

注释

① 于敏中等:《日下旧闻考》,北京古籍出版社1983年版,第2246页。

② 周家楣、缪荃孙等编:《光绪顺天府志》,北京古籍出版社1987年版,第816页。

云严寺义琛塔

怀柔区红螺寺附近有一座栲栳山，辽金时期栲栳山中有云严寺。明代云严寺发展鼎盛时是几进院落的大寺，进山门、天王殿、大雄宝殿、钟鼓楼、方丈室、僧舍、斋堂、厢房及仓库，周围建围墙。明景泰六年（1455年）赐额"云严寺"，成化年间重修。云严寺有明景泰六年（1455年）和成化六年（1470年）九月二方石碑记录前事。云严寺的开山祖师是"金华严祖师义琛"，义琛禅师圆寂后建塔于寺旁，就是云严寺义琛塔。如今云严寺及义琛塔都已无存。

金华严祖师义琛，俗姓李，河北省玉田人，自幼丧母，周围人都知道对继母非常孝顺。二十岁那年出家，先到清虚宫修炼道术，父亲不同意命其回家，学儒学，通文史。辽寿昌五年（1099年）赴城里赶考，但未考取，遂上栲栳山立小院更为僧人，每日诵经礼佛，渐渐地周围人知晓，前后有200余来者拜访交流。一年，义琛禅师被传染得了病，夜间打坐时，"入定如眠，有红光发于顶面，照满一室，今塔尚存"。[1] 可谓功法超人，圆寂后建灵塔。

注释

① 于敏中等：《日下旧闻考》，北京古籍出版社1983年版，第2247页。

密云区

密云区　古塔十座

冶仙塔

冶仙塔位于密云城区以北的冶山之顶，北京冶仙塔旅游风景区内，是远近闻名的密云八景之一，站在塔旁可以远望密云城区景致。清《天府广记》记载："冶山在密云县东北八里，有砖塔，冶山院旁有石洞，深不可测，传昔冶山仙居之。"[1]又有《日下旧闻考》记载："冶山上寺、冶山下寺，辽重熙八年（1039年）建。"[2]冶仙塔与冶山上寺同时建造，坐落在海拔332.5米的冶山山顶上。冶仙塔青砖砌八角二层塔，塔高12米，直径6米。塔座八角须弥座，须弥座上砖雕相连万字、鹿和花枝图案护栏，再往上三层磨砖对缝砖雕仰莲花瓣承托塔身。塔身一层为八角空心，南北各设一门，朝南面拱券门两扇活动木门，塔内供神像，门两边挂对联："高插云汉文人笔，重领檀营武士冠。"而东西各设一座假门，其他四面是砖砌竖棂假窗。塔的特点是一层是重檐，一层和二层塔身为空心楼阁式，所以看上去像是有三层塔。第二层塔身八角空心，下部砖雕相连万字、鹿和花枝图案护栏，塔身东、西、南、北各设一拱券门，中间是空心，上下间有台阶连通，其他四面各设一砖砌竖棂假窗。塔顶攒尖式莲花座承托圆宝瓶塔刹。

相传，密云冶山上的三仙洞鲇鱼成精，千百年来，操控山下的白河水涨落起伏，搅动云雨雷电，时有大水成灾，搞的白河两岸百姓民不聊生。辽重熙八年（1039年）大旱，百姓认为是鲇鱼精作怪，不想进入七月阴雨连绵，白河水高涨，

注释

① 孙承泽：《天府广记》，北京古籍出版社2001年版，第510页。

② 于敏中等：《日下旧闻考》，北京古籍出版社1983年版，第2274页。

大灾来临。冶山下普照寺僧人咏诵佛经，盼太平盛事，观音菩萨持净水瓶，滴水祈福人间。为此人们在冶山上选祥瑞之阳地建"冶仙塔"。后来，"冶仙塔"成为密云区八景之一，是密云城标志性的古塔建筑。

塔前建寺庙大殿，进山门有石刻"密云县文物保护单位 / 冶仙塔 / 密云县人民政府二〇〇〇年九月二十八日公布 / 密云县文化文物局二〇〇一年四月立"字样。

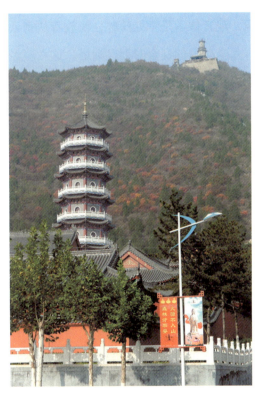

冶山上下寺新旧双塔景（2012 年）

冶仙塔

冶山塔景区六座经幢塔

冶山塔旅游风景区位于密云城区东北部 2 公里处，景区因有辽代冶山塔而得名。在冶山南麓伫立着一尊金身净水观音像，观音像后是一处碑林，摆放着从密云地区各处收集来的碑石雕刻百十方，其中有六座残损的辽金时期经幢塔。这六座经幢塔原放置的具体地点，因为收集到密云县后几经辗转，已无记录可查了。幢身上刻字大部分也模糊不清，可读的文字实为珍贵，有几座经幢塔上的文字捶拓成拓片收藏起来，以备日后研究之用。经幢塔上华盖雕刻精美的图案，反映了当时的佛像服饰、舞蹈、音乐、花卉等内容。

一塔"八角四面佛经幢塔"损毁严重，仅剩两层塔身，测残塔通高 1.24 米。上层测高 0.58 米，八面间隔分出大小面，四个大面各宽 0.22 米，每面剔地出尖顶龛，龛内雕刻坐佛一尊，四尊坐佛的手势各不一样，佛后光环祥云环绕，衣着垂褶细腻，可惜头部损伤。四个小面中有一面竖刻"大（太）康二年（1076 年）二月七日"几个字，一面竖刻"大无量寿佛□□"，其他两面字迹不清。下层八面经幢，测高 0.66 米，字迹端整秀润，因损毁严重，仅部分字可读。

二塔"伎乐飞天幢塔"，由八角幢身和华盖组成，底座是后添补砖砌水泥的，测幢塔高约 1.4 米。幢身和华盖不是一处原物件，建冶山塔景区碑林时将其拼接组合起来。

塔华盖雕刻精美，被人为损毁部分，还有水泥修补的痕迹。华盖檐是八面，分别有四个"飞天舞女"面和四个"缠枝团花"面，间隔出现，飞天女手托仙果盘，伸展飘逸天空，背后双翅助飞。上边塔帽八面，各面是演艺乐器的人物，有手弹琵琶的、有抚琴拨弦的、有吹箫笛的等，人物头部都被人为刻意砸毁。

幢塔下部是一座辽代纪事幢，这种记录某件事情的幢塔并不多，对今天了解辽代佛事活动有研究价值。幢身八面分大小面，大面宽 0.24 米，小面宽 0.2 米，满刻汉字，年久模糊不清，仅部分字可读，内容为"开元寺重修长明灯幢记"，讲述了辽代中晚期开元寺佛事的活动，其中刻有辽代"太康元年（1075）三月二十六日记"字样。幢塔在密云图书馆门前广场摆放过多年，《北京辽金史迹图志》（下册）第 55 页有幢塔的介绍和幢录文。

三塔"八面佛幢塔"，仅剩佛幢塔身，测残塔高约 0.8 米，八面中四个大面各宽 0.26 米，刻剔地出尖顶龛，龛内方台之上端坐披袈裟坐佛一尊，佛背后有光环，四佛坐姿一样，而手势各不一样。四个小面各宽 0.14 米，刻剔地出尖顶龛，龛内有莲花座上双手合十立佛一尊。

四塔"八面经幢塔"，测塔通高约 1.4 米，八角华盖直径 0.86 米，高 0.13 米，八面图案一样，由于年久风化，浮雕图案棱角已经变圆，花纹模糊。每面正中一朵五瓣花，两旁是花卉组成的垂挂花链，首尾相连串接起来。中间八面经幢塔身高约 0.86 米，年久风化，字迹不清，可读文字甚少，年款也不清。底座为后配的。

五塔"佛顶尊胜陀罗尼幢塔"，测通高 2.16 米。塔顶华盖凸帽形，分上部高 0.7 米，八面的每面浮雕一位演奏乐器的乐师，可惜人物头部被人为砸毁。华盖下部如檐，八面的每一面高 0.13 米，宽 0.42 米，内刻一"金刚杵"图案，"金刚杵"是佛教中护法力士的武器，有"大智慧"和"摧灭烦恼"的寓意。华盖檐下悬浮一圈浮雕花饰。

下边经幢塔身高 1.46 米，八面宽度均等，八面刻经文的字体有大小，其中五面字体较大，三面字体偏小，首题"建佛顶尊胜陀罗尼幢记文"，虽然大部分字可读，但落款年份不清，只能读出"辛巳月二十五日□时惠建"字样。

六塔"陀罗尼经幢塔"，测塔通高约 1.64 米，此经幢塔为二合一，八面经幢塔身与天女像华盖原不是一处的物件，整建冶山塔景区碑林时将其拼合在一起的。

天女像八角形华盖，直径 0.76 米，每面一幅图案，高约 0.26 米，宽约 0.33 米。

每个转角雕一双角兽头，衔圆环挂垂花链相互连接，中间是姿态不同的一位天女形象，有站在莲花上双手捧寿桃献舞的；有手持绸带弓腰叠腿飞舞的；有骑马扬鞭奔驰的；有手持莲花仰面转体于天空的；有莲花上部人物舞蹈的；有头朝下双曲腿在上的舞者；有坐在莲花上遨游的；有弓背曲腿游于天空的，虽然人物的脸部不同程度的损毁，可衣裙飘带栩栩如生，展现了塔华盖上的内容丰富，雕工精美。

八面经幢塔身中间断裂过，后粘补竖立起来，测高约 1.38 米，八个面基本均等宽 0.19 米，字多密集，一部分字模糊不清，部分字可读，首题"大佛顶微妙秘密□陀罗尼幢……"建于辽统和十四年（996 年），其内容主要是经文，有一面部分镌刻题记，"幢为檀州（治所在今北京密云）军事判官将仕郎吕德懋书，檀州刺史李守英等所建"。[①] 此经幢在密云区图书馆门前广场摆放过多年，2003 年拓片收藏于北京辽金城垣博物馆。

八角四面佛经幢塔

伎乐飞天幢塔

注释

① 梅宁华等：《北京辽金史迹图志》下册，北京燕山出版社 2003 年版，第 50 页。

八面佛幢塔

八面经幢塔

佛顶尊胜陀罗尼幢塔

陀罗尼经幢塔

云峰山三塔

　　云峰山位于密云区密云水库的北部不老屯镇燕落村北 3 公里。云峰山中有建于唐代的超胜庵古寺，虽历经战火，殿毁后几次重修，如今整修殿宇，恢复古迹，种植了薰衣草浓郁芳香，成为宁静而愉悦的云峰山风景区。

　　超胜庵古寺坐落在山凹中，在超胜庵周围山坡或山顶旧有古塔，因年久失修，坍塌残石，风景区修复古寺的同时修葺了三座塔，分别称"多宝塔""成佛石塔"和"华严塔"。

　　"多宝塔"位于超胜庵以南 200 米的山坡上，始建年代不详，坐北朝南，为全石雕八面五层密檐经幢塔，测塔高约 6.7 米。塔座须弥座下枋覆莲花，束腰部八面，每面各雕刻一尊姿态不同的坐佛，上枋为向外延伸的三层方棱圈，立面刻花纹图案。须弥座上是三层莲花承托塔身。塔身八面，朝北一面全素面无佛龛无字，其他七面镌刻佛龛，每面刻 26 个佛龛，但朝东南面和西南面各有一个大佛龛，大小共176 个佛龛。塔身上五层石刻八脊仿砖瓦塔檐，塔刹是仰莲承托葫芦形，此塔有辽金时期石塔风格。

　　"成佛石塔"在云峰山朝南一座小山顶，山顶上探伸着赤裸的山石，此石称"成佛石"，寓意信奉佛教诵经的意志如坚石，面对宽阔的密云水库，阳光反射在水面中呈现出斑驳波纹，视觉感受景致极佳。成佛石旁仁立着四方五层"成佛石塔"，测塔高约 3.4 米。成佛石塔的一层为四方柱形，一层每面刻莲花图案；二至五层每面刻一佛龛内有一尊坐佛，塔檐仿砖瓦铺面，四角呈翘檐脊，檐角下端石刻葫芦形"挂铃"。塔顶部是四方莲花座承托葫芦塔刹。

"华严塔"在朝阳的一山坡平台上，据云峰山风景区老工作人员讲，原来山坡上就有华严塔遗址，1998年开始扩建风景区时就决定在遗址复建"华严塔"，山坡平台上还建了五方亭和观景廊道。华严塔为青石打凿拼砌而成，塔为六面九层锥形塔，测塔高约6.4米。塔下石砌高0.75米的基座，花岗岩砌条石边。塔阶梯状每层上边沿刻一圈莲花纹，垂直竖面镌刻涂金汉字、梵文及佛万字。塔身的第一、二、三、四层刻佛万字和枝叶花纹，第四层朝南刻"华严塔"三个字，第五层刻有梵文，第六层六面分别刻"华严会佛菩萨"六个字，第七层圆柱状刻梵文，往上六角塔檐，塔刹由圆柱、塔帽、三球组成，四面分别刻"华严世界"四个字及梵文。总之，华严塔的形状是一座现代人建造的"仿古塔"。

多宝塔（2014年）

成佛石塔

华严塔

密云区 消失古塔一座

曹家路舍利塔

　　曹家路舍利塔，当地人称大雁塔，舍利塔始建于辽代，今已无存。塔遗址位于密云区新城子镇曹家路村原营城南门内20米道西，原舍利塔北是大庆寺，西侧紧邻是火神庙，塔东是通往南门的街道和一座关帝庙。

　　曹家路村在密云城区东北75公里的雾灵山脚下，原称曹家路营城，始建于明朝洪武年间，明万历年间，明将领戚继光率军加固长城，重修了曹家路营城。曹家路为明代军事指挥机关部及驻军地，蓟镇西协四路之一（其他明军三路：古北口

曹家路南门内塔遗址

路、墙子路和石塘路），下辖 22 处关寨，营城内设游击衙门，派游击驻守，驻重兵防卫。曹家路营城为虎头形，城周六里三十步，设东、西、南三座城门。东门为"决胜雄关"，南门名"延胜门"，西门题写着"曹家路营城"，城东南设有便门。

南城门内曹家路舍利塔为八角密檐砖塔，因早年上部就坍塌不知层数，通高约 25 米，全部用大沟纹砖砌筑，据说各层塔檐均悬风铃。1967 年舍利塔残破被拆毁，在塔基中心处曾发现一个约 20 厘米长的木匣，匣内有一块用红绸包裹的骨舍利，长约 6 厘米，直径约 3 厘米。现在南城门被拆掉，曹家路舍利塔遗址处已分给村民建住房。

十六

延庆区

延庆区　古塔二座

千家店定山塔

　　千家店定山塔位于延庆区千家店镇千家店村南，一条称南沟的山沟口外小山岗上，白河从旁边流淌而过。定山塔 2005 年复建，采用砖、石、水泥、金属材料等建造，外涂白色，测塔高约 19.3 米。塔的形状比较现代，使用了金属材料和电灯装饰，一层砖石砌八面方柱形，中间是一间书阁禅室，朝南设一拱券门，对开有门钉的铁门，门两侧对联："千家黎庶沐灵麻，万顷田畴沾需泽。"二、三层有八面几何体，在三层嵌"定山塔"铭牌，四层是砖砌覆钵体，五层用金属板加工焊接制造的莲花瓣和覆钵体小塔，顶端避雷针和电灯泡。

　　据《延庆县志》记载："千家店定山塔位于千家店村东店大桥南。辽代建白塔共 7 层，底层石砌，周二丈五尺，2 层以上砖砌。2 层罇形，3 层八角形，4 层、5 层圆形，6 层花瓣形，7 层葫芦形。清代重修。1970 年修公路时被拆毁。"[1]

　　塔上说明牌：重建定山塔碑记定山塔始建于辽代，通体洁白，俗称白塔。据传昔有岭南道士游于此，观兹处有南山北崖相接遏水之象，遂嘱建塔解患。落成之后，境内物阜民康，皆得其惠。阅沧桑，历陵谷，几经修缮，惜其毁于"文革"期间。欣逢盛世，百业俱兴。为拓展旅游、建设村镇、传承文化、恢复古迹，群策群力，重建白塔。塔座原址，方圆一十二亩，绿化美化。塔身三叠轮围，塔高四丈八尺，塔周五丈四尺，塔基八角，塔身若罇，顶呈莲瓣，尖似葫芦，内设藏书阁，并配备声光设施。古韵新资，宜观宜瞻。二○○五年十一月。

注释

　　[1] 延庆县地方志编纂委员会编：《延庆县志》，北京出版社 2006 年版，第 633 页。

　　民间传说，南沟的山沟口有座山，形如一只大乌龟，大家都叫龟山，龟伸着头窥视对面山头，两山之间是白河，龟有神力，每年都向前缓慢地移动，如果两山一合，白河水截流，如遇雨季洪水就会把村子淹没，百姓十分着急。一天，从山南远方来了一位道士，得知情况后，说要施法降神龟，大家都拥戴道士，请道士施法。道士面对龟山闭目而坐，口中念叨什么，村民远处围观，几个时辰后起身，道人对大家说在山沟口小岗上建座白塔定能镇着老神龟，告诫完又云游去了。村民议论后，大家出资献力建起白塔，起名"定山塔"。

千家店定山塔（2014 年）

灵照寺经幢塔

灵照寺位于延庆区城区，紧邻妫水公园。灵照寺始建于金代，元代战争兵焚，明永乐十二年（1414年）与禅师在旧遗址建观音寺。明宣德五年（1430年）山西大同僧人清潭来此，发愿重建道场，历经数年艰辛建成大雄宝殿，明正统五年（1440年）秋，明英宗亲赐寺曰"灵照寺"。清潭任僧录司，主持灵照寺，留单接众，香火旺盛。后来多次修葺扩建。民国初年改为南堂小学，20世纪50年代被企业占用，1984年恢复寺庙，并列入县级文物保护单位，1999年8月全面落架修缮工程告竣。整修后灵照寺也是存放展示从延庆区各处古迹遗址及田野收集石刻的地方，其中一座残石经幢塔被收藏在寺内东厢房中。

石经幢塔从田野收集来时已经不全，因经幢塔体上多年风化，文字不清，始建年代不详。塔残高1.22米，无塔顶部分，现可分为塔身、须弥座、塔基座三部分；经幢塔塔身高0.2米，应是原塔身的一半，八面分大小面，大面宽0.16米，小面宽0.13米，表面风化严重，只能见少量字的痕迹，不可阅读。中间部分是八面须弥座，高0.58米，也分四大四小面，是塔经典部分，须弥座八面束腰，上坊面和下坊面石刻浮雕花纹，缠枝花纹舒展丰满，与佛教花纹形式相近。基座部分八角，每个角出一卷云头，靠近须弥座是一个直径8厘米圆碗状，中间放置蜡烛点燃，一圈八个烛光映衬着经幢塔，庄严肃穆，很有特色，在北京众多的古塔中称之唯一。这座残石经幢塔可能是僧人墓塔。

灵照寺经幢塔

延庆区　消失古塔二座

佛峪口白塔

　　佛峪口位于延庆区张山营镇内。佛峪口山沟是一条由西北向东南流淌的清澈溪水，沟口有巨大的山石如佛龛，村子得名叫佛峪口。佛峪口村旁沟口南山坡原有一座辽代建白塔，塔旁立一尊大佛像。民国时期修京绥铁路康庄段时，有人拍摄了白塔照片。

　　白塔建于辽代，为八角五层阁楼空心塔，坐北朝南，每层朝南有拱券门，塔后方有一寺院称白塔寺。据《延庆县志》记载："佛峪口白塔位于张山营镇佛峪口沟口，今佛峪口水库大坝西侧，塔为辽代白塔，侧有大古佛一尊。1966 年秋被炸毁，大佛被搬倒，埋在大坝下，现塔基尚存。"[1] 2013 年实地考察佛峪口，水库风景秀丽，白塔基址已无迹，遗址处建成住宅。

注释

　　① 北京市延庆县志编辑委员会编：《延庆县志》，北京出版社 2006 年版，第 633 页。

民国时期佛峪口白塔

佛爷顶白塔

佛爷顶白塔位于延庆区香营乡北部上垙村东北龙安山。龙安山原有缙阳寺，山顶佛爷顶海拔 1252 米，缙阳寺 1958 年被拆。据《延庆县志》记载："佛峪（爷）顶白塔位于香营乡北部佛峪（爷）山顶，原有辽代建 7 层密檐白塔一座。1964 年被拆掉，塔基尚存。"[1] 如今缙阳寺庙与白塔都已无存，剩残遗址。

注释

① 北京市延庆县志编辑委员会编：《延庆县志》，北京出版社 2006 年版，第 633 页。（书中将"佛爷顶"写成"佛峪顶"，可查《北京市延庆县地名志》第 212—215 页及北京市地图）

十七

民国时期的塔

民国时期 十一塔

法源寺七如来石幢塔

　　七如来石幢塔位于法源寺山门内天王殿西南侧。七如来石幢塔由八面须弥座和石幢塔身组成，而石幢顶部构件丢失，测残塔高 2.55 米。原石幢在什么地方不清楚，几次移动后，置于天王殿西南侧。石幢坐北朝南，朝南正面雕刻佛教图案自下而上是：山崖石、海浪纹、山石基座、跌坐佛像、华盖伞、万字纹和彩绸祥云。其他七面柱身的每面刻一佛圣号，按顺时针顺序分别是：南无多宝如来，南无宝胜如来，南无妙色身如来，南无广博身如来，南无离怖畏如来，南无甘露王如来，南无阿弥陀如来。此塔也称"七如来石幢"。须弥座的束腰部八面刻有 600 余文字，内容大意是，一位叫嘉毓的人，生于光绪二十二年（1896 年），字秀伯，在家为长子，北京汇文学校肄业。民国五年（1916 年）二月，北京地区发生严重的"喉痧"传染病，家中两个妹妹和一个弟弟相继染病而亡，嘉毓服药抗病痊愈。他悲痛万分，受龙泉寺心学老和尚教诲，归依佛门，为弟妹"净念帷愿"于民国十一年（1922 年）立"七如来石塔"。此幢塔是研究民国时期民间百姓家坟立幢塔的一个实例，通过文字记载反映了当时人们的一种精神诉求。

七如来石幢塔

石刻馆七如来石幢塔

石刻馆七如来石幢塔收藏于北京石刻艺术博物馆内。七如来石幢塔建造于民国十二年（1923 年）十月，是一位信奉佛教的人出资在自家墓地竖立的石幢塔。

七如来石幢塔通高 3.12 米。幢塔顶部高 0.5 米，直径 0.6 米，仰莲宝珠。中段幢塔身高 2.1 米，直径 0.35 米，柱状为八面，每面宽 0.3 米，正面自下而上雕刻是海水崖石，莲花盘上坐释迦牟尼佛，刻"南无娑婆教主本师释迦牟尼佛"字，字上祥云环绕焚香台。其他七面，每面刻一佛圣号：南无多宝如来，南无宝胜如来，南无妙色身如来，南无广博身如来，南无离怖畏如来，南无甘露王如来，南无阿弥陀如来。大字两侧附加若干小字，塔身上部刻龙与云纹，下部刻大小莲花图案。

八角须弥座高 0.51 米，直径 0.57 米，须弥座的束腰部刻有楷体文字，每面字十行，每行字十个，共计八百字。文字记录了建石幢人家情况，本主信佛持斋，"宣圣以仁义礼智信为五常"，"辛酉（1921 年）恭逢法源寺主持道阶法师法会受幽冥"。事因"丙辰（1916 年）春京畿一带发生喉疫"，北平发生传染性喉疾，家中一儿二女染病而亡，后妻孙氏和另一儿也染病服汤药多日而卒，只有"次子婚娶王氏"服药痊愈。为慰安逝者，找来证人在"西便门外枣林村茔一方，建此七佛幢一座"，祈求平安。

北京石刻艺术博物馆称此石幢塔"张鑫建七如来石幢"，查石幢塔上文字八百，无"张鑫"字样。博物馆讲"七如来石幢"是从海淀区老地名马神庙的原北京轻工业学院西侧征集来。可马神庙在阜成门外的阜成路，钓鱼台国宾馆以北的地方，与石幢塔刻"西便门外枣林村"南北距离 5 公里以上，不知其原因。

七如来石幢塔

车耳营四门塔

车耳营四门塔位于海淀区苏家坨镇车耳营村内。四门塔建于 1930 年，为全石料打凿，塔下部四方基座，四方塔室结构，东、西、南、北四个方向各设一拱券门，各门设三步石台阶，塔室内原供奉北魏时期孝文帝太和造像。叠涩塔檐的上部塔顶四角，各立一个三角形锥体，中间是八面形大锥体，塔顶端八棱柱和圆柱形组成塔刹，整体形成四门塔建筑，坚固简洁，测塔高约 12.2 米。车耳营四门塔是北京地区少有的塔形。

车耳营四门塔内供奉是北魏太和二十三年（449 年）石浮雕佛造像。佛像由一块花岗石打凿而成，做工精美，佛像站在莲花台上，面部慈祥，形态端庄优雅，造形自然大方，大佛周围雕刻吹拉弹唱歌舞技乐三十一尊，身后小佛像一百二十四尊生动逼真，刻有"太和二十三年三月十五日阎惠端为皇帝皇太后造像"字样，这里的"阎惠端"是打凿造像的人，其人情况不详；"皇太后"是指孝文帝的奶奶冯太后。

据资料记载，清光绪十六年（1890 年）通州张云翼发现佛造像，报告官府，官军将佛造像运到车耳营村旁。光绪三十二年（1906 年）建石佛寺，并建石佛殿供奉隋朝雕刻的佛造像。1929 年有日本人多次与有关人士交涉，妄想觊觎佛造像，但没能得逞。1930 年"四门塔是温泉籍留法勤工俭学学生段其光仿济南历城县的四门塔建造"。[1] 塔成后将佛造像安放在塔内，由一户姚姓农家负责看护。此造像是北京市

注释

[1] 张有信：《身边的历史》，北京出版社 2003 年版，第 184 页。

仅存的最古老佛造像，1957 年 10 月被公布为北京市级文物保护单位。1998 年 3 月 25 日夜间被盗，因佛造像高于塔门，盗贼竟把佛造像砸碎成 5 块运走，后经警方侦破案件，追回被砸的佛造像，粘补修复后现存首都博物馆，车耳营四门塔的塔门被封堵。

车耳营四门塔

妙峰山宝塔

　　妙峰山位于京城西五十多公里的门头沟区妙峰山镇涧沟村北，方圆几十里山清秀峭拔，草木葱郁，涧壑泉涌，有"仙山"之称。自明代建惠济祠供奉碧霞元君后，香火繁盛，逐渐形成了妙峰山庙会。庙会始于明代末年，盛行于清代，民国时期渐衰，战争将庙宇建筑毁坏，一片废墟。1986 年开始修复殿宇建筑，1993 年恢复农历四月初一至十五的庙会，有茶棚舍粥，民间表演等活动。

　　惠济祠山门前平台之上伫立"妙峰山宝塔"，塔为覆钵式实心石塔，建于民国二十三年（1934 年），采用白色的大理石雕砌而成，塔通高 6.9 米，属于风水镇塔。虽是民国时期建造，但当地老人讲有菩萨和武士的石刻塔构件是从别的地方古塔石构件移来的，因口口相传，已说不清楚来自什么具体地方。塔身石雕刻精美，由于保护不利，很多石刻残破损毁，近年维修时部分雕刻石构件是添补的。

　　关于建塔的起因，当地民间传说：大清国完了，民国大总统更迭频繁，换位总统就委任一帮官员，一位京城被封的大官人，听信妙峰山神灵广大，虔诚地来妙峰山进香保佑官运仕途。在山上听一位风水先生给其卜算："山下涧沟村在妙峰山神灵的笼罩范围，风水极佳，要出大官，这官有顶替你的职位……破解之法，就是由你在惠济祠前造一座镇塔，以压住涧沟村的灵气，化险安途。"大官人深信不疑，回京立马办此事，当时圆明园旁正准备建一座塔，石料都刻好了，只等砌筑。大官人出钱一番运作，挪用了塔的石构件，雇人用马车将石料运上山筑起塔。可路远山高，道路崎岖，熬月跨年的，工程进展十分缓慢，大官人心怕仕途生变，没等塔全部完工就举行了开光仪式。

妙峰山宝塔（2019 年）

妙峰山宝塔

须弥座浮雕石刻

　　妙峰山宝塔虽在道教祠殿前，但塔身石刻内容含佛教寓意。塔座为四方仰覆莲花须弥座，束腰部的每侧五幅一组石刻浮雕图案，四个面内容差不多。每面中间一幅是莲花盆呈放着六颗发出火焰的摩尼宝珠。摩尼宝珠按梵语"嘛呢"音译过来，意思为如意宝，表示是一种宝物。据说摩尼珠宝隐藏在海龙王的脑袋中，如果谁得到了摩尼珠宝，就会使各种宝贝前来汇聚，雕刻在妙峰山中平台的石塔上，进山虔诚的香客就会感悟到各种珍宝汇聚妙峰山，无所不得，摩尼宝珠又被称为"聚宝珠"或"聚宝盆"。摩尼宝珠的两侧是威风凛凛的武士，手持法器，脚踏山石，周围盘长祥云。武士外侧左右各立一位金刚力士像，身着战袍，呈半蹲姿势，一手扶膝，一手上举承托着须弥座的上枋，四面共有8位持法器的武士和8位披袍金刚力士，总共16位人物承托着塔身。须弥座上是五层四方形塔台（金刚圈），层层收分，上下各一圈装饰莲花瓣，往上是覆钵式塔身。

　　石砌覆钵式塔身刻满了浮雕图案。东、西、南、北四个方向各雕一尊观音菩萨像，观音菩萨身着天衣、重裙，赤足结跏趺坐于莲花宝座上，观音菩萨有化身三

民国时期妙峰山庙会

十三，这里只有其中的四尊化身像，东面观音是"如意观音"双手持一柄如意，寓意为使众生吉祥如意，摆脱苦难。西面观音是"多罗观音"，双手持一枝长柄莲花，民间如需求子，应拜多罗观音。南面观音是"持花观音"，双手持一枝花形似牡丹花的优钵罗花，菩萨为众祈福。北面观音是"杨柳观音"，左手托一净瓶，右手扶瓶拈一束杨柳枝。净瓶中装治病的圣水，以杨柳蘸圣水洒向世间众生，为人解脱病痛。观音像之间东南、东北、西南、西北四方向各雕一个似牛头的神兽，梯形脸，小竖耳，双吊椭圆眼，双环鼻，口衔着下垂的缠枝宝相花，造型独特威猛，在其他古塔上没有见到这种造型的神兽。

在覆钵式塔身上是石圆柱形十三层相轮。相轮之上是重新用金属黄铜制造的罗伞形华盖，周围编织网悬挂铜制流苏、华幔和铃铎，塔顶端是"三肚葫芦宝顶"的塔刹，外表金黄色闪耀光芒。

妙峰山宝塔地处海拔 1012 米，三面临深壑，视野开阔，背后惠济祠山门，反映了妙峰山佛道相融、博大的包容精神。

燕园博雅塔

　　燕园自明代就是私人的园林，清代是王爷们园林府邸。民国初年，学习西方社会办大学教育，1921 年开始兴建燕京大学，1926 年基本建成教学楼和宿舍，园内未名湖是校区内著名的园林湖泊，博雅塔伫立在未名湖东岸。1952 年北京大学从市内沙滩迁至海淀燕京大学校址内，合并成一所综合性大学，称北京大学。

　　1924 年 7 月，燕京大学为解决全校生活用水，在此挖掘深水井一口，井深 50 多米，水质清澈，水源丰足，时而井水喷出地面 3—4 米，水量达每小时 16000 加仑（合 60560 公升），水井有了，需建一座水塔。燕京大学经过协商讨论，为不破坏未名湖环境的古典园林风貌，水塔设计参照了通州的燃灯佛舍利塔外型样式，塔内供奉燃灯佛石雕像，水塔十三层密檐，高约 37 米，钢筋水泥结构外砌青砖灰瓦，中心装水箱与管道，设旋转楼梯可通塔顶。建设资金由当时燕京大学西方宗教哲学教授博晨光的叔父（当时居住在美国）捐资兴建，被命名为"博雅塔"。

　　据说建造博雅塔时，施工队因估工不准造成工程亏损而倒闭，不得不三易其手，继续工程到完成。博雅塔建筑样式当年受各界人士不同的争议，而今博雅塔已成为北京大学的校园著名建筑，有人这样歌颂未名湖和博雅塔："湖和塔的天作之合，是未名湖畔的神来之笔，永远富有哲理，永远耐人寻味。湖动，塔静；湖是柔，塔是坚；湖纤巧，塔伟岸；湖空灵，塔凝重；湖欢快，塔沉思；湖依偎大地力求平稳，塔崇高正直向往天空。湖透着女性的秀美，塔蕴藉着男性的阳刚。"

未明湖畔博雅塔（2013 年）

廉泉墓塔

廉泉墓塔位于门头沟区潭柘寺下塔林院东侧停车场内。塔为青砖砌谷仓式塔，建于 1931 年，测塔高约 2.6 米，直径 4.2 米，保存完好。

廉泉（1868—1931 年），字惠卿，号岫云居士，江苏无锡人。清光绪年间任过户部郎中，支持"戊戌变法"，后搞印刷实业，喜好诗文书画，收藏字画。晚年皈依佛门，捐资修寺，去世后葬于此地。2006 年后辈家人在墓塔旁立"廉南湖先生泉之墓"石碑祭祖。

廉泉墓塔（2013 年）

孙传芳墓塔

孙传芳墓塔位于北京植物园内，建于 1924 年。2001 年被公布为海淀区重点文物保护单位。

孙传芳，北洋政府直隶军阀。孙传芳（1885—1935 年），字馨远，山东历城人。北洋陆军速成学堂毕业，日本陆军士官学校毕业，历任北洋军军官、长江警备司令、浙江军务督理、五省联军总司令，早期政府授予"恪威上将军"。1926 年兵败投靠张作霖，任安国军副司令，在南京龙潭被击败。后居天津念佛自遣。1935 年被

孙传芳墓塔（2013 年）

替父报仇的女杰施剑翘刺杀身亡，葬于北京香山脚下。

孙传芳墓塔全石结构改良的传统墓塔，坐北朝南，塔外形似宝瓶形状，下部塔座六角仰覆莲须弥座，塔身覆钵式，塔身朝南有汉白玉石刻祥云五龙火焰球花边的塔铭，塔铭刻"恪威上督军孙公讳传芳字馨远暨元配张夫人墓碑"字。覆钵式塔身上有改良的曲线圆柱形迟咕部。塔顶石刻圆盘攒尖顶，盘下边是仿木椽头，上边是仿瓦梗屋面，顶端一个桃形，测塔高约 6 米。石塔坐落在望柱护栏的基台上，南设垂带台阶，塔前摆石供桌，周围植松栽柏。孙传芳墓塔遵循了藏式覆钵塔基本造型，又吸收了中国北方建筑造型的某些元素，建造质量上佳，是一座中式改良的石墓塔，也反映出民国时期人们的心态与时代风格。

宋教仁纪念塔

　　宋教仁纪念塔位于西城区北京动物园的西部松林中，在畅观楼南 100 米处。宋教仁因坚持政党内阁制遭暗杀，于 1916 年建纪念塔，1967 年动乱中塔身被砸毁，2009 年将其恢复。纪念塔为花岗岩石料打凿四方锥形，测塔高 1.5 米，两层塔基座，上层 1.36 米见方，下层 1.95 米见方，总高约 2 米。

　　宋教仁纪念塔塔身四面锥形，朝南金字"宋教仁纪念塔遗址"；北面刻"宋教

宋教仁纪念塔

仁，1882—1913年。湖南省桃源县人。一九一二年任民国第一届内阁农林总长。住农事试验场（注：北京动物园前身）畅春堂，年底离开。一九一三年三月二十日在上海车站遇刺，身亡。一九一六年在此建宋教仁纪念塔。原塔毁于一九六七年间。二〇〇九年十一月"。宋教仁的遇刺是袁世凯派人干的，当时在社会上影响巨大，是其后人为宋教仁建塔纪念。

三一八烈士公墓塔

三一八烈士公墓塔位于海淀区圆明园西南部的"九洲清宴"遗址。"三一八"惨案发生在1926年3月18日，北平（北京）市各大学学生和各界市民参加反对帝国主义无理最后通牒的国民大会后，去段祺瑞执政府门前抗议游行，遭到武装镇压，多名学生市民倒在血泊中。"三一八"事件震惊中外，激起更多的人站起来加入民主革命的行列。

1926年3月27日"三一八"惨案中遇难的烈士家属、社会团体、各大中学校代表召开联席会议，决定在圆明园建烈士公墓塔。1929年3月8日公墓塔建成，塔为六棱柱形体，石雕仿瓦木攒尖顶，石塔高9米，伫立在松树林之中。朝南正面金字"三一八烈士公墓"；上款"中华民国十八年四月"，下款"北平特别市政府立"字样。塔下部刻建塔的"墓表"，记录了"三一八"惨案发生及39位烈士的姓名、年龄、籍贯、职业等。塔基下墓穴28坑，葬烈士刘和珍、杨德群等人，其余烈士葬于别处。

三一八烈士公墓塔

辛亥滦州革命先烈纪念塔

辛亥滦州革命先烈纪念塔位于海淀区温泉镇显龙山，1937年4月建成。此地为先烈纪念园，由石门、石幢、石崖刻、纪念塔等组成，是当时国民政府发起并公布《抚恤滦州殉难诸先烈明令》，冀察政务委员会负责，冯玉祥将军等军政要员参与，建造的纪念滦州起义殉难烈士的纪念园。

为响应1911年10月武昌起义，1912年1月，驻河北滦州（今滦县）新军第二十镇第一、二营管带王金铭、施从云、白雅雨等人受同盟会指示发动起义，宣布滦州独立，正式成立"北方革命军政府"。通电檄告全国，京津地区震动。袁世凯派兵，王怀庆率兵镇压，王、施、白等14位将领遇难，起义失败。25年后，在此营建辛亥革命滦州起义纪念园，劫后余生的冯玉祥将军为纪念先烈而题字。

辛亥滦州革命先烈纪念塔坐落在海淀区温泉路旁显龙山余脉的一座山顶上，坐北朝南，由花岗岩砌成，为八角七层密檐式塔，测塔高约13米，各层檐上以灰瓦铺砌，顶部铜鎏金塔刹。塔基是10米长，10米宽的石砌基台，东、西设石台阶，南面一米见方的大字"精神不死"，冯玉祥民国二十五年（1936年）十一月题。塔座为八角须弥座，须弥座的束腰部八面分别刻有"功垂不朽""彰勋阐烈""舍生取义""气壮山河""勇继黄岗""英光万古""光同日月""浩气凌霄"题字。塔朝南正面刻有冯玉祥所题"辛亥滦州革命先烈纪念塔"。第二、六、七、八层分别为邹鲁、居正、冯玉祥、于右任等名人撰写的塔铭石刻。塔顶部八角云盘承托小塔塔刹。

辛亥滦州革命先烈纪念塔是一座仿古密檐式石塔，建造时省去了佛塔上的装饰花纹图案，更彰显先烈气概，轩昂挺拔，肃穆庄严。1981年和2001年分别进行了

修葺，1984 年被定为北京市文物保护单位。2006 年 5 月被定为全国重点文物保护单位。

辛亥滦州革命先烈纪念塔

斋堂抗日烈士纪念塔

　　斋堂抗日烈士纪念塔位于门头沟区斋堂镇九龙头山。斋堂抗日烈士纪念塔建于 1946 年 7 月 7 日，是为纪念八年抗日战争中当时宛平县军民同侵华日军英勇斗争的英雄业绩而建。纪念塔砖石结构，坐西朝东，平面四方形，重檐攒尖顶，塔身四面有券洞，内镶嵌石板刻碑文，测塔高约 8.2 米。塔身四面朝东为正面，碑文是当时民国宛平县政府镌刻"豪气长存／英名万古／宛平县人民八年抗战为国牺牲烈士纪

斋堂抗日烈士纪念塔（2016 年）

念碑"；其他三面刻有宛平县及周围地区 98 个村庄，共 472 位烈士的英名、籍贯等信息。

斋堂抗日烈士纪念塔原在斋堂中学院内，1998 年迁至斋堂镇东侧，九龙头山"抗日烈士纪念园"。纪念塔后是"勿忘国耻　缅怀英烈"的浮雕影壁墙，周围松树平台；原北京市市长焦若愚曾在这里战斗过多年，特为纪念园题字。

民国时期　消失的六塔

宝峰寺经幢塔

　　宝峰寺位于门头沟区西斋堂西北 1 公里山沟中，据《全辽文》记载的内容来推断"宝峰寺"在辽清宁元年（1055 年）就已建成。"宝峰"即指具有三宝（佛、法、僧）及净土的神峰。宝峰寺坐北朝南，寺内正殿三间，东西配殿各三间，西侧一跨院，跨院中原有一座民国时期的经幢式塔，现塔已消失。

　　经幢式塔全石雕凿，底须弥座，六棱塔身，莲花瓣形塔刹，幢塔高 1.85 米，径宽 0.35 米。塔身六面，其一面题刻："中华民国二十七年（1938 年）古历七月初三戌时经生，顺义县三宝戒弟子沈贯然慧澈居士之墓。……中华民国二十八年（1939 年）古历三月二十日立塔纪念。"[1] 另五面镌刻佛经文。

注释

　　[1] 北京门头沟村落文化志编委会编：《北京门头沟村落文化志》，北京燕山出版社 2008 年版，第 558 页。

京师监狱七如来莲花幢塔

　　京师监狱，1912 年建成使用，1914 年称"京师第一监狱"，狱内有 1915 年建成的京城监狱八角楼建筑，地址在陶然亭西，现为清芷园小区。当时的监狱长王元增，曾经赴欧美各国考察过司法制度和监狱管理制度，回国后任监狱长，积极推行监狱管理改良，特请广济寺方丈现明法师到监狱里给犯人弘法布教，感化心灵。现明法师慈悲情怀，诵经布教同时，按佛教仪轨在监狱行刑地竖立一座"七如来莲花石幢"塔。

　　立幢塔之事，"京师第一监狱"监狱长王元增提出备案的呈文，得到了司法总长张耀曾的签署"训令"，就是得到了上级的认可。民国五年（1916 年）农历十一月二十九日，现明法师偕同果宗、沛山法师带领僧人五名和工匠等人到监狱施工，开工之前肃立诵经，行祈祷礼之后，"七如来莲花石幢"正式启建。"七如来莲花石幢"塔由大理石雕凿而成，莲花座，塔身八面，朝南刻有佛像，另七面镌刻七佛如来名号，每面一行：南无多宝如来，南无宝胜如来，南无妙色身如来，南无广博身如来，南无离怖畏如来，南无甘露王如来，南无阿弥陀如来。其目的：广宣德号，闻名得益，永为道种，但佛菩萨的大悲愿力而不坠恶道。

　　广济寺现明法师在京师监狱布教立幢塔之举，在京师监狱产生的影响相当持久。京师监狱八角楼连同幢塔 20 世纪 80 年代拆除，改建为住宅小区。

白堆子现明法师塔

白堆子村位于阜成门以西 6 公里的京郊一村庄。白堆子村旁有一处北京弘慈广济寺塔院，1947 年 5 月登记为十八区阜外白堆子村 83 号，代理住持志达。塔院内有一座汉白玉石砌藏式覆钵塔，为现明法师塔。20 世纪 50 年代塔院及所有佛塔都被拆除，现在是楼房林立，遗址大约在北京工商大学校区内。现明法师塔建于 1941 年，雕刻精美花饰，由于社会动乱，连年战争，塔存时间不久被损毁。但现明法师圆寂后佛事发丧、祭拜、发龛、荼毗、入塔的过程被详细记录下来得以保存。

民国三十年农历九月初九日（1941 年 10 月 28 日），弘慈广济寺退居方丈、南山律宗高僧现明法师在寺中圆寂，享年六十一岁。现明，俗名王光德，号水芝，清光绪六年（1880 年）生于湖南省衡阳。出家修行 38 年，1916 年被推举为广济寺住持。一生兴丛林，建道场，讲显教，修密行，鞠躬尽瘁，普引众生，在佛教界声誉卓著，受到广众尊重。现明法师圆寂后，由广济寺显宗方丈及著名寺院方丈和长老等人组成“现明法师圆寂法事委员会”，遵照佛教仪轨，举行隆重的“祭拜、发龛、荼毗、入塔”仪式。

1941 年 10 月 28 日现明法师圆寂，按佛规做法事，每逢七日必唪经拜忏，做七七四十九天。现明法师圆寂后用黄绸寿衣装殓在金丝楠木躺棺中，在广济寺方丈院正殿设为灵堂，正中悬挂现明长老影像，挽幛由倓虚法师题“常在寂光”，左为显宗方丈挽联“古刹费经营数十年手创宏规万善同归资普度，师门侔履帱廿一载心传法席千秋纪念感重阳”。右为梵月方丈挽联“师复何憾兴丛林启后学谁与齐肩方期寿享遐龄大教前途永赖光显，我最难忘传法胤提慧镫实深刻骨讵料神游乐园隆恩未

报遽失瞻依"。

1941年11月30日为现明法师举行"追悼典礼",各寺大师、僧众、居士以及社会各界人士千余人到场,恭读祭文,赞颂现明长老一生的功绩,上香顶礼,以香花百味,虔修供养于现明长老之灵。

12月1日,上午九时举行隆重的辞灵献供仪式,现明法师的继席法徒显宗与接法卷弟子梵月、天文跪在灵龛之前,后边是僧众和居士等,倓虚法师手持锡杖主持仪式。倓虚法师宣读《法语》……诵毕,大喝一声"起",显宗等同声诵念:"南无阿弥陀佛,广济堂上上现下明中兴祖师归位!"众杠夫将灵龛抬起。由显宗手执灵引魂幡在前,浩浩荡荡的送殡队伍从广济寺出灵堂,山门外向东,在西四路口往南,在缸瓦市转向西,穿过丰盛胡同往北,白塔寺路口转向西,出阜成门直赴白堆子弘慈广济寺塔院,送殡队伍行进了大约10公里到达塔院。下午一时许,院内已准备好焚化塔(也称化身窑),木柴放置塔底,将金丝楠木的灵龛请入塔内,随后关闭了镌刻"五蕴皆空"四个大字的门。荼毗仪式由倓虚法师主持,倓虚法师在焚化塔前说法……同时手持锡杖振地作响。说法毕,倓虚法师亲自点燃火把,高声大喝:"看火!"顿时,烈焰熊熊,青烟缕缕,直上云霄。这时,拈花寺退居方丈全朗法师"开示",讲述现明长老生平业迹及佛门警语。仪式后,继席显宗方丈回到广济寺,将现明长老的牌位亲手捧到天王殿西侧的祖堂安位。12月18日,显宗方丈带数十人来到白堆子塔院筛灰拾骨,获舍利颇多。次日下午一时,举行现明长老灵骨入塔仪式,佛门僧众和社会各界人士前来瞻礼者数百人。现明长老塔藏覆钵式,汉白玉石砌,高一丈余,雕有精美的花纹。显宗方丈亲手捧现明长老灵骨坛放入塔内莲花座上,封闭塔口,恭送灵骨入塔安葬。至此,为现明长老圆寂所做的法事,历时七七四十九天,宣告圆满。

老山"忠灵塔"

石景山区八宝山老山骨灰堂所在的那座小山丘，山丘相对高度为 21 米，虽然山形矮小，但位置却很突显，当地百姓冠以它一个奇异的俗名疙瘩山。山顶原有一座永年寺，"永年寺，始建于明万历年间，永年伯王伟建。王伟之女是万历皇帝的王皇后，王伟被封为国丈，赐地鲁谷，在鲁谷范围内建永年寺"。[①]

1939 年 9 月，日本"中国派遣军司令部"为了"慰安"在中国侵略战争中战死的日军"亡灵"，命令在疙瘩山顶永年寺遗址建立一座日式神社建筑"忠灵塔"。其目的是，用日本靖国鬼神取代华复祖神。

这座方形塔建筑大致坐北朝南，坐落在双层石砌的坛台之上。院落中心是一座双檐方形忠灵塔，四方塔身高耸，塔刹朝天，塔前设灵堂，后设祭殿，环塔外设回廊庭院构成，形成一座巨型墓塔院落。这是日军侵华战争铁蹄凝固在中国领土上的历史罪证。1945 年日本侵略者投降，美国航空兵进驻北平（北京），1945 年 10 月 13 日的一天，美国航空兵的飞机在北平城及周边飞行，采用航空拍摄技术将城市和部分郊区拍摄了一圈，其中就拍摄了老山"灵忠塔"。1949 年为铲除日本军国主义对中国人民的侵略战争影响，老山"灵忠塔"给拆除。现在是老山骨灰堂。

注释

① 李新乐：《醇亲王暗访上庄村》，《北京史地民俗》第 28 期，第 53 页。

"忠灵塔"老照片

雍和宫外 "招魂塔"

　　北京雍和宫的宫墙外原有一座日本人建造的 "招魂塔"。中日甲午战争后，1900 年八国联军（包括日本侵略军队）一路烧杀占领北京，日本人为侵略中国而死在中国的日本军人修建了 "招魂塔"，这是日本军国主义侵略中国的又一罪证。塔用花岗石打凿码砌而成，带有日本建筑风格，与中国塔形完全不一样。随着反法西斯抗日战争的胜利，百姓将日本 "招魂塔" 拆除。

雍和宫外 "招魂塔"

《北京古塔》主要参考书目

[1]蒋一葵:《长安客话》,北京古籍出版社1980年版。

[2]孙承泽:《天府广记》,北京古籍出版社1982年版。

[3]沈榜:《宛署杂记》,北京古籍出版社1982年版。

[4]吴长元编:《宸垣识略》,北京古籍出版社1982年版。

[5]刘侗、于奕正:《帝京景物略》,北京古籍出版社1982年版。

[6]梁思成:《梁思成文集》,中国建筑工业出版社1982年版。

[7]于敏中等编:《日下旧闻考》,北京古籍出版社1983年版。

[8]熊梦祥:《析津志辑佚》,北京古籍出版社1983年版。

[9]梅宁华等编:《北京辽金史迹图志》,北京燕山出版社2004年版。

[10]杨毅:《妙应寺白塔》,文物出版社1985年版。

[11]周家楣、缪荃孙等编:《光绪顺天府志》,北京古籍出版社1987年版。

[12]张宝章:《三山五园新探》,中国人民大学出版社2014年版。

[13]向南编:《辽代石刻文编》,河北教育出版社1995年版。

[14]胡玉远等编:《京都胜迹》,北京燕山出版社1996年版。

[15]陈果:《京华古迹寻踪》,北京燕山出版社1996年版。

[16]刘燕山编:《银山塔林》,北京出版社1998年版。

[17]张文大:《妙峰山碑石》,团结出版社2013年版。

[18]汪建民、侯伟:《北京的古塔》,学苑出版社2008年版。

[19]刘亚军等编:《图说房山文物》,北京燕山出版社2005年版。

［20］杨曙光：《皇家护国神王塔——北京白塔寺》，民族出版社 2007 年版。

［21］胡汉生：《银山塔林》，北京燕山出版社 2007 年版。

［22］吕铁钢、黄春和：《法源寺》，华文出版社 2006 年版。

［23］汤用彬、陈声聪、彭一卣编：《旧都文物略》，华文出版社 2004 年版。

［24］孙荣芬、张蕴芬、宣立品：《大觉禅寺》，北京出版社 2006 年版。

［25］张宝章：《静明园述往》，中央文献出版社 2012 年版。

［26］张云涛：《潭柘寺碑记》，中国文史出版社 2010 年版。

［27］刘季人编：《北京西城文物史迹》，北京燕山出版社 2011 年版。

［28］北京市社会科学研究所编：《北京历史纪年》，北京出版社 1982 年版。

［29］北京市地方志编纂委员会编：《北京志·云居寺志》，北京出版社 2017 年版。

［30］北京辽金城垣博物馆编：《北京元代史迹图志》，北京燕山出版社 2009 年版。

［31］北京市海淀区文化委员会编：《海淀文物》，文物出版社 2002 年版。

［32］北海公园管理处编：《北海匾联石刻》，中国旅游出版社 2007 年版。

［33］北京石刻艺术博物馆编：《新日下访碑录·房山卷》，北京燕山出版社 2013
年版。

［34］房山区地方志编纂委员会编：《北京市房山区志》，北京出版社 1999 年版。

［35］北京市石景山区城市规划管理局组编：《北京文物胜迹大全·石景山区卷》，北
京燕山出版社 1998 年版。

［36］北京市石景山区文化委员会编：《石景山文物》，2012 年版。

［37］政协北京市石景山区委员会编：《石景山地名掌故专辑》，2012 年版。

［38］北京市门头沟区文化文物局编：《门头沟文物志》，北京燕山出版社 2001 年版。

［39］北京市门头沟区地方志编纂委员会编：《北京市门头沟区志》，北京出版社
2006 年版。

［40］北京门头沟村落文化志编委会编：《北京门头沟村落文化志》，北京燕山出版
社 2008 年版。

［41］顺义县地名志编辑委员会编：《北京市顺义县地名志》，北京出版社 1993 年版。

［42］大兴县志编纂委员会编：《大兴县志》，北京出版社 2002 年版。

［43］通州区地方志编纂委员会编：《通州志》，北京出版社 2003 年版。

［44］柴福善编著：《平谷寺庙志略》，民族出版社 2014 年版。

后记 AFTERWORD

以"北京古塔"为主题的书籍已有五六个版本，为何还要作一本《北京古塔》？笔者认为"文物是不可再生的"，百年以上的古塔，不会增多，只会减少。随着国家的强大，社会的进步，必然要对我们生活的环境进行必要的改造，这样就产生了更新替旧，古塔作为古建筑的一部分也在渐行渐少的行列之中。用八年时间把北京古塔做个现阶段的整理，出版这本《北京古塔》是现状的记录，供人们参考，阅后遐想。

秋高气爽的北京，眼望蓝天白云，吸口新鲜空气，舒适地伸展着身体。经历了近十年的艰辛坎坷，其中最艰难是野外实地考察偏远古塔，有时在山里走上一天，盘山道，钻树丛，爬山岩，为寻一塔可谓翻山越岭。走访专家学者，探访老者知情人，查阅有关书籍资料，在北京历史文化爱好者和志同好友的大力帮助下，古塔一座一座地被找到，消失的古塔被"挖掘"出来，经过努力终于完成了《北京古塔》一书。

关于测量古塔高度的事，真的要说两句，"建筑测量"是一门学科，本人并不是测量的专业人士，因调查古塔的需求，学习了一些测量的知识。实际考察中发现要做到测量古塔绝对值、高度值非常之难，因为在实际测量古塔工作时，古塔地基与塔座水平基准点很难确定，地质高程水平点也难确定，从而古塔的"0"度点无法准确设定；塔刹顶尖多是圆弧状，采用光学测量也难把测点定位在塔圆弧顶

端，鉴于塔两端的测量点设定都不准，直接造成测量古塔的高度值产生一定的误差，但相对高度还是能测量出来，为简单起见，塔高度值用了一个"约"字。本书表述古塔高度用了三个词："塔高"，指古塔高度是从有关部门提供或资料里得来的数据；带"测"字的是笔者亲自用莱卡"Leica-D5"测量仪采用三角函数的方法测量的；"测塔通高"的高度，指塔座下露出地平线的点至塔顶塔刹顶端的全部长度，而"测塔高"的高度指塔地基与塔座结合部为零点至塔刹顶端的全部长度。鉴于实地测量情况，超过 10 米以上的古塔，大约误差在 0.1 米，只能是相对高度，请读者参考使用。

第十届中国佛教协会会长、北京弘慈广济寺方丈、佛教界高僧演觉大师支持本人的工作，特为本书题字，深表感谢。

在写作的过程中，本人得到了众人给予全力支持和热情帮助，许多老师从多方面给予指导，许多好友把积攒多年的资料无偿提供，多位好友同去考察感受古塔的魅力。谨此衷心感谢张宝章、常华、张广林、张双林、张文大、吕铁钢、王锐英、姚远利、富平、荣杰、任震、马垒、张爱民、崔毅飞、奚秀月、池煜、李娜华等老师及友人。

由于本人的历史知识、文化水平有限，本书的内容会有不妥之处，希望各位专家、学者、广大读者多提宝贵的意见，万分感谢。

梁欣立

2020 年 11 月 6 日